GARY HERMAN · ROCK'N'ROLL BABYLON

GARY HERMAN

ROCK'N'ROLL

BABYLON

SKANDALE DER POPMUSIK

Aus dem Englischen übersetzt von Ingeborg F. Meier und Harald Waiglein

Herausgeber: Wolfgang Smejkal

Titel der Originalausgabe: „Rock'n'Roll Babylon"
© by Gary Herman
Published by Plexus Ltd., London

© 1996 Wilhelm Heyne Verlag GmbH & Co KG, München
© 1996 der deutschen Ausgabe
Robert Azderball, Hannibal Verlag, A-3423 St. Andrä-Wördern

Redaktion: Wolfgang Smejkal
Typographie: Graphische Konzepte Erwin Rödl, A-2486 Pottendorf
Druck: Ebner Graphische Betriebe, D-89075 Ulm

ISBN 3-85445-103-2

INHALTSVERZEICHNIS

To absent friends

„Wir befinden uns alle in der Gosse,
aber einige von uns schauen zu den Sternen auf."

Oscar Wilde

„Wenn ihr Krawall wollt, seid ihr hier richtig."

Elvis Presley

Ich sollte von Anfang an klarstellen, daß ich Rock'n'Roll liebe. Er hat mich zu verschiedenen Zeiten meines Lebens begeistert, getröstet, traurig und froh gemacht. Er hat mich immer – im doppelten Sinne des Wortes – bewegt. Wie für die meisten Kinder meiner Generation waren auch für mich Rock'n'-Roll-Stars Freunde und Idole, und sie schienen mir Verbündete im Kampf gegen einen Feind zu sein, der sich die rücksichtslose Anhäufung von Geld, eine heuchlerische Moral und die Unterdrückung jugendlicher Energien auf die Fahnen geschrieben hatte.

Es ist schwierig, diese Stars als Verräter zu sehen, und noch schwieriger ist es, zu begreifen, daß sie vielleicht jetzt der Feind sind. Aber so ist es nun mal: im Rock-Geschäft denkt man strikt kommerziell und hat nur noch dann Zeit für Idealismus und radikale Visionen, wenn sie sich gut verkaufen. Die Stars – sind es unsere Stars? – können dem nicht entkommen. Sie fallen all den Untugenden anheim, die eine von Geld und Macht besessene Gesellschaft seit Jahrhunderten kultiviert hat. Vielleicht waren sie ja auch schon immer der Feind.

Das schmälert zwar ihre Musik nicht, macht aber bei der Untersuchung der Auswirkungen von Erfolg und Mißerfolg Rock-Stars zu faszinierenden Studienobjekten. Das ist das Thema dieses Buches – die ewig interessante Frage, wie sich die Reichen und Berühmten die Zeit vertreiben, jedoch in einem Kontext, in welchem Wohlstand und Reichtum niemals eindeutig erstrebenswert waren.

Dieses Buch ist ein Produkt der Post-Punk-Ära. Es waren die Punks – egal, wie unredlich und naiv ihr Ansatz gewesen sein möge –, die am deutlichsten darauf hingewiesen haben, welch polternder und gleichgültiger Dinosaurier die Rockmusik geworden war. Man sollte nicht vergessen, daß Babylon die Hauptstadt eines riesigen, lasterhaften Reiches war. In der Welt der Rockmusik sind die Bürger dieses Reiches anfangs vielleicht bescheiden, doch sehr bald läßt man sie in die üppigen, hängenden Gärten, in denen es keine Träume von Demokratie oder Veränderung gibt, sondern nur mehr Träume von Macht, Reichtum und dem perfekten Teint. Der ehemalige Manager von Rod Stewart hat seinen Schützling einmal als eine „Wachstumsindustrie" bezeichnet. Mick Jagger sprach davon, in die Politik zu gehen, doch er hätte dazu nicht „die richtige Frau". Gregg Allman bemühte sich sehr um Jimmy Carters Freundschaft und erntete gemeinsam mit Cher den begehrten Titel „Richard Burton und Elisabeth Taylor des Rock'n'Roll." Und die Beach Boys spielten bei Ronald Reagans Angelobung.

Soviel zu den Überlebenden. In gewisser Hinsicht frißt jedoch die Rock-Welt ihre eigenen Kinder. Vielleicht wäre es für uns einfacher, wenn sie das nicht täte, oder wir zumindest glauben könnten, daß sie das nicht tut. Andererseits wäre die Musik vielleicht weniger aufregend und bewegend, wenn es im Rock keine Risiken gäbe oder das Publikum sich für dumm verkaufen ließe. Ich weiß darauf keine Antwort, aber für diejenigen, die gerne ein wenig spekulieren, habe ich dieses Buch geschrieben.

Es ist einiges passiert, seit ich es geschrieben habe, und eine Aktualisierung erschien angebracht. Doch, obwohl viel geschehen ist, hat sich vielleicht wenig verändert. Die bizarre Welt des Rock'n'Roll beflügelt nach wie vor unsere Phantasie, und neue Generationen von Fans scheinen von den Heldinnen und Helden ihrer Eltern genauso fasziniert zu sein wie von den gegenwärtigen Künstlern. Es scheint so, als wäre die Musik der Grund für diese Faszination, während die Geschichten von Niedergang, Lasterhaftigkeit und gelegentlicher Errettung, von denen die Künstlerbiographien nur so wimmeln, bloß so lange interessant sind, wie sie die Musik betreffen, helfen, diese zu erklären, oder den Musikgenuß steigern. Ironischerweise sollte genau die überraschende Langlebigkeit eines großen Teils des Rock'n'Roll-Repertoires jede Arroganz oder Überheblichkeit seitens der Rockmusiker abbröckeln lassen – die Lektion, sofern sie der Wiederholung bedarf, ist einfach: Nur der Groove zählt.

DAS LAND DER VERHEISSUNG

Es war an einem warmen und regnerischen Juniwochenende 1967. Der Schauplatz war Monterey in Nordkalifornien. Das Ereignis: das erste internationale Rockfestival, eine musikalische Feier des im Rock verkörperten jugendlichen Optimismus. An späteren Dimensionen gemessen, war das Monterey Pop Festival eine ziemlich kleine und ruhige Veranstaltung. Obwohl die Gesamtzahl aller Besucher auf zwischen 30.000 und 100.000 geschätzt wurde, durften zu den fünf Konzerten der zweieinhalb Tage dauernden Veranstaltung jeweils etwa nur 8.000 Zuhörer in die mit Sitzplätzen ausgestattete Arena. Von den Musikern kamen viele aus dieser Gegend, und etliche unter ihnen waren so gut wie unbekannt.

Obwohl der gleiche Mangel an genügend sanitären Einrichtungen herrschte, der sich auch auf späteren Festivals als störend erwies, obwohl es reichlich und oft umsonst Marihuana, LSD und andere Halluzinogene gab und trotz der sichtbaren Polizeipräsenz und Eintrittspreisen für die Arena zwischen $ 3.00 und $ 6.50 gab es keine Krawalle, keine Anklagen wegen aufrührerischen Verhaltens unter Drogeneinwirkung und nur wenige Schlägereien. *Good vibrations*, 'gute Schwingungen', waren angesagt – und zwar so sehr, daß bei Beginn des zweiten Konzerts am Sonntag morgen ein Drittel der anwesenden Polizisten wieder nach Hause geschickt werden konnte. Auf einem Banner über der Bühne stand 'Musik, Liebe und Blumen' – ein Slogan, der damals sowohl vernünftig als auch radikal wirkte. Später schien er nur noch naiv.

Das Monterey Festival beinhaltete alles, was am Phänomen Rockmusik gut und schlecht ist. Einerseits machte es sich die Hoffnungen und Sehnsüchte des '67er Jahrgangs' zu eigen, andererseits war es nach strikt kommerziellen Gesichtspunkten ausgerichtet. Wie so oft vorher und nachher, befanden sich die Musiker innerlich schwankend in der Mitte, hin und her gerissen zwischen ihrer Sympathie für die Hoffnungen ihrer Fans und dem Wunsch, diese zu erfüllen, und zwischen ihrer eigenen, manchmal verschämten Gier nach Anerkennung und nach den unbestritten reizvollen Dingen, die nur für Geld zu haben sind. Monterey war der Mikrokosmos von Rock'n'Roll Babylon: ein Wegweiser zum Land der Verheißung, das in Wirklichkeit nur ein offenes Gefängnis war.

San Francisco, die Monterey nächstgelegene Großstadt, barst vor Ideen zu neuen Lebensweisen. Der Duft von Freiheit hing in der Luft wie ein Ätherhauch, der darauf wartet, von den Funken gezündet zu werden, die flogen, wenn radikale politische Studenten mit dem unkomplizierten Hedonismus des Rock'n'Roll in Berührung kamen. Das *Sergeant-Pepper*-Album der Beatles war ein paar Wochen vor dem Festival in einer Welt herausgekommen, die mit allen Möglichkeiten zur Veränderung schwanger ging. Das FREE SPEECH MOVEMENT, das vom Campus der University of California in Berkeley ausging, rief zum Kampf gegen das autoritäre Verhalten der Erwachsenen auf. Auf den Straßen summte es von den Seh-, Geruchs-, Gehör-, Geschmacks- und Gefühlswahrnehmungen durch 'bewußtseinserweiternde' Drogen, von neuer Musik, experimenteller Kunst und sexuellen Abenteuern, und das ganze Jahr 1966 und Anfang 1967 hatten die Astronauten des inneren Alls auf Festivals und *be-ins* überall um die

Bucht von San Francisco zur Musik ihrer Rattenfänger-Bands wie Jefferson Airplane, Grateful Dead und Country Joe & The Fish getanzt.

Das waren vielversprechende Ereignisse gewesen. Sie waren umsonst und machten Spaß. Künstler begaben sich in die Menge; Politiker und Spinner gerieten kameradschaftlich miteinander in Tuchfühlung (und kamen – warum auch nicht? – nicht nur an den Schultern in Körperkontakt); alle törnten sich gegenseitig an. Rock'n'Roll war schon immer wichtiger erschienen, als seine Verleumder es wahrhaben wollten. Nun begann die Jugend dem sauertöpfischen Establishment zu zeigen, wie wichtig die Rockmusik war, in gesellschaftlicher Hinsicht, sogar für die Welt, nicht nur als Unterhaltung. Weiß und Schwarz, Frauen und Männer, Schwule und Normale, Arbeiter und Studenten, ja sogar (in geringerem Umfang) jung und alt badeten ihre Seelen in der wiederbelebenden Musikflut. Die Leute redeten anscheinend überall vom 'Sommer der Liebe'. Es sah so aus, als wäre eine riesige Flutwelle drauf und dran, die alte Ordnung zu zerstören – und Monterey, hoffte man, würde der schäumende, brodelnde Kamm dieser Welle.

Man hatte geplant, in Monterey ein breiteres Spektrum und mehr an Musik zu bieten als je zuvor – von gemäßigtem Soul bis zum in Zuckungen versetzenden Boogie, dazwischen Folk, Folk-Rock, psychedelische Rockmusik (Acid Rock), Electric Blues und sogar die klassischen indischen Ragas des Sitar spielenden Ravi Shankar. Wichtiger jedoch, obwohl damals nicht so leicht erkennbar, ist es, sich klarzumachen, daß Monterey ausdrücklich als Medienereignis geplant war. Man hatte von Anfang an Derek Taylor, den ehemaligen Publicity-Manager der Beatles, engagiert. Alle Journalisten, die darum baten (und viele, die es nicht taten), bekamen umsonst Eintrittskarten – an die 1.200 insgesamt. Die Konzerte sollten mitgeschnitten werden, und die Film- und Fernsehrechte wurden für rund $ 300.000 an ABC verkauft. Die Leute sollten mit Gewißheit von Monterey hören, selbst wenn sie es nur aus den Seiten einer Zeitschrift taten. Fernsehen, Radio, Kino und Schallplatten – jeder Bereich war abgedeckt. Massive Werbung sollte der ganzen Welt verkünden, daß Monterey das lang erwartete Zeitalter der Freiheit einleitete, das sich schon in den Fünfziger Jahren angekündigt hatte, als Elvis Presley erstmalig seine blauen Wildlederschuhe anzog.

Zwölf Jahre lang oder noch länger dauerte schon die wechselvolle Reise des Rock'n'Roll, und er hatte in dieser Zeit einer freudlosen Welt, die in ihrem eigenen Kreislauf aus paranoider Politik und wirtschaftlichem Fatalismus gefangen saß, Momente überschwenglicher Begeisterung geschenkt. Elvis war eine Offenbarung jugendlicher Energie und Sexualität gewesen. Die Beatles waren eine Inspiration, Bob Dylan der Erzieher. Sie und ihre Nachfolger brachten Freude und Sinn in eine trockene und sterbende Welt. Den Eltern, den Behörden und dem Establishment gefiel das nicht. Sie versuchten es zu unterdrücken, versuchten die Jugendlichen daran zu hindern, sich das anzuhören, versuchten sie von Parties, Tanzgesellschaften und 'gefährlichen' Filmen fernzuhalten. Aber die Stars waren, für jeden sichtbar, am Himmel. Sie spielten die Musik des Widerstands. Wenn die Erwachsenenwelt unsere Erde mit massenvernichtenden Nuklearwaffen bedrohte, so hatte die Jugend im Rock'n'Roll eine Waffe der Massenbefreiung. Die Jungen konnten zurückschlagen – und eines Tages konnten sie vielleicht gewinnen. Und wenn es je einen Tag gab, der für den Beginn der letzten siegreichen Schlacht geeignet erschien, dann war dies der erste Tag des Monterey Festivals.

Natürlich waren die Dinge nie so einfach. Das Entstehen eines Massenmarktes für eine Art Rock'n'Roll, der als künstlerisch wichtig und gesellschaftlich wirksam angesehen wurde, bedeutete, daß sich das *big business* dessen annahm und die Musiker sich von dem für

sie wesentlichen engen Kontakt mit ihrem Publikum abgeschnitten sahen. Da sie sich in einer Art schöpferischem Vakuum befanden, gerieten sie unausweichlich immer wieder in die Gesellschaft anderer Musiker, der Reichen und der Berühmtheiten. Ihre Freunde wurden die Freunde von Stars, ihr Zeitvertreib der Zeitvertreib von Stars. Ihr Leben spielte sich im grellen Licht der Scheinwerfer ab, in der Enge der Künstlergarderoben hinter den Bühnen, in Luxuslimousinen und teuren Hotelzimmern. Ihre Fans mögen sie als Vorbilder angesehen haben, aber damals – ebenso wie heute – war es eine hohle Führer-Rolle. Offen für die Verlockungen von Ruhm, Reichtum und einem Leben von beispielloser Genußsucht, waren Rockstars immer der Gefahr ausgesetzt, sich in Monster zu verwandeln – Karikaturen ihrer früheren goldenen Jugend, Überbleibsel eines an ihnen vorübergezogenen Rock'n'Roll-Banketts, froh, in leichte Unterhaltung abzusinken, oder einfach unfähig, das Gewicht der Träume einer Generation zu tragen.

Jahre nach Monterey ist es einfach, diese beiden gegensätzlichen Aspekte des Festivals zu sehen. Damals sahen nur wenige die finstere Fratze des Rock'n'Roll, wie sie da, durch ein Seil und eine Postenkette vom Publikum getrennt, um die Bühne herum auf der Lauer lag. Das war das machiavellische Gesicht der Geschäfte- und Profitmacherei, das aufgedunsene Gesicht übersteigerter Exzesse und starken Genußlebens, das abgehärmte Gesicht von Mißerfolg und Anklage.

Vielleicht lag es am Sonnenschein oder an den wundervollen Light-Shows, daß man es damals nicht sehen konnte. Oder es lag vielleicht am Rauschgift oder an den unverfeinerten, energiegeladenen Rockklängen, die auf dem schmalen Grat zwischen Chaos und Ordnung dröhnten. Die Leute auf der Bühne spielten die Songs von sozialer Revolution und persönlicher Befreiung. Sie gingen mit ihrer Musik Risiken ein, wie sie es auch mit ihrem Leben taten, aber das waren Risiken, die das Publikum verstand und an denen es teil-

hatte. Herausforderung lag in der Luft. „*This is the love crowd, right?*" fragte Otis Redding von der Bühne herunter, und „Yeah!" schallte es zurück. Wie konnte Manipulation je zu einem Schimpfwort werden?

Als einer der wenigen schwarzen Musiker auf diesem Festival schien Otis das Publikum mehr zu einer Einheit zu verschmelzen als jeder andere in Monterey. Sein Auftritt rührte den Rolling Stone Brian Jones so sehr, daß er den Tränen nahe war, und der Manager einer Schallplattenfirma in Los Angeles sprang auf die Füße und schrie „Stark!" Aber es ist schwer zu sagen, ob diese Einheit irgendeinen Wert hatte. Andere schwarze Musiker, die nach Monterey eingeladen waren, hatten vermutlich recht, wenn sie es als 'Festival der Weißen' bezeichneten, und man sollte hier wohl auch vermerken, daß es im 'Sommer der Liebe' auch zu den schwersten schwarzen Krawallen der jüngeren amerikanischen Geschichte kam.

Trotzdem: Rockstars schienen ihrem Publikum nie so nahe zu sein wie in Monterey. Die Kluft zwischen Star und Fan zu überbrücken, das ist einer der Lieblingsträume des Rock'n'Roll. Die Groupies, Star-Doppelgänger, -Nachäffer und -Nachläufer jagen diesem Traum nach. Und häufig tun dies auch Rock-Journalisten (denen oft nachgesagt wird, bei ihnen habe es nicht zum Musiker gereicht). Selbst das Establishment der Rock'n'Roll-Industrie steckt voller Fans, die eine gesellschaftlich geachtete Nische für ihre Leidenschaft gefunden haben. Und schließlich werden die Rockstars selber Opfer ihrer eigenen Verranntheit. Nur wenige, wenn überhaupt, werden aus Liebe zum Geld Rockmusiker. Die meisten beginnen als Fans, angezogen von den anderen magischen Ingredienzen des Rock'n'Roll: *Glamour*, Verehrung, Ruhm oder einfach Freude am Musik-Machen. Viele bleiben Fans und vergöttern größere und frühere Talente. Einige sind besessen von ihrem eigenen Star-Image, versuchen ständig zu vertuschen, wie normal sie sind, wenn sie nicht im Rampen-

licht stehen und wenn nicht aufgezeichnet wird, und nähren das Gefühl von der gleichen Macht und dem Leistungsvermögen wie bei einem Auftritt und von märchenhafter Spontaneität mit Drogen, Alkohol, häufig wechselnden und flüchtigen sexuellen Kontakten oder mit bewußt verrücktem und selbstgefälligem Gehabe. Der Rock-Fan und der Rockstar halten einander und der Welt des anderen den Spiegel vor. Sie beide können sich selbst oder Freunde oder Geliebte im Spiegel wiedererkennen, aber keiner von ihnen kann durch den Spiegel hindurch.

Gelegentlich gelingt es der Musik, Star und Fan einander nahezubringen. Das sind die Augenblicke, in denen großartiger Rock entsteht. Das sind Momente, in denen Star und Fan über eine schmale Wasserscheide in ihren gemeinsamen Interessen einander ins Auge blicken können – Momente des Versunkenseins im großen Leviathan Rock'n'-Roll. Jeder Moment dieser Art ist eine Art Selbstmord – mit bisweilen bizarren Wiederholungen in echten selbstzerstörerischen Handlungen oder in jenem merkwürdigen Zusammentreffen von Bedrängnissen, das Stars zur bequemen Zielscheibe aufgebrachter oder enttäuschter Fans macht und das John Lennon von Angesicht zu Angesicht mit seinem Mörder zusammenbrachte: So wurden Verehrer und Idol zum Schluß im Akt gegenseitiger Selbstzerstörung vereint.

In jenem Sommer '67 erlebte Monterey ohne Zweifel einiges an großartigem Rock-'n'Roll. Janis Joplin sang sich die Seele aus dem Leib und bearbeitete dabei die Bühne mit ihren Füßen, als träte sie gegen einen Sargdeckel. Die Who, englische Dandies auf hohen Absätzen, beendeten ihren Auftritt völlig außer Rand und Band mit einem erschreckenden Angriff auf die Sinne – einem Crescendo von Rückkopplungen, einer irrsinnigen Mißhandlung der Trommeln und Lautsprecherboxen und einem Rauchbombenhagel. Pete Townshend rammte den Hals seiner Gitarre in einen Verstärkergrill, zerkratzte das Griffbrett mit seinem Mikro-

phonständer und hämmerte das Instrument voller Grimm auf die Bühne, bis der Hals brach und in Stücke ging. Über der Gruppe hing eine Rauchwolke, während Keith Moon auf seine Trommeln eindrosch. Mit einer letzten Geste willkürlicher Gewalt kippte er das ganze Schlagzeug mit einem Fußtritt um, und die Gruppe trat ab. Jimi Hendrix, ein Amerikaner – halb Neger, halb Indianer – 'fickte' seine Gitarre, streichelte sie, als wäre sie sein eigenes Glied, und steckte sie zum Schluß in Brand – und bei all dem holte er ununterbrochen reinsten Rock'n'-Roll aus ihr heraus. Und dann war da Otis Redding, der gleichzeitig Bitten und Fordern in der Stimme, in einem einzigen Song das ganze Leid und die ganze Welt des schwarzen Amerika zum Ausdruck brachte. „Wir alle lieben einander doch, stimmt's? Laßt mich euer 'Yeah' hören!"

„Yeah."

Aber wenn das Festival auch das Mündig-Werden des Rock'n'Roll nach seiner arglosen Reise durch das Wunderland lustorientierten Vergnügens feierte, war es auch ein vorzügliches Vehikel zu Star-Ruhm, berechnendem Ausbeutungsrummel, wie man ihn nicht ausgeprägter erleben kann. Monterey war ein Schaukasten für neue Talente, ein Viehmarkt, bei dem die Musiker das Vieh waren. Für die Angestellten der Schallplattengesellschaften im Publikum (und davon gab es viele) waren Profitüberlegungen viel wichtiger als Gefühle von Liebe – oder vielmehr das gleiche. Clive Davis von CBS erinnerte sich später, daß er Janis Joplin hier zum ersten Mal sah. „Ich mußte sie kriegen", sagte er. Dem Festival folgte schnell eine Flut von Schallplattenverträgen, gewinnbringenden neuen Platten und erfolgreichen Tourneen, und die größte Nutznießerin von all den 'guten Schwingungen' war die Musikindustrie.

Verstehen Sie mich nicht falsch. Rock'n'-Roll war gleich von Anfang an eine zu Kopf steigende Mischung aus Kommerz und Kreativität. Rock'n'Roll ist ein Phänomen des zwanzigsten Jahrhunderts – eine moderne Volksmusik für eine Gemeinde junger Leute, die nur ihre Jugend und ihr Zugang zu den Massenmedien verbinden. Ohne die Medien könnte Rock'n'Roll nicht existieren – und eine so weitgehende Medienabhängigkeit bedeutet Abhängigkeit vom Kommerz.

Das Rock'n'Roll-Star-System – das dem Ziel dient, einen Künstler den Augen und Ohren der Öffentlichkeit einzuprägen, zur Identifikation zu animieren und Schallplatten- und Konzertkartenverkäufe zu fördern – das ist Kommerz auf die Spitze getrieben. Die Musik wird eine Ware, der Star wenig mehr als eine Figur, die sich besonders gut verkaufen läßt. Selbst Lebensstile werden verkauft – Blue Jeans, Punk-Schick, lange Haare, kurze Haare, Schnaps, Gitarrensaiten durch Werbung mit Postern, in der Rock- und Pop-Presse, im Fernsehen, im Kino und im Radio. Der Star wird zum Markenzeichen, der Schlüssel zu riesigen Einkünften, die weit über die durch die Musik erzielten hinausgehen. Stars sind kostbare Artikel, dazu da, manipuliert und gehätschelt zu werden. Man muß ihre launischen Wünsche befriedigen – gleichgültig, ob sie nun Eier Benedikt mit brauner Sauce wollen, jeden Abend in der Garderobe ein Champagnermenü, ständigen Nachschub an Groupies, Heroin, Kokain, Limousinen mit Chauffeur, Parties, die an bacchanalische Orgien erinnern, oder einfach die 'ewige' Flasche Bier, die bei jedem Auftritt auf dem Verstärker zu stehen hat. Man muß sie vor der Presse schützen, vor zu leidenschaftlichen Fans und vor den Problemen des Alltags – jedenfalls, solange sie einem zum Bersten volle Häuser bescheren, solange sich ihre Schallplatten verkaufen und sie den Absatz von anderen Waren fördern.

Auf dieser Seite der Bilanz des Rock'n'Roll hat jeder Star einen Geldwert, über den sich vor Gericht streiten und der sich auf dem Aktienmarkt feststellen läßt. Selbst, daß man einem Star nahesteht, ist der skandalhungrigen Presse Geld wert. Das Multi-Milliarden-Musikgeschäft verzichtet gerne darauf, daß das Image der Stars der Wirklichkeit entspricht, und am Ende ist der Marktwert manchmal das einzige, was beim Hinscheiden eines Rockmusikers zu vermerken ist. Es hat sich immer wieder gezeigt, daß Stars wie Buddy Holly, Otis Redding, Jim Morrison, Jimi Hendrix und Elvis Presley tot mehr wert sein können als lebend.

Ein Leben, dessen Wert so sorgfältig geschätzt und das so liebevoll gehütet wird wie das eines Rockstars, kann etwas entstellte Züge annehmen. Auch bei den Stars selbst gibt es Entstellung. Rock'n'Roll ist ein guter Nährboden für Risiken. Es ist eine Musik, bei der man mit allem, was es auf dieser Welt gibt und was vorhersehbar ist, Risiken eingeht. Wenn der Star die weltlichen und vorhersagbaren Himmelshöhen erreicht und kreative Risiken vertraglich keine Rolle mehr spielen, wird es allzu verführerisch, mit dem selbstzerstörerischen Kitzel von Drogen, Alkohol, schnellen Autos oder Waffen zu spielen. Die Isolation, in der man sich als Superstar befindet, umgeben von einer Mauer bezahlter Beschützer und Bewunderer, kann gefährlich zu Paranoia verleiten. Und wenn übermäßiger Erfolg einem schon wie ein sicheres Rezept für katastrophale Folgen vorkommt, dann bedenke man nur, was bei einem unerwarteten Abstieg unter denselben Voraussetzungen herauskommen kann.

Was Ausbeutung im Rock'n'Roll angeht, war Monterey also nichts Besonderes. Die meisten Möchtegern-Stars lassen sich, anfangs jedenfalls, ganz gerne ausbeuten. Aber von Presley bis zu den Pistols war die Lektion immer die gleiche: Ausbeutung kann sehr gesundheitsschädigend sein, wie bereitwillig man sich auch zeigen mag. Wenn es über vierzig kein Rockmusiker-Leben mehr gibt, ist das der Industrie wenigstens ebenso sehr vorzuwerfen wie den Rockstars selbst mit ihrer schonungslosen Genußsucht. Für die meisten Leute ist die Jagd nach dem Glück ein gemächlicher Trott durchs Leben mit einem gelegentlichen Sprint (sofern sie überhaupt zum Rennen zugelassen werden). Für Rockstars ist es zu einer Art Indianapolis-Rennen geworden, auf einer Strecke, die von der Industrie überwacht und mit Hindernissen versehen wird. Außer, daß man irgendwo auf der Strecke bleibt, gibt es keine Möglichkeit auszusteigen. Kaum verwunderlich, daß die Unfallrate manchmal beunruhigend hoch erscheint. Wenn man auf der Piste aussteigt, muß man damit rechnen, überfahren zu werden.

Was an Monterey so ungewöhnlich war, war, wie versessen die Leute waren, die sichtbaren Signale der Ausbeutung zu übersehen, und wie schnell und gründlich ihr naiver Glaube dann erschüttert wurde. Monterey war eine Art Selbsttäuschung, ein Schwindelmanöver mit willigen Opfern, in Szene gesetzt von Leuten, die ihren eigenen Lügen zu glauben schienen.

Das Festival war ursprünglich von einem Veranstalter aus Los Angeles namens Ben Shapiro und dem Geschäftsmann Alan Pariser, ebenfalls aus L.A., geplant worden. Sie hatten es eigentlich als normale, Profit abwerfende Veranstaltung gedacht und wollten sich dabei die unbestreitbaren Talente von Derek Taylor zunutze machen, um größtmögliche Beachtung in den Medien zu erreichen. Sie suchten John Phillips, Kopf der Band The Mamas And The Papas, auf, von dem auch der große internationale Hit dieses Sommers der Liebe stammte – ein zeitloses Liedchen, in dem es hieß „If you're going to San Francisco, be sure to wear some flowers in your hair". Phillips und Paul Simon, der bei diesem Treffen dabei war, erklärten, sie wollten auf dem Festival nur auftreten, wenn es auf *Non-Profit*-Basis organisiert würde. Derek Taylor unterstützte diesen Vorschlag ebenso wie Shapiro und Pariser. Phillips zog seinen Manager und Produzenten, Lou Adler, hinzu, und es wurde ein Veranstaltungskomitee gebildet, dem so berühmte Musiker angehörten wie Mick Jagger, Paul McCartney, Brian Wilson und Smokey Robinson.

Shapiro und Adler zerstritten sich – Shapiro verdächtigte Adler „eines Gelüstens nach Verträgen und Prestige" (wie es bei dem Kritiker Robert Christgau hieß). Shapiro wurde ausgebootet, und in *Variety*, dem Magazin der amerikanischen Unterhaltungsindustrie, erschien eine Pressemitteilung des Inhalts, daß Shapiros Ideen 'nicht mit dem ursprünglichen Festival-Konzept vereinbar' seien, aber daß er sich 'freundschaftlich getrennt habe, um mit Nachdruck filmischen Verpflichtungen nachzugehen'.

Man begann mit der bewußt geplanten Lockwerbung. Derek Taylor verkündete, daß die Festival-Gewinne den Diggers gestiftet werden sollten, einer Hilfsorganisation für die Hippies in San Francisco, die Hunderte von Leuten unterstützte, die täglich in der Stadt eintrafen, ohne daß sie etwas zu essen, Arbeit oder Geld hatten. Was Derek Taylor da als Tatsache verkündete, war nichts weiter als Büroklatsch. Der Stadtrat von Monterey aber nahm es für bare Münze und bekam Schreckensvorstellungen, daß Tausende hungriger Hippies ohne Bleibe vor ihren Toren ankämen und von Drogen und Musik zu 'unzüchtigem Verhalten und Gewalttätigkeiten' aufgestachelt würden. Die Festival-Organisatoren beeilten sich daraufhin, dem Stadtrat zu versichern, daß „der Gewinn nicht an eine Hippie-Organisation gehen wird" und daß „wir auf Darbietungen verzichtet haben, welche die richtig jungen Kids anzieht, und in unserer Werbung Familien angesprochen haben". „Gruppen, die das Publikum zu rüpelhaften Verhalten anregen, haben wir nicht eingeladen", sagte Phillips. „Wenn es zu so etwas kommt, werden wir sie von der Bühne holen." Die Stadtväter ließen sich beruhigen.

Die Diggers und eine Anzahl anderer Organisationen dieser Art gaben sich jedoch nicht einfach so damit zufrieden. Man hatte die Bands gebeten, nur gegen Kosten-Ersatz zu spielen, aber die Vorkosten in Höhe von $ 50.000 waren reichlich abgedeckt durch die $ 300.000, die ABC für die Fernsehrechte bezahlt hatte. Da mit weit mehr Zuhörern gerechnet wurde, als die Arena mit ihren 7.500 Sitzen fassen konnte, plante Adler, für den Zutritt zum Festivalgelände außerhalb der Sitzplatzarena einen Dollar zu verlangen. Der Manager der Grateful Dead und verschiedene andere Musiker-Leute aus San Francisco hatten vor, mit einem 'Anti-Festival' zu kontern, das gar keinen Eintritt kosten sollte. Mehrere Gruppen schieden aus verschiedenen Gründen aus – die Beach Boys sahen sich in dieser 'Hippie-Gemeinde' fehl am Platze; die Young Rascals sagten später, daß in Monterey eine Cliquen-Wirtschaft herrschte. Alle wollten wissen, wohin das Geld fließen würde und worum es bei dem Festival überhaupt gehe. Das wußten nur die Organisatoren mit Sicherheit – weshalb sie in so großer Zahl Presseleute und Angestellte von Schallplattengesellschaften einluden.

Es war nicht überraschend, daß The Mamas And The Papas am besten abschnitten. Und noch ein weiterer Künstler von Adler, Johnny Rivers, kam groß heraus. Adler selbst, der vorher seine Plattenfirma Dunhill für fast drei Millionen Dollar an ABC verkauft hatte (die auch die Filmrechte für Monterey kauften), konnte nach dem Festival mit CBS einen Abschluß über den Vertrieb seines neuen Plattenlabels Ode-Records unter Dach und Fach bringen. Wie Adler sich später erinnerte, war Clive Davis – der bald darauf der Chef von CBS Records werden sollte – „zum Festival gekommen und hatte gesehen, daß sich dort einiges tat; und er wußte, daß ich das Ganze mit angeleiert hatte". Ein Vertragsabschluß folgte dem anderen, und bald kam San Francisco, unter der fürsorglichen Leitung der Plattenindustrie in Los Angeles, groß ins Geschäft. Die unmittelbaren Gewinne aus dem Monterey-Festival (etwa $ 200.000) wurden zum größten Teil an verschiedene wohltätige Einrichtungen vergeben, nach Wahl der Festival-Leiter. Unter anderem an die Sam Cooke Memorial Scholarship, eine von Jerry Wex-

ler von Atlantic Records gegründete Stiftung; an das Monterey Symphony Orchestra; an einen Fonds für den Kauf von Gitarren für die Kinder von Schwarzen in Harlem und an die Free Medical Clinic in Los Angeles. Aber die Gewinne waren weniger wichtig als der Werbe-Wert von Monterey.

Monate, nachdem The Mamas And The Papas die Show beschlossen, „bleibt ein schaler Geschmack", schrieb der Kritiker Michael Lydon einige Zeit später. Besonders bitter war das Schicksal vieler Stars, die in Monterey so hell erstrahlt waren. Zu Beginn der siebziger Jahre war Janis Joplin tot, nach offizieller Version, wenn auch unter etwas mysteriösen Umständen, an einer Überdosis Heroin gestorben, wahrscheinlich in Verbindung mit ihrem gewohnheitsmäßigen Alkoholkonsum von erschreckenden Ausmaßen. Auch Jimi Hendrix war tot, nach Einnahme von zuviel Schlaftabletten anscheinend an seinem eigenen Erbrochenen erstickt. Otis Redding war bei einem Flugzeugunglück ums Leben gekommen. Al Wilson von Canned Heat war an einer Überdosis Rauschgift gestorben, was das vorläufige Ende dieser Band nach sich zog, die ebenfalls nach Monterey sehr erfolgreich war. Auch Brian Jones war tot, ertrunken.

Es gab noch weitere mehr oder weniger tragische Todesfälle. Mama Cass Elliott starb in jungen Jahren, ebenso Ron 'Pigpen' McKernan von den Grateful Dead und Keith Moon von den Who. Die Liste wurde immer länger. Es gab Drogenmißbrauch, Alkoholexzesse, bizarre Änderungen des Lebenswandels, absurde fixe Ideen. Die Rockmusik hat mit dem Okkulten geflirtet, mit dem Mystizismus, mit verschiedenen Religionen, mit merkwürdigen Science-Fiction-Phantasien und mit der Politik. Durch die Adern strömten Heroin, Kokain, Speed, LSD, Jack Daniels, Remy Martin, reiner Wodka, Aufputschmittel, Beruhigungsmittel und *in-betweeners*; alles schien die Gefängnismauern zu öffnen. Sie hatten geglaubt, das Land der Verheißung befinde sich außerhalb der Mauern, aber sie waren immer noch – und sind es noch heute – Gefangene von Babylon. Nachdem die Groupies alle nach Hause gegangen waren, alle Drogen- und Sex-Varianten zweimal ausprobiert waren, alle Schäden, die bei den wilden Hotelparties entstanden, bezahlt waren, nachdem man so viel Alkohol getrunken hatte, daß man keinen mehr trinken konnte, und als die Wirkung auch der stärksten Drogen nachließ, da blieb für viele nur noch die Auflehnung übrig – die endgültige und vollständige Selbstzerstörung.

Viele Stars, die in Monterey zur Legende wurden, haben natürlich überlebt und führen heute ein behagliches Leben in Eleganz – aber für sie gibt es keine Risiken mehr, nichts, was ihnen dringend erschiene, nichts, was damals ihre Musik so bedeutend machte. Entweder werden sie zu eitlen Gecken, die wie Pfaue ihr Gefieder spreizen und sich bei Prominenten anbiedern, oder sie sind erfüllt von einer dumpfen Religiosität, welche das sündige Begehren verurteilt, das sie einst frei machte, oder sie werden zu pensionierten Generalmajoren, die im Geiste unaufhörlich die Kampagnen der alten Jugendkultur kämpferisch nachvollziehen. Selbst dann können sie noch ihrem eigenen Rächer begegnen, wie John Lennon Mark Chapman begegnete – ein Fan, der sich betrogen vorkam, aber den es verzweifelt nach Identifikation verlangte, Kreuziger und Gekreuzigter zugleich. Es ist natürlich ungerecht, aber für einen Rock'n'Roll-Star gibt es kein gefahrloses Sich-Zurückziehen. Die Tragik des Rockstars ist, daß er oder sie gezwungen ist, eine verwirrende Folge wunderbarer Augenblicke zu durchleben, kurzlebigen Erfolg bis zur Neige auszukosten, in einer zeitlosen Welt zu leben, in der eine Folge von Auftrittsorten an die Stelle des Kalenders tritt, wo ein Studio oder eine Konzerthalle dem nächsten Studio oder der nächsten Konzerthalle ziemlich ähnlich sieht und wo man am Samstagabend arbeiten muß.

BRUCHLANDUNG IM TEENAGER-HIMMEL

Rock'n'Roll ist eine ruhelose Erscheinung. Sie überspringt Zäune und mißachtet Grenzen. In den angstvollen Fünfzigern, als die Welt in den Machtblöcken des kalten Krieges erstarrt schien, war die Gleichgültigkeit, mit der Rock'n'Roll sich über die Grenzen und Konventionen von Rasse, Geographie, Geschlecht und Alter hinweg setzte, sowohl für die Herren als auch für die Knechte der herrschenden Ordnung erschreckend. Mit seinen rebellischen Erscheinungsformen, seiner zu Kopf steigenden, jugendliche Gefühle und Ängste ansprechenden Mischung und seinen Verstößen gegen alle Regeln von Melodie und Rhythmus und schicklicher Darbietung trug der Rock'n'-Roll der fünfziger Jahre dazu bei, zwischen den verschiedenen Gruppen von Teenagern ein Gefühl von Gemeinsamkeit zu erzeugen, weil sie in dieser Musik ihre geheimsten Sehnsüchte verkörpert sahen. Kein Wunder, daß der Rock'n'Roll von den selbsternannten Moralhütern als 'unzüchtig' und 'lasziv' verurteilt wurde.

Natürlich war Rock'n'Roll in mancher Hinsicht kein reiner Segen. Er verfestigte und vertiefte, was Schicklichkeit anging, die Grenzen zwischen Mann und Frau. Und wenn er zu Fortschritt und Befreiung führte, schuf er doch auch Stars, deren Erfolge gerade anschauliche Beispiele für Rückwirkungen und Ausbeutung boten. Und eben die Tatsache, daß es Stars gab, führte zu einem enormen Verschleiß nicht nur an materiellen Mitteln, sondern auch an Talenten – die häufig auf tragische Weise ihr Leben und ihre Freiheit verloren.

Zwei Todesfälle, 1953 und 1954, waren die ersten bösen Vorzeichen für die notorische Verschwendung von Leben und Talenten in der Rockmusik. Am 1. Januar 1953 starb der Country- und Western-Star Hank Williams auf dem Weg zu einem Auftritt im Fond eines Wagens; Williams hatte knapp vier Jahre lang eine glänzende Karriere gemacht, bis sein unmäßiger Alkoholkonsum dieser ein Ende bereitete. Sein Tod durch Herzversagen war eine Folge des Saufens und von Medikamenten, die er illegal von einem Quacksalber bekam. Er war schon als Teenager ein starker Trinker gewesen, aber durch die Tourneen und die ruhmbedingte Isolation verschlimmerten sich seine üblichen Depressionen noch. Sein beträchtliches Selbstbewußtsein, das für seine erfolgreichen Auftritte nötig gewesen sein mag, half ihm da nicht, und er suchte in zunehmendem Maße Zuflucht beim Alkohol, um weitermachen zu können. Seine Auftritte wurden schlechter, seine Ehe ging in die Brüche, und er begann Tabletten zu nehmen, um sich in Schwung zu bringen, und noch mehr, um schlafen zu können. Er war neunundzwanzig, als er starb, und hatte mehr als jeder andere dazu beigetragen, daß Country Music mit Recht als 'Blues des weißen Mannes' bezeichnet werden konnte – was sich für die Entwicklung des Rock'n'Roll als wesentlich erweisen sollte.

Johnny Ace, ein Rhythm & Blues-Star mit wehmütiger Stimme, hatte mit Johnny Otis, Bobby 'Blue' Bland, Junior Parker und B. B. King zusammengearbeitet. Anfang der fünfziger Jahre hatte er einige R&B-Hits. Er kam am Weihnachtsabend 1954 in einer Pause während eines Konzerts im Houston City Auditorium auf jene merkwürdige Weise ums Leben, die man russisches Roulette

---

Der King des Rock'n'Roll wird so geküßt, wie er es liebte: von beiden Seiten gleichzeitig.

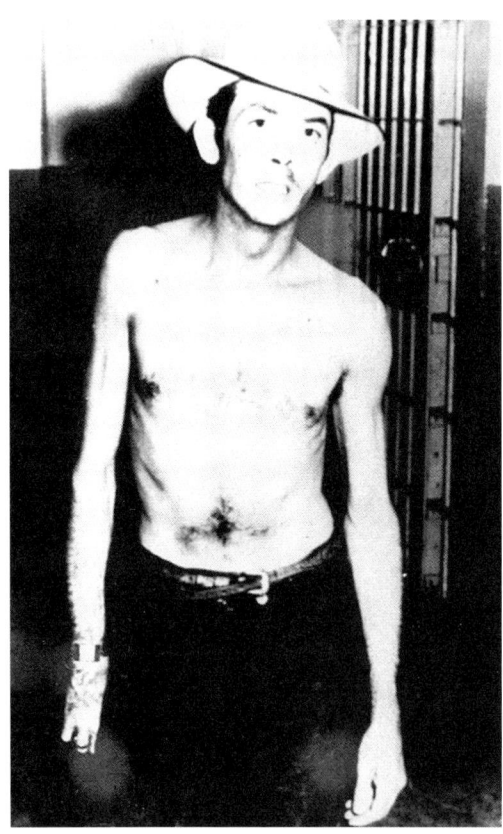

Hank Williams lebte es vor, zahllose Rocker folgten ihm: Nach einem seiner häufigen Alkoholexzesse wurde er am 18. August 1952 in Alexander City, Alabama, verhaftet. Er war bereits vom Tod gezeichnet.

nennt. 1955 gelangte die nach seinem Tode veröffentlichte Aufnahme *Pledging My Time* an die Spitze der amerikanischen R&B-Charts. Bob Dylan bemerkte einmal: „Die Sänger und Musiker, mit denen ich aufwuchs, sind für mich mehr als bloß nostalgische Erinnerung – Buddy Holly und Johnny Ace bedeuten mir heute noch genauso viel wie damals." Es war nicht nur klug dahergeredet, als ich sagte, Johnny Ace und Hank Williams seien typische Rockstars. In ihrem Leben und ihrem Sterben war alles enthalten – Schönes und Bitteres, Dunkelheit und Licht, Weiß und Schwarz, Ärger und Freude, Erfolg und Mißerfolg und, vor allem, die Tragödien und Wonnen der Jugend.

Während die Teenager der fünfziger Jahre in ihren Idolen Symbole eines berechtigten Aufbegehrens gegen das sterile und eintönige Leben ihrer Eltern sahen, waren viele Erwachsene einfach über das Leben und Treiben der neuen Helden ihrer Kinder entsetzt. Rock'n'Roll-Musik plärrte aus den überall vorhandenen Radios und den ständig zunehmenden Schallplattenapparaten. Rock'n'Roll kam den Eltern so sehr wie eine eindeutige Äußerung unsoliden, narzißtischen, nur auf Lustgewinn ausgerichteten Lebens vor, daß sie dachten, er könnte bei ihren Kindern zu einer sexuellen Entfesselung führen. Da sangen junge Männer von 'shaking', 'rocking', 'rolling', 'loving' und 'playing', und was sie taten und wie sie sich verhielten, war unmißverständlich *unzüchtig*, und ihr Stil wurde von den jungen Leuten weitgehend übernommen und wie bei einer neueren Form von Götzenverehrung angebetet.

Die Musik hörte sich für die Ohren der Erwachsenen häufig wie Katzengeschrei an. Die Texte schienen albern, wenn nicht obszön. Im *Encyclopedia Britannica Yearbook* von 1956 wurde Rock'n'Roll als 'fortgesetzte Barbarei' bezeichnet, die 'absichtlich den künstlerischen Idealen des Dschungels nacheifere'. Im Jahr darauf drückte Frank Sinatra sich noch unverblümter aus, als er Rock'n'Roll als 'brutalste, widerwärtigste, erschreckendste Ausdrucksform', ein 'ranzig riechendes Aphrodisiakum' und 'Schlachtgesang aller Übeltäter auf Gottes Erdboden' bezeichnete. Eine Chicagoer Radiostation richtete eine regelmäßige und sehr berühmte Sendung ein, in der Rock'n'-Roll-Platten während der Sendung zerbrochen wurden. Auch für die Jugendkriminalität, ein juristisches Modewort, das die Phantasie der Soziologen und Kriminologen der fünfziger Jahre beschäftigte, machte man den Rock'n'Roll verantwortlich, und Kommissionen zur Verbrechensbekämpfung verboten Schallplatten. In England, das anfangs nichts Überragendes an eigenständigem Rock'n'Roll zu bieten hatte, war man erstaunt, als die Kids 1957 zu Tausenden zusammenströmten, um Bill Haley zu seiner Tournee durch England zu empfangen, und die anfängliche amüsierte Toleranz mußte angesichts der übermütigen Zerstörung von Kino- und Konzerthallengestühl, wo immer Rock'n'Roll zum Tanzen animierte, einer scharfen Ablehnung Platz machen.

Die traditionelle Verbindung von Rassenvorurteilen und Sexualneid förderte den Haß auf diese Musik und ihre Exponenten. Der Urquell des Rock'n'Roll war schließlich die schwarze Musik mit ihren frechen Texten, ihren sinnlichen Rhythmen und Darbietungsformen und überhaupt ihrer Kneipen- und Bordell-Atmosphäre. Selbst der Name 'Rock'n'Roll' setzte sich aus zwei in der schwarzen Musik üblichen Metaphern für Geschlechtsverkehr zusammen. Es war nicht verwunderlich, daß der Sekretär des White Citizen Council von Nordalabama 1956 Rock'n'Roll als 'ein Werkzeug, um den Weißen auf das Niveau des Negers herunterzuziehen' verdammte. Schwerer war schon zu verstehen, warum das angesehene Branchenmagazin *Variety* im selben Jahr 'eine Warnung an die Musikindustrie' aussprach, sich vor einer Musik in acht zu nehmen, die 'schweinische Postkarten in Songs' verwandele.

Zweifellos sah sich das Musikgeschäft eher als eine konservative Industrie mit festgelegter Marktaufteilung als in der Rolle eines Hüters der moralischen Ordnung (und so sah es auch *Variety*). Wogegen *Variety* in Wirklichkeit etwas hatte, war eine Marktveränderung – die Tendenz, daß weiße Kids 'echte' schwarze Musik suchten. Als der dreißigjährige Discjockey Alan Freed aus Cleveland 1952 sein erstes Rock'n'Roll-Konzert veranstaltete, bei dem auch schwarze Künstler auftreten sollten, und 25.000 Kids sich um die 10.000 Platzkarten schlugen, waren die Musikindustrie und das übrige Establishment nicht über die sich daraus ergebenden Krawalle selbst erschrocken – bei denen fünf Leute festgenommen wurden

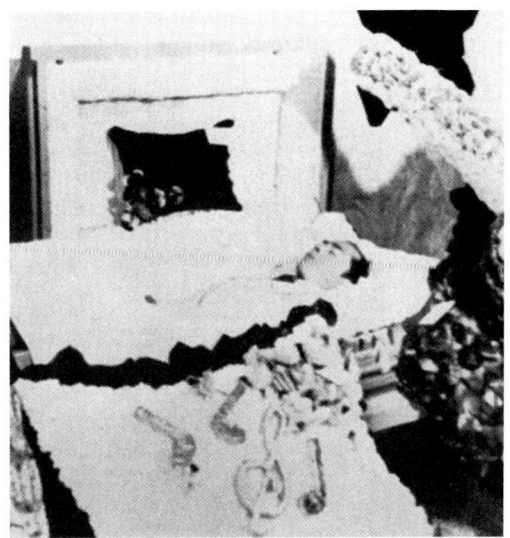

Nur vier Monate später erweisen Tausende dem im Montgomery Municipal Auditorium aufgebahrten Hank die letzte Ehre.

und wenigstens einer mit dem Messer verletzt wurde –, sondern darüber, daß diese 25.000 Kids sich aus Schwarzen *und* Weißen zusammensetzten. So berichteten jedenfalls die meisten Zeitungen, auch wenn ihre Schätzungen zwischen etwa sechzig Prozent Weißen und fast ausschließlich Schwarzen schwankten. Wenn das Publikum (in Gestalt dieser Kids) in der Musik nicht länger auf Rassentrennung bedacht war, wie lange ließ sich diese dann insgesamt noch in der Politik und im Geschäftsleben aufrechterhalten?

Sam Phillips, der in Memphis ein kleines Aufnahmestudio und eine Plattenfirma namens Sun Records betrieb, entdeckte Anfang der fünfziger Jahre das Rezept für eine akzeptable Marktverlagerung. Die Möglichkeit, die Wünsche des Marktes zu befriedigen und gleichzeitig Einwände rassischer Art auszuschalten, bot sich Phillips in Gestalt von Elvis Presley, einem jungen Mann, der 1953 in das Sun Studio spazieren kam, um als Geburtstagsgeschenk für seine Mutter privat eine Platte aufzunehmen.

Elvis' Talent ist nach wie vor schwer zu erfassen, seine Persönlichkeit rätselhaft, seine Biographie ständig verzerrenden Darstellungen und endlosen Neuinterpretationen ausgesetzt. „Gott hat mir eine Stimme geschenkt", sagte Elvis einmal. „Würde ich mich gegen ihn wenden, würde mich das kaputt machen." Und doch erkannte er auch des Teufels Anteil an seinem Erfolg, denn er sagte: „Meine Stimme ist mittelmäßig; wenn ich beim Singen still stehe, bin ich erledigt, Mann." Tatsächlich war es Elvis' aufreizendes Hüftwackeln, das die Rock'n'Roll-Kritiker am meisten konsternierte. Das Magazin *Look* drückte sich ziemlich höflich aus, als es die Meinung vertrat, daß Presleys 'Kreisbewegungen, sein Nasenwischen und seine lüsternen Blicke vulgär' seien. (Nasenwischen?) Das Neue war natürlich, daß Elvis, anders als seine ebenfalls 'vulgären' Vorgänger, jung, weiß und schön war – nicht Inbegriff des Frauenschänders, sondern Inbegriff des Verführers.

Elvis war sich völlig dessen bewußt, welche sexuellen Lüste er heraufbeschwor. Aber die sexuelle Macht und Antriebskraft von Elvis als Künstler hatte mit der Zeit Auswirkungen auf sein Privatleben. Bald war seine eigene Sexualität auf Macht und Antriebskraft beschränkt, und Elvis war Voyeur und Onanist, aber keiner direkten Liebesbeziehung mit jemandem mehr fähig. Anfangs war für ihn ein 'sexuelles' Verhältnis mit drei jungen Mädchen am befriedigendsten, die ihm regelmäßig und gemeinsam in der Privatsphäre seines Schlafzimmers halfen, harmlose pubertäre Spielchen nachzuspielen. In den sechziger Jahren war sein Haus Schauplatz regelmäßiger orgienartiger Feste, die darin gipfelten, daß der King beim Anblick von zwei oder drei miteinander ringenden Mädchen, die bis auf stramm sitzende weiße Höschen nackt waren, in Ekstase geriet. Genuß bereitete es ihm auch, sich oder andere beim sexuellen Treiben zu filmen. Von Drogen und einem ausschweifenden Lebenswandel zerstört, ließ sich Elvis' Appetit spätestens in den siebziger Jahren nur noch durch den Anblick

anderer sich selbst stimulierender Leute anregen. Manchmal waren es Männer und Frauen. Meistens waren es nur Frauen. Aus dem verstohlenen Voyeurismus der früheren Jahre wurde ein stumpfsinniges Ritual, bei dem drei oder vier Chorus Girls nach einem besonderen Arrangement es in diesem oder jenem seiner luxuriösen Schlafzimmer für Elvis und vor seinen Videokameras trieben. Währenddessen hatte er auch immer noch merkwürdige 'Liebesaffairen' mit einzelnen Frauen, die schnell rein platonisch wurden und fast immer auf eine Ehe zusteuerten. Es ist typisch, daß die einzige Frau, die er wirklich heiratete, Priscilla Beaulieu, gerade erst vierzehn war, als sie sich zum ersten Mal begegneten. Es war unausweichlich, daß Priscilla, nachdem sie erwachsen und Mutter geworden war, Elvis verließ (wegen des Karatelehrers der Presleys, Mike Stone). Ebenso unvermeidlich war, daß Elvis darüber so in Rage geriet, daß er ernsthaft vorhatte, ihren Liebhaber umzubringen.

Elvis lebte in einer Welt voller Machtphantasien verschiedener Art. Er träumte davon, große Gebäude zu demolieren; er war ein leidenschaftlicher Sammler von allen möglichen Waffen – seltenen, antiken, kostbar gearbeiteten, tödlichen Waffen; seine krankhafte Angst vor potentiellen Mördern erreichte sogar einmal den Punkt, daß er auf der Bühne während seines Auftritts einen Derringer trug; er sammelte Dienstabzeichen von Polizisten und anderen Ordnungshütern sowie die damit verbundenen Ehrentitel als Talismane für seine Unverletzbarkeit. 1970 erklärte Präsident Richard Nixon sich nach längeren Verhandlungen bereit, den mit Drogen vollgesogenen Elvis zu empfangen und ihn zu einem ehrenamtlichen Rauschgiftagenten zu ernennen. Zynischerweise zahlte sich das für Nixon in der Presse aus; es war Nixons politischen Bemühungen dienlich, von der Anti-Vietnam-Be-

---

„Alles, was glitzert …" Elvis' Goldlamé-Anzug verdeckt, was darunter hohl und kaputt ist.

In seiner Jugend erschien Elvis (dritter von rechts) regelmäßig vor Gericht: am 19. Oktober 1956 erklärt er, wie eine Rauferei mit zwei Tankstellenbediensteten (links) zu einer Anzeige wegen tätlichen Angriffs führte.

wegung abzulenken, indem er ein 'noch größeres Übel' in den Vordergrund spielte – die 'Drogengefahr' – und damit praktischerweise auch eben die Leute angriff, die am lautesten verkündeten, Amerika müsse sich aus Indochina zurückziehen. Für Elvis war die Schizophrenie, daß ein drogenglücklicher Rock'n'Roller zum Kämpfer gegen den Drogenmißbrauch werden konnte, nur ein weiteres Anzeichen dafür, daß er, wie er letztlich glaubte, die Wirklichkeit seinem Willen unterwerfen konnte.

Seine persönlichen Beziehungen waren von seinem Gefühl, gottgleich zu sein, geprägt. Von seinem Troß verlangte er absoluten Gehorsam – selbst bei seinen ausgefallensten Wünschen duldete er nicht das geringste Zögern. Er schritt wie ein despoti-

scher, verängstigter Khan durch seine Häuser – führte die Oberaufsicht über Orgien und gewalttätige kindische Spiele mit solchen Namen wie 'Krieg und Peitsche', bei denen er mit kleinlicher Rache jene strafte, die sich zu gut amüsierten oder die Sünde der Majestätsbeleidigung begingen. Er schleppte Frauen mit nach Hause und überredete sie dazu, Drogen zu nehmen, von denen er abhängig geworden war; 1964 probierte er an seinen Freunden LSD aus (offenbar in der Absicht, zu erfahren, wie die neue Droge wirkte, aber zu ängstlich, seine eigene empfindliche Gemütsruhe durch eigene Experimente aufs Spiel zu setzen). Er konnte natürlich auch liebevoll und nett sein (manchmal – wenn wir einigen seiner Begleiter glauben wollen – in einem ganz ungewöhnlichen Ausmaß), aber wenn er nicht Gott sein konnte, wollte er wenigstens dessen Stellvertreter sein. Seine früheren Leibwächter, Red und Sonny West und Dave Hebler, erinnern sich daran, wie er Stellen aus der Bibel vorlas und bei Jesus' Worten

Priscilla Beaulieu war ein vierzehnjähriges Schulmädchen, als Elvis sie zum ersten Mal begehrte. 1968 – zehn Jahre später – fand die Hochzeit statt. Die Braut war in Weiß, der Bräutigam nicht.

„Es ist leichter, daß ein Kamel durch ein Nadelöhr gehe, denn daß ein Reicher ins Reich Gottes komme" ausdrücklich darauf hinwies, daß der Messias damit bestimmt nicht Elvis meinte.

Elvis' Versuch, mit der Illusion sexueller Omnipotenz fertig zu werden, die der Rock-'n'Roll-Starkult nährte, bestand darin, Gottähnlichkeit zu erlangen – ein Unterfangen von einer Kühnheit, die nur möglich war, weil Elvis, wie seine frühen Freunde und Kollegen sich erinnern, ein farbloser Jüngling gewesen war, in dessen Leben es kaum etwas anderes gab als seinen brennenden Ehrgeiz, Erfolg zu haben. Und sein Erfolg beruhte vor allem darauf, ein passives Instrument seines eigenen Mythos zu sein.

Die Wahrheit über Elvis ist, daß dieser Mythos das Realste an ihm war. Sein Image und sogar sein Stil wurden sorgsam genährt von Männern wie Phillips, Colonel Tom Parker und Steve Sholes von RCA Records (der Phillips den Vertrag für die damals unerhörte Summe von $ 35.000 abkaufte). Colonel Tom, der Inbegriff eines Showman, erkannte, daß Elvis sich doppelt vermarkten ließ. Er produzierte sogar gleichzeitig 'I Love Elvis'–T-Shirts und 'I Hate Elvis'-Anstecker. Parker bewerkstelligte auch den allmählichen Wandel vom Rebellen zum netten Burschen.

Als Elvis' 'Zucken und Hüftenkreisen' Anfang 1956 von der Presse und der Kanzel attackiert zu werden begann, nach Auftritten in den Fernsehshows der Dorsey Brothers und von Milton Berle, trat Elvis im Juni desselben Jahres ohne Hüftewackeln in der Steve Allen Show auf, ganz in Weiß gekleidet und im Frack, spielte einen kleinen Schwank und sang auch *Hound Hog*. Ed Sullivan, dessen Show bei einem anderen Sender direkt mit der von Steve Allen konkurrierte, hatte sich geweigert, einen Auftritt des Sängers in Erwägung zu ziehen. Aber

Elvis' Erfolg in der Steve Allen Show veranlaßte ihn, seinen Entschluß zu ändern, wenn Elvis damit einverstanden wäre, nur von der Taille an aufwärts gezeigt zu werden. Elvis und Colonel Parker erklärten sich bereitwillig einverstanden. Einigen reichte auch das. Der Fernsehkritiker Jack Gould von der *New York Times* beschwerte sich über 'ungemein widerliche… Zungenbewegungen' von Elvis in der Sullivan Show im September 1956. Aber das Elvis-Lager hatte eine Antwort auf alle Einwände parat.

Sie verkündeten, das erste, was Elvis mit dem ganzen Geld anfangen würde, das er verdiene, wäre, daß er seinen Eltern ein neues Haus kaufen würde. Schaut, sagten sie, er ist in Wirklichkeit ein häuslicher Bursche, der seine Eltern liebt. In der Ed Sullivan Show kündigte Elvis seinen ersten Film an und sang den Titelsong *Love Me Tender*.

Elvis wird geimpft, bevor er nach Deutschland einrückt. Seine schwere Drogensucht begann in der Armee, wo man den Truppen regelmäßig Benzedrin verabreichte, um die Manöverleistungen zu steigern.

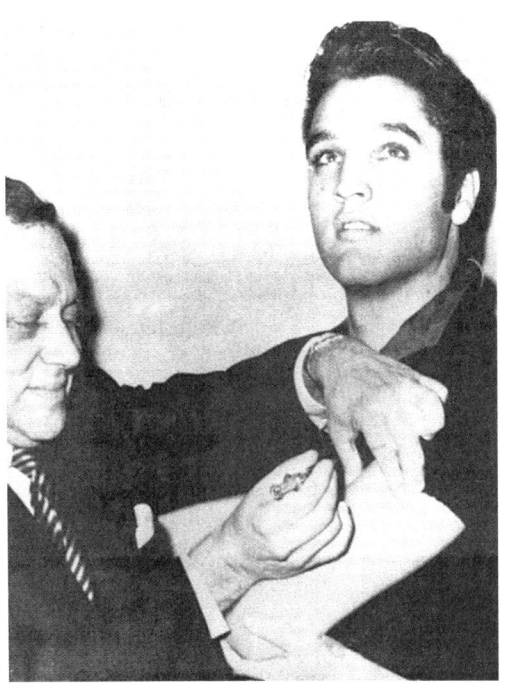

Schaut, in Wirklichkeit ist er sanft und glaubt an romantische Liebe und Ehe und all das Zeug. Die Zahl der Rock'n'Roll-Titel, die Elvis produzierte, nahm ab, die Zahl der von ihm aufgenommenen Balladen und religiösen Songs zu. Schaut, er ist genauso gut wie jeder andere Sänger, *und* ein Christ. 1958 wurde Elvis eingezogen und trat, von einer riesigen Pressekampagne begleitet, artig in die Armee ein. Er ließ seine Haare auf die vorgeschriebene Länge kürzen. Schaut, Elvis ist ein Patriot. Nach seiner Entlassung 1960 erschien Elvis im Fernsehen Arm in Arm mit seinem Erz-Rivalen Frank Sinatra (ja, mit jenem, der Rock'n'Roll für ein ranziges Aphrodisiakum gehalten hatte). Schaut, Elvis ist eine Säule des Showgeschäft–Establishments wie andere auch.

So befolgte Elvis alle Gebote, die Amerikanern teuer sind. Er war einmal arm, aber jetzt war er reich. Er liebte Gott und seine Mama, aber, Junge, er wußte, wie man die Leute unterhält. Er löste den Widerspruch bei den Amerikanern zwischen Verlangen nach Vergnügen und Erfolg und Schuldempfinden und Versagen dadurch, daß er einfach Elvis war. Und seinen eigenen Vorstellungen zufolge konnte nur der Mythos einen für die verwirrende Wirklichkeit entschädigen oder diese erklären. Gefördert von der Drogenabhängigkeit seit seiner Zeit in der Army – wo regelmäßig Benzedrin an die Truppe ausgegeben wurde, damit sie die Manöver besser durchstand – kam es so dazu, daß Elvis den Mythos für wahr zu halten und dieser ihn umzubringen begann.

Der Rock'n'Roll der fünfziger Jahre hätte nicht zwei Stars wie Elvis hervorbringen können, aber das hinderte Musiker und Plattenfirmen nicht daran, einen vergleichbaren Erfolg anzustreben. Die $ 35.000, die RCA für den Elvis-Vertrag an Sam Phillips zahlte, halfen Sun, die Karrieren von einigen Elvis-Konkurrenten zu fördern, die alle – wie der Titelverteidiger – in den Südstaaten aufgewachsene arme Weiße waren. Carl Perkins hätte es schaffen können, wäre er nicht ein wenig zu alt gewesen, ein Familienvater ohne das erforderliche junge gute Aussehen. Außerdem wurde Perkins 1956 in einem entscheidenden Stadium seiner Karriere durch einen Autounfall auf dem Weg zu einem Auftritt für mehrere Monate außer Gefecht gesetzt. Er hatte eben eine Platte mit den von ihm selbst komponierten *Blue Suede Shoes* herausgebracht und sollte bald alles entscheidende Auftritte in der Perry Como Show und der Ed Sullivan Show haben. Bei dem Unfall wurde Perkins' Manager auf der Stelle getötet; und sein Bruder Jay, der der Perkins-Band angehörte, erlag ebenfalls seinen Verletzungen. Der Sänger brauchte lange, um sich gefühlsmäßig und beruflich von dem Unfall zu erholen. Seine Karriere geriet ins Wanken, als er zunehmend der Flasche zusprach. Später nahmen die Beatles seine Songs auf, aber die Chance, ein Star zu werden, war verpaßt.

Dem Ruhm am nächsten kam Carl Perkins in den Fünfzigern, als seine *Blue Suede Shoes* auch von Elvis aufgenommen wurden. Sein Erfolg mit diesem Song half Sun einige Zeit über die Runden. Sam Phillips war Perkins so dankbar, auch wenn er es nicht zum Star gebracht hatte, daß er dem Songwriter zu Ehren eine Party gab, auf der Carl, der schon sehr betrunken war, einen rosa Cadillac geschenkt bekam, damals in den fünfziger Jahren das Zeichen für Erfolg im Rock'n'Roll schlechthin. Nach Elvis' Tod bekam Carl Perkins' Karriere neuen Auftrieb und er die Anerkennung, die er schon immer als einer der Urväter des Rock'n'Roll verdient hatte.

Roy Orbison, der in den sechziger Jahren einen Riesenerfolg hatte, fand es in den Fünfzigern schwer, sich dem Diktat von Sam Phillips zu fügen. Seine Aufnahmen bei Sun verkauften sich nicht gut – und sein Eichhörnchengesicht und die Hornbrille waren sowieso nicht der Stoff, aus dem die Presleys sind. Wenn er etwas war, dann ein Einzelgänger – und erst als er zu einem Stil fand, der zu seinem Verliererimage paßte, kam er zu Erfolg. Seine Songs mit Titeln wie *Only The Lonely*

Drogenmißbrauch und ungesunde Ernährung machten den King zu einem schwitzenden Fettkloß. 1977, im Jahr seines Todes, hatte er bereits aufgegeben, seinen Zustand zu verbergen.

und *It's Over*, melodramatische Gefühlsschnulzen mit viel Saccharin- und Sojasaucenwürze, waren zu Beginn der sechziger Jahre die perfekte Begleitmusik für pubertäre Krisen. Orbisons Aussehen und seine dunklen Brillengläser (die er nach eigener Aussage trug, seit er 1963 während seiner Englandtournee mit den Beatles seine normale Brille zu Hause vergessen hatte) schienen zu bestätigen, daß hinter seinen schluchzenden, gequälten Gesangsagonien eine Wahrheit steckte. Auf der Bühne bewegte er sich kaum, was so lange in Ordnung war, wie seine Zuhörer glauben konnten, daß ihn seine Angst auf der Stelle festnagelte. Aber als ihm echtes Unglück widerfuhr, ließ Roy Orbison eine Mischung von Beziehungslosigkeit und Gefühlsstumpfheit erkennen.

Seine Frau Claudette kam 1966 bei einem Motorradunfall ums Leben, und zwei seiner drei Kinder starben zwei Jahre später bei einem Brand in seinem Haus. Orbison machte weiter; seine – ein paar Jahre später zum Ausdruck gebrachte – Einstellung lautete, daß man sich von einem Unglücksfall

---

Nachdem 1966 ein Motorradunfall in der Nähe des Familienwohnsitzes in Nashville, Tennessee, seiner Frau Claudette das Leben kostete, wollte Roy Orbison nicht einsam bleiben. Hier sucht er ein nettes, englisches Kindermädchen, daß sich um seine drei Sprößlinge kümmern soll, während er auf Tournee geht.

nicht 'völlig umwerfen lassen' dürfe. „Mein Ziel ist es, standhaft zu sein", sagte er, „mich von nichts zu sehr umhauen zu lassen." So bewundernswert dieses Zielbewußtsein auch sein mag, man hat, ich kann mir nicht helfen, das Gefühl, daß Orbison, wäre er weniger Herr über sich selbst gewesen, mehr Bedeutung für den Rock'n'Roll gehabt hätte. Andererseits hätte er statt dessen jedoch auch daran zugrunde gehen oder verrückt werden können.

Johnny Cash hatte in der Anfangsphase des Rock'n'Roll offenbar schon eher das Zeug zum Star. Aber er wurde tablettensüchtig; es fing, wie er sagte, damit an, daß er sie nahm, „damit ich nicht so schüchtern war, wenn ich auf die Bühne ging". So ging eine verheißungsvolle Karriere baden, als Cash

---

15. September 1968, nur zwei Jahre nach dem Tod von Roy Orbisons Frau: Feuerwehrleute bergen die Leiche des elfjährigen Roy Orbison Jr. aus den Ruinen des Wohnhauses in Hendersonville, Tennessee. Auch Orbisons sechsjähriger Sohn Tony starb in den Flammen.

5. Oktober 1965: Johnny Cash in Handschellen vor Gericht in El Paso. Ihm wurde vorgeworfen, mehr als 1000 Aufputsch- und Beruhigungstabletten von Mexiko in die Vereinigten Staaten geschmuggelt zu haben.

Schäden, die aus einem Waldbrand resultierten. Cash wurde vorgeworfen, das Feuer verursacht zu haben, und es dauerte ganze zwei Jahre, bis der Fall geklärt war und er schließlich zu einer Geldstrafe verurteilt wurde. Als seine Familie schon vorhatte, ihn in eine Anstalt zu stecken, und nachdem er 1967 zum dritten Mal verhaftet worden war, bekam Johnny Cash sich endlich wieder in die Gewalt, begann wieder aufzusteigen und brachte es als Country-Musiker zu großem Erfolg.

Eines der tragischsten Opfer des Rock'n'Roll hinwiederum hätte mit Leichtigkeit der größte Star von Sun werden können. Jerry Lee Lewis war ein wahrhaft urwüchsiger Rock'n'Roller; laut, bedrohlich und außer Rand und Band auf der Bühne und bei den klassischen Aufnahmen wie *Whole Lotta' Shakin' Goin' On* und *Great Balls of Fire*. Lewis pflegte sein Klavier zu zertrümmern oder sogar zu verbrennen, Stühle auf der Bühne umzuwerfen und sein Publikum zu beschimpfen. Er hatte nichts von dem Elvis-Stil, aber er hatte wahrscheinlich mehr Temperament – und er hatte mit Sicherheit ein ausgeprägteres Sündenbewußtsein. Er hatte, ebenso wie Elvis, eine christliche Erziehung genossen. Aber im Gegensatz zu Elvis versuchte Jerry Lee auch nach den ihm beigebrachten Grundsätzen zu handeln. Seine – tiefe, aber unausgesprochene – Gläubigkeit führte wenigstens bei einer Gelegenheit (der Aufnahme-Session für das unleugbar blasphemische *Great Balls of Fire*) zu einer Verzögerung, weil er und Sam Phillips eine längere Auseinandersetzung darüber hatten, ob es sich schicke, religiöse Sprachbilder als marktschreierische, lästerliche Metaphern für Sexualität zu verwenden. „Ich habe den Teufel im Leib!" sagte Jerry Lee auf dem Tonband dieser Session, während Phillips Lewis zu überzeugen versuchte, daß er mit seiner Musik 'Seelen retten' könne. Es hört sich an wie eine Mischung aus Theologieseminar und Erweckungsversammlung, und obwohl Jerry Lee sich schließlich einverstanden erklärte, die Platte

sich mehr und mehr auf 'künstliche Energie' zu verlassen begann. Er wurde immer häufiger krank. Er fuhr sein Auto zu Schrott, erlitt aber dabei nur kleinere Verletzungen. Mitte der sechziger Jahre hatte er mehrere Zusammenstöße mit dem Gesetz. Im Oktober 1965 wurde er wegen illegaler Einfuhr von Tabletten festgenommen; 1966 wegen des Besitzes von Marihuana; und Anfang 1967 behielt man ihn unter dem Vorwurf der Landstreicherei über Nacht im Gefängnis. Zu dieser Zeit waren seine Karriere und seine erste Ehe kaputt. Ihm eilte der Ruf von Unzuverlässigkeit und der eines Störenfrieds voraus (einmal strich er ein ganzes Motelzimmer schwarz an, und ein anderes Mal stellte er in einem gemieteten Zimmer einen Esel und einen Vorrat an Heu ab). Sein Freund Waylon Jennings meint, daß er verschiedentlich dem Tod sehr nahe war. 1966 kam es auch zu einem Prozeß wegen aufzunehmen, kann man spüren, daß er das für sündhaft hielt. Trotzdem – was dabei herauskam, war eindeutig Rock'n'Roll.

Der ihm merkwürdig ähnliche Little Richard – auch er ging auf sein Piano los, schien wirres Zeug zu reden („A Wop Bop A Lu Bop, A Wop Bam Boom"), war von sexuellen Teufeln besessen und verbarg sich hinter einer Maske aggressiver und auffällig zur Schau getragener Arroganz – gab den Rock'n'Roll nach einer göttlichen Offenbarung nicht näher bekannter Art 'dem christlichen Glauben zuliebe auf', wie er sagte. Manche Leute behaupten, Richard habe sich 1957 auf dem Höhepunkt seiner Karriere zurückgezogen, um nicht die horrend hohen Steuern auf seine beachtlichen Einnahmen zahlen zu müssen. In seiner Version der Geschichte, die in seinen Erzählungen von Mal zu Mal variiert, gibt Richard an, den Impuls zu dem Rücktritt durch eine dramatische Erscheinung empfangen zu haben, die er während einer Tournee auf einem Flug über Australien hatte. Offenbar befand sich das Flugzeug in Schwierigkeiten, und Richards Entschluß nach der Schreckensvision seiner eigenen ewigen Verdammnis, den Rock'n'-Roll aufzugeben, wirkte wie eine Art geistiges Turbo-Prop. Wieder sicher auf festem Boden, warf der frühere Gospelsänger alle seine prunkvollen Juwelen ins Meer und begab sich mehr oder weniger schnurstracks auf ein College in Alabama, wo er sich auf ein Leben als Prediger vorbereitete. Seine Plattenfirma brachte unterdessen, als wäre nichts geschehen, weiter Little-Richard-Platten mit Aufnahmen von früheren Sessions oder Radiosendungen heraus. Richard selbst kehrte sieben Jahre später zum Rock'n'Roll zurück – er hatte es in der ganzen Zeit nie geschafft, gänzlich auf das sinnliche Vergnügen an weltlicher Musik zu verzichten. Seine Karriere geriet ins Trudeln, da sie zwischen Zeiten immer grotesker und frevelhafter Zurschaustellung und häufigen Zwischenspielen mit öffentlicher Selbstkasteiung hin und her pendelte.

Damals wurde häufig die Ansicht geäußert, ein besseres Benehmen sei von einem 'unzivilisierten' Schwarzen wohl nicht zu erwarten. Dem Weißen Jerry Lee Lewis gestattete man nie die Freiheit von Selbstzweifeln. Als im Mai 1958 während einer Englandtournee bekannt wurde, daß er seine dreizehnjährige Cousine Myra geheiratet hatte, wurde er wegen des mediengesteuerten Skandalgeschreis, das daraufhin losbrach, in England außer Landes gejagt, aus den Hitlisten gestrichen und beinahe arbeitslos. Das Verhältnis, das Elvis später mit Priscilla Beaulieu hatte, die er in Deutschland kennenlernte, als sie noch ein Schulmädchen war, und Buddy Hollys Eheschließung mit einer Mexikanerin (auch 1958) waren gut gehütete Geheimnisse. Auch Lewis hatte versucht, seine Ehe geheimzuhalten, obwohl Myra in dem Staat, wo die Hochzeit stattfand, nicht als Minderjährige galt, aber als die Aufregung erst einmal da war, überlegte er es sich anders und bekannte sich öffentlich zu ihr. Sie war seine dritte Frau.

Lewis hatte bereits als junger Teenager heftig zu trinken begonnen. Wie so viele andere Rocker aus der Frühzeit nahm er auch Speed. Er wurde sein Leben lang von Unglück verfolgt. 1962 ertrank im Alter von nur drei Jahren sein Sohn, den er mit Myra hatte. 1970 verließ Myra ihn; er sagte, sie habe ihn dabei erwischt, wie er sie betrog; er war, je nachdem wie man es betrachtet, ein toller Hecht oder wahllos in seinen Geschlechtsbeziehungen. Der Zorn Gottes verfolgte ihn weiterhin – sein zweiter Sohn, Jerry Lee Jr., starb 1972 im Alter von nur siebzehn Jahren bei einem Autounfall. 1976 verunglückte Jerry Lee selber mit seinem Rolls Royce; und im selben Jahr erschoß er aus Versehen den Bassisten Butch Owens mit einer 357er Magnum. 1977 war Jerry zwecks einer Gal-

---

Der Teufel sorgt für die Seinen – konnte Jerry Lee Lewis der Lebensstil des Rock'n'Roll bis heute deshalb nichts anhaben, weil er die Musik des Teufels spielt?

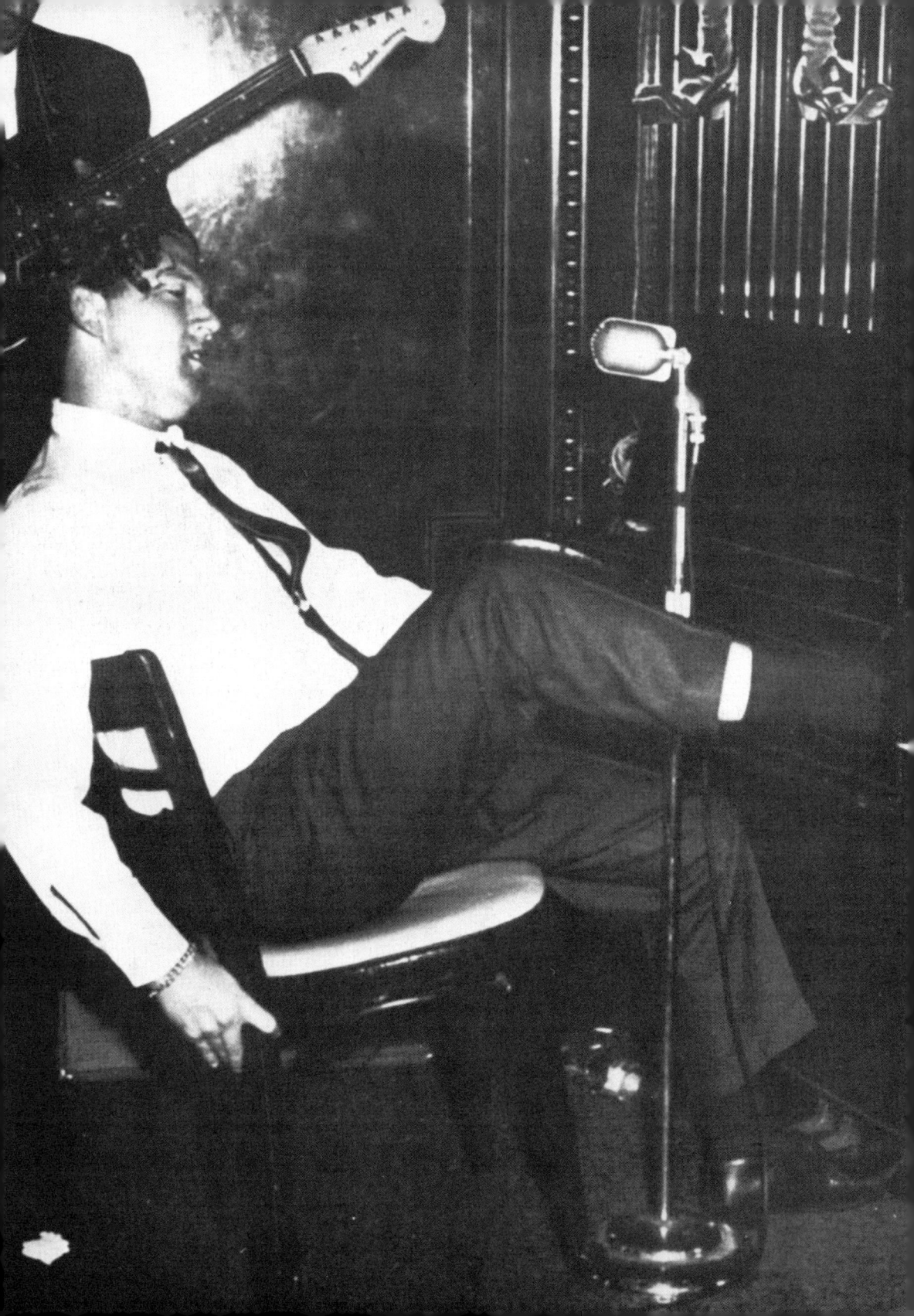

OLICE CHECK ... ON CHILD BRIDE

Get ou... Lewis!

Die kleine Myra füttert den „Killer". Bei seiner Tournee in Großbrit... nien 1958 hatte er noch kaum einen Ton gespielt, als seine Hochzeit m... seiner 13jährigen Kusine Myra Gayle Brown bekannt wurde. Lew... bereute nichts, wurde ausgebuht und fiel beim Publikum in Ungnade. Nach seiner Rückkehr in die Staaten ging es mit seiner Karriere steil bergab. Musikerkollege Ronnie Hawkins meinte damals über den Skandal: „Wir konnten die allgemeine Empörung darüber, daß Jerry eine 13jährige geheiratet hat, nicht verstehen. Wir Jungs aus dem Süden wußten doch alle, daß sie erst zwölf war."

CHILD BRIDE MIX-UP MAY CUT JERRY'S

OLICE TO ACT IN CAS... Mrs 'ROCK' AC...

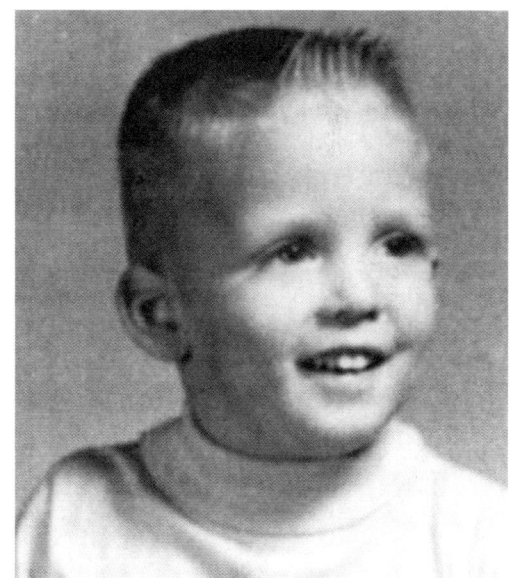

Meinungsverschiedenheiten zwischen Familie Lewis und ihren Beratern. Am 30. Jänner 1959 bat Jerry Lee das Gericht um eine Herabsetzung der Unterhaltszahlungen an seine zweite Frau Jane sowie um das Sorgerecht für die beiden Kinder, das seinen Eltern zugesprochen werden sollte. V.l.n.r.: Manager Jud Phillips, Jerrys Vater Elmo, Lewis und seine Anwälte Harry und Allex Barnett.

lenblasenentfernung, wegen eines Lungenkollapses, einer Rippenfellentzündung und wegen Rückenproblemen im Krankenhaus, und wenig später trennte er sich von seiner vierten Frau. 1981 wäre er beinahe an Magengeschwüren gestorben. Wieder kam er ins Krankenhaus, schwebte einige Wochen m Lebensgefahr, kam aber durch – wenigstens fürs erste – und erklärte, sich unwiderruflich der Gospelmusik widmen zu wollen. Seit Mitte der fünfziger Jahre ist Lewis ein Überlebender, und bis der Rock'n'Roll ihn zur Hölle schickt – was dieser, davon ist Lewis überzeugt, tun wird – wird er ein Über-

Steve Allen Lewis, der dreijährige Sohn von Jerry Lee und Myra. Am 22. April 1962 fiel er in den Swimming-Pool der Familie und ertrank.

Der bibelschwingende Little Richard blättert vor dem Einschlafen noch ein wenig im Wort Gottes. 1957 hatte er zwar seinen Schmuck im Hafen von Sydney versenkt, aber schon 1964 rockte er wieder im Namen des Herrn.

lebender bleiben. Oder, wie er es selbst ausdrückte, „ein betrunkener Hohlkopf, der meint, er sei der Beste", was er wahrscheinlich auch ist. Die letzte Ironie ist ein ständiger Kampf mit der Steuerbehörde, die zweimal wegen nicht bezahlter Steuern alle seine Autos konfisziert und ihn dazu veranlaßt hat, einige historische Andenken zu versteigern, um eine Rechnung zu bezahlen, die er ursprünglich wohl hätte bezahlen können.

Anders als viele andere Rockmusiker der Frühzeit war Chuck Berry, der stilistische Meister der Teenager-Szene, wesentlich an seiner eigenen Zielgruppenorientierung beteiligt gewesen. Berry – vielleicht der größte aller Rock'n'Roll-Texter – brachte das deut-

lich zum Ausdruck, als er sagte: „Ich habe *School Days* nicht in einem Klassenzimmer geschrieben, sondern im Street Hotel, einem der großen billigen Hotels für Schwarze in St. Louis." Er entfernte sich in seinen Texten und seiner Einstellung, wenn auch nicht in seinem musikalischen Stil, absichtlich von seinen schwarzen R&B-Wurzeln, und zwar auf die Vorstellungen amerikanischer Teenager vom Leben zu, wobei er durch Komik und Sentimentalität Distanz zu sexuellen Dingen wahrte. Berrys Technik bestand immer darin, seine Stücke mit Gelächter zu überdecken, indem er im Teenager-Slang über Dinge sprach, von denen die Eltern der Teenager nichts hätten hören wollen. Besonders enthüllend sind seine Auto-Sprachbilder. Sein erster Hit, die im Country-Stil gesungene R&B-Nummer *Maybelline*, verwendet die Metapher vom Konkurrenzkampf beim Autofahren („As I was motivating up the hill I saw Maybelline in a Coupe de Ville"). Die Worte skizzieren, wie besessen die Gedanken der Teenager sich ständig ums Autofahren drehen, aber stehen eindeutig auch für Geschlechtsverkehr.

Chuck Berry hat all die Jahre hindurch viel Geschäftssinn bewiesen, indem er Publikumsinteresse und Publikumsgeschmack genau zu treffen wußte. „Der Dollar diktiert, welche Musik geschrieben wird", sagte der ehemalige Baptisten-Chorknabe und Friseurlehrling einmal schlicht. „In meinem Fall gehen eine musikalische und kaufmännische Begabung Hand in Hand", sagte er 1964 in seiner typisch unbescheidenen Art. „Ich manage meine eigenen Angelegenheiten einschließlich meiner Investitionen." 1981 wurden Berrys Investitionen – einschließlich Apartmentblocks, Häusern, eines Aufnahmestudios und eines in der Nähe von Chucks Heimatstadt, St. Louis in Missouri, gelegenen 98 Morgen großen Country Clubs und Freizeitgeländes namens Berry Park – auf einen Wert von etwa $ 20 Millionen geschätzt. Trotz all dem war Berry 1979 tatsächlich wegen Steuerhinterziehung eingesperrt worden (die Alternative war eine hohe Geldbuße), nachdem er sein (eine halbe Million übersteigendes) Jahreseinkommen von 1973 um mehr als $ 200.000 zu niedrig angegeben hatte.

Vielleicht ist das nur ein Beweis für seine Knauserigkeit. „Mein Vertrag ist meine Bibel", sagt er – und meint das ziemlich wört-

---

Chuck wollte den Namen der blonden Schönheit nicht preisgeben, die ihn im Juli 1979 von London in die USA begleitete, wo eine Gefängnisstrafe wegen Steuerhinterziehung auf ihn wartete. Es handelte sich jedenfalls nicht um seine Ehefrau, mit der er seit seinem 22. Lebensjahr verheiratet war.

lich. 1975 kam es zu wütenden Szenen, als Berry die Bühne des Hammersmith Odeon in London nach Auskunft von Fans, die dabei waren, nach acht Musiknummern verließ. Ohne Zweifel hatte er seinen Vertrag erfüllt (tatsächlich behauptet er sogar, statt der vereinbarten 45 Minuten sogar 58 gespielt zu haben), aber sein Auftritt war lustlos. „Man lernt, mit all dem zu leben", antwortet Berry Leuten, die an seinen Auftritten etwas auszusetzen haben. „Vergessen Sie nicht, man hatte auch an Jesus etwas auszusetzen."

Dieser Neuzeit-Christus scheint sich den amerikanischen Traum übertrieben stark zu Herzen genommen zu haben. Auf einer Tournee außerhalb der USA soll Berry jeden Morgen den Dollarkurs mit dem Wert der Landeswährung verglichen und darauf bestanden haben, daß ihm jeder Wertverlust bei seinem Honorar durch eine Barzahlung ausgeglichen wurde, bevor er den Fuß auf die Bühne setzte. Eines Abends belief sich die Nachzahlungsquote auf knapp 25 Cents – aber er bestand trotzdem auf voller Zahlung.

Aber es gibt gute Gründe für Berrys Sturheit. Er hatte ohne Zweifel eine harte Vergangenheit. Als armer Schwarzer, der, wenn es den Rock'n'Roll nicht gegeben hätte, ein Ghetto-Friseur geworden oder in die Fußstapfen seines Vaters getreten und Zimmermann geworden wäre, war er ein Opfer des allgemeinen Rassismus in Amerika und der ausbeuterischen Praktiken im Musikgeschäft. Mit fünfzehn wurde er wegen versuchten Raubes in eine Erziehungsanstalt gesteckt; 1959 wurde er in Mississippi verhaftet, weil er versucht hatte, ein weißes Mädchen im Wagen mitzunehmen; im selben Jahr wurde er nach dem *Mann Act* wegen Entführung angeklagt und verhaftet. Berry hatte eine vierzehnjährige indianische Prostituierte nach St. Louis gebracht, wo sie in seinem Nachtklub die Hüte entgegennehmen sollte. Er sagt, sie habe behauptet, sie sei zwanzig, und daß er von ihrem Beruf nichts gewußt habe. Er entließ sie, weil sie in

eine Schlägerei verwickelt war, aber sie ging mit ihrer Geschichte zur Polizei.

Berrys erstes Gerichtsverfahren wurde für ungültig erklärt, weil es unverhohlen rassistisch war. Der Richter bezeichnete ihn ständig als 'dieser Neger'; und die Presse veranstaltete eine Hetzkampagne: „ROCK'N'-ROLL-SÄNGER LOCKTE MICH NACH ST. LOUIS, SAGT VIERZEHNJÄHRIGE", lauteten die sensationellen Schlagzeilen. Bei einem zweiten Gerichtsverfahren wurde er 1962 zu einer Geldstrafe von $ 5.000 und zu drei Jahren Gefängnis verurteilt, von denen er dann sechzehn Monate absitzen mußte. 1964 behauptete Chuck Berry, er habe seine damalige Popularität der Gefängnisstrafe zu verdanken. „Mein einziger Trost bestand darin, an Musik zu denken. Ich schrieb neue Songs und glaubte fest, daß das Publikum vergessen und mich als Sänger aufnehmen wird, nicht als ehemaligen Häftling." 1972 leugnete Berry, je im Gefängnis gesessen zu haben. „Ich wurde freigesprochen", sagte er und stellte es so dar, als hätte das Ganze etwas mit einer Rivalität zwischen seinem Club und einem Club nur für Weiße 'auf der anderen Straßenseite' zu tun gehabt. 1975 war es mit dem heftigen Ableugnen seiner Knastzeit wieder vorbei, er erklärte aber weiterhin, seine Verurteilung sei 'ein abgekartetes Spiel' gewesen, „um mich zu ruinieren und zu verdrängen".

Was soll man von den Widersprüchen bei Berry halten? Er ist seit seinem 22. Lebensjahr mit ein und derselben Frau verheiratet, wird aber ständig in Gesellschaft hübscher junger Blondinen gesehen. Er bringt es fertig, innerhalb weniger Monate mal die Bekanntschaft mit Mick Jagger und Keith Richard abzuleugnen, die Berry bei einem früheren Niedergang zu neuem Aufstieg verhalfen, und dann wieder Bewunderung für die beiden Rockmusiker und Liebe zu ihnen zum Ausdruck zu bringen. Er kann heftig werden bis an den Rand von Gewalttätigkeit: Einmal zerstörte er die Kamera eines Fans, weil es ihn ärgerte, daß der ihn vor seinem Auftritt zu fo-

Adam Faith, ein Buddy-Holly-Epigone und Mädchenheld der Vor-Beatles-Ära, unterstützte eine Kampagne, die unwissende Teenager über die Gefahren von Geschlechtskrankheiten aufklären sollte. Rock-'n'-Roll hielt man damals für ebenso gefährlich.

tografieren versuchte; ein anderes Mal, 1981, ging er auf Keith Richard los, als Keith an ihn herantrat, während er gerade einen Club verließ. Wie Elvis, aber auf eine andere Weise, verkörpert Berry sowohl das Bedrohliche am Rock'n'Roll als auch die Wunschträume des 'Durchschnitts-Amerikaners'. Als jemand, der inbrünstig an freies Unternehmertum, an Demokratie und die Autoindustrie glaubt, kann sich Berry vielleicht einfach nicht mit seiner rebellischen Seele abfinden. „Hin und wieder werde ich sehr wütend und gefühllos, launenhaft, sehr schizophren", sagte er einmal. „Das ist in Wirklichkeit eine unter Kontrolle gehaltene Schizophrenie, und ich halte sie unter Kontrolle."

Ohne Berry hätte es keinen sauberen Rock'n'Roll gegeben. Die Kapitäne der Schallplattenindustrie hatten ihm viel zu verdanken. Seiner unmißverständlichen textlichen Zweideutigkeiten und seiner höchst lasziven Körperbewegungen und stimmlichen Modulationen beraubt, verwandelte sich Rock'n'Roll in Popmusik. Besonders wichtig als Startrampe für saubere Rock'n Roller war das Fernsehen. *American Bandstand*, eine in Philadelphia produzierte Fernsehshow mit Dick Clark als Gastgeber, schob viele Möchtegern-Stars die Leiter des Erfolges hinauf. Die meisten hießen Bobbie oder Frankie. Nur wenige von ihnen hatten viel Talent, und selbst die welches hatten, litten unter der banalisierenden Wirkung schonungsloser Aussetzung im Fernsehen. Das war die viel geschmähte Ära, in der gutaussehende Burschen in wortwörtlichem Sinne von der Straße geholt und gefragt wurden, ob sie Stars werden wollten. In der Schallplattenindustrie summte es von dem Geräusch, mit dem weiße Burschen mit romanischem Aussehen und Entenschwanzfrisur ihre Namen unter Verträge kritzelten. Jetzt, da Elvis in der Armee war, sollte es eine Armee von Elvisen geben.

Fabian (der richtig Fabiano Forte Buonaparte hieß) war dreizehn, als er von zwei Veranstaltern aus Philadelphia unter Vertrag genommen wurde. Er gab bereitwillig zu, daß er nicht singen konnte (eine legendäre Aufnahme-Session brauchte 88 Takes, bevor Fabian es richtig hinbekam), aber das spielte keine Rolle. Fabian sah phantastisch aus.

Bobby Vee (der eigentlich Robert Velline hieß) hatte das große Glück, der Band anzugehören, die in Moorhead, Minnesota, als Lückenbüßer auftrat, nachdem Buddy Holly mit dem Flugzeug verunglückt war. Der Produzent Snuff Garrett hörte sich anschließend eine Aufnahme von Vees Band an (den Shadows) und nahm sie unter seine Fittiche. Vee – der das richtige jungenhaft schwärmerische Aussehen hatte – wurde für eine Solokarriere vorbereitet und sogar mit Buddy Hollys alter Begleitgruppe, den Crikkets, zusammengespannt, um aus dem Holly-Geheimnis Kapital zu schlagen.

In England war Rock'n'Roll anfangs kaum mehr als ein Marketingunterfangen, die berechnete Reaktion der Unterhaltungsindustrie, eine Marktlücke zu füllen. Der erste große Star war Tommy Hicks, dessen Künstlername, Steele, ein Beispiel war, dem fast alle anderen Sänger folgten, die von dem Mann gemanagt wurden, der zwei, drei Jahre lang praktisch die englische Rock'n'Roll-Szene beherrschte – Larry Parnes. Parnes hatte die Neigung, seinem 'Stall' Namen zu verpassen, die plumpe Andeutungen auf Sexualcharaktere waren. Da gab es einen Marty Wilde, Billy Fury, Vince Eager, Dickie Pride und Johnny Gentle – um nur einige wenige zu nennen. Einmal managte Parnes sechzehn Sänger gleichzeitig, aber bis 1961

hatte er – bis auf Steele, Wilde, Fury und Joe Brown – alle wieder freigegeben, da er es vorzog, sich auf seine erste Liebe zu konzentrieren, das 'echte' Showgeschäft, das Managen von Theatern und Promoten von Bühnenshows.

Parnes, der offensichtlich eine Neigung zur Theaterwelt besaß, sah sich auch von der Theatralik beim Rock'n'Roll angezogen. Wie seine Begabung, Künstlernamen zu erfinden, schon vermuten läßt, bedeutete Rock'n'Roll Parnes nur etwas als eine Form von Theater. Mitte der fünfziger Jahre leitete er die Schneidereien seines Vaters in London und hatte Geld in eine Teilhaberschaft an einem kleinen Club investiert, in dem häufig Leute aus dem Showbusiness verkehrten. Er erwarb eine Beteiligung an einem Tourneestück – für das ein Mann namens John Kennedy die Werbung machte. Kennedy begann sich dafür zu interessieren, einen Sänger zu managen, den er in der Londoner Espressobar *21* gesehen hatte,

Ein freudestrahlender Larry Parnes (Mitte) mit dem neuesten Mitglied seines „Rock'n'Roll-Stalls", einem schüchternen Tierfreund namens Bill Fury, der gerade versucht, das Gekreische seiner Fans zu verkraften. Die Medien beschrieben Furys Bühnenshow damals als „abstoßend".

Die britische Antwort auf Elvis? Als ihn die hübsche Janette Scott küßt, weiß Cliff Richard nicht so recht, was er mit seinen Händen machen soll. Cliff behauptet heute, seit den Sechzigern enthaltsam zu leben.

wo einige englische Skifflegruppen und Rock'n'Roller ihre Debüts hatten. Der Sänger war Tommy Hicks, ein junger Handelsschiffahrtsmatrose, und Kennedy überredete Parnes, den Burschen gemeinsam mit ihm zu promoten. Die beiden blieben Partner bis 1961, als sie sich nach einem fünf Stunden währenden Pokerspiel um £ 3.500 im Streit trennten – obwohl Parnes zu der Zeit nur zynisch bemerkte: „Ich kümmere mich um das Geschäftliche. Kennedy macht die Werbung. Es ist nicht nötig, daß wir uns beraten."

Parnes und Kennedy betrachteten Rock'n'Roll als Startbasis für vielseitigere Karrieren. Dementsprechend machte Tommy Steele nur zwei Platten mit Rock'n'Roll-Ambitionen (*Rock With The Caveman* und *Doomsday Rock)*, bevor er sich in einen Film-Star, Schauspieler, Kabarett-Künstler und in eine Fernsehpersönlichkeit zu verwandeln begann, und sowohl Cliff Richard als auch Adam Faith zogen nach. In einem Kommentar zu seinem eigenen Erfolg sagte Tommy Steele: „Irgend jemand suchte nach einem repräsentativen Rock'n'Roller, und ich war gerade da." Der Kommentar des Fernsehproduzenten Jack Good über Cliff Richard war noch bündiger: „Er war formbar!" Aber für andere waren die Dinge weniger simpel angelegt. Manche waren nicht in der Lage, mit der Manipulation ihrer Persönlichkeit fertig zu werden, und daher unfähig mitzuhalten, als ihre Rock'n'Roll-Chance kam und wieder verging. Marty Wilde, der bis in die frühen sechziger Jahre immer noch Hits hatte, sah seine Einnahmen nach viel Presserummel um seine Ehe von £ 10.000 pro Jahr auf £ 1.000 herabsinken. 1961 sah Marty sich mit zwanzig Jahren gezwungen, sein Comeback anzukündigen.

Billy Fury litt unter schlimmen Depressionen, obwohl er der beste britische Rocker der Frühzeit war – mit einer Bühnenshow, die der *New Musical Express* als 'einfach ekelhaft' beschrieb. Nachdem er sich 1958 während eines Auftritts in Birkenhead in Marty Wildes Garderobe geschlichen hatte, um dem Star einige seiner Kompositionen vorzuspielen, wurde Fury mit Hilfe des stets beutegierigen, nach frischem Blut gelüsten-den Parnes selbst in Star-Höhen katapultiert. Der Möchtegern-Songschreiber verwandelte sich – nach Aschenputtel-Manier – in einen Sexbesessenen. Selbst Jack Good sah sich zu der Bemerkung veranlaßt: „Ehrlich gesagt, es gibt ein oder zwei Dinge, die Billy tut, die er für mein Empfinden lieber nicht tun sollte." Er führte das nicht weiter aus.

Furys Karriere – die in den siebziger Jahren in dem Film *That'll Be The Day* parodiert wurde – wurde in dem Namen der Rolle, die er darin zu spielen hatte, treffend zusammengefaßt: Stormy Tempest [stürmischer Orkan]. Er blieb fast bis Ende der sechziger Jahre im Blickpunkt der Öffentlichkeit und hat seitdem mehrere mißlunge-

ne Comebacks versucht (ein Versuch schlug fehl, weil er am Vorabend einer sorgfältig geplanten Rock'n'Roll Revival-Tournee erkrankte, und ein weiterer Versuch, jüngeren Datums, mißglückte 1981). Sein Image war das eines englischen James Dean. Er war schüchtern, aber ein Hitzkopf, ein tierliebender Mensch („Billy weint jedes Mal, wenn er sieht, daß einem Tier weh getan wird", schrieb die Presse), hatte eine Leidenschaft für schnelles Fahren und schnelle Autos (er wurde 1961, '62, '63 und '68 verhaftet, weil er zu schnell gerast war), aber nicht genug Selbstsicherheit, um mit Mädchen zu reden. (Parnes behauptet, für Fury einmal einen Abschiedsbrief entworfen zu haben, als der mit einer Freundin Schluß machen wollte.) Fury war ohne Zweifel ein Künstler mit erotischer Ausstrahlung (auch ohne seinen Goldlamé-Anzug) und ein Opfer seiner eigenen Melancholie. Die Mischung von Schwäche (er litt an Rheuma, Nierenproblemen und Bronchitis) gepaart mit Stärke (in sexueller Hinsicht und auch sonst – er hatte früher auf einem Schleppdampfer gearbeitet), von Empfindsamkeit gepaart mit Aggression (er liebte es nicht nur zu rasen, sondern las auch Lyrik) war immens attraktiv. Aber im Grunde schien Fury dem strapaziösen Leben eines Rocksängers im Blickpunkt der Öffentlichkeit ein Leben in Ruhe vorzuziehen und sich mit Vogelkunde und seinen Rennpferden zu befassen.

Parnes ließ, ohne lange zu fackeln, Künstler fallen, die nicht vorankamen. Vince Eager mußte gehen, weil er nie Hits hatte. Dickie Pride, der weiche flache Filzhüte trug und abgewetzte Lederjacken, gehörte zu den wenigen Rockern der Frühzeit, die heroinsüchtig wurden. Er fuhr einen stark abgenutzten Sportwagen, und bei einer Probefahrt mit einem Motorrad fuhr er mal durch die Spiegelglasscheibe eines Ausstellungsraums. Parnes ließ ihn selbstverständlich fallen, weil er eine Belastung darstellte, und er starb in Vergessenheit an einer Überdosis. „Ich behalte nur die, die ernsthaft mitarbeiten und sich sowohl auf der Bühne als auch sonst ganz meiner Führung anvertrauen", lautete Parnes' Erklärung.

Am meisten Aussicht, es auf der britischen Rock-Szene zu schaffen, hatte nach Tommy Steele Terry Dene. Er wurde 1957 von Jack Good entdeckt, als er in den Pausen zwischen den Runden eines Ringkampfes sang, und Good beschloß, ihn in seiner Fernsehshow unterzubringen. Mit achtzehn war Dene ein richtiges Teenager-Idol – die Fans verfolgten ihn auf der Straße, zerrten an seiner Kleidung und seinen Haaren; er mußte sich nach Bühnenauftritten raffinierte Abgänge verschaffen und durch Garderobenfenster verschwinden; sogar seine Mutter wurde von den kreischenden Horden überwältigt. So wurde aus einem Packer mit £ 3.50 pro Woche eine öffentliche Sensation. Er verlor den Kopf. Er fing an, einer augenblicklichen Regung folgend, Schaufensterscheiben zu zerschlagen, Motorräder umzuwerfen, wenn es ihm nicht gefiel, wie sie geparkt waren, und einmal zertrümmerte er ein Telefonhäuschen, weil er kein Geld hatte, um seine Freundin, die Sängerin Edna Savage, anzurufen. Als er Edna 1958 heiratete, war das eine Pressesensation – zwei der größten Stars im Lande ineinander verliebt. Tatsächlich hatte sich der junge Dene nur in ein Gesicht verknallt, das er im Scheinwerferlicht gesehen hatte, und in ihrer Hochzeitsnacht wartete die Braut in ihrem Zimmer vergebens auf ihren Mann, während er sich auf eine Motorradtour begeben hatte, die drei Wochen dauern sollte. „In den Monaten, die wir zusammen waren", sagte Edna Jahre später, „kann ich mich nur an fünf glückliche Tage erinnern."

Die in aller Öffentlichkeit ausgetragenen Streitigkeiten zwischen den beiden machten immer Schlagzeilen. Es gab einen Witz über sie. („Macht Terry Dene Edna *savage*?" [*savage* = wild, rasend, wütend; Wortspiel mit Ednas Nachnamen; Anm. d. Ü.]) Sie lebten im Wirbelwind ihres eigenen Ruhms, gaben ihr leicht verdientes Geld aus und verschwendeten ihre billigen Gefühle, als gäbe es kein Morgen. Die Ehe hielt natürlich nicht lange.

Einige Wochen, bevor er Edna heiratete, am selben Tag, als Elvis seinen Dienst bei der US-Army antrat, hatte Dene seine Einberufung für die britische Armee erhalten. Das war für seine Publicity-Leute – und für die Armee – ein glücklicher Zufall. „Ich wollte gehen, wie jeder andere auch", sagte Dene, „aber die Publicity-Jungs dachten darüber anders." Er hoffte, die Armee würde ihm Schutz vor den Bedrängungen des Showbusiness bieten. Aber seine 'Berater' erhoben gegen die Einberufung Einspruch, und einen Monat später stand Dene wegen Trunkenheit und öffentlicher Ruhestörung vor Gericht. Schließlich mußte Dene sich in der Kaserne zur Stelle melden, und eine Meute von Reportern und Fotografen begleitete ihn dorthin. Nachdem sie wieder fort waren, „bin ich zusammengebrochen und habe geheult", erinnert er sich. Nicht einmal die Armee konnte ihn retten. Er wurde zur psychologischen Untersuchung ins Lazarett geschickt und zwei Wochen später mit einem Nervenzusammenbruch in ein Zivilkrankenhaus gebracht. Neun Wochen nach Eintritt in die Army wurde Dene wegen Untauglichkeit entlassen. Das kam im Parlament zur Sprache. „Wie es scheint, gibt es ein Gesetz für gewöhnliche Burschen und ein anderes für Mr. Terry Dene", nörgelte der Parlamentsabgeordnete Gerald Nabarro.

Wieder zu Hause, fing Dene an die Bibel zu studieren und beruhigte sich allmählich wieder. Aber bei einem Comeback-Auftritt in Blackpool wurde er mit Buh-Rufen von der Bühne gejagt – die Briten können hundertprozentige Schwächlinge nicht ertragen. Er fing – mit einundzwanzig Jahren ein Ausrangierter – wieder an zu trinken. Dann, eines Nachts 1964, lief er 'durch die Straßen, einsam, hatte die Nase voll und war am Ende'. Auf dem Trafalgar Square in London trat ein Wanderprediger an ihn heran. „Er nahm sich die Zeit, mit mir über Jesus zu

Don und Phil Everly trafen 1958 während einer Tournee durch Großbritannien den noch unschuldigen Cliff Richard. Sie erzählten ihm über ihre Erfahrungen aus mehreren Jahren Tourleben, doch die Freundschaft blieb oberflächlich.

sprechen", sagte Dene, als er seine Bekehrung verkündete.

Dene wurde Wanderprediger. Er begann, sich um Junkies und Alkoholiker zu kümmern, sang Hymnen und begleitete sich selbst auf der Gitarre, aber hörte sich nie wieder seine alten Platten an. „Ich war ein falsches Idol", verkündete er, „ein falscher Mensch."

Gene Vincent kann, obwohl Amerikaner, durchaus im Zusammenhang mit diesen britischen Namen genannt werden, da ihm der längste Erfolg in England beschieden war, wo er auch, wiederum unter Mitwirkung von Jack Good, sein *black-leather*-Image erhielt. Mit einem gewaltigen, selbst geschaffenen Hit, *Be Bop A Lula*, verursachten Gene und seine Band, die Blue Caps, in Australien und in den USA Krawalle. Sie tranken viel, demolierten Hotelzimmer und richteten auch sonst schwere Verwüstungen an. Ein Hotelmanager verlangte einmal $ 50.000 als Vorauszahlung für eventuelle Bruchschäden, und sein übles Temperament, wenn er betrunken war (und das war er fast immer), führte zu Streitigkeiten mit seinen Managern und vielen anderen Problemen in seiner Laufbahn. Er war ein naiver Arbeiterklassensprößling, unfähig, mit dem Erfolg fertig zu werden. „Ich wußte nicht, wie man mit einem Hit umgeht, ich war nur ein Kind, ein Junge", überlegte er einmal. Die schwere Verletzung an seinem linken Bein (es wurde 1955 bei einem Motorradunfall beinahe am Schienbein abgetrennt) wurde nie ordentlich behandelt. Nach seinem ersten Erfolg kümmerte er sich nicht um seine steuerliche Lage. Seine Mitgliedschaft in der American Musicians Union wurde ihm wegen unpro-

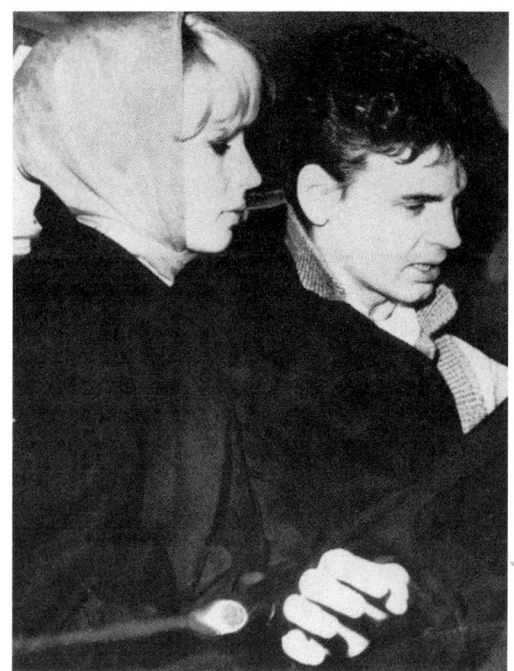

Don Everly 1962 bei seiner Ankunft in New York, in Begleitung seiner zweiten Frau Venetia Stevenson. Kurz zuvor war er aufgrund einer Medikamenten-Überdosis in England zusammengebrochen. Ein Arzt hatte ihm wegen der Tourstrapazen „Vitamine" verschrieben, die sich als Amphetamine herausstellten.

fessionellen Verhaltens wieder entzogen. Noch dazu war seine Plattenfirma entschlossen, ihn als eine Art neuen Elvis auszubeuten, doch Gene selbst fand es ungeheuer schwierig, Interviews zu geben – was ihn bei den Publicityfunktionären nicht gerade beliebt machte. Schließlich brachte ihn ein gerichtlicher Streitfall mit seinen Managern und seiner Agentur einmal für drei Monate aus dem Geschäft.

Aber Gene Vincent war ein geborener Sänger, und als die Lage in Amerika für ihn zu schwierig wurde, ging er einfach nach England. Jack Good nahm ihn unter seine Fittiche und bauschte das Häßliche und Bedrohliche an Vincents Persönlichkeit auf. Der schwarze Lederdreß war nur ein Aspekt. Good erinnert sich auch daran, daß er während einer Fernsehshow in den Kulis-

sen gestanden und Vincent zugesetzt habe: „Humple, Kerl, humple!" Vincent wurde eine der größten Ballroom-Attraktionen des Landes (sein Conferencier, der ehemalige Sänger Don Arden, wurde sein Manager und baute ein Imperium darauf auf, in dessen Mittelpunkt schließlich das Electric Light Orchestra stand). Aber der Unfall 1960, bei dem Eddie Cochran ums Leben kam, brachte eine Verschlimmerung seiner Beinverletzung mit sich, und spätestens 1964 begann man ihm in England die Schmerzen und das Saufen anzusehen. Sein Privatleben war ein öffentliches Schlachtfeld – mit Presseberichten über betrunkene Schreiereien mit seiner Frau und ohne sie. Sein Bein bedurfte dringend einer Behandlung. Vier Jahre lang war er völlig aus dem Rampenlicht verschwunden, und sein Leben wurde immer chaotischer. Er versank in einem ständigen Martini-Nebel, kehrte 1969 nach England zurück und sah sich mit einem von seiner Frau angestrengten Prozeß wegen unterlassener Unterhaltszahlungen konfrontiert. Er war fett und kraftlos. Dank einem treuen französischen Freund wurde er dazu gebracht, in der französischen Provinz auf ländlichen Dorffesten zu spielen. Und im Jahr darauf floh er aus Europa in seinen Heimatort, wo er wenige Tage später an einem Anfall starb, der von einem durchgebrochenen Geschwür ausgelöst wurde. Singen und sterben waren die Dinge, die ihm am leichtesten fielen. Als er das eine nicht mehr tun konnte, war das andere unausweichlich.

In Amerika betrachtete man die Manipulation von jungen Ersatz-Elvisen als etwas, was unter dem Einfluß einer mächtigen Industrie einer spontanen musikalischen Ausdrucksform angetan wurde. Der Payola-Skandal [Payola – Bestechung mit Geld; Anm. d. Ü.] und die unterschiedlichen Schicksale der kreativsten Rock'n'Roll-Künstler Elvis, Chuck Berry, Buddy Holly, Eddie Cochran, Jerry Lee Lewis und Little Richard, die alle entweder zu Tode kamen oder mit Erfolg zum Schweigen gebracht wurden – stützten diese Interpretation der Ereignisse. Während die englischen Kids glaubten, daß man ihnen den echten Rock-'n'Roll vorenthalten habe, nahmen ihre amerikanischen Altersgenossen an, der britische Rock'n'Roll sei ein Nachfolger des amerikanischen.

So einfach war es nicht immer. Die schlimmsten Opfer unter den jüngeren amerikanischen Rock'n'Rollern waren oft aufgeweckte Straßenkinder, die in ihrem normalen Leben ständig von Terror umgeben waren. Dion Di Mucci war in der Bronx geboren und fing im Alter von fünf Jahren an zu singen. Mit fünfzehn trat er im Fernsehen auf, und 1958 gründete er mit neunzehn die Band Dion and the Belmonts, die mit *Teenager in Love* einen Riesenhit landete. Dion nahm bereits Heroin. Er lebte in einer üblen Gegend, und Drogen, Schießeisen und Autounfälle waren normale Risiken. Dion wurde rauschgiftsüchtig, weil er „die Kluft füllen" wollte zwischen „dem öffentlichen und dem privaten Gesicht, das man hat", wie er es später ausdrückte. Die Droge ermöglichte es ihm, mit dem täglichen Leben fertig zu werden, nicht nur mit dem Ruhm. Als ihn seine Manager 1960 überredeten, als Solo-Star weiterzumachen – ein Schachzug, der ihm mit Songs wie *The Wanderer* eindrucksvolle Hits einbrachte – setzte ihn das natürlich zusätzlich unter Druck, und 1964 war Dion aus dem öffentlichen Blickfeld verschwunden und machte einen schmerzhaften Entwöhnungsprozeß durch. Einerseits hatte das Heroin ihm geholfen, mit den Problemen des Star-Seins fertig zu werden; auf der anderen Seite jedoch hat sein Star-Ruhm ihm vielleicht zu dem Geld verholfen und ihm ein Motiv geliefert, sich von einer Sucht zu befreien, die sich sonst vielleicht als tödlich erwiesen hätte. Glücklicherweise war seine Entziehungskur erfolgreich, und er trat wieder auf.

Ein Beispiel aus der Frühzeit des Rock-'n'Roll scheint deutlich aufzuzeigen, wie der Kommerz Karrieren und Leben zerstören

kann. 1960 verließen die beiden Brüder Phil und Don Everly nach einem Streit um Tantiemen das kleine Cadence-Label, bei dem sie eine ganze Reihe Hits hatten. Sie zogen auf die potentiell grüneren Weiden von Warner Brothers, und ein Jahr später trennten sie sich auch voller Bitterkeit von dem Produktions-Management-Songschreiber-Team, das sie bis dahin mit so vielen Hits versorgt hatte. 1962 wurden sie immer noch als 'das erfolgreichste und reichste Gesangsduo der Welt' bezeichnet, aber es zeigten sich schon die ersten Risse.

„Alle Leute meinen, daß man es nur erst zu Star-Ruhm bringen muß und sich, wenn man das einmal geschafft hat, ausruhen kann", sagte Phil 1981. „Genau das Gegenteil ist der Fall. Wenn man einmal so weit ist, geht der Kampf erst richtig los. Der Druck nimmt zu, weil es ein Wunder ist, Plattenhits zu bekommen." Die Brüder begannen sich zu streiten, getrennt zu reisen, in verschiedenen Hotels abzusteigen und schließlich sogar verschiedene Manager, Agenten und Anwälte zu engagieren. Für erfolgreiche, eng miteinander vertraute Harmonie-Sänger waren sie ein höchst unharmonisches Paar. Don, der um zwei Jahre Ältere, heiratete 1957 und wurde 1961 wieder geschieden. 1962 heiratete er ein zweites Mal, und bevor ein Jahr um war, drohte ihm seine Frau an, wegen seelischer Grausamkeit die Scheidung einzureichen. Im selben Jahr verschrieb ein Arzt den Brüdern Medikamente, die ihnen helfen sollten, eine anstrengende Tournee besser durchzustehen. Diese Medikamente, die angeblich irgendwelche Vitamine sein sollten, entpuppten sich als Aufputschmittel, und Don wurde süchtig. Ende 1962 wurde Don während einer Gastspielreise durch England zweimal innerhalb von zwölf Stunden in ein Krankenhaus eingeliefert. Als Ursache wurde unterschiedlich 'Nahrungsmittelvergiftung', 'nervliche Erschöpfung' und – treffender – 'eine Überdosis von Medikamenten' angegeben. Don flog nach Hause und ließ Phil die Gastspielreise allein beenden.

Erst nach einem Selbstmordversuch schaffte es Don, von den Aufputschmitteln loszukommen. Anfang der siebziger Jahre verliebte Don sich in eine Frau, die eine Gehirnhautentzündung hatte. „Sie wurde wieder gesund", erinnerte er sich, „und ich kam zu dem Schluß, daß sie das Wichtigste in meinem Leben war."

Nachdem die beiden vorherigen Ehen so unglücklich verlaufen waren, entschied er sich dazu, aus dem Everly-Brothers-Team auszusteigen und wieder zu heiraten. Auch Phil hatte mittlerweile festgestellt, wie schwierig das Eheleben sein konnte. „Ich hatte einen Punkt erreicht, wo ich nicht mehr sicher war, ob so etwas wie Liebe wirklich existierte", sagte er nach zwei unglücklichen Ehen. Bedauerlicherweise führten die Erfahrungen, die sie miteinander gemein hatten, nicht zu gegenseitigem Verstehen, und bei ihrer letzten gemeinsamen Show 1973 schleuderte Phil seine Gitarre auf die Bühne und verließ ein sechzehn Jahre altes Team, das, Don zufolge, 'schon zehn Jahre tot war'. Beide hielten ihre langlebige, gegenseitige Feindseligkeit danach weiter aufrecht, traten aber schließlich wieder auf.

Angesichts einer Unmenge ähnlich aussehender und sich ähnlich anhörender gutaussehender junger Burschen, die von gerissenen Unternehmern gesteuert wurden, ist es nicht überraschend, daß die amerikanischen Kids sich Anfang der sechziger Jahre vom Rock'n'-Roll ab – und Jazz und Folk zuzuwenden begannen.

In England waren die Kids die ganze Zeit größtenteils mit zweitklassigem Papp gefüttert worden. Sie lehnten das britische Pop-Establishment ab und hielten im Lande von Elvis, Chuck und Eddie Ausschau nach dem Echten, Ursprünglichen. Die britischen Musiker haben immer zugegeben, daß sie die amerikanische Musik spontan auf wesentlichere Erscheinungsformen hin untersucht haben. Einige blieben bei der Suche nach Rock'n'Roll, R&B und Blues-Wurzeln stecken – andere fanden Inspiration in der Soul-Musik, die dann entstand und die, wie sie glaubten, in ihrer Entwicklung geradlinig vom Rock'n'Roll herkam. Auf jeden Fall sahen sie, daß 'schwarze' Musik (die ironischerweise häufig von Weißen geschrieben wurde) für eine Befreiung stand, die sie dringend *wollten*, und sie sahen auch, daß Rock'n'Roll einen Weg aufgezeigt hatte, wie Weiße schwarzen Soul interpretieren konnten. Dies ist das wahre Bindeglied zu den sechziger Jahren – denn zu denen, die dies sahen, können wir John Lennon zählen, der den Einfluß von Elvis anerkannte; ferner Keith Richard und Mick Jagger, die, so sagt die Legende, vor allem durch ihre gemeinsame Bewunderung für Chuck Berry zusammenfanden; auch George Harrison, der Eddie Cochran durch England nachreiste, um seine Gitarrentechnik zu studieren; und Eric Burdon und The Animals, deren Bo-Diddley-Nummern sogar von Bo selbst bewundert wurden. Nach dem alptraumhaften Wettrennen der ersten Rocker gegen das kurze Gedächtnis ihres Publikums waren es diese britischen Künstler, die der Rockmusik zu neuem Leben verhalfen. Nur, jetzt waren die sechziger Jahre, und dies war ein neuer Krieg.

SEX, DROGEN UND ROCK'N'ROLL

In der Rock'n'Roll-Landschaft hat es seit jeher einen bedenklichen Drogenkonsum gegeben. Tatsächlich hat man die übermäßige Einnahme von Anregungs- und Beruhigungsmitteln der einen oder anderen Art schon lange, bevor die ersten Bohemiens über die Pariser Boulevards schlenderten, mit dem Bild des Rebellen und Musikers in Verbindung gebracht. Für Rockmusiker mit ihren harten Terminplänen, unnatürlichen Arbeitszeiten und den an sie gestellten Erwartungen von seiten eines unterhaltungshungrigen Publikums können Drogen auch berufsnotwendig sein. John Lennon erinnerte sich, daß sie sogar schon in der Frühzeit der Beatles, als sie noch die durstige Kundschaft der Hamburger Reeperbahn unterhielten, Drogen brauchten: „Die einzige Möglichkeit, in Hamburg die acht Stunden Spiel pro Nacht zu überstehen, bestand darin, daß man Tabletten nahm. Die Kellner gaben sie einem ... die Tabletten und was zu trinken."

Es war überall das gleiche, wo immer auch die Rockmusik der sechziger Jahre entstand. Im Greenwich Village in New York erklangen in den Cafes die Folk-Klänge von Bob Dylan, Jim McGuinn, Steve Stills und John Sebastian. In London gab es weniger Folk, aber mehr Blues, R&B und Soul, aber genauso genährt von Unmengen an Alkohol, Speed, Marihuana – und manchmal von etwas Ausgefallenerem wie Amylnitrat oder Kokain. Ein Rockstar überraschte Anfang der sechziger Jahre seine Kollegen in der britischen TV-Show *Ready, Steady, Go!* damit, daß er direkt vor ihren Gesichtern, bevor sie weiterspielten, Amylnitratampullen köpfte. (Amylnitrat ist ein herzanregendes Mittel, das als Dampf inhaliert wird. Die überraschende Wirkung der Droge kommt von einem plötzlichen Blutandrang im Gehirn.) Für einige Dickschädel gab es immer Heroin, und für andere gab es in den späteren sechziger Jahren LSD.

Rockmusiker, die Drogen zum Spaß nehmen, bleiben selten bei einer Sorte. Es besteht oftmals eine Neigung, Drogen miteinander zu kombinieren, um zu sehen, wie sich das auswirkt, und fast jeder, der eine illegale Droge nimmt, wird auch neue ausprobieren. Sind die Barrieren der Illegalität und Angst erst einmal überwunden, erweist sich schließlich, außer einem Mangel an Gelegenheit, kaum noch etwas als hinderlich. Rockstars – mit ihrem Reichtum und ihrem einzigartigen Zugang zur Unterwelt der bis in die frühen Morgenstunden geöffneten Night Clubs und zu den Rauschgifthändlern, die in diesen Lokalen verkehrten – hatten selbstverständlich immer unendlich viele Gelegenheiten.

Sie haben sie wahrgenommen – einesteils weil sie das Zeug brauchten, um zu überstehen, anderenteils weil man es von ihnen als der Vorhut der neuen Jugendbewegung erwartete. Das Resultat war für viele Drogenabhängigkeit und übermäßiger Kräfteverschleiß und endete mit dem Tod.

Zwei Tage, nachdem Janis Joplin an einer Überdosis Heroin gestorben war, sprach

---

Sid Vicious macht es auf seine Art. Vicious, der archetypische Punk – zornig, sprachlos und mit einem Hang zur Selbstverstümmelung – wurde mit den Sex Pistols ins Rampenlicht gestoßen. Der homosexuelle und drogenabhängige Sid konnte dem Ruhm aber nicht standhalten. 1978 tötete er seine Freundin Nancy Spungen. Bevor ihm noch der Prozeß gemacht werden konnte, starb er am 2. Februar 1979 an einer Überdosis Heroin.

ihr Freund und Musikerkollege Nick Grave-nites von der Unausweichlichkeit des Todes in der Bruderschaft der Rockmusiker. „In der Rock-Szene gibt es viele, die Rauschgift nehmen, und sie stehen auf der Todesliste… Man weiß, daß sie sterben werden, man weiß es. Deswegen haben sie bloß immer darüber nachgedacht, wie sie den Schlag mildern könnten, wenn er sie traf." Das war 1970 – bis dahin war die Liste der Drogen- und Alkohol-Toten unter den Rockstars so lang geworden, daß einen das eigentlich nicht mehr überraschte; die Gefühle wurden betäubt, und wie John Lennon über Brian Jones sag-

---

Janis Joplin, das wilde Mädchen der Rockmusik, backstage im Winterland, San Francisco, anno 1968. Mit dabei auch ihr bester Freund: eine Flasche Southern Comfort. Das häßliche Entlein aus Port Arthur, Texas, wurde auf der Bühne zum Schwan. Damit Janis aber fliegen konnte, brauchte sie neben enormen Mengen Alkohol und Speed auch Heroin, an dem sie schließlich starb. Die triste Garderobe war weit weg vom ruhigen Provinznest Port Arthur, und Janis wußte nie genau, warum sie diese lange Reise angetreten hatte.

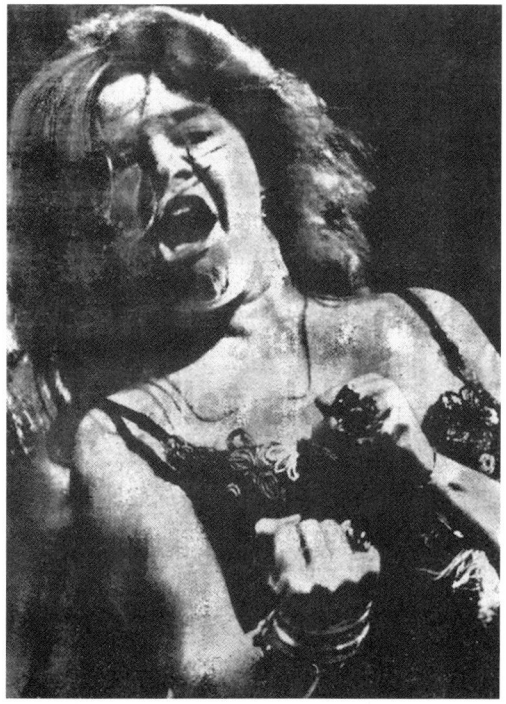

te, war jeder 'nur ein weiteres Opfer der Drogenszene'. Janis Japlin hatte der Rock-szene der West Coast angehört, wo vorrangig LSD genommen wurde.

LSD, dessen Wirkungen erstmals 1943 festgestellt wurden, kam in den sechziger Jahren zu ungeheurer Beliebtheit und zwar größtenteils infolge des Bekehrungseifers zweier Forscher von der Harvard University, Dr. Timothy Leary und Dr. Richard Alpert. Beide wurden Anfang der sechziger Jahre von der Universität entlassen, weil sie öffentlich für die Droge eintraten. Insbesondere für Leary wurde LSD ein Heilsbringer, dessen Evangelium er überall in Amerika verkündete, wo Leute abenteuerlustig genug waren, nach neuen Erfahrungen Ausschau zu halten.

Die Erben des rebellischen Geistes des Rock'n'Roll – Musiker und andere Außenseiter aus Los Angeles, San Francisco, New York und London – waren eben solche Leute: Genußmenschen, Gegner des Establishments und größtenteils bereits drogenerfahren. Sie fühlten sich zu LSD hingezogen wie Enten zum Wasser. Es war eine Entschuldigung, die alten Konventionen über Bord zu werfen, eine Droge, die, wie Hunter S. Thompson sagte, 'die Wahrnehmungsweise' veränderte. Mit Sicherheit hat sie jedenfalls den Stil und das Image der Rockmusik verändert.

Das entscheidende Jahr war 1965. Die Beatles (die bekanntlich in den Toiletten des Buckingham-Palastes Marihuana geraucht hatten, bevor sie ihre Orden des Britischen Empire in Empfang nahmen) und die Rolling Stones (von denen drei berüchtigtermaßen eine Geldstrafe erhalten hatten, weil sie gegen eine Tankstellenwand gepißt hatten) hatten es in den USA geschafft. Ein politisch engagierter, nasal singender Folk-Sänger aus Greenwich Village namens Bob Dylan war – völlig unerwartet – ein Star geworden. Und wie es nun einmal so geht: Dylan hatte die tablettenschluckenden Beatles 1964 auf den 'meditativeren' Marihuana-Trip gebracht. Das zeigte sich in der Musik – der Rock'n'Roll begann in sich selbst hineinzuschauen und schuf einen Sound, der wie gemacht für LSD war. Als die Beatles 1965 in San Francisco spielten, hatte Leary sie schon zur Avantgarde seiner psychedelischen Revolution erklärt, zu 'Mutanten', die für ein eingebildetes goldenes Zeitalter gerüstet waren.

Die Drogenkultur gedieh besonders gut auf dem fruchtbaren Boden Kaliforniens – wo LSD bis Oktober 1966 gesetzlich erlaubt blieb. David Crosby, ein Gründungsmitglied der Byrds, erinnerte sich an die Zeiten, die er an der North Beach von San Francisco, in Sausalito und weiter südlich in Venice verbrachte, als 1964–65 die Byrds entstanden. „Dino Valenti und David Freiberg und ich haben vor Jahren zusammen Acid geschluckt", sagte Crosby 1970 in Erinnerung an die Zeiten, in denen er mit den wichtigsten Leuten der kalifornischen Rockszene gespielt hatte. In Venice hatten Crosby und Freiberg sich mit Paul Kantner herumgetrieben – dem Gründungsmitglied der Jefferson Airplane. Und noch viele andere Musiker trieben sich da an der Küste herum – Jerry Garcia (ein Freund des mit LSD experimentierenden Romanciers Ken Kesey), Ron 'Pigpen' McKernan, Grace Slick, Janis Joplin, Spencer Dryden – lauter Folk-, Jazz- oder Blues-Musiker, die nun den Ruf des Rock'n'-Roll vernahmen und bald zu den Berühmtheiten der ersten Familie der San-Francisco-Bands zählten: den Grateful Dead, Jefferson Airplane, Moby Grape, Big Brother and the Holding Company, Quicksilver Messenger Service.

In der Bucht gehörte LSD sehr bald zu einer höchst radikalen Szene, die von der North Beach in den berüchtigten Haight-Ashbury-Distrikt von San Francisco zog. Da waren Studenten vom Berkeley-Campus, die Sexual Freedom League, Tänzer- und Schauspielertruppen und eine aufkeimende Kommune-Bewegung. Mitte der sechziger Jahre fanden die unterschiedlichsten Festi-

Ron „Pigpen" McKernan 1967 – ein Prototyp der späteren Heavy-Metal-Kids. Als er 1973 im Alter von 27 Jahren an übermäßigem Alkoholgenuß starb, wog er nur mehr 45 Kilo.

vals, Tanz- und Wohltätigkeitsveranstaltungen statt (darunter auch Ken Keseys berühmte 'Acid Tests'), bei denen Musiker, Dichter, *face-painters*, Hell's Angels und auch ganz normale Leute in einem großen Raum zusammengedrängt wurden, wo man sie – mit LSD versorgt, mit Light-Shows benebelt und angeregt von Musik, Filmen, Make-up und exotischen Kostümen – die ganze Nacht schmoren ließ. „In Fluß kommen, im Fluß sein", hätte man treffend dazu sagen können.

Jerry Garcia, manchen als Captain Trips bekannt, spielte bei diesen frühen Acid-Tests zusammen mit einigen seiner LSD-berauschten Freunde. Sie waren als die Warlocks bekannt, später nannten sie sich die Grateful Dead. Damals nahm die Band viele Drogen – warfen vor jeder Show, hieß es, Acid ein. Eine Zeitlang wurde die Band von einem Augustus Owsley Stanley III unterstützt, einem verkrachten Ingenieurstudenten, der sich ein eigenes Labor eingerichtet hatte und weitgehend San Franciscos LSD-

Bedarf deckte. Owsley steckte seine Gewinne in ein Sound System für die Warlocks, das so unvergleichlich viel Leistungskraft besaß und so komplex war, daß die übrige Rock-Welt drei bis vier Jahre brauchte, um aufzuholen.

„Acid hat das Bewußtsein völlig verändert", sagte Garcia um diese Zeit. „Die USA haben sich in den letzten Jahren verändert, und das, weil diese erste psychedelische Erfahrung bedeutete: Hier ist das neue Bewußtsein, die neue Freiheit, und es ist hier in dir selbst."

Obwohl die Heroen des elektrischen Rock zu den ersten und eifrigsten LSD-Anhängern gehörten, nahmen doch nicht alle Rockstars gern LSD. Janis Joplin und Ron 'Pigpen' McKernan von den Grateful Dead zum Beispiel zogen Schnaps, Speed oder Heroin vor. Sie schienen vor der desorientierenden Wirkung von LSD Angst zu haben und probierten andere Drogen und Getränke, nicht um das Bewußtsein zu erweitern, sondern um es zeitweise stillzulegen. Aber ob sie nun LSD nahmen oder nicht, allen gemeinsam waren die Experimentierfreudigkeit, der Hedonismus und die Exzesse.

Mit typischer Übertreibung, einer Mischung von Überschwenglichkeit und berechnender Image-Pflege, beschrieb Janis Joplin, sich rückerinnernd, die Stimmung bei ihrer Ankunft in San Francisco 1963. „*Ich habe alles ausprobiert*", sagte sie zu David Dalton. „Ich habe es geleckt, geraucht, gespritzt, eingeworfen, mich in es verliebt." Zu der Zeit hatte sie Acid erst einmal probiert. Einige Zeit später, als sie einmal aus Versehen mit LSD versetzten Wein trank, zwang sie sich lieber dazu, sich zu erbrechen, als daß sie den Trip durchgestanden hätte.

Doch was sie an Alkohol und anderen Drogen zu sich nahm, war bedrohlich. Wenige Monate, nachdem sie Anfang der sechziger Jahre ihre Heimatstadt in Texas verlassen hatte, war sie schon schwer speed-süchtig; ihr Tod 1970 wurde, einer Obduktion zufolge, von einer Überdosis Heroin herbeigeführt, die sie sich selbst verabreicht hatte; eine angebrochene Flasche Tequila oder Southern Comfort war ihr ständiger Begleiter, auf der Bühne und auch sonst. Wie bei so vielen anderen Rockstars hätten die Drogen und das Saufen beinahe die Musik zum Verlöschen gebracht. Janis Joplins spätere Auftritte waren Karikaturen der Frau, die sie vorher gewesen war – betrunken, drogenbetäubt, gequält und leidenschaftlich, gefangen zwischen Schmerz und Orgasmus und heiser nach Erlösung schreiend. „Es ist nicht das, was nicht ist, es ist das, was man sich wünscht, daß es *wäre*, was einen unglücklich macht", sagte sie. „Das Loch, das Vakuum... Ich glaube, ich denke zuviel nach. Darum trinke ich..."

Wenn sie sich zurückhalten konnte, zog sie es vor, bis kurz vor ihrem Auftritt nichts zu trinken, weil sie merkte, daß sie am glücklichsten war, wenn sie auf der Bühne war und sang, und wenn sie schon von Anfang an zu betrunken war, konnte sie sich nicht an diese Momente erinnern. Mit einem richtig flotten 'full-tilt' Boogie auf die Bühne zu stürmen war für sie so gut wie ein Orgasmus – 'besser, als es je mit einem Mann war'. Das Auftreten war der entscheidende Faktor in ihrer persönlichen Gleichung zwischen Sex und Drogen und Rock'n'Roll. Einsam und voll verzweifelter Sehnsucht nach Liebe, fand sie Trost bei Männern, Frauen und – am meisten – bei einem anonymen Publikum, das allein unkomplizierte Erlösung zu versprechen schien.

Aber die Erlösung kam nie – ihre innere Zerrissenheit wurde noch verstärkt durch die übermäßige Verehrung, die sie genoß. Sie bemerkte einmal erstaunt, daß ihre Fans ihr jährlich 50.000 Dollar zahlten, weil sie so sein wollten wie sie. Vor allem, wenn es Frauen waren. Mehr als jede andere war sie das kulturelle Symbol für ein Verlangen nach Befreiung, das die Frauen erst wiederzuentdecken begannen und von dem letztlich Männer profitieren sollten. Sie stand für die Zukunft, kam aber nie über ihre Erinne-

Marianne Faithfull, Mick Jaggers Freundin, wurde im Redlands-Prozeß nur als „Miss X" bezeichnet. Angeblich war sie bei der Razzia bloß mit einem Bettvorleger bekleidet gewesen.

1967 trugen Rockstars noch Anzüge vor Gericht. Der Weg zum Amtsgebäude von Chichester wurde am 10. Mai für Mick Jagger und Keith Richard zum Spießrutenlauf. Nach ihrer Verhaftung bei einer Drogenrazzia in Redlands (Richards Landhaus in Sussex) stellten sie sich einem Geschworenengericht.

rungen an ihre Vergangenheit hinweg – ihre Unbeliebtheit in der Schule, ihre unglückliche Kindheit. Sie konnte ihren Star-Ruhm nicht anerkennen; sie wollte so sein 'wie die Jungs', brauchte es aber, daß man sie wie eine kleine hilflose Frau behandelte; sie träumte vom Heiraten und wollte laut Aussage eines früheren Freundes, Country Joe MacDonald, gerne Kinder haben, aber sie war im Leben und, als sie starb, selbst noch ein Kind und eine treulose Frau unter treulosen Männern. Schnaps und Speed putschten sie auf; Heroin betäubte die Verzweiflung. Und obwohl sie mit sich selbst ins reine zu kommen versuchte und sogar von ihrer Speed-Sucht loskam, verlangte der letzte Schuß Heroin von diesem traurigen, mißhandelten Körper sein Opfer. Am 4. Oktober 1970 brach sie in Hollywood, allein in

2.000 Pfund betrug die Kautionssumme für Brian Jones, hier auf der Heimfahrt vom Gericht. Er war wegen Drogenbesitzes angeklagt worden, nachdem man am 21. Mai 1968 in seiner Wohnung in Chelsea Cannabis gefunden hatte.

THE TIMES

PRINTING HOUSE SQUARE, LONDON, E.C.4. TELEPHONE: 01-236 2000

WHO BREAKS A BUTTERFLY ON A WHEEL?

MR. JAGGER has been sentenced to imprisonment for three months. He is appealing against conviction and sentence, and has been granted bail until the hearing of the appeal later in the year. In the meantime, the sentence of imprisonment is bound to be widely discussed by the public. And the circumstances are sufficiently unusual to warrant such discussion in the public interest.

MR. JAGGER was charged with being in possession of four tablets containing amphetamine sulphate and methyl amphetamine hydrochloride; these tablets had been bought, perfectly legally, in Italy, and brought back to this cou~~...~~ They are not a highly danger~~...~~ proper dosage a danger~~...~~ ~~...~~e of the benze~~...~~ factu~~...~~ stim~~...~~ sick~~...~~

They were separate cases, and no evidence was produced to suggest that he knew that MR. FRASER had heroin tablets or that the vanishing MR. SNEIDERMANN had cannabis resin. It is indeed no offence to be in the same building or the same company as people possessing or even using drugs, nor could it reasonably be made an offence. The drugs which MR. JAGGER had in his possess~~...~~ must therefore be treated ~~...~~ as a separate ~~...~~

that JUDGE BLOCK should have decided to sentence MR. JAGGER to imprisonment, and particularly surprising as MR. JAGGER'S is about as mild a drug case as can ever have been brought before the Courts.

It would be wrong to sp~~...~~ JUDGE'S reasons ~~...~~ It is ~~...~~ ~~...~~coming to ~~...~~resent the anarchic ~~...~~y of the Rolling Stones' performances, dislike their songs, dislike their influence on teenagers and broadly ~~...~~spect them of decadence, a word used ~~...~~ MISS MONICA FURLONG in the *Daily Mail*.

As a sociological concern this may be reasonable enough, and at an emotional level it is very understandable, but it has nothing at all to do with the case. One ~~...~~k a different question: has MR. ~~...~~ ~~...~~he same treatment as ~~...~~ he had not ~~...~~ti-

'NUDE GIRL AT STONES PARTY'

Jagger leaves jail handcuffs

'Stones' get summonses after raid

Daily Mirror

4d Saturday, March 18, 1967 No. 19,667

JAGGER IS ACCUSED OVER DRUGS

BY BARRY STANLEY and JOHN SANDIFORD

TWO of the Rolling Stones pop group—Mick Jagger and Keith Richard—have been accused of offences against the drug laws.

Summonses against the two men—both aged 22—were issued after a police raid on Richard's £20,000 farmhouse home at West Wittering, Sussex.

~~...~~e summonses, due to be dealt with at Chichester magis~~...~~ ~~...~~ expected to be served early next week. Two other ~~...~~ summoned.

Jagger—accused

Wer solche Freunde hat, braucht keine Feinde mehr. Brian, dessen Zustand sich sichtlich verschlechterte, läßt sich von Freundin Suki Potier küssen und von Keith und Mick umarmen. Eben hatte er im Zeugenstand geleugnet, 144 Cannabissamen besessen zu haben. Ein Jahr später war er tot.

San Francisco an und doch auch wieder nicht. Auch er mied Acid, nahm es nur einmal – und da auch nur, weil es auf den Trinkansatz einer ungeöffneten Getränkedose geschmiert war. (Unter den heilsgläubigen Acidheads der sechziger Jahre war es üblich, Drinks mit LSD zu versetzen und arglosen Opfern anzubieten. Pigpen, dem solche Scherze bekannt waren, trank daher nie aus bereits geöffneten Dosen, aber diese Vorsichtsmaßnahme war nicht genug.) 1971, im Alter von sechsundzwanzig Jahren, hatte Pigpen seine Leber unheilbar zerstört, und Krankheit zwang ihn, aus den Grateful Dead auszuscheiden. Er siechte noch achtzehn Monate lang dahin. Am 8. März 1973 fand man, was von seinem einst massigen Körper noch übrig war, in einem Apartment in Corte Madera, Kalifornien – mit Blutungen im Magen und die meisten inneren Organe zerstört. Er wog kaum noch hundert Pfund und sah doppelt so alt aus, wie er – mit siebenundzwanzig – tatsächlich war.

Auch in der nun schon als *Swinging* London bekannten Stadt hatte LSD willige Konvertiten gefunden. Natürlich gehörten hier

ihrem Zimmer im Landmark Hotel, nach einer Überdosis sterbend zusammen und schlug sich, als sie zu Boden fiel, ihren sorgenzerquälten Kopf auf. Sie hatte mitten in den Plattenaufnahmen für ein Album gesteckt, das dann ihr letztes wurde: *Pearl*; allen Berichten zufolge sollen die Aufnahmen gut gelaufen sein. Vielleicht war es ja kein Selbstmord, aber andererseits verabreicht man sich ja auch nicht durch Zufall eine Überdosis Heroin.

Pigpen – der mit seiner Bluesleidenschaft die Grateful Dead inspiriert hat – vergiftete sich langsam mit Alkohol. Weder, daß er seinen Erfolg ziemlich anonym genießen konnte, noch die Gleichwertigkeit unter den Grateful Dead oder ihre Publikumsnähe konnten Pigpen retten. Er war, ebenso wie Janis, ein Außenseiter – gehörte der Szene in

Ein letzter Blumengruß an Brian Jones von Mick Jagger und Marianne Faithfull, die bereits nach Australien gereist waren. Als Brian in England begraben wurde, lag Marianne in einem Krankenhaus in Sydney nach einer Überdosis Schlaftabletten im Koma.

die Rockmusiker, deren Namen fast gleichbedeutend waren mit dem überstrapazierten Ortsbegriff, zu einem Elitekreis junger Aristokraten, Künstler und Fotografen, Musiker und Modelle, Friseure und Arzttöchter aus der Harley Street, über die man in den Klatschspalten las und die in den Nachtklubs und Restaurants von Soho und Chelsea verkehrten. Geld war der große Gleichmacher – nach oben hin –, und obwohl die Carnaby Street das Image billig käuflicher psychedelischer Erfahrungen hatte, waren die Beatles, die Stones und ihre Freunde schon frühzeitig in eine privilegierte Welt versponnen, in der Sex freier, Drogen leichter verfügbar und die Kleider und Autos teurer waren, als die meisten ihrer Fans sich je hätten vorstellen können. „Wir waren Könige", erinnerte sich Lennon. „Wir gehörten alle zur Spitze… es war wie ein Raucherclub für Herren, einfach eine sehr gute Szene."

Die Ausflüge der Beatles bekamen, wie Lennon sagte 'Satyricon'-Charakter. Sie verdienten so viel Geld, daß sich niemand über sie lustig machen konnte – und warum sollte man auch, wenn *the boys in the band* die Drinks, die Drogen, das Essen und die Mädchen bezahlten. Selbst die, die es sich leisten konnten, ihre Vergnügungen selbst zu bezahlen, hatten das Verlangen, sich den Zutritt zu diesem exklusivsten '*men's smoking club*' in der ganzen Welt zu erkaufen, indem sie Geschenke anboten, an die der Pöbel nicht herankam. Tatsächlich war es ein Zahnarzt, der John Lennon und George Harrison mit LSD bekannt machte. Er verabreichte ihnen beiden und ihren Frauen, Cynthia und Patti, auf einer Dinner Party

The Grateful Dead geben am 5. Oktober 1967 eine Pressekonferenz, nachdem die Polizei aufgrund eines Tips eine Hausdurchsuchung in ihrer Kommune in San Francisco durchgeführt hatte. Das war tatsächlich das Ende des „Sommers der Liebe". V.l.n.r.: Pigpen, Bill Kreutzmann, Phil Lesh, die Manager Rock Scully (der später wegen Drogenhandels ins Gefängnis kam) und Dan Rifkin, Bob Weir, Jerry Garcia (bekannt als Captain Trips) und der Rechtsanwalt der Band.

Es waren offenbar vierzig der besten Polizeibeamten Londons nötig, um John Lennon und Yoko Ono wegen Besitzes von Marihuana zu verhaften – und genauso viele, um die beiden am nächsten Tag, dem 19. Oktober 1968, zum Gericht zu geleiten. Eine Woche bevor John am 28. November schuldig gesprochen wurde, erlitt Yoko eine Fehlgeburt. Der Schuldspruch führte später, als sich John in Amerika niederlassen wollte, zu Problemen mit der Einwanderungsbehörde.

Lennon nahm seinen zweiten Trip 1965 während der Beatles-Tournee in Kalifornien. Mit dabei waren Jim McGuinn, Dave Crosby und Peter Fonda sowie George, Ringo und der Road-Manager der Beatles, Neil Aspinall. Bei dieser Gelegenheit flüsterte Fonda immerzu vor sich hin: „Ich weiß, wie es ist, tot zu sein", was Lennon zu einem Song inspirierte. Dann folgte ein Trip schnell auf den anderen. Lennon hat behauptet, er habe an die tausend Mal Acid eingeworfen – und nebenher immer noch Speed genommen, um die Aufnahmesessions für die Platten besser zu überstehen.

1966 und 1967 breitete sich LSD in der britischen Rockszene wie ein Buschfeuer aus. Eric Clapton behauptete: „Acid half einem auf der Suche nach Musik." Wenn er es eingenommen hatte, spielte er nie reinen Blues. Auch die Rolling Stones, die Anführer der Rock-Rebellen der sechziger Jahre, schlossen sich den *beautiful people* an. Besonders prominent war Brian Jones, der anfangs die treibende Kraft und die musikalische Inspiration der Rolling Stones gewesen war. 1966 fühlten die Rolling Stones ihre musikalische Schaffenskraft versiegen. LSD bot da eine Art Hilfe, ermutigte sie schließlich sogar dazu, *Their Satanic Majesties Request* zu machen. Das einzige Problem war Brian Jones, der auf Trip in einer Studioecke ausflippte und wenig oder gar nichts zu den Aufnahmen beitrug.

Jones und seine italienisch-deutsche Freundin Anita Pallenberg lebten in einer Welt egobesessener Gleichgültigkeit, aber auf den Straßen Londons blendeten sie die Welt mit ihrem androgynen Glanz. Als Mitglieder des Untergrunds gehörten sie zu einer kleinen intimen Familie, deren Hausmagazine IT (*International Times*) und *Oz* waren. Zu der 'wüsten, eine ganze Nacht dauernden Fete', die anläßlich der Gründung von IT gegeben wurde, kam Paul McCartney als Araber verkleidet und in Begleitung von Jane Asher (der sprichwörtlichen 'Arzttochter aus der Harley Street'). Ungehindert von

eine Dosis, ohne ihnen etwas davon zu sagen. „Er sagte: 'Ich rate Ihnen. nicht fortzugehen'", erzählte Lennon später, „und wir dachten, er wolle uns für eine Orgie bei sich festhalten." (Das war offenbar etwas Normales.) „Wir wollten nichts davon wissen", fuhr Lennon fort, und so erwischte der Trip mit seinen beunruhigenden Halluzinationen sie später in einem Nachtklub. Der Club schien in Flammen zu stehen, der Tisch sich in die Länge zu ziehen, und bei George zu Hause hatte John die Vorstellung, sechs Meter über dem Boden in einem U-Boot dahinzutreiben. Dem Journalisten Hunter Davies sagte George Harrison: „Es war, als ob ich vorher nie richtig geschmeckt, gesprochen, gesehen, gedacht oder gehört hätte."

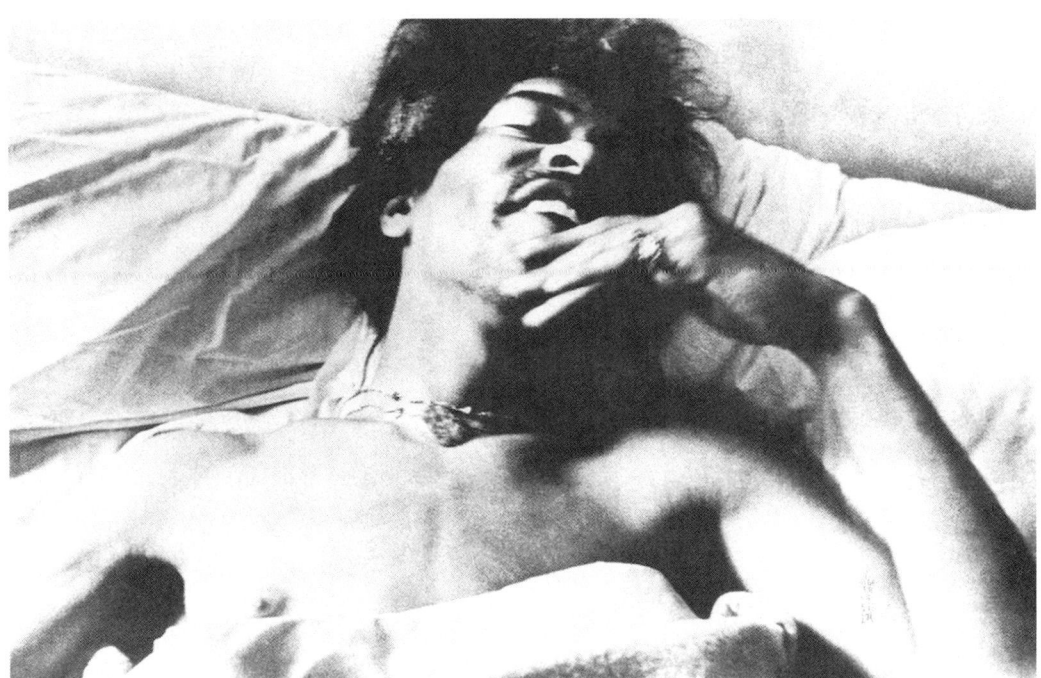

zudringlichen Fans konnten die Beatles, Pete Townshend, Jimi Hendrix und die Stones John Hopkins' UFO-Club besuchen (wobei UFO für *Unlimited Freak Out* stand, und auf der besagten IT-Gründungsparty konnte Marianne Faithfull, die vier Top-Ten-Hits vorzuweisen hatte, als Nonne verkleidet, doch nur oben herum, einen Preis für 'das kürzeste/nackteste Kostüm' gewinnen, ohne daß jemand *uncool* genug gewesen wäre, sich darüber aufzuregen.

Aber natürlich ließ man die Rockmusiker nicht so davonkommen. Schließlich waren die Drogen, die sie in aller Öffentlichkeit nahmen, gesetzlich verboten, und die Rockstars waren zwar durch Privilegien und

Der britische Politiker Jeremy Thorpe versucht 1967, hinter der Bühne der Londoner Royal Albert Hall ein Gitarrenlick von Jimi Hendrix nachzuspielen. Diese seltsame Begegnung fand vor einem Konzert zugunsten der Liberal Party statt, deren Vorstand Thorpe war, bevor er in den Siebzigern nach Enthüllungen über seine Beziehung zu einem Homosexuellen in Ungnade fiel. Trotz dieses Treffens hat Jimi – soweit wir informiert sind – nie eine politische Rede gehalten, und Jeremy kann „Purple Haze" bis heute nicht spielen.

Am 18. September 1970 erstickte Jimi Hendrix im Bett nach einer Überdosis Tabletten an seinem eigenen Erbrochenen. Er verkörperte wie kein anderer „Sex and Drugs and Rock'n'Roll". Eric Burdon sagte über Hendrix: „Er war der größte Kiffer, den ich je getroffen habe."

Reichtum geschützt, aber ihre Fans folgten ihrem Beispiel und wurden nach Ansicht der Medien durch die billigen Freuden drogengeschürter Befreiung verführt. Horrorgeschichten wurden auf das Publikum losgelassen – viele davon völlig frei erfunden und von den Regierungsbehörden in die Welt gesetzt. In Kalifornien wurde LSD im Oktober 1966 gesetzlich verboten und wurde von da an unzweideutig verdammt: „Die größte Gefahr, die unserem Lande heute droht... gefährlicher als der Vietnamkrieg", sagte der Vorsitzende der New Jersey Narcotic Drug Study Commission. Sexuelle Freizügigkeit und ein Zusammenbrechen der gesellschaftlichen Ordnung brachte man, nicht ganz unrichtig, mit dem zunehmenden Drogenkonsum in Verbindung, und plötzlich setzte eine Polizeihatz ein. Ihre liebsten Opfer waren

Nach dem Tod von Jimi Hendrix stützt ein Freund die geschockte deutsche Eiskunstläuferin Monika Dannemann beim Verlassen des Hotels. Hendrix war bewußtlos in ihrer Suite aufgefunden worden. Als er ins Krankenhaus eingeliefert wurde, war er bereits tot.

van behauptete, seit der Anklage sämtliche Drogen aufgegeben zu haben, lautete sein spontaner Kommentar dazu: „Ich hoffe, es schadet nicht meiner Karriere." Natürlich war die Presse entrüstet und wies genüßlich darauf hin, daß Donovan zu dieser Zeit £ 25.000 pro Jahr verdiente.

Nach Donovans Verurteilung folgte eine Untersuchung durch die *News of the World.* Diese Untersuchung hatte einige weitreichende, wenn auch unerwartete Folgen. In der vierwöchigen Serie der Zeitung – mit der Schlagzeile 'DROGEN UND POP STARS – Fakten, die sie SCHOCKIEREN werden' über die ganze Breitseite der Zeitung – wurde 'enthüllt', daß Mitglieder der Moody Blues LSD genommen hatten, daß Pete Townshend (der früher schon zugegeben hatte, Marihuana und Pep Pills genommen zu haben) LSD genommen hatte, daß Ginger Baker 'von Hasch und LSD auf Heroin und Kokain umgestiegen war' und daß überhaupt Drogenkonsum unter Pop-Stars weit verbreitet war und sich deutlich an den Titeln und Texten vieler Songs ablesen ließ, wie z. B. an Donovans *Sunshine Superman*, *Night of Fear* von den Move, *Good Vibrations* von den Beach Boys und sogar an *Can't Happen Here* von den Mothers of Invention, das, wie es in *News of the World* hieß, während eines LSD-Trips entstanden war (wer hat ihn gemacht, fragt man sich da, weil der Bandleader der Mothers, Frank Zappa, zu den wenigen gehörte, die mit Sicherheit nicht auf dem Trip waren). Das Blatt enthüllte auch die 'inside story' der psychedelischen Begegnungen und widmete dabei besonders viel Aufmerksamkeit den 'bar-busigen Mädchen' beim 'Ausflippen' – illustriert mit Bildern natürlich.

Viele Enthüllungen des Blattes waren unrichtig – was deutlich zutage trat, als Mick Jagger eine Verleumdungsklage gegen die Zeitung anstrengte. Das Blatt hatte den Inhalt eines Interviews über Drogenkonsum, das zwei ungenannte 'Rechercheure' tatsächlich mit Brian Jones geführt hatten,

Rockstars; vor allem einst phänomenal beliebte Jugendidole bekannten, daß sie gesetzlich verbotene Drogen genommen (und manchmal genossen) hatten.

Im Juli 1966 wurde Folksänger Donovan (der mit vollem Namen Donovan Leitch hieß und mal als Englands Bob Dylan bezeichnet wurde) zu einer Geldstrafe von £ 250 verurteilt, weil man bei ihm Marihuana gefunden hatte. „Ich möchte, daß Sie sich dessen bewußt sind", sagte der Richter, „daß Sie einen großen Einfluß auf junge Leute haben und es sich daher für Sie gehört, sich gut zu benehmen." Eine Londoner Sonntagszeitung berichtete, daß es 'Beweise für schockierende Ausschweifungen bei einer Party in seiner Wohnung gab, auf der Marihuana geraucht wurde', und obwohl Dono-

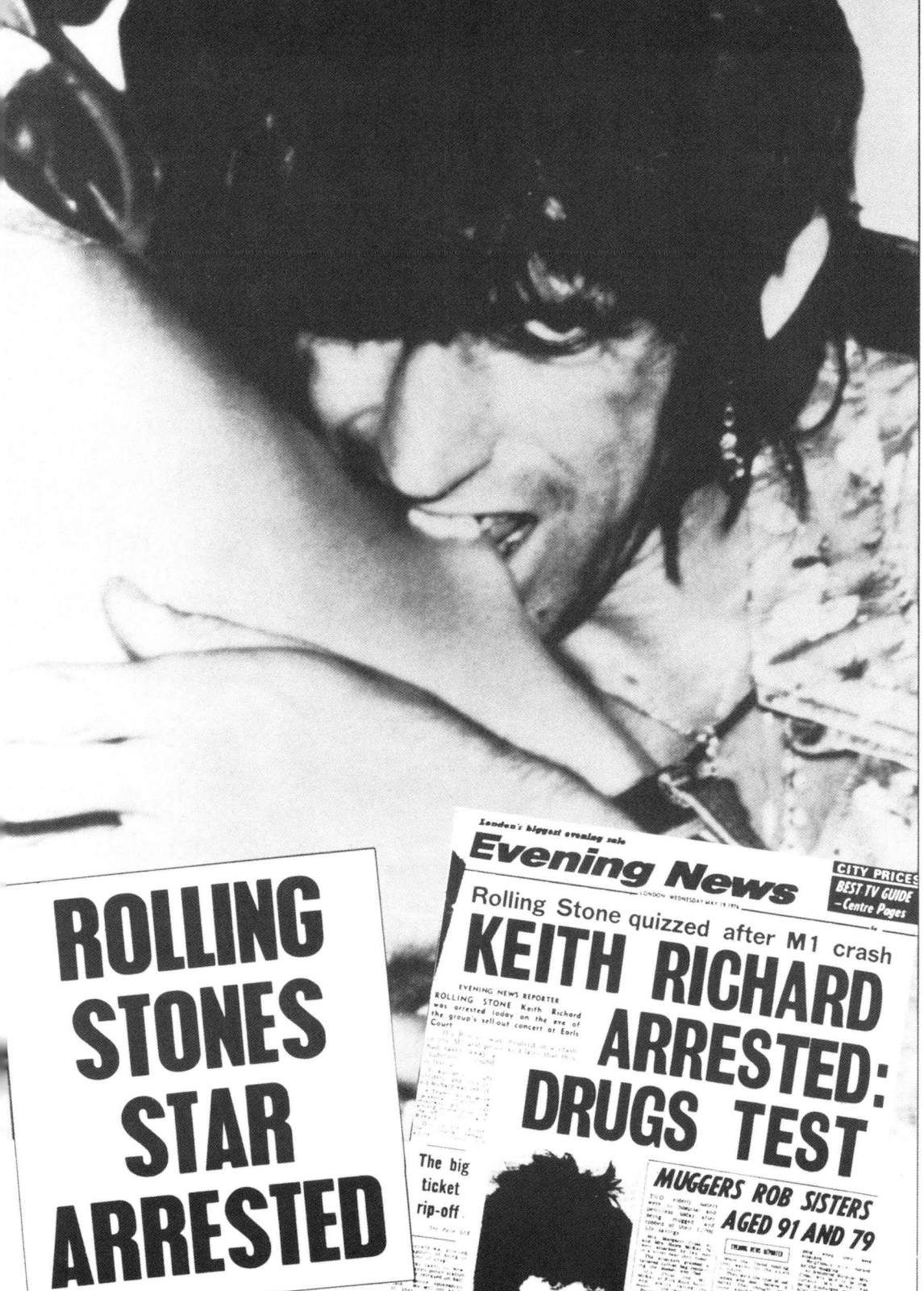

ROLLING STONES STAR ARRESTED

London's biggest evening sale

Evening News
LONDON WEDNESDAY MAY 19 1976

CITY PRICES
BEST TV GUIDE
—Centre Pages

Rolling Stone quizzed after M1 crash

KEITH RICHARD ARRESTED: DRUGS TEST

EVENING NEWS REPORTER

ROLLING STONE Keith Richard was arrested today on the eve of the group's sell-out concert at Earls Court.

The big ticket rip-off

MUGGERS ROB SISTERS AGED 91 AND 79

Mick Jagger zugeschrieben. Bald aber zeigte sich das ganze Ausmaß der Wirkung dieser Artikel. Jagger reichte die Verleumdungsklage zwei Tage nach Erscheinen des Artikels in *News of the World* ein. Fünf Tage später, am 12. Februar 1967, wurde Keith Richards Landhaus Redlands in Sussex von der Polizei durchsucht, und im Anschluß daran wurden Richard, Jagger und der Kunsthändler Robert Fraser festgenommen. Insgesamt waren acht Herren anwesend, von denen zwei laut Aussage des Anklägers im folgenden Prozeß 'Anhänger' waren 'und der dritte ein marokkanischer Bediensteter'. (Hartnäckige Gerüchte behaupteten, daß noch ein neunter Mann da war – George Harrison –, aber Harrison, der an diesem Wochenende zwar in Redlands gewesen war, war vor der Durchsuchung wieder fortgefahren.) Auch eine Frau war anwesend – vor Gericht wurde sie 'Miss X' genannt, aber tatsächlich war es

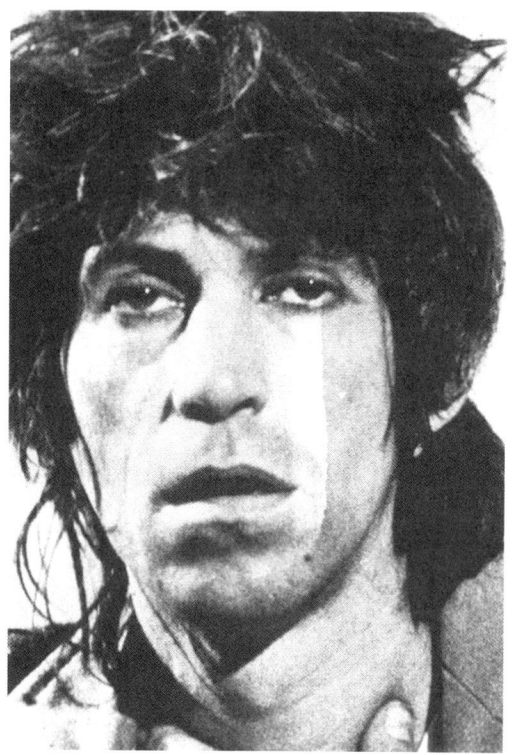

Keith Richard überprüft bei einer Pressekonferenz am 20. Oktober 1978 in Toronto, ob sein Puls noch schlägt. Kurz zuvor hatte er sich schuldig im Sinne der Anklage aus dem Jahr 1977 bekannt.

Keith Richard erscheint in Begleitung des amerikanischen Anwaltes der Stones am 14. März 1977 vor dem Gericht in Toronto. Die Anklage lautete auf „Heroinbesitz mit Verkaufsabsicht" und auf „Kokainbesitz".

Marianne Faithfull (deren Namen die Stones jedoch aus der ganzen Affaire heraushalten wollten). Doch es sollten noch weitere lästige Nachforschungen folgen. An dem Tag, als Jagger und Richard vor Gericht erscheinen mußten, am 10. Mai, wurde Brian Jones in seiner Londoner Wohnung wegen Drogenbesitz verhaftet. Die Kampagne gegen den Drogenkonsum wurde immer hitziger.

Die Prozesse gegen Jagger und Richard, die im Juni 1967 stattfanden, wurden, wie nicht anders vorauszusehen, aufsehenerregende Gefechte in diesem faulen Krieg zwischen der Jugend und dem Establishment. Jagger, der wegen des Besitzes von vier Amphetamin-Tabletten angeklagt war, die er völlig legal in Italien gekauft hatte, wurde zu

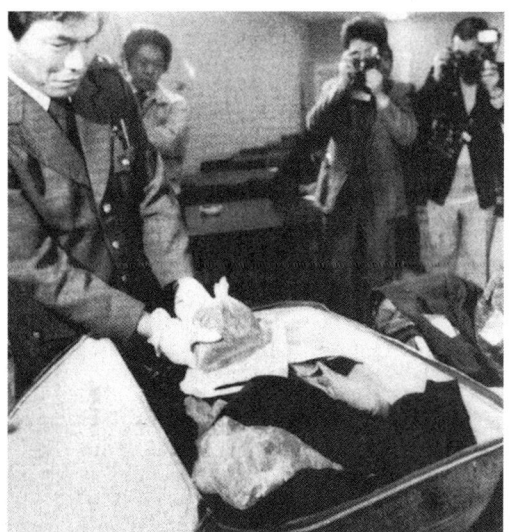

Der japanische Zoll findet 214 Gramm Marihuana im Gepäck von Paul McCartney. Nach der Beschlagnahme machte folgendes Bonmot die Runde: „Wer kann nur auf die Idee kommen, ein halbes Pfund Marihuana in einem gewöhnlichen Koffer zu schmuggeln? Das ist der endgültige Beweis, daß Lennon das Hirn der Beatles war."

Richard: „Wir sind keine alten Männer. Ihre kleinlichen Moralvorstellungen kümmern uns nicht." In einem plötzlichen Anfall moralischer Rechtschaffenheit und Aufrichtigkeit gab die News of the World zu, daß sie Informationen an die Polizei weitergegeben hatte, die zu den Festnahmen geführt hatten.

Nach der Hausdurchsuchung in Redlands und dem nachfolgenden Gerichtsverfahren bekannten sowohl Paul McCartney als auch Brian Epstein in aller Öffentlichkeit, daß sie LSD nahmen – und auch Eric Burdon tat das. Burdon behauptete, es inzwischen aufgegeben zu haben, gab aber später zu, daß er bis 1970 die meiste Zeit unter Acid-Einfluß gestanden habe. Presse und Öffentlichkeit meinten einen Anflug von Rachefeldzug wahrzunehmen. Die Rolle der News of the World in der ganzen Angelegenheit ließ beträchtliche Zweifel aufkommen, inwiefern die Festnahmen in Redlands überhaupt berechtigt waren. Es gab die weit verbreitete Meinung, daß, was hoch bezahlte Erwachsene in der Privatsphäre ihrer Häuser trieben, weder Sensationsblätter noch moralinsaure Polizisten dazu berechtigte, bei ihnen einzudringen. Das Foto von Jagger in Handschellen auf dem Weg zum Lewes-Gefängnis war eindeutig ein Bild der Opferung eines Sündenbocks. „Wer schießt mit Kanonen auf Spatzen?" fragte die Times. „Wer unter euch ohne Sünde ist, der werfe den ersten Stone ins Kittchen", hieß es auf einem beliebten Poster.

Daß man jemandes Bewegungsfreiheit beschneidet, ist eine Sache, aber „Brian haben sie zu Tode gehetzt" – wie Keith Richard über Brian Jones sagte. Bei dem Prozeß nach seiner Festnahme im Mai 1967 beschrieb ein Psychiater Brian als „einen extrem ängstlichen jungen Mann". Die Verurteilung zu neun Monaten Gefängnis, weil man bei ihm Marihuana gefunden hatte, war übermäßig hart, vor allem, da die nach der Hausdurchsuchung in Redlands verhängten Urteile nach einer öffentlichen Empörung ohnegleichen in der Berufungsverhandlung

sechs Monaten Gefängnis verurteilt; Richard, dem man vorwarf, zugelassen zu haben, daß in seinem Haus Cannabis geraucht wurde, sollte für ein Jahr ins Gefängnis. In der Berufung wurde Jaggers Urteil zur Bewährung ausgesetzt, und Richards Urteil wurde aufgehoben mit der Begründung, daß die Anklage zuviel Betonung auf die Rolle der Miss X gelegt habe. Daß die Anklage das offensichtlich unbekümmerte Verhalten einer jungen Frau so hervorhob, die bis auf einen Fellteppich bei der Hausdurchsuchung nackt gewesen war, empfand man eher als moralisch verwerflich – ja sogar lüstern – als aus rechtlichen Gründen notwendig. Während der Verhandlung behielt man Jagger zwei Tage lang im Lewes-Gefängnis – eine Erfahrung, die ihn zutiefst schockierte.

Eine Bemerkung von Keith gegenüber der Anklage macht den Ton der ersten Verhandlung deutlich. Als der Ankläger meinte, Miss X hätte verlegen sein müssen, daß man sie dermaßen ausgezogen antraf, antwortete

aufgehoben worden waren. Besonders belastend aber war das Urteil für Brian, weil er bereits einige Zeit wegen 'Überanstrengung', wie es höflich hieß, im Krankenhaus gewesen war und, wie einer der Psychiater im Prozeß erläuterte, Selbstmordneigungen hatte. Im Dezember 1967 wurde das Urteil schließlich gemildert – in £ 1.000 Geldstrafe und drei Jahre Bewährung –, aber drei Tage später hatte Jones schon wieder einen Zusammenbruch und kam wieder ins Krankenhaus. Sechs Monate später, im Mai 1968, wurde Brian wieder wegen Drogenbesitzes verhaftet. Diesmal erhielt er nur eine Geldstrafe von £ 50, aber die eigentliche Strafe war der psychische Schaden, den so viel Polizeiinteresse bei ihm verursachte.

Die ständige Beunruhigung beschleunigte Brians allgemeinen Niedergang. Die Stones fanden es alle immer schwerer zu arbeiten, wenn ständig eine Gefängnisstrafe drohte, aber Jones versank, geistig und körperlich, schnell in völliger Lethargie. Er glaubte, daß Jagger und Richard sich gegen ihn verschworen hätten. Sogar seine Freundin, Anita Pallenberg, hatte ihn wegen Keith verlassen. Brians totale Verunsicherung zeigte sich auch darin, daß er sich den Ruf eingehandelt hatte, an Satyromanie zu leiden (sechzig Frauen pro Monat sagte man ihm gerüchteweise nach); da er sich einbildete, daß die Rolling Stones ihn mit Absicht bei Entscheidungsfindungen, schöpferischer Arbeit und aus ihrer Gemeinschaft ausschlossen, zog er sich in Drogenabhängigkeit und eine manische, hedonistische Lebensweise zurück. Seine Verdächtigungen gerieten ihm zur 'self fulfilling prophecy'. Im Sommer 1968 fiel Jack Nitzsche – während er die Musik für Nicolas Roegs Film *Performance* schrieb, in dem Jagger und Anita Pallenberg die Haupt-

rollen spielten – auf, daß die Stones sich tatsächlich gegen ihren früheren Goldjungen gewandt hatten. Brian wurde schließlich im wörtlichen Sinne unfähig, Musik zu machen: Wenn er Harmonika zu spielen versuchte, fing sein Mund an zu bluten.

Im Juni 1969 schied Brian aus der Band aus, angeblich um eine Solokarriere zu beginnen, in Wirklichkeit, weil er für sie eine Belastung geworden war. Die Stones planten eine Tournee, und Brian war nicht in der Lage, eine solche zu unternehmen. Einen Monat später, am 3. Juli, ertrank er im Swimming-pool seines abgelegenen Herrenhauses in Sussex (das früher einmal A. A. Milne und Christopher Robin gehört hatte) – viele seiner lebenswichtigen Organe wiesen krankhafte Verfettungen auf, die für sich allein schon seinen Tod hätten herbeiführen können. Zwei Tage darauf trat sein Nachfolger Mick Taylor bei einem Open–Air–Konzert im Hyde Park erstmals öffentlich mit den Stones auf. Jagger, der in einer weißen Tunika in griechischem Stil auftrat und dessen Erscheinen an Byron erinnerte, ließ Hunderte Schmetterlinge fliegen, und alle waren traurig. Pete Townshends Kommentar zu Brians Tod lautete: „Es war ein ganz normaler Tag für Brian, er starb jeden Tag." Und zehn Jahre später erinnerte sich Jagger: „Ich war betroffen, aber es war unvermeidlich. Der Kerl war unerträglich, aber vielleicht haben wir ihn dazu gemacht." Wer Brian tatsächlich 'zu Tode gehetzt' hat, läßt sich nicht mit Bestimmtheit sagen.

In Amerika fanden drogenbedingte Verhaftungen in den sechziger Jahren hauptsächlich an der Westküste statt – dem Mekka der Drogenkultur. 1967 wurde das Kommunehaus Ashburg 710, der Grateful Dead im berüchtigten Haight–Ashbury–Distrikt von San Francisco, durchsucht, und im Anschluß daran wurden elf Leute wegen Marihuana–Besitzes verhaftet (ohne Jerry Garcia, den man vor dem Haus auf der Straße gewarnt hatte). Interessanterweise übersah die Polizei einen größeren Gras–Vorrat in einem

---

Paul McCartney wird nach seiner Festnahme auf dem japanischen Flughafen Narita in Handschellen und Gefängnissandalen auf das Polizeirevier von Nakameguro gebracht. Er verbrachte im Jänner 1980 neun Tage in Haft und wurde schließlich deportiert, ohne ein einziges Konzert gespielt zu haben.

4. Juni 1979: Greg Allman steht wegen seines rück-
sichtslosen Fahrstils vor Gericht. Nachdem er zuvor in
einem Drogenprozeß gegen seinen Roadie John
„Scooter" Herring ausgesagt hatte und dieser daraufhin
zu über 70 Jahren Haft verurteilt wurde, hatten Gregs
Bandkollegen nur mehr Verachtung für ihn übrig.

Glas auf einem Küchenregal; tatsächlich hatten Informanten einen Tip gegeben, und so
hatte nicht wirklich eine Durchsuchung
stattgefunden. Dino Valenti – der *Get Together* geschrieben hatte, das zur wahren Hym-
ne der '*love generation*' wurde – wurde zu
dieser Zeit festgenommen, ebenso Neil
Young, Richie Furay, Jim Messina und Bruce
Palmer (alle Mitglieder von Buffalo Springfield). Palmer wurde dreimal verhaftet, und
Messina war als Ersatz für ihn in die Gruppe
geholt worden. Eric Clapton, der im März
1968 mit den Springfield-Mitgliedern festgenommen worden war, wurde freigesprochen.

Zeitweise waren die Auswirkungen dieser Kampagne auf beiden Seiten des Atlan-
tiks nicht weniger schädlich als der Drogenkonsum selbst. John Lennon, der 1968 zusammen mit Yoko Ono verhaftet wurde, bekam deshalb keine Aufenthaltserlaubnis für
die USA (allerdings tauchten die Einwände
dagegen, daß man ihm die Erlaubnis ge-
währte, erst auf, nachdem er 1972 *Sometime
In New York City* herausgebracht hatte, ein
unverhohlen revolutionäres Album). 1975
bekam Lennon schließlich seine 'grüne Kar-
te', mit dem Erfolg, daß er 1980, ein paar
Wochen nach seinem vierzigsten Geburtstag, vor seiner New Yorker Wohnung nieder-
geschossen wurde.

Mochte die Sucht auch einige Rockmusiker für ihre Kollegen zur Last machen, für
die Polizei, die immer froh war über gesteigerte Festnahmeziffern und über die aus ein
paar komplikationslosen Durchsuchungen
resultierende öffentliche Aufmerksamkeit,
war sie eine Art Gottesgeschenk. Aber die
Umstände von John Lennons Verhaftung
1968, diesem Höhepunkt nach zwei Jahren
'exemplarischer' Razzien des Rauschgiftde-
zernats, zogen Anfragen im Parlament nach
sich. Was war davon zu halten, fragten sich
Parlamentsmitglieder, daß vierzig Polizisten
nötig waren, um zwei Leute (John und
Yoko) zu verhaften, die nicht an Flucht
dachten, und was war davon zu halten, daß
zwei Tageszeitungen des Landes schon vor
Eintreffen der Polizei da waren, um über die
Festnahmen zu berichten? Es war mehr als
nur ein Verdacht, daß das Rauschgiftdezer-
nat auf Skalpjagd war und daß die Presse
vorher einen Tip erhalten hatte. ('Tips' gab
es jedoch nach beiden Seiten; einige Wochen
vorher hatte ein Show*biz*-Korrespondent
Lennon eine Warnung zukommen lassen,
und John und Yoko hatten 'das Haus gerei-
nigt', denn „ich bin ja nicht dumm", sagte
Lennon, der zu der Zeit Heroin nahm.)

Es kursiert immer noch die Theorie, daß
die große Verhaftungsaktion durch die Reaktion auf das neueste Album von John und
Yoko, *Two Virgins*, das die beiden auf der
Hülle nackt zeigte, ausgelöst worden war.
Aber das hieße die Macht der Prüderie wohl
zu hoch einschätzen. Da man jedoch andererseits zu dieser Zeit allgemein der Meinung war, daß die Beatles (nach der Aus-

Eric Burdon gab den Genuß von exotischeren Drogen zugunsten der abstumpfenden Wirkung von billigem spanischen Wein auf.

zeichnung mit dem Orden 'Members of the British Empire') praktisch immun gegen Verhaftungen waren, ist es nötig, den Überfall etwas genauer zu erklären. Selbst die *News of the World*, die sonst immer darauf aus war, den Drogenkonsum anderer Rockstars aufzudecken, war davor zurückgeschreckt, die Beatles damit anzuschwärzen. Führende Rockgruppen wie die Beatles „bezogen ihren Erfolg einfach aus der ihnen angeborenen Genialität", hatte das Blatt im Januar 1967 geschrieben. „Andere Pop-Künstler hingegen brauchten oder probierten künstliche Mittel, um zu Anerkennung zu gelangen." Die Schlußfolgerung daraus war eindeutig, daß die Beatles über Drogengenuß erhaben waren.

Als es achtzehn Monate später 1968 von Paris bis Berkeley zu Studentenunruhen und Protesten kam, schien die Gefahr einer Jugendrebellion jedoch bedrohlich genug, um frühere Bedenken beiseite zu schieben. Razzien und Festnahmen, die vor der Hausdurchsuchung in Redlands undenkbar waren und danach noch unklug schienen, wurden nun mit Eifer vorgenommen (die verhängten Strafen allerdings fielen nun vernünftiger und angemessener aus als früher). Was die Beatles betraf, so war es von Bedeutung, daß Brian Epstein (ausgerechnet an einer Überdosis) gestorben war und die Band im Begriff war, sich aufzulösen. Nach McCartneys und Epsteins Bekenntnissen trübte sich ihr Image schnell. All das brachte es mit sich, daß sie nun zu Zielscheiben in dem Krieg gegen den Drogenkonsum werden konnten und daß John Lennon wegen seiner freimütig geäußerten Ansichten und seiner 'ausländischen' Frauen den Angriffen besonders ausgesetzt war.

Daß man die Beatles jetzt in neuem Licht sah, führte paradoxerweise jedoch auch dazu, daß Drogenkonsum unter Rockstars

Trotz Hausdurchsuchungen und ewig währender Managementprobleme hat Joe Cocker eine gesunde Lebensphilosophie. Wer mit sechsstelligen Steuerforderungen umgehen muß, kann nur mit den Schultern zucken.

als akzeptabel zu gelten begann, auch wenn man im allgemeinen nicht darüber sprach. Wie so oft vorher und nachher, trug die moralische Entrüstung in der Presse letztlich dazu bei, die Macht dieses verlogenen Puritanismus zu schwächen. Beamte und Richter schienen Drogenkonsum mehr und mehr als Berufsrisiko, wenn nicht sogar als unvermeidlichen Bestandteil des Rockstar-Milieus anzusehen. Und während die Polizei weiter mit ziemlich viel Elan den Rockstars nachstellte, haben die Gerichte sie seit Ende der sechziger Jahre mit bisweilen überraschend viel Nachsicht behandelt, da sie offenbar von der Annahme ausgingen, daß privater Drogenkonsum bei Rockmusikern einfach normal ist.

Als zum Beispiel Jimi Hendrix 1969 auf dem Flughafen von Toronto wegen Heroinbesitzes verhaftet wurde, verteidigte er sich in seinem Prozeß damit, daß er das Rauschgift, ohne zu wissen, was es war, von einem freigiebigen Fan geschenkt bekommen und ahnungslos angenommen habe. Das Gericht sprach ihn frei, obwohl (oder sogar weil) er überraschend gestanden hatte, schon LSD, Pot und Kokain genommen zu haben. Vielleicht glaubten sie ihm, als er versicherte, *clean* zu sein, wie so viele Rockstars auch wohl heute noch fälschlich behaupten. Jimi hatte die Drogen aufgeben wollen, tat es aber nie.

Nachdem das ehemalige Animal-Mitglied Chas Chandler den in Seattle geborenen Hendrix 1966 nach London gebracht hatte, wurde dem Gitarrisen ein raketenhafter Aufstieg zuteil. Hendrix' musikalisches Können war phänomenal, und er verfügte zusätzlich noch über die Geheimwaffe eines schwarzen *Machismos*, sein Sex-Image, das er voll einzusetzen verstand. Aber er hatte ein schreckliches Naturell, und seine Beziehungen waren meist nicht von Dauer. Innere Konflikte führten zur Auflösung seiner Band, nachdem seine Beziehung zu Noel Redding an einem Tiefpunkt angelangt war, und 1969 entzweite Hendrix sich mit Chas

Chandler. Zu all diesen Problemen kam noch hinzu, daß Hendrix' kometenhafter Aufstieg eine Flut von Neuauflagen und Raubpressungen auslöste. Alle wollten von ihm profitieren, und gegen Ende der sechziger Jahre verstrickte sich Hendrix zusehends in einem Netz rechtlicher und geschäftlicher Streitigkeiten.

Jimi unternahm einen Versuch, seine Angelegenheiten in den Griff zu kriegen, war aber wesensmäßig nicht in der Lage, mit sich und allem ins reine zu kommen. Er gründete eine rein schwarze Band (die Band of Gypsies) und beteiligte sich auch an einem Schallplattenstudio. Aber er hatte weder die Zeit noch die Geduld, das eine wie das andere zum Erfolg zu führen. Als er nach der Festnahme in Toronto in New York lebte, wurde er ständig von der Polizei belästigt. Er sah sich hin und her gerissen durch seine vertraglichen Probleme und seine etwas zaghaften Bestrebungen, mit der Haltung des *black pride* in Verbindung gebracht zu werden. Vielleicht war der Druck für ihn zu groß, wie sein Freund Eric Burdon mutmaßte, aber vielleicht war sein Tod auch nur ein Unfall. Wie immer die Wahrheit aussehen mag, er starb, als der Höhepunkt der Hendrix-Begeisterung überschritten war.

In der Nacht des 18. September 1970, einem Jahr, in dem es für ihn stetig bergab gegangen war mit glanzlosen Auftritten und Aufnahmen, nahm er eine Handvoll Schlaftabletten, nachdem er im Laufe des Abends in mäßigen Mengen Weißwein getrunken und etwas Gras geraucht hatte. Er erstickte nach einem Brechanfall wegen der Überdosis Tabletten an seinem eigenen Erbrochenen. Der Leichenbeschauer stellte bei der Obduktion das Vorliegen einer Straftat fest, Selbstmord nicht ausgeschlossen, aber Hendrix' Tod war wahrscheinlich nur die Folge eines momentanen Verlangens nach Seelenfrieden.

Nicht ganz acht Jahre nach Jimis Freispruch in Toronto wurde dort auf dem Flughafen Anita Pallenberg festgenommen, weil sie Drogen bei sich hatte. Sie befand sich in Begleitung von Keith Richard, der selber ein paar Tage später in seinem Hotelzimmer verhaftet wurde – fast auf den Tag genau zehn Jahre nach der Redlands-Razzia. Es war das sechste Mal allein in den siebziger Jahren, daß Richard in vier verschiedenen Ländern aus unterschiedlichen Gründen verhaftet wurde – von Drogen- und Waffenbesitz bis zur Gewalttätigkeit. Befürchtungen, daß die notorische Strenge der kanadischen Behörde in Drogenangelegenheiten letztendlich das Ende der Rolling Stones bewirken könnte, waren in diesem Fall unbegründet. Die wirklich schwere Anklage des Handels mit Heroin wurde fallengelassen, und zum Ärger des Staatsanwaltes verurteilte das Gericht Richard wegen der geringfügigeren Anklage von Drogenbesitz nur zu einer Bewährungsfrist und dazu, für die Blinden ein Wohltätigkeitskonzert zu geben. 1981 erinnerte sich Richard, daß die Verhaftung in Toronto der Gipfel von zwei Jahren Scherereien mit der Polizei gewesen war. „Ich war damals die ganze Zeit so vollgedröhnt", sagte er über seine Verhaftung, „daß ich es einfach als etwas hinnahm, das zu meinem Handeln dazugehörte. Ich machte mir nicht einmal Sorgen deswegen."

Seit den sechziger Jahren haben die Behörden es immer besonders auf die Stones abgesehen gehabt, und es ist oft schwer zu beurteilen, bis zu welchem Ausmaß dies das Ergebnis ihres eigenen sorgsam aufgebauten 'Outlaw'-Images ist. Im Falle von Keith haben wir seine eigene Aussage, daß er und Anita in der Tat lange eine Vielzahl illegaler Drogen genommen haben; und während Mick, Bill Wyman und Charlie Watts unauffällig geblieben sind, scheinen andere Stones-Gefährten einfach aufgrund eben ihres Umgangs gefährdet zu sein. Im Februar 1980 wurden Ron Wood und seine Freundin Josephine Karslake wegen Kokain-Besitzes verhaftet, nachdem die angeblichen Dealer die Polizei informiert hatten. Selbst wer nicht direkt zur Gruppe gehört, ist gefährdet. Im

Juli 1972 wurde zum Beispiel der Chauffeur der Band während ihrer US-Tournee wegen Drogenbesitzes festgenommen; und 1975, in dem Jahr, als Ron Wood zu den Stones stieß, wurde dessen Frau Krissie wegen des Besitzes von Kokain und Marihuana festgenommen, und zwar nach einer bizarren überfallartigen Durchsuchung in den frühen Morgenstunden, bei der die Polizei sie zusammen mit ihrer Freundin und Schneiderin Audrey Burgon antraf. Sie wurden später freigesprochen.

Der Kampf gegen den Drogenkonsum bei Rockstars geht weiter, allerdings offenbar unter etwas veränderten Aspekten. Als Paul McCartney im Januar 1980 bei der Einreise in Japan verhaftet wurde, weil er ein halbes Pfund Marihuana bei sich hatte, sah sich wenigstens eine Londoner Zeitung zu dem Kommentar veranlaßt, da McCartney schon dreimal wegen des Besitzes von Marihuana verhaftet worden sei (1973 war er festgenommen worden, weil er vor seinem Haus im schottischen Campbelltown Hanf züchtete), beweise die Tatsache, daß er ein guter Vater, ein tüchtiger Geschäftsmann und ein guter Ehemann sei, daß Marihuana nichts Schlimmes sein könne.

Selbst die Japaner – die Mick Jagger 1973 aufgrund seiner Verurteilung 1967 ein Visum verweigert und 1975 auch McCartney zurückgewiesen hatten – schienen weniger sicher, daß Strenge angebracht sei. McCartney, der einige Konzerte mit den Wings geben sollte, war mit Linda und den Kindern auf dem Narita Airport gelandet. Die japanischen Zollbeamten waren zuerst überzeugt, daß der Koffer mit dem Marihuana Linda gehörte, bis Paul vortrat und zugab, daß er sein Eigentum war. Paul saß neun Tage lang im Gefängnis, und in dieser Zeit wurden im britischen Parlament Fragen zu seiner Behandlung gestellt und das britische Konsulat in Japan unternahm jede erdenkliche Anstrengung, ihn freizubekommen. Schließlich schoben die japanischen Behörden ihn ab und ließen die Anklage fallen, verboten ihm allerdings für ein Jahr die Wiedereinreise nach Japan. Er habe das Marihuana für den eigenen Gebrauch gekauft, sagten sie, und als Strafe auf jeden Fall die neun Tage im Gefängnis verbracht und die finanziellen Verluste durch die Absage all seiner Konzerte erlitten. „Stell dir vor, ein halbes Pfund Marihuana in einem gewöhnlichen Koffer zu schmuggeln!" witzelte man damals. „Ich habe ja schon immer gewußt, daß Lennon das Hirn bei den Beatles war."

Die Reaktion der Polizei auf den Drogenkonsum bei den Punks war weniger gelassen. Im März 1980 wurde Hugh Cornwell von den Stranglers wegen Heroin, Kokain und Marihuana – das man bei einer Routinedurchsuchung in seinem Auto gefunden hatte – zu einer Strafe von zwei Monaten Gefängnis verurteilt (die er auch absitzen mußte). Das Urteil war für eine erste Straftat und

angesichts der geringen Drogenmengen, um die es dabei ging, überraschend streng. Unter Berufung auf die Einsichten, die seine Kollegen im Laufe der Jahre gewonnen hatten, erklärte der Richter Cornwell jedoch, daß sein Gefängnisaufenthalt 'anderen eine Lehre' sein solle.

Besonders beliebt bei Punks, vor allem bei denen, die sich nichts anderes leisten konnten, war das oft tödliche Leimschnüffeln, und bei denen, die es sich leisten konnten, das Schnüffeln von Amphetaminen in Pulverform. 1978 wurden Sid Vicious und

Keith Moon mit Linda und Paul bei der Mitternachtsmatinee der McCartneys im Londoner Peppermint Park, die anläßlich des Geburtstages von Buddy Holly veranstaltet wurde. Am nächsten Morgen, dem 7. September 1978, war Keith tot. Todesursache war eine Überdosis Tabletten, die manchmal gegen Alkoholsucht verschrieben werden.

Nancy Spungen verhaftet, weil sie in ihrem Zimmer in einem Londoner Hotel Methedrin hatten, ein besonders starkes Amphetamin. Daß Johnny Rotten mehrfach in der Öffentlichkeit erklärte, keine Drogen zu nehmen, verhinderte nicht, daß seine Wohnung zweimal (ohne Ergebnis) durchsucht wurde. Wahrend der kurzen Zeitdauer der Beliebtheit dieser Musik ging die Polizei besonders scharf gegen Punks vor – und man fühlte sich unwillkürlich an die Drangsalierung von Künstlern erinnert, die man dreißig Jahre früher für ebenso gefährlich gehalten hatte.

Mitte der siebziger Jahre war das Rock-Establishment untrennbar mit dem Drogenhandel verbunden. Kokain und Marihuana waren die gängigsten Drogen in dieser Industrie – man schätzte, daß 90 Prozent allen verbrauchten Kokains in den USA auf das Rock- und Filmgeschäft entfiel, während nur 10 Prozent der amerikanischen Bevölkerung Kokain nahm, ein erheblich höherer Anteil aber Marihuana rauchte. Die Länder in Lateinamerika, die diese beiden Drogen produzierten, sahen ihre Wirtschaftsergebnisse aufgrund dessen, daß sie auf diesen illegalen Handel bauten, grotesk verzerrt. Die Beziehung zwischen Rockmusik und Drogen in den siebziger Jahren ermunterte die Gesetzeshüter dazu, das Ganze pragmatisch zu sehen.

In den meisten Fällen dienten Festnahmen dazu, in irgendeinem bedeutsamen Handel für Ordnung zu sorgen, aber in nur wenigen Fällen hatten Rockstars oder ihre Gefährten schwer zu leiden.

1977 wurde der Manager der Grateful Dead, Rock Scully, wegen Verschwörung zum Schmuggel von Marihuana für vier Monate ins Gefängnis gesteckt, aber das war eine Art Ausnahme. Viel typischer war die Festnahme und Verurteilung von John 'Scooter' Herring – Gregg Allmans persönlichem Roadie – im Jahr 1976. Gregg wurde Straffreiheit zugesichert für den Fall, daß er gegen Herring aussagte – den Mann, der All-

man angeblich mit den beträchtlichen Mengen Kokain versorgte, die er brauchte. Allman akzeptierte den Handel und sagte dazu: „Ich hatte eine Heidenangst davor, da hinzugehen und all diese Fragen zu beantworten, aber es blieb mir nur das oder das Gefängnis." Allmans Ehefrau Cher hatte ihn, wie sie sagte, nach zwölf Tagen verlassen und gegen ihn die Scheidung eingereicht, nachdem sie hinter seinen Rauschgiftkonsum gekommen war; aber seine Zeugenaussage im Fall Herring trug mit dazu bei, sie zu überzeugen, daß er sein Problem überwunden hatte, und sie kehrte zu ihm zurück. Andere Mitglieder der Allman Brothers Band waren weit weniger anhänglich. „Eine Zusammenarbeit mit Gregg kommt für uns unter keinen Umstän-

Tommy Bolin, nach Deep Purple und vor der Überdosis. Im Bewußtsein dieses Heroinabhängigen scheint das Leben dasselbe wie ein Haufen Plastik-Hundekot.

den mehr in Betracht, unter gar keinen", sagte der Gitarrist Dicky Betts schockiert über die kühle Gleichgültigkeit, mit der die Allman das Vertrauen eines Mannes mißbrauchte, der zwei Jahre lang für ihn gearbeitet und ihm sogar zweimal das Leben gerettet hatte. Herring hatte, nach Auskunft der Band, nur getreulich Greggs Wünsche erfüllt. Er wurde zu insgesamt 75 Jahren Gefängnis verurteilt (in der Berufungsverhandlung wurde die Strafe herabgesetzt), und die Allman Brothers Band kam gänzlich aus dem Geschäft.

John Phillips, der Gründer der Mamas and Papas sagte gegen einen Mitarbeiter aus, nachdem man ihn 1980 unter dem Vorwurf der Beteiligung an einem Drogenring verhaftet hatte, der mit Pillen und Kokain handelte. Nach seiner Festnahme ging Phillips – ein sehr erfolgreicher Songschreiber und Produzent – mit seiner Tochter auf eine Vortragsreise durch die USA, die gegen Drogenmißbrauch zu Felde zog. Seine Gefängnisstrafe von sechs Jahren wurde ihm bis auf dreißig Tage erlassen, die er zum großen Teil schon in der Untersuchungshaft abgesessen hatte.

Ebenfalls 1980 wurden John McVie von der Gruppe Fleetwood Mac und seine zweite Frau Julie Ann wegen Kokain-Besitzes verhaftet, und zwar nach einer Durchsuchung ihres Hauses auf Hawaii, bei der auch Pillen, Marihuana und sieben Schußwaffen gefunden wurden. Die Anklage gegen John McVie, Kokain in seinem Besitz gehabt zu haben, wurde fallengelassen, nachdem seine Frau sich zu diesem Besitz bekannt hatte, aber er wurde wegen geringfügiger Vergehen gegen das Waffengesetz verurteilt. McVie, einem in den USA lebenden Ausländer, hätte im Falle der anderen, schwerwiegenderen Anklage womöglich die Ausweisung gedroht. So wie es jetzt aussieht, wird er noch einige Zeit seine nicht unerheblichen Steuern in den USA bezahlen können.

Früher einmal wurden Drogen als ein Weg zu neuen musikalischen Ausdrucksfor- men angesehen. Heute, wo 'Entspannungsdrogen' ganz in den Vordergrund gerückt sind, wird ein größerer Drogenkonsum allzu oft als Belohnung und Beweis dafür angesehen, daß man es zum Rockstar gebracht hat. Und zwischen dem Einnehmen von Drogen, um Musik zu machen, und dem Machen von Musik, um Drogen zu nehmen, haben die Künstler, die Musik und die Fans mehr verloren, als das Gesetz ihnen je nehmen könnte.

Syd Barrett zum Beispiel, Gründungsmitglied von Pink Floyd, war offenbar der erste in der Band, der LSD ausprobierte, obwohl Roger Waters von den Pink Floyd einmal sagte: „Damals gab es immer so viel Dope und Acid, daß sich, glaube ich, niemand mehr an irgend etwas erinnern kann." Trotzdem, eines ist klar, nämlich daß Syd die Dinge übertrieb. In Nullkommanichts fand er bei seinen Auftritten zu einem Stil, der darin bestand, daß er den ganzen Abend nur auf einer Saite spielte. Von da an war es nur noch eine Frage der Zeit, bis er anfing, auf der Bühne zu stehen und überhaupt nicht mehr zu spielen. Manchmal erschien er nicht einmal mehr. Auf einer Amerikatournee Ende 1967 traten die Pink Floyd in *American Bandstand* auf. Sie sollten zu Playback ihre zweite Single *See Emily Play* spielen, aber unglücklicherweise war Syd 'an diesem Tag nicht danach zumute, seine Lippen zu bewegen'. Zwei oder drei Monate später verließ Syd die Band und verschwand von der Bildfläche, um ein paar Jahre später zwei Alben aufzunehmen und zum Idol eines merkwürdigen Kultes zu werden, der ihn als Genie ansieht. Inzwischen hat er sich wieder aus der Öffentlichkeit zurückgezogen.

Ein weiteres Acid-Opfer war Eric Burdon – der mit den Animals zu Erfolg kam. Burdon, der immer eine Art Rebell war, fing 1965 an LSD zu nehmen und hörte bis Anfang der siebziger Jahre nicht damit auf. 1967 heiratete er in London das Modell Angie King in einer Zeremonie, die weit und breit als *die flower-power*-Hochzeit angekündigt wurde. Später meinte Eric: „Die Hochzeit war phantastisch, die Ehe schrecklich." Als die Animals auseinandergingen, folgte Eric der *love generation* zu ihrem Ursprung nach San Francisco und nahm *San Francisco Nights* und *Good Times* auf – Lobgesänge auf Psychedelia. In seinen Lobpreisungen von LSD und Meditation 1968 sagte er geheimnisvoll: „Ich bin einmal ganz im Kreis gegangen und liege einundzwanzig Tage hinter Bob Dylan zurück." Gegen Ende dieses Jahres plante er, den Rock zugunsten einer Filmkarriere aufzugeben. Er hatte damals gerade einen Nervenzusammenbruch und das Ende seiner Ehe hinter sich.

Er lebte mit einer Freundin, seinem Road Manager und einem Pick-Up Truck in Laurel Canyon, schrieb komplizierte Filmexposes (die keiner außer ihm verstehen konnte und niemand kaufen wollte) und sprach davon, daß er Filmstar werden wolle. Währenddessen stellte seine Freundin Kissenbezüge her, die sie verkauften, um davon zu leben. Schließlich sagten ihm ein paar gewitzte Manager, wenn er Filmstar werden wolle, müsse er erst einmal wieder ein Rockstar werden. Eric versuchte ein Comeback, indem er mit schwarzen Gruppe War auftrat, aber es wurde ein Reinfall. Er war immer noch schwer auf 'Veränderung und Revolution' aus, und die War wollten einfach nur eine *funky* Band sein. „War waren nicht die schwarze amerikanische Band, die ich suchte", sagte Eric. Als im September 1970 Jimi Hendrix starb (mit dem er befreundet war und der ihn stark beeinflußt hatte), trat Burdon im britischen Fernsehen auf und sprach über ihre gemeinsamen Trips, wobei er sagte: „Jimi nahm Drogen, um sich aus diesem Leben auszuschalten und woandershin zu gehen." Seine Bemerkungen verursachten einen ungeheuren Wirbel. „Ich war *stoned* auf MDA, einem synthetischen Halluzinogen", erklärte Burdon später. „Jimi war der größte Kiffer, dem ich je begegnet bin … Ich hatte das Gefühl, daß ich etwas über Jimi

sagen mußte … Ich wollte nicht weitermachen und sagen, wie großartig er war. Er war eine Nutte! Er war großartig, aber er war eine Nutte. Darum liebte ich ihn."

Burdon wurde ganz besessen von Hendrix, und auf einer Tournee durch England s mit War sorgte er dafür, daß er in London im selben Hotelzimmer wohnte, das Hendrix einmal bewohnt hatte. „Ich war so fertig", sagte er, „und ich hatte mir in Kopenhagen eine Lungenentzündung geholt." Er nahm MDA, um sich für einen Auftritt in Fahrt zu bringen, und begann zu halluzinieren. Das Hendrix-Stück *Angel (Came Down From Heaven Yesterday)* setzte sich in eine Vision um! Und offenbar war diese Halluzination noch unendlich viel schrecklicher als seine vorherigen LSD-Erlebnisse, als er mit Buddha gesprochen, die Kreuzigung Jesu miterlebt und sich selbst mit 103 Jahren gesehen und, natürlich, mit Gott geredet hatte. All das war jedoch nicht sehr *funky*, und War und Burdon wären sich auf dieser Tournee am liebsten gegenseitig an die Gurgel gefahren – und die Schallplattenfirma ermunterte laut Aussage von Eric die Band dazu, sich von ihrem 'Frontmann' zu trennen. 1971 trennten sich Eric und die Band. „Ich prostituiere mich, um endlich zu meinem wahren Medium zu gelangen", sagte Eric um diese Zeit, „das der Film ist."

Er hielt daran fest, 'einen Christuserfahrungs-Film' zu machen, der *Mirage* heißen und Burdons halb-verrückte Vorstellungen von Rassenunterdrückung, der Ausbeutung der Rockmusiker und von Hendrix' Tod miteinander verbinden sollte. Aus dieser Idee entwickelte sich schließlich ein grandioses *mixed-media*-Projekt inklusive einer Schallplatte und eines Films. Aber Burdons Sinn für die Verhältnismäßigkeit der Mittel schien durch seinen Acid-Genuß abhanden gekommen zu sein, und es dauerte nicht lange, bis seine Manager ihm wegen – ihrer Ansicht nach – grotesk überhöhter Kosten den Geldhahn zudrehten. Es folgte ein Wirrwarr juristischer Schritte zwischen Burdon, seiner

Management-Gesellschaft (Far Out Productions) und seiner früheren Plattenfirma MGM. „Ich habe ungefähr sechs Millionen Dollar verloren, die die Animals verdient haben", sagte er 1973 als Auftakt dazu, daß er MGM wegen überfälliger Lizenzgebühren verklagte. Bis 1976 kam es soweit, daß Far Out ihn verklagte, weil er, wie sie behaupteten, $ 400.000 für *Mirage* ausgegeben hatte. Hinzu kam noch, daß wegen eines Autounfalls eine Schadensersatzklage über $ 17.000 gegen ihn lief und daß, während er in Europa war, sein Haus in Palm Desert vom Staat beschlagnahmt und versteigert wurde.

All dies war von so umwälzender Wirkung, daß es die Wirklichkeit in sein Leben zurückbrachte. Und obwohl er pleite war und praktisch unfähig zu arbeiten, hatte Eric so etwas wie Zufriedenheit gefunden. 1972 hatte er eine ehemalige Oben-Ohne-Tänzerin namens Rose geheiratet, die ihm, wie er sagte, half, von den Drogen runterzukommen. Und angesichts all der juristischen Probleme, mit denen er fertig werden mußte, brachte das ehemalige *love child* es fertig zu sagen: „Zum ersten Mal hasse ich jemanden." 1977 waren die juristischen Probleme geklärt, zum größten Teil zu Burdons Gunsten, und die ursprünglichen Animals konnten ein 'get-together'-Album aufnehmen, das den Titel *Before We Were So Rudely Interrupted* trug. Im Jahr darauf war Eric 'wieder total in der Musik', und Ende 1981 hatte er vor, in Amerika eine Blues-Band zu gründen und in Los Angeles und Berlin die Hauptrolle in einem Film mit dem Titel *Comeback* zu spielen – über einen Rocksänger, der nicht Eric Burdon war. „Nicht die Drogen sind schuld", sagte er einmal. „Der psychische Streß ist es, weil man weiß, daß man von den Plattenfirmen und überhaupt allen übervorteilt wird und nichts dagegen tun kann."

Joe Cocker wurde im Dezember 1968, auf dem Gipfel seiner kometenhaften Karriere, festgenommen. Da zu der Zeit seiner

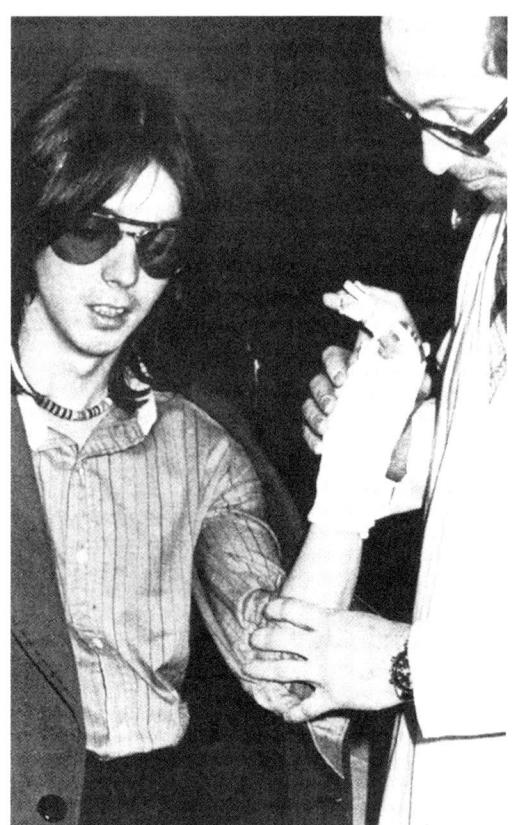

Im Gegensatz zu Jim Morrison brach sich 1976 Jimmy McCulloch von den Wings in einem Pariser Badezimmer nur die Hand. Erst 1979 starb er wie Morrison einen frühen Tod, nachdem er sich eine Überdosis Heroin gespritzt hatte.

Verhaftung gerade seine erste Tournee durch Amerika vorbereitet wurde, hätten sich für ihn daraus Einreiseschwierigkeiten ergeben können. Zu seinem Glück bekannte seine Freundin Eileen Webster sich zu dem ihm vorgeworfenen Marihuana-Besitz, und die Anklage gegen ihn wurde fallengelassen. Cocker hatte jedoch noch weitere Zusammenstöße mit dem Gesetz, vor allem, als es mit seiner Karriere bergab zu gehen begann. Der in Sheffield geborene Rockmusiker war immer ein schwerer Trinker gewesen, und im Oktober 1972 wurden er und sechs Mitglieder seiner Tourneetruppe in Australien des Drogenbesitzes überführt und des Landes verwiesen. Am Abend vor der Ausreise betrank er sich bis zur Besinnungslosigkeit, fiel bei einem seiner letzten Auftritte um und wurde nach einer heftigen Auseinandersetzung, an der auch seine Freundin, der Hotelmanager und die Polizei beteiligt waren, in Melbourne aus seinem Hotel geworfen. Zurück in Sheffield, wurde er 1973 wieder wegen des Besitzes von Marihuana festgenommen, und 1977 wurde er in Amerika wegen unerlaubter Einreise des Landes verwiesen, was alles seiner Karriere nicht eben förderlich war.

Diese Opfer der Drogenkultur haben – leidlich – überlebt. Drogengenuß mag zwar nur ein Symptom tiefer gehender Probleme sein, hat aber allzu oft tödliche Folgen. Die Liste der Todesfälle im Rock'n' Roll, die mit Drogen zu tun hatten, ist deprimierend lang; sie reicht von Elvis Presley bis zu Sid Vicious und noch darüber hinaus und verzeichnet dazwischen all jene Unglücklichen wie Janis und Brian Jones und Pigpen, über deren traurige Schicksale schon berichtet wurde. Am zerstörerischsten sind Alkohol, Heroin, Barbiturate und andere Beruhigungsmittel, für sich genommen oder kombiniert. (An den direkten körperlichen Auswirkungen nach LSD- oder Marihuanagenuß ist noch niemand gestorben, und es gibt nur wenige Todesfälle aufgrund von chronischem Amphetamin- oder Kokainkonsum).

Die direkten Todesursachen variieren zwischen Unüberlegtheit, Unachtsamkeit, Selbstmord und, wie auch schon gemutmaßt wurde, Mord. Tim Hardin gelangte dahin, daß er nur noch Schallplatten aufnahm, um für seine Sucht bezahlen zu können, bis er eine Überdosis nahm. Mike Bloomfield – ein reicher Bursche, der in den sechziger Jahren als Amerikas größter Bluesgitarrist gefeiert wurde – verbrachte gegen Ende seines Lebens in den siebziger Jahren einige Zeit damit, daß er in San Francisco Pornofilme mit Musik untermalte und Platten mit *background music* für Einäscherungszeremonien aufnahm, bevor man ihn 1981 tot in seinem

Auto auffand. Diese beiden starben an einer Überdosis Heroin. Bon Scott von den AC/DC und John 'Bonzo' Bonham von den Led Zeppelin tranken sich zu Tode, genauso wie Pigpen. Der Leichenbeschauer schätzte in seinem Bericht, daß Bonham zum Zeitpunkt seines Todes eine Alkoholmenge entsprechend von vierzig Gläsern Wodka im Körper hatte. Er starb wie Jimi Hendrix: Er erstickte an seinem eigenen Erbrochenen.

Bonzos eigentliche Tragödie war die offensichtliche Leere seines Lebens. Er hinterließ in seinem Testament £ 856.000. Er war lange verheiratet mit seiner Frau und hatte zwei Kinder – Jason, der 1966 geboren wurde, und Zoe, die 1975 zur Welt kam. Trotz-

Eric Clapton, laut Selbstbeschreibung ein „musikalischer Hilfsarbeiter", verbirgt seinen Kater hinter dunklen Sonnenbrillen. Der Mann, für den der Ausdruck „Gitarrenheld" geprägt wurde, konnte seine Heroinsucht 1975 dank einer Elektro-Akupunkturbehandlung in einer Klinik in Sussex beenden.

dem wurde sein Leben beeinflußt von 'Speedballs' (eine Mischung aus Heroin und Kokain), und die Zeit verging für ihn nur mit Hilfe von Schlaftabletten kombiniert mit Schnaps. Im Juni 1980 brach der zweiunddreißigjährige Schlagzeuger in Deutschland während eines Auftritts der Led Zeppelin zusammen. Man nahm an, daß er einen Herzanfall hatte. Trotzdem fuhr er fort, mit seiner Gesundheit Raubbau zu treiben und sein letzter Tag im Leben war eine flatterhafte Reise ins Vergessen.

Am 26. September 1980 begann er gegen Mittag in einer Kneipe in der Nähe seines Hauses zu trinken – vier oder fünf vierfache Wodka-Orange. Nach dem Essen – zwei Käsebrötchen in der Kneipe – ließ er sich für eine Probe zu Jimmy Pages Haus nach Windsor bringen. Während der Proben im Studio trank er weiter, zwei bis drei sehr große Wodka-Orange pro Stunde. Gegen Mitternacht schlief er auf einem Sofa ein, nachdem er in Pages 900.000-Pfund-Haus noch eine Pastete und Chips gegessen hatte. Man trug ihn ins Bett und legte ihn, abgestützt mit Kissen, auf die Seite. „Ich hatte schon vorher Erfahrungen mit Betrunkenen", sagte einer der Männer, die ihn zu Bett brachten. Bis um zwei am nächsten Nachmittag hatte Bonham sich immer noch nicht gerührt. Als der Road-Manager von Led Zeppelin ins Zimmer schaute, um ihn zu wecken, war Bonham tot.

Keith Moon starb 1978 am Tage nach Buddy Hollys Geburtstag (6. September). 'Moon the Loon' starb nicht, wie man aufgrund seiner Neigung, gefährlich zu leben, hätte vermuten können, indem er einmal zu oft etwas Waghalsiges machte, sondern an einer Überdosis Heminevrin-Tabletten, einem Medikament, das manchmal Alkoholkranken verschrieben wird. In der Nacht des 6. September hatte Keith ein wenig Kokain genommen und war mit seiner Freundin Annette Walter-Lax zu einer Mitternachtsvorstellung der *Buddy Holly-Story* gegangen, an die sich noch eine Party anschloß, die Paul McCartney zur Feier der Buddy-Holly-Woche gab. Zurück in seiner Wohnung in Mayfair, hatte Keith Probleme einzuschlafen. Früh am Morgen wachte er hungrig auf und aß ein Steak im Bett. Danach schlief er mit Hilfe von 32 Heminevrin-Tabletten – schon die Hälfte dieser Dosis ist tödlich – wieder ein. Um drei Uhr vierzig nachmittags wachte Annette auf und stellte fest, daß Keith tot neben ihr im Bett lag.

Robbie McIntosh von der Average White Band nahm eine Überdosis Heroin in dem Glauben, daß es sich dabei um Kokain handelte. Das war 1974, und die Band war gerade in Amerika, wo ihr weißer Funk-Sound großen Beifall bekam und sie zu schnell ins *high life* eingeführt wurden. Am 23. September waren sie zu einer Schickeria-Party eingeladen, auf der McIntosh in seiner Lieblingsdroge, wie er glaubte, schwelgte. Ein Augenzeuge berichtete, daß der Schlagzeuger 'blau anlief' und dann heiser nach Luft rang, aber irgendwie keine mehr bekam. 1975 wurde der Mann, der dem ahnungslosen McIntosh die Droge verabreichte, des Mordes angeklagt.

Tommy Bolin, der zuvor bei den ungeheuer erfolgreichen Deep Purple die Stelle von Ritchie Blackmore eingenommen und mit ihnen gespielt hatte, bis sie im Sommer 1976 auseinandergingen, war gerade mit seiner neuen Band, Sailor, auf einer Tournee durch die Vereinigten Staaten, als er im Dezember desselben Jahres starb. Er hatte schwere Drogenprobleme, vermißte sehr die Lobhudeleien des Purple-Publikums und hatte auf ein Comeback gehofft und darauf, mit sich selbst ins reine zu kommen. Aber das war nicht möglich. Nach einer langen Nacht auf einer Party in Miami Beach wurde er von seiner Freundin Valoria Monzeglio in seinem Hotelzimmer tot aufgefunden, gestorben an der unausweichlichen Überdosis. Ähnlich war es mit Lowell George, der beträchtlichen Erfolg mit den Little Feat hatte und sich – zum Teil wegen seiner Heroinsucht – von der Band getrennt hatte. Er bemühte sich immer noch stark, eine Solokarriere aufzubauen, als er 1979 an einer 'versehentlichen Überdosis' starb; die näheren Umstände seines Todes wurden – außer seinen nächsten Angehörigen – völlig verschwiegen.

Solche Dinge geschehen mit abstumpfender Regelmäßigkeit. Eincr dcr traurigsteı Niedergänge war der von Paul Kossoff. Seine Karriere erreichte ihren Höhepunkt, als seine Band, die Free, 1970 eine Hit-Single hatten: *All Right Now*; aber danach ging es abwärts. Kossoffs Vater David, in England eine ziemlich bekannte Persönlichkeit, der für sich mit seinen im Fernsehen übertragenen und auf Platte aufgenommenen Lesungen aus dem Alten Testament eine besondere Marktnische gefunden hat, kämpft seither darum, das Andenken an seinen Sohn zur Warnung an alle Drogenanfälligen am Leben zu erhalten. Bedauerlicherweise gelingt das David Kossoff nicht allzu gut – zum Teil, weil er sowohl die eigentlichen Probleme seines Sohnes übersieht (die ihn nicht nur zum Drogengenuß verleiteten, sondern ihn überhaupt veranlaßten, Rockmusiker zu werden) als auch den Druck, unter dem Paul arbeitete.

In den frühen siebziger Jahren trennten sich die Free, formierten sich neu und wechselten mit beunruhigender Unberechenbarkeit Mitglieder aus. Das Band-Personal litt unter zermürbenden inneren Streitereien – gefördert durch die Pop-Erfolge einer Gruppe, die als ernsthafte Blues-Band begonnen hatte. Kossoff lebte im Schatten der Berühmtheit seines Vaters, und seine labile Veranlagung war von Kind an erkennbar. 1972 löste er sich für immer von den Free, nahm ein Solo-Album auf und zog sich dann für zwei Jahre mehr oder weniger zurück, um vom Heroin loszukommen. „Ich habe die Sucht überwunden", sagte Kossoff Anfang 1975. Seine neue Band, die Back Street Crawler, nahm ein Album auf, das im Herbst auf den Markt kommen sollte, und es wurden Vorbereitungen für eine Werbetournee

durch England getroffen. Vor Tourneebeginn hatte Paul Kossoff einen schweren Herzinfarkt, bei dem sein Herz für ein paar Minuten stehenblieb. Die Tournee wurde abgesagt, aber das Album kam heraus, und kaum sechs Wochen, nachdem er fast gestorben wäre, gab Paul schon wieder Interviews. Er sprach undeutlich und unzusammenhängend, schien nicht bei vollem Bewußtsein zu sein. Trotzdem hatte er nur drei Monate nach seinem Herzanfall drei Auftritte mit Back Street Crawler. Fürs Frühjahr 1976 wurde eine neue England-Tournee vorbereitet, aber Kossoff erlitt auf einem Flug nach New York erneut einen Herzinfarkt und starb im Flugzeug. Das Heroin brachte ihn im Alter von fünfundzwanzig Jahren um.

Im Alter von sechzehn Jahren wurde Jimmy McCulloch – ein zerbrechlich wirkender Glasgower Gitarrist, der sich meist hinter einer dunklen Brille und unter weiten groben Wolljacken verbarg – von Pete Townshend für eine Band entdeckt, die er eben gründete und die (nach ihrem exzentrischen Pianisten) Thunderclap Newman hieß. Das ganze Thunderclap-Newman-Konzept war ein Schachzug in einer gärenden Feindschaft zwischen Townshend und dem Sänger der Who, Roger Daltrey. Während Townshend seine Gruppe sponsorte, stellte Daltrey eine Band, die Bent Frame, zusammen, und zwar mit McCullochs Bruder Jack am Schlagzeug. 1969 hatte Thunderclap Newman einen Riesenerfolg mit *Something In The Air*, und der Streit wurde hitziger. Die Bent Frame hatten das Pech, daß ein von ihnen als Demo aufgenommener Song, *Accident*, von Thunderclap Newman herausgebracht wurde und ein, wenn auch mäßiger, Hit wurde. Danach überredete Townshend Jack McCulloch, sich für eine geplante Toumee der Band seines Bruders anzuschließen. Daltrey überredete währenddessen einen Musiker aus dem *back-up team* der Who, zu den Bent Frame zu kommen. Es überrascht wohl kaum, daß weder die eine noch die andere Band bei solcher

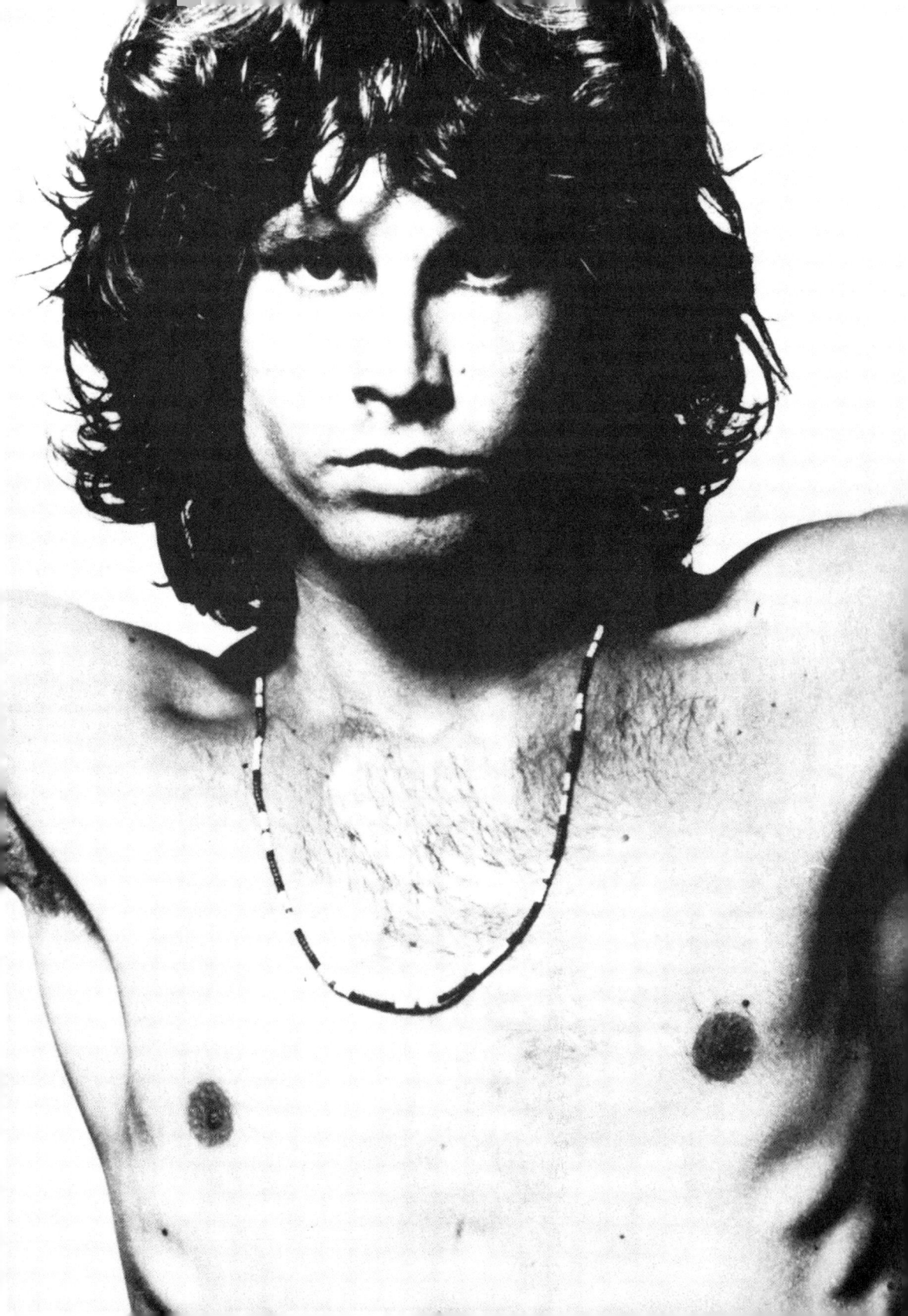

Feindseligkeit überlebte, und Jimmy Mc-Culloch zog weiter und schloß sich John Mayall an, den Stone The Crows (wo er einsprang, nachdem der Gitarrist Les Harvey gestorben war) und schließlich 1974 Paul McCartneys Wings. McCulloch, der zu dieser Zeit erst einundzwanzig war, hegte den Traum, daß er dabei wäre, wenn die Beatles sich wiedervereinigten, und er stellte sich gerne vor, daß dies geschähe, solange er bei den Wings wäre. Er nahm ungesunde Mengen Alkohol und Drogen zu sich und schrieb dann sein 'sonderbares Verhalten' seiner 'Unreife' zu und seiner Unfähigkeit, mit Leuten umzugehen. Er war, in mancherlei Hinsicht, ein manipuliertes Kind. Als Mitglied der Wings war er mehr oder weniger

Nach einer Niederlage verläßt der aufgeschwemmte Jim Morrison am 30. Oktober 1970 das Gericht von Miami, Florida. Er wurde der Blasphemie und der unzüchtigen Entblößung schuldig gesprochen. Das Urteil lautete auf 6 Monate Haft und 500 Dollar Strafe. Morrison berief und blieb nach Bezahlung einer Kaution von 50.000 Dollar auf freiem Fuß, erlebte jedoch die Berufungsverhandlung nicht mehr. 8 Monate später starb er im Alter von 27 Jahren in einem Pariser Badezimmer.

ein Angestellter von Paul McCartney – auch wenn McCartney immer wieder beteuerte, daß die Wings eine Art Demokratie wären. 1977 schieden McCulloch und der Wings-Schlagzeuger Joe English nach einer längeren Phase der Ruhe aus der Band aus.

Jimmy trank immer noch sehr stark, erhielt aber trotzdem die Aufforderung, bei den Small Faces mitzumachen, die sich eben neu formiert hatten. Die Arbeit mit den Small Faces war nicht von Dauer und nicht aufsehenerregend. McCulloch schied aus,

Jim Morrison, wie er seinen Fans in Erinnerung bleiben wollte. Für sie ist der „Lizard King" immer noch der Politiker der Erotik schlechthin.

um eine eigene Band zu gründen, die Dukes – er war ganz versessen darauf, nun zum ersten Mal, seit er Schottland verlassen hatte, einer echten, gut funktionierenden Band anzugehören. Aber ein paar Tage, nachdem die Gründung der Dukes bekanntgegeben wurde, verschwand Jimmy. Nachdem er mehrfach nicht zu den Proben gekommen war, ging sein Bruder Jack eines Morgens Ende September 1979 beunruhigt zu seiner Wohnung in Maida Vale, um zu sehen, ob er dort wäre. Jimmy lag tot auf dem Boden, gestorben an einer Überdosis Morphium nach vorherigem Alkohol- und Pot-Genuß. Merkwürdigerweise war die Wohnung aufgeräumt, und die Polizei fand keinerlei Spuren von Alkohol oder Drogen und auch Geld.

Gram Parsons – ein ehemaliges Mitglied der Byrds und Flying Burrito Brothers und enger Freund von Keith Richard – starb am 19. September 1973, auch er ein Opfer von übermäßigem Drogengenuß. Sein Tod hatte ein bizarres Nachspiel. Sein Sarg wurde auf dem Weg zur Begräbnisfeier in New Orleans von seinem Freund und Kollegen Phil Kaufman entführt, der seine Überreste vor dem Joshua Tree National Monument einzuäschern versuchte. Parsons und Kaufman hatten einmal einen Pakt geschlossen, daß, gleichgültig wer von ihnen den anderen überlebte, die Leiche des zuerst Verstorbenen feierlich verbrennen sollte.

Trotz allem haben einige überlebt – wenn auch nur knapp. Der Bluesgitarrist und Albino Johnny Winter kam Anfang der siebziger Jahre vom Heroin los, ebenso Eric Clapton. Clapton schätzte, daß er zu der Zeit bis zu £ 1.000 pro Woche für Rauschgift ausgab. Clapton, der in den sechziger Jahren von einem bewunderten Gitarristen bei den Yardbirds und danach bei John Mayall zu einem Superstar bei den Cream aufgestiegen war, schämte es nicht, mit diesem plötzlichen Erfolgsschub fertig zu werden. Die Gründung von Cream 1966 wurde von einer Werbekampagne begleitet, deren Slogan 'Clapton is God', überall in London als Graffiti auf-

tauchte. Clapton war es auch, für den der Begriff 'guitar hero' erfunden wurde.

Die Legende seiner Virtuosität auf diesem Instrument wurde für seine Fans wahr, und sie begannen nun ihrerseits selbst den Slogan überall hinzusprühen und brüllten bei den Konzerten: „We want more God." Clapton, der von sich sagte „Ich bin ein ungelernter Musik-Schwerstarbeiter", der „nicht verstehen kann, wie es ausreichen kann, daß man nur Gitarrist ist", rebellierte gegen den Ruf, in den er irgendwie geraten war, nämlich 'die schnellste lebende Gitarre' zu sein. Noch vor Anbruch des Jahres 1967 hatte er LSD entdeckt und die *love generation*. Er schwärmte dafür, daß es bei *be-ins* in Amerika keine Bühnen gab, daß der Eintritt frei war und daß die Menschen 'eine prima Zeit mit Menschen verbrachten und nicht mit Dingen'. Als die Cream Ende 1968 auseinandergingen, entschied sich Clapton – als Reaktion auf den Reklamerummel, der ihn zu einer Berühmtheit gemacht hatte einerseits und auf das Geltungsbedürfnis der Gruppe überhaupt und den deutlichen Mangel an Einigkeit zwischen der Gruppe und ihrer Plattenfirma andererseits – dafür, eine Zeitlang bei Auftritten weniger stark im Vordergrund zu stehen. Er schloß sich der kurzlebigen Supergroup Blind Faith an, ging auf die Bahamas ins Steuerexil, schloß sich Delaney and Bonnie an, bei denen er tatsächlich nur einer unter anderen war, und gründete dann zusammen mit einigen Musikern von Delaney and Bonnie, die damit einverstanden waren, daß er sich resolut aus dem Rampenlicht heraushielt, die Derek and the Dominoes.

Leider – und schnulzigerweise – verliebte er sich auch noch in die Frau seines besten Freundes: das ehemalige Model Patti Boyd, das George Harrison geheiratet hatte. (Clapton behauptete einmal, daß er Patti anfangs nur aus Rache nachgestellt habe, weil George sich eine seiner 'Miezen gekrallt' hätte.) Die Unzufriedenheit mit seiner Karriere, gepaart damit, daß Patti seine Gefühle offenbar nicht erwiderte, führte offenbar dazu, daß er heroinsüchtig wurde. Als Derek and the Dominoes 1971 das Album *Layla And Other Assorted Love Songs* aufnahmen, erkannten nur wenige, daß die Platte eine Liebeserklärung von Eric an Patti war.

Layla gilt inzwischen als Rock-Klassiker, aber damals blieb die Platte weitgehend unbemerkt – obwohl die Band überzeugt war, daß das Album 'direkt auf den ersten Platz schnellen' würde. Clapton suchte Trost in seiner Sucht – verließ kaum noch sein Haus in Surrey und steckte drei Jahre lang sein ganzes Geld buchstäblich in das tödliche weiße Pulver. Er wurde bald 'Eric Claptout' genannt. Er verkaufte seine Autos, und einmal, erinnerte er sich, „sagte ich einem der Roadies, er solle die Gitarren verkaufen, gleichgültig zu welchem Preis. Ich kam nirgends mehr an Bargeld". Bankrott, unglücklich und in dem Gefühl, daß er 'nicht sterben wollte', unternahm er schließlich den Versuch, vom Heroin loszukommen. Mit Hilfe einiger befreundeter Musiker – vor allem Pete Townshend – rappelte er sich ganz allmählich wieder hoch, indem er sich in einer von Dr. Margaret Patterson geleiteten Klinik in Sussex (für die er einige Benefizvorstellungen gab) fünf Wochen lang einer Elektro-Akupunktur-Behandlung unterzog. Die Kur war 'ziemlich unangenehm' und kostete £ 60 pro Tag, war aber billiger und angenehmer, als mit der Sucht fortzufahren. „Drogensucht ist Wirklichkeitsflucht", sagte Eric – brachte es allerdings fertig, Alkohol aus diesem Diktum auszuschließen.

1975 kam er in Tulsa wegen einer Saufgeschichte ins Gefängnis. 1976 fing er an, nackt herumzulaufen, wenn er betrunken war (was ziemlich häufig der Fall war) – und 1981 landete er kurz vor einer geplanten Amerikatournee mit einem durchgebrochenen Magengeschwür im Krankenhaus. Obwohl Patti und Eric schließlich 1979 in einer romantischen Zeremonie in Tucson heirateten, schien er nicht mehr in der Lage, mit dem Druck in seinem Leben fertig zu werden. Nach fast zehn Jahren Zusammenarbeit entließ er 1979 den Bassisten Carl Radle aus seiner Band. Radle war heroinsüchtig und starb im Juni 1980 nach einer Nierenentzündung. „Ich konnte es nicht fassen", sagte Ron Wood. „Carl war ein netter Kerl. Nach der Sache mit Eric war ihm im Leben nichts mehr geblieben."

Für die Fans, die fassungslos sind über diese Vergeudung von Talent und Jahren, ist es ein tröstender Gedanke, daß alle Süchte der Rockstars und alle damit verbundenen Todesfälle eine Art Selbstmord sind, ausgelöst durch den unerträglichen Druck des Star-Daseins. Das stimmt irgendwie, obwohl es richtiger wäre, von Selbstzerstörung zu reden als von einem absichtlichen Sich-das-Leben-Nehmen. Das Star-Dasein ist dazu angetan, noble Absichten zunichte zu machen und die Wirklichkeits- und Selbstwahrnehmung zu verzerren. Janis Joplin erkannte, wie sinnlos es war, 'making love to 25.000 people on stage' und dann allein nach Hause zu gehen. Jimi Hendrix jammerte, er könne nie ganz die Klänge einfangen, die er im Kopfe hörte. Jim Morrison von den Doors, der genau die Mischung von sexueller Befreiung, Erkundung der Seele und politischer Revolte vertrat, die typisch für die Rockmusik der sechziger Jahre war, sah sich in seiner Sicht getrübt durch ein selbstgefälliges Publikum, das in ihm etwas sah, das er, genau wie Janis, am wenigsten sein wollte – ein Pop-Star. Er versuchte, sein Publikum zu schockieren und zu kränken und so aus seiner Passivität herauszulocken. Auf der Bühne war er zweifelsohne faszinierend – in Leder gekleidet, umwerfend schön, spielte er in so etwas wie einer in Scheinwerferlicht getauchten Unterwelt, in der sich die geheimsten Hoffnungen und Befürchtungen auf seine erlösende Erscheinung konzentrierten, den sterbenden Soldaten und den vom Schicksal verurteilten ödipalen Liebhaber. Sein Auftritt war, wie viele betont haben, eine rituelle Inszenierung von Chaos und Wut.

Sid Vicious auf der Bühne mit den Sex Pistols. Die Nadeleinstiche am Unterarm sind bandagiert, also bahnt sich das Blut seinen Weg durch andere Öffnungen.

Aber fern der Bühne war Morrison ein ständig betrunkener Wüstling, ein Möchtegern-Poet, der eine schnapsversoffene Unzurechnungsfähigkeit kultivierte, die er von Baudelaire, Brendan Behan oder Dylan Thomas gelernt haben mochte, und sich in endloser Folge Frauen suchte, bei denen er den 'Politiker der Erotik' (wie er sich selbst bezeichnete) darzustellen versuchte. Daß er die Flasche den verboteneren Drogen vorzog, erklärte er damit, daß „Sich-Betrinken… aus vielen kleinen Entscheidungen besteht… Es ist, glaube ich, wie der Unterschied zwischen Selbstmord und langsamer Kapitulation". Meistens war es weniger romantisch. Einmal fiel er in New York im Apartment eines Freundes besinnungslos betrunken auf ein Sofa und begann auf den Teppich zu urinieren; eine große Vase, die man unter sein Glied hielt, um den Strom

aufzufangen, lief dreimal voll und mußte ebenso oft geleert werden. Morrison blieb währenddessen besinnungslos.

Morrison schien die Rollen, die er auf der Bühne verkörperte, auch im Privatleben körperlich und geistig ausprobieren zu wollen, und die Vermengung dieser Gestalten begann sich sowohl auf das eine wie auch auf das andere störend auszuwirken. Er sehnte eine Gelegenheit herbei, bei der es ihm gelang, die Zuschauer zum Handeln zu bewegen. 1968 leitete er in New Haven, Connecticut, auf der Bühne *Back Door Man* damit ein, daß er beschrieb, wie ihn hinter der Bühne ein Polizist 'niedergeknüppelt' habe, da der nicht erkannt habe, wen er vor sich hatte. Der Menge gefiel das natürlich – bis hin zu – und inklusive – dem anschließenden Auftauchen eines Polizisten auf der Bühne, der ihn wegen 'unanständiger und unmoralischer Zurschaustellung', öffentlicher Ruhestörung und Widerstandes gegen die Staatsgewalt festnahm. Und das war keineswegs der letzte Vorfall dieser Art.

Jim Morrison war äußerst beeindruckt vom Living Theatre, einer Gruppe amerikanischer Schauspieler, deren Technik auf dem Psychodrama beruhte und darauf, das Publikum zu beschimpfen und durch aggressives Verhalten zu provozieren. Ihr Einfluß führte direkt zu dem berühmten Vorfall 1969 in Miami, wo Morrison nach einem Konzert festgenommen wurde, weil er sich angeblich auf der Bühne entblößt hatte. Es gibt verschiedene Versionen dieses Vorfalls; eine lautet, daß Morrison das Ganze geplant hatte und unter seiner Lederhose Shorts trug, damit er sich nicht wirklich entblößte, wenn er die Hose auszog. Aber es heißt auch, daß ihn andere Bandmitglieder zurückzuhalten versucht hätten, als er seinen Gürtel zu öffnen begann. Er war total betrunken, konnte nicht mehr klar sprechen und hatte sich offensichtlich nicht mehr unter Kontrolle, so daß nicht vorauszusehen war, wie weit er gehen würde. Aber eines stimmt zweifellos, nämlich daß die Kids selbst, von Morrisons

Beispiel angeregt, sich aller möglichen Kleidungsstücke entledigten. Jemand aus der Begleitung der Doors erinnerte sich, daß in der Konzerthalle hinterher 'alle zwei bis drei Schritte etwas zum Anziehen' lag.

Bezeichnenderweise fand dieses Konzert am 1. März 1969 statt, einen Tag, nachdem Morrison in der *Paradise-Now*-Aufführung des Living Theatre gewesen war. Die Anklage gegen Morrison wurde erst am 5. März erhoben, so lange brauchten die ehrwürdigen Bürger Miamis, um rückblickend über das Vorgefallene in Rage zu geraten.

In der Anklage wurde behauptet, Morrison habe 'obszön und unzüchtig sein Glied enthüllt, seine Hände auf den Penis gelegt und ihn geschüttelt, ferner habe der genannte Angeklagte masturbatorische Akte an sich selbst und Fellatio mit einem anderen simuliert'. Das mag stimmen oder auch nicht, eines läßt sich nicht abstreiten, daß er das Publikum verbal umschmeichelte und verhöhnte. Während des Gerichtsverfahrens wurde behauptet, er habe geschrien „Ihr seid alle ein Haufen verdammter Idioten. Man stößt euch die Schnauze in die Scheiße der Welt. Packt euch eure verdammten Freunde und liebt sie. Wollt ihr meinen Schwanz sehen?" Das war seine übliche Ausdrucksweise an diesem Abend – und darin klang ziemlich genau die Tonart der 'Happenings' des Living Theatre nach. Das konnte man in Florida nicht ohne Kommentar durchgehen lassen.

Morrison wurde der öffentlichen Zurschaustellung und der Gotteslästerung schuldig gesprochen, nicht aber des unzüchtigen Verhaltens und der Trunkenheit in der Öffentlichkeit – eine merkwürdige Ironie, da letzteres etwas war, das gewiß jedem bei dieser Gelegenheit auffiel und das er auch

Auf Wiedersehen, Piccadilly! Nancy Spungen und Sid Vicious gemeinsam mit Glen Matlock und Steve New (ganz rechts) von den Rich Kids. Es war jene Nacht im August 1978, bevor Sid und Nancy nach New York flogen. Sid wollte für diesen Schnappschuß vom Fotografen für jeden eine Fünf-Pfund-Note kassieren, das Management war aber dagegen.

selbst in dem Prozeß zugab. Schließlich kehrte er sich voller Ekel von der Welt des Rock ab und ging nach Paris, um dort Dichter zu werden – anscheinend ohne zu wissen, daß die Dichter diese Stadt alle schon vor Jahren verlassen hatten. Er war bereits mit siebenundzwanzig Jahren aufgrund seines Alkoholismus ein körperliches Wrack; bärtig und aufgedunsen versuchte er mit Pamela Courson, mit der er in wilder Ehe lebte, ein Dasein ohne die Doors zu führen, aber sein Herz machte nicht mehr mit, und er starb am 3. Juli 1971. Manche sagen, am Heroin, manche am Alkohol; einig sind sich die meisten nur darin, daß es unweigerlich dazu kommen mußte – außer denen natürlich, die immer noch glauben, daß er überhaupt nicht gestorben ist.

Die Idee, daß Morrison seinen eigenen 'Tod' lediglich inszeniert habe, um seinem eigenen Ruf und seiner Vergangenheit zu entfliehen, beschäftigt seither die Phantasie seiner ergebensten Fans. Sie wurde sehr überzeugend dargelegt von einem der größten Bewunderer von Jim Morrison, Jerry Hopkins, dem Mitautor der Morrison-Biographie *Keiner kommt hier lebend raus*. Das ursprüngliche Manuskript ging weiter als das veröffentlichte Buch. Anstatt die Argumente der beiden Seiten nebeneinander zu stellen, hatte Hopkins zwei Versionen des Endes geschrieben – in der einen starb Morrison, in der anderen verschwand er, um ein neues Leben zu beginnen. In einer Notiz für den möglichen künftigen Verleger erklärte Jerry Hopkins: „Es gibt zwei 'Enden' für dieses Buch. Die Druckauflage sollte zwischen diesen beiden genau aufgeteilt werden; wenn die Auflage 10.000 Exemplare beträgt, sollten 5.000 mit 'Ende 1' und die anderen 5.000 mit 'Ende 2' schließen. Die 10.000 Exemplare sollen dann 'gemischt' und aufs Geradewohl vertrieben werden, ohne daß irgend etwas über die zwei verschiedenen Schlußfassungen verlautbart wird." Das Buch fand eine ganze Weile lang keinen Verleger, und als man es schließlich heraus-

brachte, überredete man Hopkins, das etwas konventioneller anzugehen. Das Buch wurde dann ein internationaler Bestseller.

Das Geheimnis um Jim Morrisons trauriges Ableben besteht hauptsächlich deswegen weiter, weil niemand daran dachte und begründet genug verlangte, seinen Leichnam zu sehen; und zu denen, die vermutlich dachten, daß sie zuerst davon erfahren würden, sickerte die Nachricht erst fast eine Woche später durch. Das ist verständlich, wenn man bedenkt, in welch labiler Verfassung Pamela Courson sich befand; auch sie war ein Opfer von Morrisons StarRuhm und starb drei Jahre später an einer Überdosis Heroin, nachdem sie lange um den Anspruch auf Morrisons Vermögen gekämpft hatte. Da sie starb, ohne eine Testament zu hinterlassen, teilen sich nun ihre Familie und die Morrisons die immer noch erheblichen Einnahmen aus den Doors-Plattenverkäufen.

Selbstzerstörung oder vorgetäuschter Tod, beides sind nur Ausflüchte. Die unerfreuliche Wahrheit ist die, daß übermäßiger Drogengenuß inzwischen einfach zum Star-System hinzugehört. Speed und Kokain sind völlig geläufig als 'Arbeitsdrogen' (da sie, wie es in einem Song der Byrds heißt, 'künstliche Energie' liefern) und als Drogen, die sexuelle Freuden erhöhen oder den Orgasmus hinauszögern sollen. Viele Musiker haben Zuflucht beim Heroin gesucht, um ihre Nerven zu beruhigen oder einfach um etwas Schlaf zu bekommen. Es ist leicht, wie Clapton gesagt hat, 'es rational zu begründen, indem man sagt, daß Musiker notgedrungen auf einer sehr intensiven Gefühlsebene leben und Heroin wahrscheinlich das stärkste schmerzstillende Mittel ist, an das man kommen kann.' Das ist die Art von Selbst-Vorstellung, die dem zugrunde liegt, was Patti Smith als 'Heroin-Bewußtsein' bezeichnet, das manche Stars haben, ob sie nun Heroin nehmen oder nicht (Patti Smith z. B. streitet ab, daß sie es tut). Daß man Heroin nimmt (oder so aussieht, als ob man es täte) bedeu-

Die Leiche der zwanzigjährigen Nancy Laura Spungen wird am 12. Oktober 1978 aus dem „legendären" New Yorker Chelsea Hotel getragen. Nancy war erstochen worden.

tet diesem Image zufolge, daß man sich eine künstlerische Beglaubigung besorgt, da außer Verrückten und gequälten Genies niemand etwas so Dummes tun würde. Und der aufstrebende Rockmusiker aus jüngerer Zeit scheint anzunehmen, daß man teils verrückt und teils gequältes Genie sein muß, um 'glaubwürdig' zu sein. Diese Annahme brachte John Simon Ritchie um, der glaubte, Sid Vicious zu sein, ein Star und nicht nur ein irregeleiteter Bursche, der mit der bisher unbehaglichsten Satire des Rock'n'Roll zu Erfolg gekommen war. Die traurige Geschichte von Sid Vicious' kurzem Leben und elendigem Tod übertrifft die aller anderen Drogentoten; kein Rockstar hat eine so aussichtslose Karriere verfolgt und ist so gewaltsam und dennoch unüberraschend zu Tode gekommen wie er.

Angeworben von den Sex Pistols wegen seines gewalttätigen Punk-Images, fuhr Sid Vicious völlig auf die Show ab. („Er glaubte dem eigenen Reklamerummel", sagte Johnny Rotten.) Als die Pistols auseinander-

gingen, war er eine Berühmtheit, hatte aber nichts zu bieten als den Mythos seines eigenen leeren Star-Ruhms. Während er ziellos durch London trieb, angelte ihn sich Nancy Spungen, ein amerikanisches Groupie. Vicious, der damals schon heroinsüchtig war, reiste nach New York, nachdem man ihr im Anschluß an eine heftige Auseinandersetzung mit Journalisten mit Ausweisung gedroht hatte. Bei der Ankunft in New York mußte Vicious aus der Maschine getragen werden – 'offenbar unter Drogen- oder Alkoholwirkung', hieß es in den Berichten. Sid und Nancy zogen in das berüchtigte Chelsea Hotel, wo man Nancy später mit mehreren Stichwunden im Bauch tot auffand.

Es gab keine Zeugen für den Mord, aber die Beweise deuteten auf Sid hin, der am 12. Oktober 1978 ordnungsgemäß verhaftet und des Mordes angeklagt wurde. Fünf Tage später ließ man ihn gegen eine Kaution von $ 50.000, die von seiner Plattenfirma, Virgin, zur Verfügung gestellt worden war, wieder frei. Nicht einmal zwei Monate später kam er wieder in Untersuchungshaft, diesmal ins berüchtigte Rykers Island Prison, weil er in einem Nachtklub in eine Schlägerei mit Todd Smith, Pattis Bruder, verwickelt war. (Soviel zum Heroinbewußtsein.)

Am 1. Februar 1979 bemühte sich Sids Anwalt darum, daß die Mordanklage fallengelassen wurde, kam damit aber nicht durch. Nun bereiteten sie sich darauf vor, im Prozeß auf 'nicht schuldig' zu plädieren, und am 2. Februar wurde Sid – wiederum nach Stellung einer Kaution von $ 50.000 – wieder auf freien Fuß gesetzt. Das Ganze hörte sich allmählich nach einem juristischen Ping-Pong-Spiel an – nur: Binnen 24 Stunden nach Sids Entlassung war der Fall endgültig außergerichtlich geklärt. Seine Mutter und seine damalige Freundin Michelle Robinson fanden

ihn in Greenwich Village in deren Wohnung tot auf. Er war an Heroin gestorben; er hatte mehr davon genommen, als sein Körper nach zwei Wochen gewaltsamen Entzugs im Gefängnis vertragen konnte. Er war einundzwanzig Jahre alt.

Früher, im goldenen Zeitalter des Kinos, hat Oscar Levant einmal gesagt: „Kratz am falschen Glanz von Hollywood, und du wirst darunter den echten Glanz finden." In der Welt des Rock ist der echte Glanz noch immer in Kalifornien zu finden. In der erlesenen Gruppe der Rock-Superstars, die mit ihrem Erfolg den *acid dream* in exklusive Wirklichkeit verwandelt haben, gibt es keine eingebildeten Ängste. Drogen verleihen nicht die Macht, die Welt zu verändern, wohl aber deren schwächeren Abglanz – die Macht, das eigene Leben zu verändern. In der kalifornischen Rock-Gemeinde erfreut sich Heroin zunehmender Beliebtheit, weil es jetzt in einer Form zu haben ist, die angeblich rein genug ist, daß man es ohne Gefahr nehmen kann. Mit der Zeit bringt es natürlich außer der Sucht doch eben das eine mit sich: Gefahr. Auch Kokain ist für die Elite einer Verfeinerung unterzogen worden – durch 'free basing', einem extrem gefährliches Verfahren, bei dem handelsübliches Kokain (das als die chemische Verbindung Kokainhydrochlorid geliefert wird) in Äther aufgelöst und erhitzt wird, um reines Kokain zu erhalten. Es kann leicht passieren, daß es einem dabei ins Gesicht fliegt. *Free basing* ist mit Entschiedenheit ein Hobby für die Reichen, da man sehr viel von der ohnehin teuren Droge braucht, um das wirksamere 'freie' Kokain zu gewinnen, und das Verfahren ziemlich raffinierte Einrichtungen erfordert. Gleichgültig, was man nimmt, Heroin oder Kokain (oder beides), die ständige Einnahme bestimmter und ständig steigender Dosen eines überaus teuren Rauschgiftes ist

John Simon Ritchie (alias Sid Vicious) wird von der Wirklichkeit eingeholt. Er wird des Mordes an Nancy Spungen angeklagt.

Der letzte Akt der Tragödie: Diesmal ist es Sids Leiche, die abtransportiert wird. Am 2. Feburar 1979 starb er in einem Apartment im New Yorker Greenwich Village. Einen Tag davor war er aus der Haft entlassen worden.

gewiß die überzeugendste Demonstration lässig erworbenen und wieder ausgegebenen Reichtums.

Die Eagles, deren Musik wirklich den Gipfel der kalifornischen Rockmusik markiert, sind in der launischen Atmosphäre einer Gesellschaft groß geworden, die darauf aus war, ihren 'Bewußtseinszustand zu verändern', mit welchen Mitteln auch immer. „Ich sage nicht, daß ich jetzt ein Engel oder ein Heiliger bin", erklärte der Schlagzeuger Don Henley 1979 bei einem Gespräch über Kokain, „denn das bin ich nicht. Aber ich lasse es etwas langsamer angehen." Immerhin, die Eagles sind noch immer so stolz auf ihren Alkoholkonsum, daß sie einen eigenen Ausdruck für betrunkenes Verhalten geprägt haben. Sie nennen es 'monstern'.

Und im November 1980 wurde Henley wegen des Besitzes von Kokain, Quaaludes und Marihuana festgenommen und angeklagt. Bei ihm im Haus fand man eine Sechzehnjährige, nackt und nach ihren eigenen Aussagen 'overdosed' mit Kokain und Quaaludes. Henley erhob, um ein milderes Urteil zu erhalten, keinen Widerspruch dagegen, zur Straftat einer Minderjährigen beigetragen zu haben. Er wurde zu einer Geldstrafe von $ 2.500 verurteilt, bei einer Bewährungsfrist von zwei Jahren, und mußte zwei Jahre lang an einer Entziehungstherapie teilnehmen. Seitdem läßt er es 'noch langsamer angehen'.

Cass Elliott von den Mamas und Papas hat einmal gesagt: „Popmusik ist nichts als Nachtarbeit, Schwerarbeit und Mengen von Rauschgift…" Sie starb im Juli 1974 in einem Londoner Hotelzimmer an übermäßiger Verfettung, weil ihr Fettherz versagte. Es war für sie eine lange, mühsame Reise bis an das Ende aller Dinge.

REBELLEN OHNE GRUND UND ZIEL

Nachdem Ende der sechziger Jahre alle Ideale über Bord geworfen worden waren, blieb Rock nichts weiter als Unterhaltung, und Live-Auftritte – zu denen man nun am liebsten in Massenarenen zog – suchte man durch schockierendes Verhalten zu rechtfertigen. Bestenfalls war dies ein Aufschrei gegen die distanzierende Wirkung des Star-Ruhms, schlimmstenfalls Teil einer selbstgenügsamen Ausweitung des Rock zum Spektakel. Da der Aufschrei gewöhnlich ungehört verhallte, wurde der schlimmste Fall zur Regel – man versuchte das Publikum mehr und mehr zu schocken, denn das war es, was es von den Rockmusikern erwartete.

Schockierendes Verhalten auf der Bühne schien wie eine Rückkehr zu den Zeiten, als der Appeal des Rock'n'Roll darin lag, daß er das Verbotene zum Ausdruck zu bringen vermochte. Aber bei dieser Rückkehr gab es einen Unterschied – Ende der sechziger Jahre war das Publikum besser über die Geheimnisse des Verbotenen unterrichtet und schwerer mitzureißen. Und wahrhaftig, die Rockmusiker arbeiteten wirklich hart, um ihr Publikum zufriedenzustellen.

Exzeß hieß die Parole. Das betraf zum Teil die riesigen Lautsprechersysteme, gewaltige Lichtshows und allgemein die Neigung zu betäubender Lautstärke. (Ein Kollege von Lemmy bei Motorhead hat mal behauptet, er sei jetzt so schwerhörig, daß er es einmal gar nicht bemerkt habe, als sein Gitarrenmonitor ausgefallen sei; und Ted Nugent, der sich damit brüstet, der lauteste Musiker der Welt zu sein, trägt auf der Büh-

ne Wattepfropfen in den Ohren.) Aber es betraf auch den Stil der Auftritte. Mit effekthascherischen Gesten allein war es nicht mehr getan. Daß Hendrix seine Gitarre verbrannte und Keith Emerson Stilette mit zu seinem Keyboard nahm, verblaßt angesichts späterer Handlungen zur Bedeutungslosigkeit. Der *Daddy* von ihnen allen war natürlich Frank Zappa, mit dessen 'Scheußlichkeiten' alles begann. Zappa kultivierte schockierendes Verhalten als Rock'n'Roll-Stil. Die Auftritte, die weder den Glanz, noch das Zornige noch die Sexualität früherer Zeiten hatten, waren berechnete Produkte seines besessenen Nihilismus. Das kann man auch an den Namen sehen, die er seinen Kindern gab – Dweezil, Moon Unit, Ahmet Rodin und Diva – und den Songs, die er aufnahm, wie beispielsweise etwa das unvergeßliche *Yellow Snow*, eine Warnung davor, gefrorene Hundepisse zu essen.

Zappas Vorgeschichte ist erhellend. Der Sohn eines Geschichtslehrers, der wollte, daß er Chemiker würde, arbeitete eine Zeitlang als Art Director in einer Werbeagentur und für eine Grußkartenfirma, wodurch sein Sinn fürs Absurde noch weiter geschärft wurde. Nachdem er sich durch die Arbeit an einem Film einige hundert Dollar verdient hatte, kaufte er in der kalifornischen Kleinstadt Cuca Monga ein Tonstudio, schaffte ein paar alte Filmgeräte hinein, die er billig erworben hatte, und machte sich daran, seinen ersten Spielfilm zu planen – der *Captain Beefheart versus the Grunt People* heißen sollte. Als ihm das Geld ausgegangen war und er nur noch von Erdnußbutter, Kartoffelbrei, Kaffee und Honig lebte, gründete er 1963 ein 'Blues'-Trio, mit dem er am Ort auftrat. Während er in einem Chicano-Club

---

Was im Zeitschriftenhandel nur unter dem Ladentisch verkauft wurde, machten die Tubes in den Siebzigern zu einer Rock'n'Roll-Show.

spielte, machte man Zappa das scheinbar ehrliche Angebot, für die Sittenpolizei von San Bernardino Aufklärungsfilme zu drehen. Seinen Schilderungen nach spielte er einem Mitglied der Polizei einige Bänder von Freunden, Spinnern, Ortsansässigen und Freundinnen vor. Bald darauf trat ein Mann an ihn heran, der von sich behauptete, Gebrauchtwarenhändler zu sein, und 'heiße Bänder' für eine Party wollte. Zappa und seine Freundin taten ihm den Gefallen, indem sie vor einem Mikrophon keuchten und stöhnten. Doch kaum hatte Zappa das Band abgeliefert, als Fotografen und Polizisten in sein Studio eindrangen und Zappa unter dem Vorwurf, eine pornographische Platte herausgebracht zu haben, verhaftet wurde. Eine Gefängnisstrafe von sechs Monaten

Links: Frank Zappa, der Pate der obszönen Rockmusik. Seine ersten zehn Jahre im Musikgeschäft feierte er am 30. Oktober 1974 in einem angemessenen Rahmen.
Unten: Zwei Veteranen, die nicht mehr am Leben sind. Nico – einst galt sie als die schönste Frau der Welt – erlitt 1988 beim Fahrradfahren in Ibiza einen Herzinfarkt, und Andy Warhol – er starb 1986. In seinem Studio in New York, der sogenannten „Factory", gab es jede Menge Sex und Drogen, aber auch ein bißchen Kunst.

Heroingebrauch für Anfänger: Lou Reed gibt im November 1974 auf der Bühne des Winterland eine Live-Demonstration.

wurde gemildert in drei Jahre Bewährung unter der Bedingung, daß er während dieser Zeit nicht ohne die Anwesenheit 'eines befugten Erwachsenen' mit Mädchen untereinundzwanzig Jahren zusammen wäre. Er saß elf Tage im Gefängnis und wurde deswegen später vom Wehrdienst freigestellt.

Die Scheußlichkeiten begannen mehr oder weniger zufällig, als Zappas Gruppe, die Mothers of Invention, bereits wohl-etabliert war. Auf dem Höhepunkt der Anti-Vietnam-Bewegung forderte Zappa während einer Show einige uniformierte amerikanische Marinesoldaten auf, zu ihnen auf die Bühne zu kommen. Er gab ihnen eine lebensgroße Puppe und sagte: „Dies ist ein *gook baby*, zeigt uns, wie wir mit den Gooks in Vietnam umspringen." Die Marinesoldaten erhoben sich und rissen die Puppe in Stücke, ein ausgestopftes Glied nach dem anderen. „Danach", so Zappa, „nahmen wir in alle unsere Shows Theaterrequisiten auf. Ich bezeichne sie als visuelle Hilfsmittel."

Zappa und die Mothers haben mitten in ihren Shows Trauungen vornehmen lassen, Zuhörer aus dem Publikum animiert, Reden zu halten, und die Bühne komplett verlassen, während dreißig Leute aus dem Publikum an ihrer Stelle auftraten und sangen. Einer ihrer Lieblingstricks bestand darin, an einem über die Köpfe gespannten Draht Gegenstände auf die Bühne zu schicken: eine ausgestreckte Puppe mit gespreizten Beinen zum Beispiel, der eine zweideutig geformte und wohl gezielte Salami folgte. Ein besonders wirksames Requisit war eine 'weiche Giraffe' – ein riesiges Stofftier, das aus seinem erigierten Penis über die ersten Zuhörerreihen Schlagsahne ejakulierte. „Manchmal kann man keinen Akkord schreiben, der häßlich genug ist, um das auszudrücken, was man sagen will", meinte er zur Verteidigung seiner bizarren Praktiken, „deshalb muß man eine mit Schlagsahne gefüllte Giraffe zu Hilfe nehmen."

Trotz der von Zappa selbst beanspruchten Ernsthaftigkeit seiner Absichten haben die Behörden ihn oft einfach nur empörend

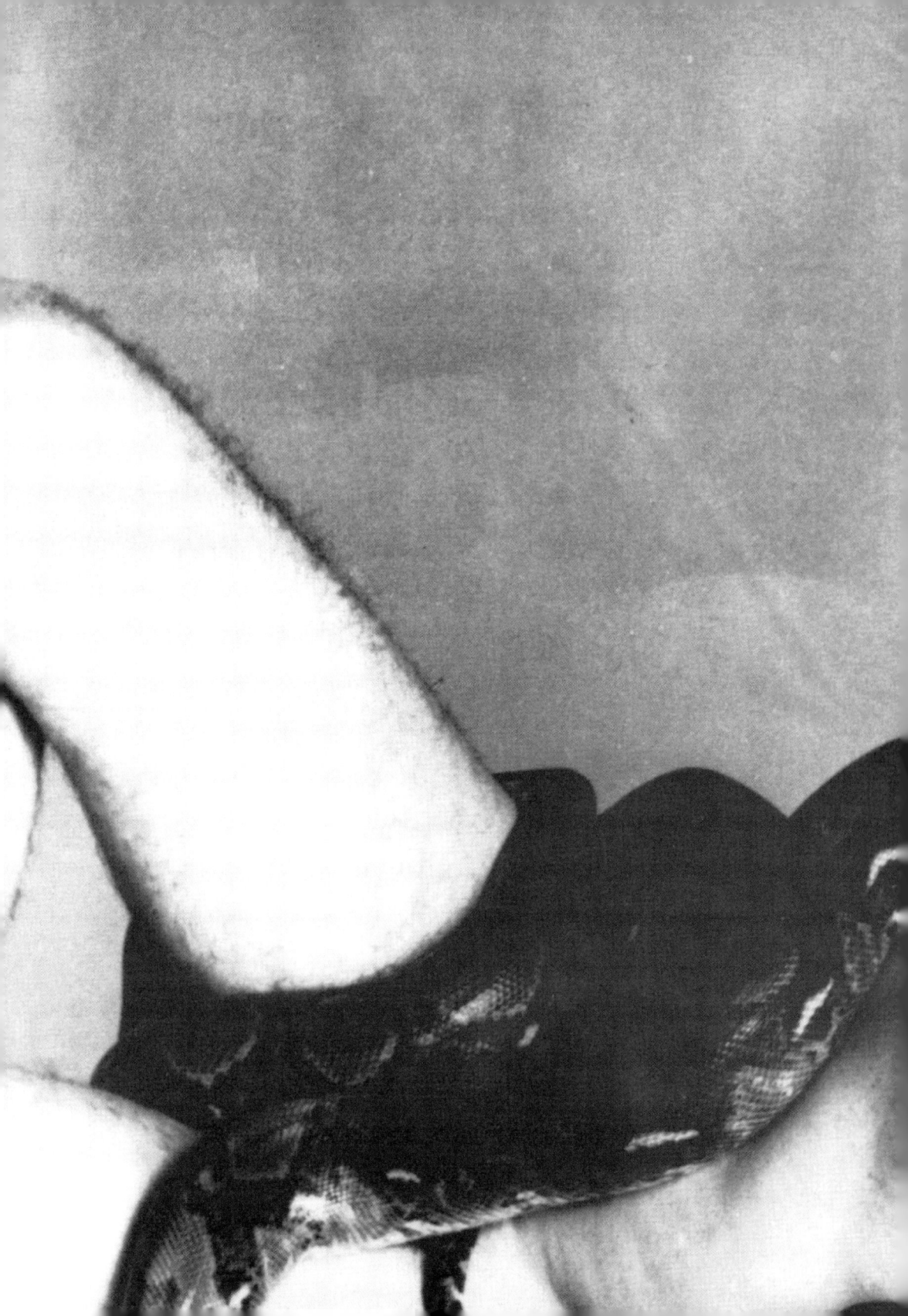

gefunden. Als er 1971 drei Tage vor einem Konzert in der Londoner Royal Albert Hall wegen obszönen Verhaltens Auftrittsverbot erhielt, zog er deswegen 1975 vor Gericht. Die Beklagten verfochten die Meinung, daß Zappa 'Schmutziges um des Schmutzes willen' herausschreie, und Zappa, der nie abstreiten würde, daß er ausführlich sexuelle Dinge abhandelte, versuchte zu beweisen, daß der Schmutz im Ohr der Zuhörer steckte. Das Protokoll des Prozesses (den Zappa verlor) liest sich bisweilen wie eine raffinierte Farce. „Würden Sie nicht sagen, daß eine junge Frau, die Kontakt zu einem Mitglied einer Rock'n'Roll-Band sucht, um Geschlechtsverkehr zu haben, daß eine solche junge Frau in einer sehr traurigen Verfassung ist?" fragte der Anwalt der Royal Albert Hall. Zappa (der mit einer Frau verheiratet ist, die, wie er selbst sagte, früher ein Groupie war, 'und ein tolles Groupie') erwiderte: „Äh, nein. Das würde ich nicht." „Ich glaube, Sie haben die Frage nicht gehört",

sagt der Anwalt, der offenbar die Antwort nicht gehört hat. „Ich werde sie wiederholen..."

Im späteren Verlauf der siebziger Jahre waren die riesig erfolgreichen Rockgrößen wie die Stones, Led Zeppelin, die Who und nach ihnen Rod Stewart, Pink Floyd, Elton John, David Bowie, die Eagles und Kiss kaum etwas anderes als Wanderzirkusse, die ganze Wagenladungen von Ausrüstung um die Welt karrten und alle um den Titel wetteiferten, das 'größte Rockspektakel der Welt' zu sein (was manchmal fehlinterpretiert wurde als die 'großartigste Rockdarbietung der Welt'. Jaggers aufblasbarer Phallus, die Lichtshows der Floyd, Eltons 'Carmen-Miranda'-Kostüme, die Rauchbomben von Kiss und so weiter, bis zum Ermüden, waren das Wesentliche bei ihren Auftritten geworden.

David und Freunde: ein kurzer Moment der Harmonie zwischen David Bowie und Lou Reed, während sich Mick Jagger zurücklehnt. „Bisexualität macht Spaß", meinte Bowie.

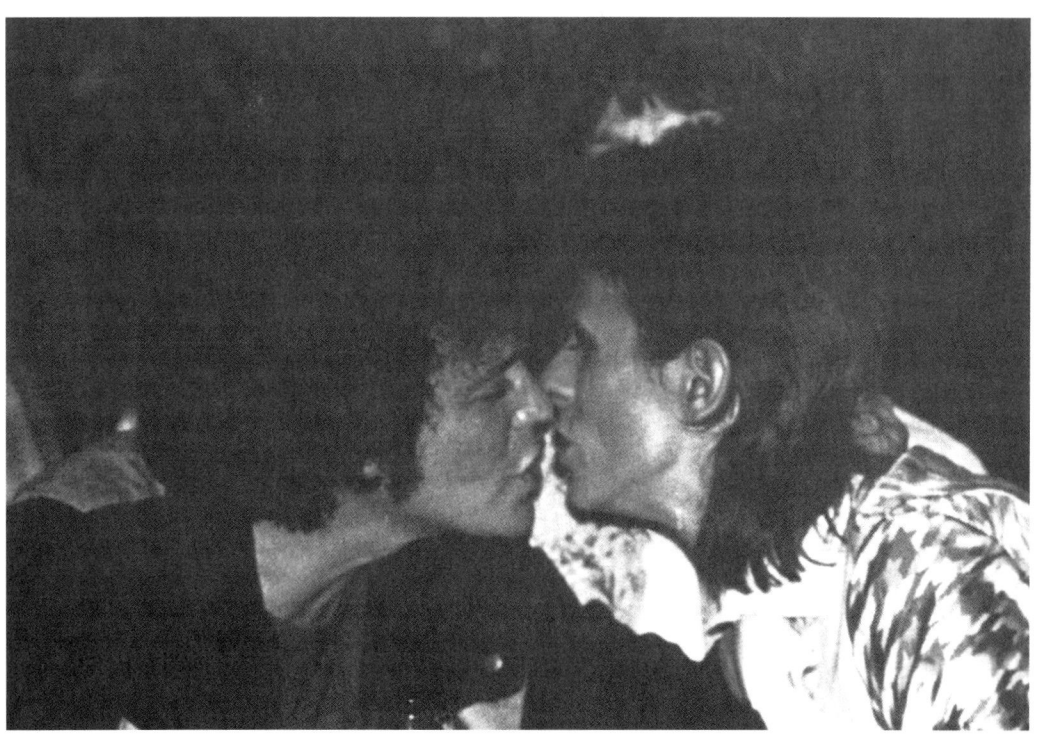

den. Die Musiker selber wurden internationale Jetsetter, kamen aus allen Ecken der Welt angereist für eine gemeinsame Tournee oder um in München die Tonspuren für ein neues Album aufzunehmen, die dann auf Jamaika gemischt, in einem Schloß an der Loire noch einmal gemischt und in New York endgültig abgemischt wurden. Sie waren eine ganz neue Kaste von Reichen geworden, die an drei oder vier verschiedenen Orten Häuser oder Hotelzimmer hatten und in exklusiven Nachtklubs herumhingen oder aber wie die Pink Floyd den Fans und dem *Glamour* gegenüber eine verstockte Gleichgültigkeit bewahrten und nur zu Tourneen, Plattenaufnahmen und Gesprächen über Investitionen aus der Einsamkeit ihres abgeschiedenen Daseins auftauchten.

Diese Art von Rock'n'Roll wurde immer seelenloser und mechanischer und war nur noch inspiriert von dem Verlangen, Geld zu verdienen, die Zeit totzuschlagen und vielleicht davon, wieder einen Hauch von Abenteuer, den Tourneen mit sich bringen, ins abgestumpfte Dasein zu bringen. Als traurige Folge des Erfolgs sah man die Stones, einst vielversprechende Repräsentanten des Fortschritts, 1972 während ihrer Amerikatournee (mit Begleitung) zu Gast im Haus des Playboychefs Hugh Hefner. 'Hef' bewirtete die Jungs mit Wein und Speisen, so wie sie es inzwischen gewohnt waren. Und ein paar Jahre später brachte die Gruppe dann ein Album mit dem Titel *Black And Blue* heraus, für das mit Anzeigen geworben wurde, die eine Frau voller blauer Flecken und hinter dem Kopf gefesselten Händen und gespreizten Beinen zeigten und den Slogan trugen '*I'm Black and blue from the Rolling Stones and I love it*'. Als Antwort auf die wutschnaubende Kritik an dieser Werbung meinten die – einstmals als die großen Popsatiriker des Sexismus hingestellten – Stones, daß manche Frauen so etwas mögen.

Sexualität wurde in den siebziger Jahren der große Tummelplatz der Rockmusik. Tatsächlich wies alles in diese Richtung: die Permissivität des vorangegangenen Jahrzehnts, der sexuelle Symbolismus der Auftritte selbst, das Bedürfnis, aus der Ungezwungenheit der Sitten Kapital zu schlagen. Befreiung wurde zu persönlicher Befreiung, Freiheit von Unterdrückung wurde zu Freiheit von sexueller Unterdrückung, das demokratische Begehren nach Gleichheit und Versammlungsfreiheit wurde zum persönlichen Trachten nach ungestrafter Promiskuität. Sex war der große Gleichmacher und das Mittel, mit dem jeder dem amerikanischen Traum von Macht und Leistung mit Erfolg nachjagen konnte. In jede Nische und jeden Winkel der Erotika drangen die Leute auf der Suche nach dem neuen heiligen Gral ein. In fast jeder Stadt in Amerika und Nordeuropa waren in aller Öffentlichkeit alle 57 Spielarten der sexuellen Liebe zu finden. Man sah darin ein Zeichen von Freiheit und neuer moralischer Reife, aber im Grunde genommen war alles ziemlich freudlos und mechanisch, eine Art Wettrennen um Orgasmen. Es förderte die Einstellung, Sex als Ware wahrzunehmen (selbst wenn man offenkundig nicht dafür bezahlte), das neueste Produkt der 'Freizeitgesellschaft'.

The Velvet Underground trugen viel dazu bei und machten viel Aufhebens darum. Die Band war Ende der sechziger Jahre von dem New Yorker Rockmusiker Lou Reed (einem Stammgast der *gay scene*, der seine Fans einmal damit schockierte, daß er seine unmittelbar bevorstehende Heirat mit einer Frau bekanntgab, aber später beruhigenderweise wieder mit einem Burschen namens Rachel im Schlepp auftauchte) und dem klassisch ausgebildeten walisischen Viola-Spieler John Cale gegründet worden. Mit Unterstützung des Pop-Art-Papstes Andy Warhol und zusammen mit Nico, der deutschen Sängerin mit der rauchigen Stimme (die mit Stars wie Bob Dylan, Leonard Cohen, Brian Jones und Jim Morrison zusammengearbeitet hatte und befreundet war), wurde die Band unter dem Namen 'The Exploding Plastic Inevitable' als Multi-

Media-Ereignis berühmt. In dem Song *Venus In Furs* trat Nico als peitschenschwingende Wanda auf ('*shiny, shiny boots of leather*', sang Lou in der Rolle des Severin); in *I'll Be Your Mirror* spielte sie, andeutungsweise, eine Lesbierin; Lou Reed spielte in *Heroin* und *Waiting For My Man* einen heroinsüchtigen weißen Punker; John Cale spielte eine nervenzerfetzende Viola, die an schlimme Zeiten, die Mühsal der kleinen Leute und sexuelle Wonnen-Pein denken ließ. Die Band als Ganzes verkörperte im Grunde – auf eine Augen und Ohren bestürzend beleidigende Weise – die Schattenseiten der New Yorker Unterwelt – die 42nd Street, Harlem, ein Leben voller Fix-, Fick- und Masturbationsphantasien, in dem das entscheidende Wort 'Beute machen' ist: die Gosse, in der wir alle leben, wie Oscar Wilde einmal sagte, aus der einige von uns aber zu den Sternen aufschauen.

Natürlich waren die Velvets nicht einfach nur Sinnenkitzler, denen es egal war, ob ihr Publikum auf Voyeurismus abfuhr oder nicht. In ihrer Musik ging es um Versklavung, Unterjochung, die völlige Zerstörung von Freiheit – aber an dem von ihnen dargestellten Ausmaß an Erniedrigung war etwas Erregendes, und in der Musik, mit der sie diese völlige Absage an die Freiheit darboten, war (sie waren nicht dumm) eine beruhigende Bestimmtheit. Trotz der Mitarbeit Warhols (und obwohl Reed später einen Song über Warhols Transvestiten 'Superstars' aufnahm, *Take A Walk On The Wild Side*) waren sie kein Warhol-Produkt. Aber sie stellten etwas dar, was Warhol gut verstand – das Fasziniertsein der Leute vom Bizarren, Dekadenten, Erniedrigenden und Gefährlichen. Sie zeigten die uralte Gleichung von Sex und Tod, Wonne und Pein, als ein Grundprinzip des Rock'n' Roll. Nicht einmal Jim Morrison schaffte das so gut. Die Velvets verkauften ein Image (ebenso wie Warhol selbst), und es war ein Image, das den Augenblick einfing, in dem die Rockmusik auf der Suche nach einer ländlichen

„Wer war die Dame, mit der ich dich gestern nacht sah?" David Bowie spielt Rosemary Clooney.

Idylle auf Knall und Fall mit der häßlichen Wirklichkeit in der Stadt zusammenstieß.

Die ganzen siebziger Jahre hindurch war die Idee vorherrschend, daß die Rockmusik Bilder aus der sexuellen Subkultur vor Augen führte. Ein ehemaliger Zappa-Kollege, Alice Cooper, baute sich mit ein paar guten Hard-Rock-Songs und einer Show, die, wie er schon 1971 zugab, 'zu 60% auf Erfindung beruhte', eine ganze Karriere auf. Zu Coopers Erfindungen gehörten unter anderem der Name selbst (die Band war ein reines Männer-Ensemble und Alice hieß in Wirklichkeit Vincent Furnier), Peitschen, Lederkleidung, Puppen, die im Laufe der Show verstümmelt wurden, ein Huhn, das unter einem Gestöber vorbereiteter Federn während der Vorstellung 'getötet' wurde, eine vorgespielte Hinrichtung und – einmal – die bizarre Erscheinung von Alice, wie er, in zerrissenem ärmellosen Trikot und hohen Stiefeln, eine Riesenzahnbürste schwenkend, einer nur dürftig bekleideten Frau nachjagte, die eine Zahnpastatube darstellte.

Alice, der, deutlich erkennbar, von seinem Mentor Frank Zappa gelernt hatte, war immens erfolgreich und inspirierte viele spätere Punk-Rocker mit seinem Bühnenimage von zu völliger Negativität hochstilisierter Dekadenz. Zappa mag ein Nihilist gewesen sein, aber er besaß unzweifelhaft Moralgefuhl und Humor. Die Alice-Rolle war nichts mehr als eine leere Hülse, die es dem echten Vincent Furnier ermöglichte, seinen Lieblingsbeschäftigungen Golf spielen und Saufen nachzugehen. Dieser Sohn eines Predigers aus Arizona ging mit Leuten wie Jack Nicklaus und Bing Crosby auf den Golfplatz und betrank sich gern. Ende 1977 begab er sich in ein Sanatorium, um eine Entziehungskur zu machen, und später nahm er ein Album, *From The Inside*, auf, das auf seinen Erfahrungen dort beruhte. „Ich trank zwei Flaschen Whisky pro Tag", sagte Alice nach dreimonatiger Behandlung, „nur um weiterzumachen! Ich lebte im Hundert-Meilen-Tempo mit Alkohol als Treibstoff." Zweieinhalb Jahre lang, sagte Alice, war er *nie* nüchtern gewesen. Schon ziemlich zu Anfang brüstete sich die Gruppe immer damit, daß sie im Jahr $ 250.000 für Alkohol ausgab, und Alice selbst trank regelmäßig vierzig Dosen Bier pro Tag. „Zum Schluß", sagte Alice, „erbrach ich Blut." Alices sadomasochistische Zwielichtigkeit auf der Bühne stand in deutlichem Kontrast zu Vincent Furniers banaleren Wirklichkeit. Nachdem er sich von seiner Geliebten, Cindy Lang, getrennt hatte, heiratete Vince 1976 Sherryl Goddard. „In den zwei Jahren Ehe", sagte er später, „hat sie mich nie nüchtern erlebt." Nachdem er ins Sanatorium gegangen war, rechnete Vince mit dem Schlimmsten, aber Sherryl stand das glänzend durch. Sie erklärte, sie habe immer gewußt, daß ihr Mann eines Tages mit sich ins reine kommen werde, und sie habe die feste Absicht, bei ihm zu bleiben.

Anfang der siebziger Jahre führte Bowies Erscheinen zu einer eindeutigen und schockierenden Sexualisierung der Rockmusik.

Daß Bowie in der Werbung als bisexueller Superstar und Maskottchen der Erotiker herausgestellt wurde, war sorgfältig geplant. Es ist kein Zufall, daß Bowie und Lou Reed (bekanntlich einer von denen, die Bowie beeinflußt haben) im selben Jahr bei RCA unterschrieben: Der Anwalt Dennis Katz, der sie unter Vertrag nahm, war sehr darauf aus, das Image von RCA zu ändern – das vor allem durch die Tatsache belastet war, daß RCA mit der Verteidigungsindustrie und der stark 'hetero'-geprägten Country-Music-Szene in Verbindung gebracht wurde.

Hinzu kam, daß Bowies Manager, Tony de Fries, sehr daran interessiert war, Bowie bei einer Firma unterzubringen, bei der er auffallen würde. Bowie, der sich damals

Angie und Freunde: Angie Bowie war nach ihrer offenen Ehe mit „Hengst" David zwar emotionell ein wenig mitgenommen, konnte aber immer noch lächeln. Das verdankte sie nicht zuletzt dem Gitarristen Keeth Paul, der ihr nach dem Selbstmordversuch im Jänner 1978 unter die Arme griff.

schon mit schulterlangen Haaren und Satingewändern zur Schau stellte, konnte der Aufmerksamkeit kaum entgehen. Die Presseberichte über die erklärte Bisexualität und Bowies 'offene Ehe' mit seiner Frau Angie verliehen der musikalischen Behauptung des Sängers, ein Kind der Zukunft zu sein, Glaubwürdigkeit zu einer Zeit, als man leidenschaftlich 'freier Sexualität' nachjagte und glaubte, diese könne die westliche Industriegesellschaft in ein goldenes Zeitalter führen. „Es stimmt, ich bin bisexuell", sagte Bowie später. „Und ich kann nicht leugnen, daß ich das sehr ausgenutzt habe. Ich glaube, es ist das beste, was mir überhaupt passieren konnte. Und es macht auch noch Spaß." Nun, wie dem auch sei – durch die Kultivierung seines Image ('Ich habe mich entschlossen, diese Masken aufzusetzen, damit ich mich nicht dazu erniedrigen mußte, auf die Bühne zu gehen und ich selbst zu sein') hat Bowie sein Privatleben mit einem gründlich verhüllenden Nebel umgeben. Doch wenn man die Aussagen von einem oder zwei ewigen Rock-Starlets wie Dana Gillespie und Amanda Lear außer acht läßt, daß im Bowie-Haushalt triolischer Verkehr und andere, mathematisch weniger komplizierte Dinge vorkamen, und auch von dem billigen Klatsch über Davids Einzel- und Gruppenaktivitäten absieht, scheinen Bowie und seine Frau eher verwirrt als frei gewesen zu sein.

1974 äußerte sich Angie Bowie anerkennend über Groupies – „die Leute, deretwegen es sich lohnt", sagte sie. „Wenn man sich nicht mit Groupies abfinden kann", meinte sie, „sollte man überhaupt nicht heiraten." David sei ein *stud* und sie beide seien glücklich verheiratete Mitglieder einer *gay-culture*.

Nicht einmal vier Jahre später befehdeten sich Angie und Bowie grimmigst im Kampf um die Scheidung und um das Sorgerecht für ihren Sohn, Zowie. Die Ehe mag ziemlich unkonventionell begonnen haben, schien aber schnell in eingefahrene Gleise geraten zu sein. „Als wir uns kennenlernten", erinnerte sich David, „fickten wir beide denselben Kerl." Angie scheint aber weniger leichtblütig veranlagt gewesen zu sein. An ihrem zweiten gemeinsamen Abend hatte sie sich kopfüber die Treppe hinabgestürzt, weil David zu einer Probe fortgehen wollte. Später erlitt sie bei Zowies Geburt einen Beckenriß. Unfähig, mit den Problemen und Schmerzen der Mutterschaft fertig zu werden, lief sie davon und ließ David im wahrsten Sinne mit dem Baby im Arm zurück. In ihren einfältigen Memoiren mit dem Titel *Free Spirit* erinnert sich Angie: „Ich liebte David und war bereit, ihn mit jedem, den er vorschlug, zu teilen, wollte aber dennoch die Vorrechte, die ich als seine Ehefrau genoß, behalten." Am meisten zuwider war es ihr, wenn sie aus den Klatschspalten über Davids neueste Jungen- oder Mädchenliebschaften erfuhr.

Unterdessen wurde David schwer drogenabhängig. „Ich probierte jede neue Droge aus, die auf den Markt kam", sagte er. „Ich glaube, ich bin oft dem Tode nahe gewesen." 1975 und 76 ('wahrscheinlich das schlimmste Jahr oder die schlimmsten anderthalb Jahre meines Lebens…') vermischten sich Bowies besessene Selbstdarstellungen und Legendenbildungen um seine Person mit den fruchtbaren Mythen einer nach Rettung hungernden Gesellschaft. Gefördert durch übermäßigen Kokain- und Los-Angeles-Genuß („Diese verdammte Stadt sollte man ausradieren", sagte Bowie 1980), trieb es ihn in die Symbolwelt des Christentums, der Artuslegenden und des Dritten Reichs. Ende 1975 fuhr er, von blonden berittenen Begleitern flankiert, die Hände zum Nazi-Gruß erhoben, in einem schwarzen Mercedes vor der Victoria Station vor. „England täte eine Zeit des Faschismus gut", verkündete er. „Ich war in einem mythologischen Rausch", erklärte er später. „Und auch meine verdammten Rollen waren natürlich verdreht." Bowie flüchtete

---

„Sex verkauft sich gut", sagt Marilyn-Monroe-Abklatsch Debbie Harry von Blondie.

nach Berlin, wo er sich gezwungenermaßen mit der Realität des Nationalsozialismus konfrontiert sah, nicht nur mit dessen beunruhigenden Symbolen. Schließlich kam er 'mit einer Bruchlandung wieder auf den Boden', aber um diese Zeit war seine öffentlich gefeierte Ehe schon ein Scherbenhaufen, und David verbrachte viel Zeit in Gesellschaft eines jungen deutschen Kellners. „Die letzten fünf Jahre war es keine Ehe", gestand Angie 1979 über ihre Beziehung mit David. Sie hatte sich gerade von einer Überdosis Beruhigungsmittel erholt, nach der sie ihren Liebhaber Keeth Paul tätlich angegriffen und zwei stümperhafte Selbstmordversuche begangen hatte.

„Ich hätte nie gedacht, daß dieses grünäugige Monster namens Eifersucht mich packen könnte – aber das hat es", sagte Angie. David ging währenddessen zu den Sorgerechtsverhandlungen um Zowie und behauptete, daß Angie 'als Mutter ungeeignet und rauschgiftsüchtig' sei. Er bekam das Kind zugesprochen, und sie erhielt eine Abfindung in Höhe von £ 30.000. 1980 lebte sie in offenbar monogamem Glück mit einem gewissen Drew Blood (eigentlich heißt er Bogdan Andrzes Lipka) in einem Holzhaus in Kalifornien. David hat sich inzwischen mit seinem Sohn in der Schweiz niedergelassen. An seinem Wohnsitz in Corsier-sur-Vevey in der Nähe des Genfer Sees hat er mit einer Nachbarin Freundschaft geschlossen, Oona Chaplin, der Witwe eines noch größeren Clowns als er selber.

Lou Reed, Alice Cooper und David Bowie haben die Schleusen geöffnet für eine Flut von Künstlern, die sich mehr oder weniger um die Vorrangstellung des Rock'n'Roll auf dem Sexmarkt bemühen. Ein *Glitzer- und Glamour*-Rock ist auf die Charts vorgerückt – in einer grellen sexuellen Verpackung. Mit der grellen Darstellung wurden neue Höhen der neue Mode kreierenden parodistischen Überhöhungen und Verfeinerungen alter Stile erreicht, bei Bette Midler etwa (deren Darbietungen reichlich mit Vulgärem durchsetzt sind), Elton John (der 1976 in einem Interview selbst seine bisexuelle Veranlagung be-

kanntgab) und Labelle (die aus unterschiedlichen Gründen in Amerika und England zum Idol eines bestimmten Teils der Schwulen- und Lesben-Szene wurde). Die Tubes haben sich zu einer der bisher großartigsten und frechsten Rock-Parodien überhaupt entwickelt. Der Leadsänger Fee Waybill pflegte mit einem Dildo und riesigen hohen Absätzen als 'Quay Lewd', ein total vollgedröhnter Superstar, aufzutreten, oder in Lederkleidung als 'Sado Man', und während die Fernseher auf der Bühne flimmerten, zog er sich aus und simulierte Geschlechtsverkehr mit einer Partnerin auf einem Motorrad. Einmal veranstalteten die Tubes in Los Angeles einen Talentwettbewerb, um für ihre Show eine Einstiegsnummer zu finden. Unter den Wettbewerbsteilnehmern waren eine Sister Marie de Sade, eine strippende Nonne; Mr. Penguin, der sich als eben dieser Vogel verkleidet hatte und 'Hello, I'm Mr. Penguin/You do your thing and I'll do mine' sang; und – die Gewinner – eine Gruppe, die sich Fetus Brothers nannte und 'He's no pansy [Tunte; Anm. d. Ü.], he's my Lord' sangen, während sie einen als Nonne verkleideten Mann kreuzigten.

Die Village People, eine New Yorker Gruppe, holten die Klischees der Macho-Schwulenwelt aus den Klos hervor und machten aus dem männlichen homosexuellen Sadismus eine komische Show. Selbst eine schrecklich mondäne Gruppe wie Queen entschied sich für diesen Namen wegen seiner homosexuellen Nebenbedeutung [queen – 'weiblicher' Homo-Partner; Anm. d. Ü.], wie ihr Leadsänger Freddy Mercury einmal sagte, und pflegten eine Show und ein Image (wenigstens was Mercury anging) von so umwerfend durchtrieben parodierender Abwandlung älterer Stile, daß die Leute entweder verzaubert waren oder vor Vergnügen laut lachten.

Dermaßen offene sexuelle Freiheiten waren kaum befreiend für Frauen: sie waren nur dazu angetan, ein größeres Spektrum männlicher Phantasiegestalten akzeptabel zu machen. Zu niedlichen Kids, Vamps, jungfräulichen Madonnagestalten und einfachen Huren kamen nun Dominas und ach so berückend schöne Lesben zum Repertoire weiblicher Rollenfiguren hinzu. Jemand wie David Bowie schaffte es, die Stürme seiner Wirren heil zu überstehen, ja sogar in einen verkaufsfördernden Vorteil zu verwandeln. Die Rockmusikerinnen sind dazu weniger in der Lage. Ihre Ausbeutung durch den Mainstream-Rock ist mit dem Einsetzen der offen in Szene gesetzten Sexualität in der Rockmusik, wenn überhaupt, raffinierter und hinterhältiger geworden. Eine reine Frauengruppe hieß Fanny. Eine andere – Birtha – hatte laut Aussage ihrer Werbekampagne 'Eier'. Die Runaways präsentierten sich in einstudierten Rollen katzenartiger, Augen auskratzender Teenage-Göttinnen. Gaye Advert trat mit Lederjacke und dicker Maskara-Bemalung auf. Die Slits versprachen und waren bisweilen eine Herausforderung, was weibliche Rollenklischees betraf, erschienen auf ihrem ersten Album-Cover aber ästhetisch nackt und mit einer dünnen Lehmschicht beschmiert. Deborah Harry, die sich in Interviews stets beklagte, daß sie auf Plattenhüllen und in der Presse wie ein Pin-up-girl präsentiert werde, hat sich, soweit bekannt, nie geweigert, im Minirock, in ausgeschnittenem Kleid, hautengen Hosen oder was immer dazu nötig ist zu erscheinen. Eine der ersten (britischen) Werbekampagnen für Blondie zeigten sie in einem engen schwarzen Kleid mit zurückgekämmten Haaren unter dem Slogan: 'Wouldn't You Like To Rip Her To Shreds?' [to rip to shreds – in Stücke reißen; Anm. d. Ü.] (die Platte hieß *Rip Her To Shreds*). Patti Smith – 'Sexobjekt des denkenden Menschen' – brüstete sich stolz damit, daß nicht nur kleine Jungen vor ihrem Bild masturbierten, sondern daß sie auch selbst 'vor der Plattenhülle von *Easter* (ihrem zweiten Album) onaniert' habe.

Aber noch irritierender als solche sexistischen Klischees war, wie männliche Interpreten – von Bowie an – sich weiblicher Bil-

der bedienten. Anfang der siebziger Jahre waren an der Ostküste zum Beispiel die New York Dolls von Bedeutung. Sie vergeudeten ihr Talent auf die übliche Weise. Zwei von ihnen hatten größere Heroinprobleme, und der Bassist Arthur Kane wäre beinahe am Alkohol zugrunde gegangen. Der Schlagzeuger Billy Murcia starb 1972 während eines London-Aufenthalts, als seine Freundin ihn nach einer Nacht besonders ausschweifender 'Vergnügungen' vergeblich wiederzubeleben versuchte, indem sie Kaffee in ihn hineingoß. Sie entwickelten den Glitzer-Look ganz bedacht zu einer Transvestiten-Maskerade, spielten den reinen R&B der siebziger Jahre mit starkem Puder-Make-up, aufgebauschten Frisuren und hochhackigen

Einst war sie in Londons „Raymond Revue Bar" als Stripperin Peki d'Oslo bekannt, später schrieb sie falsche Biographien und behauptete, ein Transsexueller zu sein. Amanda Lear (hier mit Andy Mackay von Roxy Music) wußte, wie man sich in Szene setzt.

Schuhen, aber meist auch mit einem nicht zu übersehenden mehrere Tage alten Bart. Die Wirkung war ungefähr so, als hätte Danny La Rue Blues gesungen, und ebenso anstoßerregend.

Eine andere bedeutende Gestalt der New Yorker Rockszene – Wayne County – ging noch einen Schritt weiter. Er war ein irgendwie tölpelhafter Kerl, der meist ein Kleid und Netzstrümpfe mit Löchern darin trug, à la Monroe in *Bus Stop*, und dessen Haare so aussahen wie eine schlechte Perückenkopie einer gebleichten Blondine. Wayne erschien einmal auf einer Party in einem witzigen Kleid aus aufgeblasenen Kondomen. Er schrieb auch für ein New Yorker Rock-Klatschmagazin unter dem Titel 'Dear Wayne' eine kleine amüsante Kolumne voller Tips und Ratschläge. Gegen Ende der siebziger Jahre ging er bis ans logische Ende seiner Image-Bildung und ließ sich chirurgisch in Jayne County umwandeln, was sich äußerlich wenig oder gar nicht auswirkte. Vor der endgültigen Geschlechtsumwandlung sagte Wayne: „Ich habe mein halbes Leben lang als Mann gelebt, warum sollte ich nicht die andere Hälfte als Frau leben?"

Was Jayne wirklich tat, gab Amanda Lear nur vor. Der wagemutige europäische Disco-Semi-Star verursachte 1976 ziemlich viel Aufregung, als sie behauptete, eine Transsexuelle zu sein. Eine ausgesprochen rauchige Stimme und ihre 'statuenhafte' Gestalt förderten diese erregende Vorstellung. Tatsächlich war Amanda Lear als Frau zur Welt gekommen – obwohl niemand mit Sicherheit sagen kann, wann und wo genau – und hatte sich von ihrem früheren Geliebten David Bowie überreden lassen, diesen Meisterstreich zu spielen. „Ich habe bei ihm gelernt, wie man sich interessant macht", sagte sie. „Wie man sich von anderen Mädchen als etwas Besonderes abhebt." Zehn Jahre vorher war Amanda eine unbekannte Stripperin in der Londoner Raymond Revuebar gewesen, wo sie unter dem Namen 'Peki d'Oslo' auftrat und dabei vorgab, Französin

zu sein. Um sich dem Rock-Markt anzubiedern, brachte sie mehrere Lebensläufe mit stark voneinander abweichenden exotischen Geburtsorten und Herkunftsangaben unters Volk. Amanda, die mehr Schlagzeilen machte als Freundin von Brian Ferry denn als Plattenkünstlerin, verkündete unverblümt, daß ihr Image fauler Zauber sei. 1978 bewies sie das mit der sehr treffenden unvergeßlichen Bemerkung: „Disco ist die niedrigste Musikform, aber der schnellste Weg zum Ruhm."

Vielleicht sind dies alles nur Auswirkungen einer weitverbreiteten sexuellen Verwirrung. Aber wenn dem auch so ist, so ist das, was im Rock zulässig ist, dennoch nicht weniger schäbig. Heavy Metal Music, die beständigste Lieblingsrockmusik seit Anfang der siebziger Jahre, hat die drastischsten und beleidigendsten männlichen Einstellungen zur Tugend erhoben. Interessanterweise stammen die Bräuche, welche die Heavy-Metal-Moden und -Einstellungen am meisten geprägt haben, aus der männlichen *gay*-Kultur. Die mit Ketten und Nieten verzierten Ledersachen, Körpertätowierungen und 'Rocker'-Posen, die für den Heavy-Metal-Stil typisch sind, kommen alle aus dem Milieu der sich brutal männlich gebenden Schwulen – und sind 'ganz schön hart'. Nicht einmal die sich als Schwanz-Rocker brüstenden Musiker wie Led Zeppelin, Bad Company, Ted Nugent oder Rush könnte man als so maskulinisch bezeichnen wie Gruppen wie Judas Priest, Saxon, Motorhead oder Iron Maiden. Die gegenwärtigen Heavy-Metal-Bands sind über männliche Dominanz hinausgegangen zu regelrechtem Frauenhaß. Es ist kaum überraschend, daß im Repertoire solcher Gruppen Songs vorzufinden sind, die Gewalt gegen Frauen verherrlichen oder den berüchtigten Yorkshire-Ripper zu einem Volkshelden hochzustilisieren versuchen.

„Wenn du herausfinden willst, wieviel Freiheit du hast", sagte Vivienne Westwood, „brauchst du nur eine eindeutig sexuelle Aus-

Malcolm McLaren und der starke Arm des Gesetzes. Gemeinsam mit einigen anderen Störenfrieden wurde das Wunderkind des Punk-Managements 1977 nach einer wilden Party anläßlich des Silbernen Krönungsjubiläums von Königin Elizabeth auf einem Themse-Schiff verhaftet.

sage zu machen und abzuwarten, wie alles um dich zu krachen beginnt." Vivienne war natürlich die Lebensgefährtin und Geschäftspartnerin des Sex-Pistols-Managers Malcolm McLaren. Sie, die von der Ausbildung her Modedesignerin war, hat den ganzen Punk-Stil mitentworfen – Improvisationen zu den Themen Tod, Vergewaltigung, Sado-Masochismus und Sklaverei. Mit ihrem Geschäft in der King's Road in Chelsea warben Vivienne und Malcolm für ihre 'provokative' und 'trotzige' Modetheorie. Die dabei entstandene Mischung aus Leder, Ketten, Riemen, Reißverschlüssen und Zerrissenem ließ ganze Londoner Stadtteile wie nach einer Explosion in einer New Yorker Schwulenbar aussehen, und die Detonation hallt immer noch weltweit nach. Die Sex Pistols selbst waren ebenfalls eine 'eindeutig sexuelle Aussage',

Diebe und Schwindler: der letzte Akt in McLarens „Great Rock'n'Roll Swindle" führte die Rumpfbesetzung der Sex Pistols nach Rio, wo sie im Februar 1978 mit dem flüchtigen Posträuber Ronald Biggs eine Platte aufnahmen. V.l.n.r: Steve Jones, Jim Jetter in SS-Uniform, McLaren, Paul Cook und der schüchterne Spaßvogel Ronald Biggs.

erdacht von McLaren, nachdem er für kurze Zeit die immer glanzloseren, aber einflußreichen New York Dolls gemanagt hatte. „Rock'n'Roll ist nicht nur Musik", sagte McLaren. „Man verkauft auch eine Einstellung." Die richtige Einstellung für das Ende der siebziger Jahre, stellte McLaren fest, war

„All unsere Songs sind Loblieder an Frauen", sagten die Stranglers, die auf diesem Bild bei einem Open-Air-Konzert im Sommer 1978 im Londoner Battersea Park zu sehen sind. Bevor das Konzert von der Polizei abgebrochen wurde, konnte Bassist Jean-Jacques Burnel der Versuchung nicht widerstehen, den fünfeinhalb sichtbaren nackten Brüsten seine Männlichkeit entgegenzusetzen.

die Verherrlichung von Machtlosigkeit, hoffnungsloser Verzweiflung und nihilistischer Perversität. McLaren wußte bereits, daß er, um überhaupt Wirkung zu erzielen, etwas sagen mußte, was selbst die 'progressive' Rock-Welt nicht gerne hören würde. 1974 hatte er in Amerika die New York Dolls in rotes Leder gekleidet, stellte sie vor eine riesige sowjetische Hammer-und-Sichel-Fahne und nannte sie in der Werbung 'kommunistisch schick' – der Doll-Sänger David Johansen bezeichnete das als 'unsere Besser-rot-als-tot-Phase'. Die Version für das Ende der siebziger Jahre waren natürlich die Sex Pistols.

Nachdem die Sex Pistols (unter großer Verbitterung) auseinandergegangen waren, trat McLaren an Adam and the Ants heran mit der Idee, sie sollten die Hauptrolle in einem pornographischen Videofilm über eine Gruppe von Kids spielen, die einen Club gründen, um Sexspiele zu inszenieren, aber McLarens Anwalt und Adam vereitelten das. Adam und Malcolm entzweiten sich, nachdem sie offenbar musikalische Vorstellungen ausgetauscht hatten, und Adam ging fort und gründete die bemerkenswert erfolgreichen Ants Mk II. Malcolm griff unterdessen auf die Kerntruppe der ursprünglichen Ants zurück und brachte sie als Bow Wow Wow wieder hervor. Musikalisch und optisch waren die beiden Bands außerordentlich ähnlich – beide kultivierten eine sogenannte 'Stammes'-Musik, die sich anhörte, als würde Gary Glitters Begleitgruppe in einer Papiertüte spielen, und traten stark geschminkt und in Phantasiekostümen auf, mal als Piraten, mal als Indianer, mal als Straßenräuber. Aber Adam (der eigentlich Stuart Goddard heißt) hat mehr Bewunderung für die herkömmlichen Showbusiness-Elemente an den Tag gelegt, als McLaren es je getan hat – und konnte daher weit mehr geschäftliche Erfolge erzielen als Bow Wow Wow.

McLaren ist, ungeachtet einiger unbekümmerter Behauptungen, er habe die Welt des Pop mit einer wohlerdachten Strategie (als der 'große Rock'n'Roll-Schwindel' bekannt) erobert, immer von dem Wunsch motiviert gewesen, zu schockieren. Die Sängerin von Bow Wow Wow wurde eine Vierzehnjährige namens Annabella Lu Win (angeblich burmesischer Abstammung, obwohl die Mutter sich Mrs. Dunn-Lewin nennt). „Warum sollte Annabella nicht ein aufreizender Köder für unzählige Kerle sein?" fragte McLaren, der seinen neuen Star in einem Sexmagazin für Vor-Teens mit dem Titel *Chicken* vorzustellen gedachte. „Sex mit Minderjährigen", sagte McLaren, „ist etwas Großartiges." Zu seinem Pech gab die Plattenfirma von Bow Wow Wow, EMI (zweifellos in der Absicht, ihr Firmenimage aufzupolieren, das durch die Sex Pistols gelitten hatte) nicht ihre Zustimmung. Sie stiegen bei *Chicken* aus, nachdem sie bekanntermaßen £ 20.000 bezahlt hatten. Als Bow Wow Wow einen Song aufnahmen, in dem sie rieten, Platten zu Hause auf Band aufzunehmen, und das zu einer Zeit, als EMI lautstark an einer Kampagne dagegen beteiligt war, begann die Firma die Gruppe höflich zu ignorieren, obwohl sie (laut McLaren) £ 50.000 investiert hatte. Die Platte (*C30, C60, C90, Go!*) wurde ein Flop, und die Band wütete – wie ein Echo früherer Sex-Pistols-Zeiten – im EMI-Büro, warf mit goldenen Schallplatten herum, schleuderte eine große Uhr aus einem Fenster, verbrannte Verträge und machte eine Drehtür kaputt. Man trennte sich von der Gruppe, aber McLaren brachte sie unverzagt wieder unter Vertrag (bei RCA), und die Band machte sich daran, ein Album aufzunehmen, das, so meinte McLaren, auf seinem Cover eine Parodie auf Manets berühmtes Gemälde *Déjeuner Sur L'Herbe* zeigen sollte, nur sollte hier Annabella anstelle eines Künstlermodells die Nackte sein. Annabella, die zu der Zeit fünfzehn war und für Auftritte in der Öffentlichkeit noch eine Sondergenehmigung und eine Gouvernante als Anstandsdame brauchte, erklärte sich einverstanden, dafür zu posieren. Annabellas Mutter drohte jedoch mit gerichtlichen Schritten, und RCA hielt die Plattenhülle zurück, bis Annabella sechzehn war.

McLarens einziger großer Erfolg blieben bislang die Sex Pistols. Sie zumindest hatten zum richtigen Zeitpunkt die richtige Zusammensetzung. Die Pistols erschienen an der Spitze der Punk-Bewegung, die ohne weiteres zu verstehen und zu akzeptieren schien, wofür sie standen. McLaren hatte aus der Zeit, in der er die New York Dolls managte, gelernt. Mit den Sex Pistols verkaufte McLaren ein Etikett, das die für die Rockmusik dieser Zeit nötige Zusammensetzung anpries – Sex und Gewalt. Er hat vielleicht nicht gewußt, daß er mit dieser deutlichen Etikettierung bei den Kids einen Nerv traf, den des Gefühls von Entfremdung und Verzweiflung, aber er war sich darüber im klaren, daß die Punk-Besessenheit vom Sex, vor allem von gewalttätigem Sex, nie mehr als nur eine Pose war. Es gab kaum eine Band, die weniger sexy waren als die Sex Pistols (besonders, wenn Rotten darüber zu reden begann, daß er seine Hämorrhoiden schneiden wolle). Aber wichtig war nicht, daß man tatsächlich sexy oder schockierend war, sondern daß man den Leuten erzählte, daß man es war, und zwar mit der ganzen Dreistigkeit eines Straßenhändlers.

Johnny Rotten war der am wenigsten Musikalische unter den Pistols, aber er verstand am besten, wie hohl ihr Image war. Infolgedessen wurde er das am meisten gefeierte und am meisten geschmähte Mitglied der Pistols – wurde von Teddy Boys angegriffen, von der Polizei belästigt, und definierte, wie er fast behauptete, 'den Punk-Rock im Alleingang'. Seine Meinungsverschiedenheiten mit McLaren, dem er vorwarf, ein geldverschlingender Ausbeuter zu sein, und der ihn dafür am Ende ihrer einzigen Amerikatournee aus der Band warf, führten mit dazu, die Sex Pistols zu zerstören. Sid Vicious, Paul

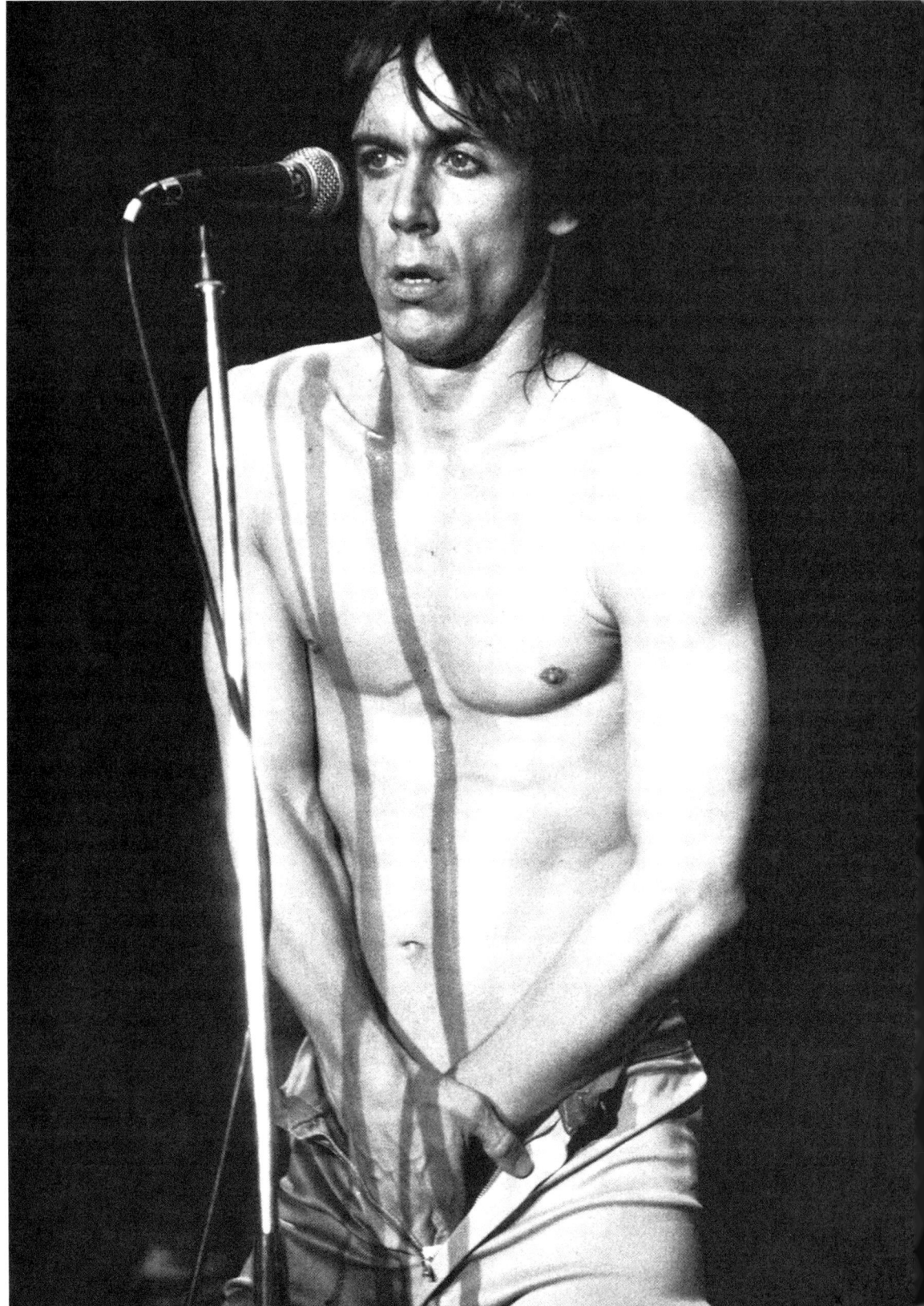

Cook und Steve Jones machten – ein paar Monate lang – lahm weiter. Die Band, sagte Johnny Rotten (der jetzt seinen richtigen Namen John Lydon benutzte und einer neuen Band angehörte, Public Image Limited) 'war eine Farce'. Gerichtliche Nachforschungen gegen McLaren ergaben, daß das Geld der Sex Pistols zum größten Teil durchgebracht war. Es kam nicht überraschend, daß Lydon, später zu PIL befragt, sagte: „Niemand in dieser Band ist Musiker. Wir hassen alle diesen Ausdruck. Wir sind so etwas Ähnliches wie Fabrikarbeiter. Maschinisten. Geschickte Maschinenmeister." Sein Ehrgeiz bei PIL sei der gleiche wie bei den Pistols: 'Den Rock'n'Roll zu zerstören.'

Mochte er auch schockierend sein, der britische Punk blieb im wesentlichen impotent – er mußte bald den Rückzug antreten, als die Plattenindustrie sich etwas raffiniertere Schachzüge einfallen ließ, um die goldene Eier legende Gans, das Musikgeschäft, unter Kontrolle zu behalten. Trotzdem wurde Punk von Außenstehenden als bedrohlich angesehen, und das führt oft wirklich zu Gewalt und Verwüstungen. Das war vor allem der Fall in Englands Jubiläumsjahr 1977, als die Sex Pistols das entschieden freudlose *God Save The Queen* herausbrachten, während andere auf Straßenfesten Fähnchen schwenkten. Unnötig zu erwähnen, daß die Platte aus dem Äther verbannt wurde – aber sie wurde trotzdem Nummer zwei in den Charts.

Johnny Rotten und Sid Vicious wurden im Juni 1977 von einem übereifrigen Polizisten durchsucht; Rotten war im März zu einer Geldstrafe verurteilt worden, weil man bei ihm Amphetamin gefunden hatte; als die

Plattenfirma der Pistols, Virgin, im Juni auf der Themse eine Schiffsparty gab, wurden elf Leute aus unterschiedlichen Gründen verhaftet; Rotten und Paul Cook wurden vierzehn Tage später unabhängig voneinander gewalttätig angegriffen (Rotten wurde mit einem Messer verletzt, Cook bekam mit einer Eisenstange einen Schlag auf den Kopf); im Mai war Paul Cook wegen Diebstahls zu einer Geldstrafe verurteilt worden, und im Juli bekam Vicious eine Geldstrafe wegen Gewalttätigkeit und Waffenbesitzes. Die Clash, die in der Werbung als die wahren Revolutionäre des Punk hingestellt wurden, wurden auch von der Polizei belästigt, aber dabei kam die traurige Bedeutungslosigkeit ihrer persönlichen Revolten zum Vorschein. Joe Strummer wurde im Juni 1977 zu einer Geldstrafe verurteilt, weil er aus einem Holiday Inn Kissen geklaut hatte, und ein weiteres Mal, weil er bei einer früheren Gelegenheit den Namen der Band an eine Wand gesprüht hatte. Topper Headon bekam eine Geldstrafe, weil er einen Hotelschlüssel gestohlen hatte. Im Jahr darauf wurden Headon und Paul Simonon zu Geldstrafen verurteilt, weil sie auf Brieftauben geschossen hatten, und Strummer und Simonon bekamen Geldstrafen im Zusammenhang mit einem Krawall bei einem Auftritt in Glasgow.

Ebenfalls im Jubiläumsjahr wurden die Stranglers im Londoner Rainbow Theatre von der Bühne verwiesen, weil Hugh Cornwell ein T-Shirt trug mit der scherzhaften Nachahmung eines Ford-Markenzeichens, das tatsächlich 'Truck' lautete, aus einiger Entfernung aber als 'Fuck' gelesen werden konnte. Bob Geldof wurde in einem Londoner Club auf der Bühne angegriffen. Kid Reed, der Sänger der Punkgruppe The Boys, wurde von Teddy Boys angegriffen. Lee Black Childers wiederum (der Manager der New Yorker Gruppe The Heartbreakers) wurde von Punks angegriffen, weil er wie ein Ted aussah.

In Schweden wurde gegen Ende des Jahres 1977 die Show der Stranglers von 200

Punkrock-Held Iggy Pop überprüft 1979 bei einem Comeback-Konzert, ob noch alles dran ist. Zehn Jahre zuvor hatte man Jim Morrison wegen solcher Späßchen verhaftet. Drogenprobleme und Erfolglosigkeit hatten Iggy zu einer längeren Pause veranlaßt, doch ermutigt von David Bowie schaffte er es, wieder zu sich selbst zu finden – obwohl es auf diesem Bild immer noch so scheint, als hätte er ein wesentliches Stück verloren.

Neofaschisten gesprengt, und im Jahr darauf wurde der Gruppe vorgeworfen, in Nizza einen Krawall verursacht zu haben. Aber trotz aller Gewalt und aller Zusammenstöße mit dem Gesetz, bleibt das Image der Punks am stärksten von Selbstverstümmelung geprägt, die sich am extremsten im Tod von Nancy Spungen und Sid Vicious äußerte. Der letzte Kommentar sollte vielleicht von Malcolm McLaren kommen: „Ich habe die Pistols nicht nur um des Geldes willen berühmt gemacht", sagte er 1980. „Es war auch sexuell phantastisch antörnend."

Johnny Rotten tat Sex als 'zwei Minuten Schlürfgeräusche' ab, und als Reaktion auf den naiven Optimismus der 'love generation' schien der Akt selbst für viele Punks und Punk-Nachfolger jegliche Bedeutung verloren zu haben. Sex war eine teure Ware oder, Gott bewahre etwas, wobei man sich ausziehen mußte. Ende der siebziger Jahre gab es sogar einen kurzen Trend zur 'Asexualität', in dem Sex als entschieden langweilig hingestellt und das Zölibat als radikale Geste angepriesen wurde. Sex war nicht mehr etwas, bei dem es um Vergnügen und Menschen ging, sondern um Macht und Objekte. Die vom Punk kultivierten Sadismus/Masochismus-Symbole lösten Sex in Machtspiele auf – und Machtspiele sind es, was die Rockmusiker auf der Bühne spielen – und die Rockmanager (wie McLaren) dahinter.

In Amerika, wo der Sinn für die Ironie und Verzweiflung des britischen Punk nie einen fruchtbaren Boden fand und dieser keine Wurzeln schlagen konnte, setzte die 'New Wave' da ein, wo das Punk-Dreigestirn Lou Reed, Bowie und Alice Cooper aufgab. Eine Gruppe namens The Dead Boys unter der Leitung von Stiv Bator verursachte einen erheblichen Tumult, weil sie in ihrer Bühnenshow Sado-Maso-Bilder verwendete. Es wurde in weiten Kreisen gemunkelt, daß Stiv und seine Kollegen auch *off stage* an diesen Dingen Gefallen fanden, obwohl Bators' Verhältnis mit Bebe Buell auf einen konventionelleren Geschmack schließen

ließ. Iggy Pop, der Punk-Pate, schaffte 1979 sein berühmtes Comeback in Leder und mit Fleischwunden.

Die amerikanischen Rockmusikerinnen boten, was nicht überrascht, einen grellen, voyeuristischen Trend an. Grace Jones, die aus der New Yorker schwulen Sado-Maso-Disco-Szene kam, präsentierte eine große Vielfalt sexueller Spielarten – mal sang sie umgeben von Muskelmännern in Ledersuspensorien, mal nahm sie ein Album auf, dessen Titel *Warm Leatherette* schon unweigerlich an Fetischismus denken ließ, mal trat sie als roboterhafte Androgyne mit strengem Kurzhaarschnitt auf. Cherry Vanilla, die mal mit den Managern von David Bowie in New York zusammengearbeitet hatte, entwickelte eine bestürzend vulgäre Darbietung und benutzte dabei auf höchst anzügliche Weise das Mikrophon. Sie erschien einmal auf einer Party in einem Chiffonkleid und führte an einer Leine einen Mann in Lederkostümierung herum. Patti Smith sicherte ihren Ruf in der Öffentlichkeit, indem sie der Presse mitteilte, daß sie – an guten Abenden, wie man vermuten kann – auf der Bühne einen Orgasmus habe.

Am erstaunlichsten von allen aber waren Wendy O. Williams und die Plasmatics – mit einer bisher unüberbotenen Sex-und-Gewalt-Darbietung. Wendy, die einen Irokesenschnitt trug, trat etwa in durchsichtigem Bodystocking oder hautengen schwarzen Hosen auf und mit strategisch geschickt plazierten Klebebändern und Wäscheklammern auf – manchmal bedeckte sie auch ihre Brustwarzen nur mit einigen Tupfen Schlagsahne. Die Plasmatics, lauter Männer, sahen nicht weniger bizarr aus, und die Musik paßte zu ihrer äußeren Erscheinung ins Bild. Songs wie *Sex Junkie*, *Pig Is A Pig* und *Living Dead* wurden mit der Feinfühligkeit eines ausbrechenden Elefanten herausgehämmert. Der Gitarrist Richie Scott schlug sich selbst seine Gitarre über den Schädel. Wendy zertrümmerte Fernseher, ging mit einer Säge auf eine elektrische Gitarre los und zerteilte sie, und als Höhepunkt des Auftritts demolierte die Gruppe auch schon mal ein ganzes Auto. Das war das Rockmusik-Äquivalent zu den blutrünstigen Kassenknüllerfilmen der siebziger Jahre. 'Pornography Rock' nannten die Plasmatics das. „Ich war schon immer so was wie eine Anarchistin", sagte Wendy. In London bekam die Gruppe bereits, bevor die erste Show auf ihrer Tournee 1980 über die Bühne gehen konnte, Auftrittsverbot, weil man die Auto-Zerstörung als zu gefährlich ansah. Im Jahr darauf wurde Wendy in Milwaukee von der Polizei aus einer Konzerthalle herausgezerrt. 'Einer von ihnen faßte mir an die Titten, ein anderer grapschte mir an den Hintern. Da habe ich ihnen eine geknallt.' Die Anklagen wurden später alle fallengelassen, aber Wendy bemerkte noch dazu: „Ich wäre

friedlich mitgegangen, aber man hatte meinen Intellekt beleidigt." Ebenfalls 1981 wurde sie in Cleveland – laut Wendy die Stadt mit der dritthöchsten Vergewaltigungsziffer und der fünfthöchsten Mordrate in den USA – 'lasterverherrlichender Obszönität' angeklagt. Nach ihrem Freispruch verkündete sie beim Verlassen des Gerichts, ihr Sieg sei 'eine großartige Sache für die Frauenbewegung und im Hinblick auf die verfassungsmäßig garantierte freie Meinungsäußerung.' „Ich bin eine Rock'n'Roll-Sängerin", sagte Wendy. „Ich sollte tun können, was mir beliebt."

US-Punk-Star Stiv Bators etabliert sich als Berühmtheit, indem er Bebe Buell küßt – die Mutter von Todd Rundgrens Kind und ehemalige Freundin von Rod Stewart und Elvis Costello.

DIE SCHWARZE ERFAHRUNG

Als Frankie Lymon 1968 an seiner Drogensucht starb, war das Tragische daran nicht nur seine Jugend, die Gleichgültigkeit der Plattenbranche oder Frankies Empfindsamkeit und Unerfahrenheit. Anders als bei all den weißen Jungs, die von ihrem Erfolg im Rock'n'Roll verschlungen und kaputt gemacht wurden, war Frankie ebenso sehr ein Opfer des Rassismus wie ein Opfer der gefräßigen Plattenindustrie und/oder seines eigenen zu schnellen Aufstiegs.

Er wurde nicht etwa außergewöhnlich stark ausgebeutet oder übers Ohr gehauen – obwohl er als schwarzer Teenager ein besonders geeignetes Objekt für schmutzige Geschäftspraktiken war –, und er war auch nicht weniger fähig, mit plötzlichem Erfolg fertig zu werden, als Dutzende andere nicht eben gebildeter, aber lebenskluger Straßen-Kids, die, kaum aus der Junior High School heraus, sich im Fond chauffeurgesteuerter Limousinen niederließen. Lymons Tragödie hatte weniger mit dem Rock'n'Roll an sich zu tun als damit, daß er ein Schwarzer in einer Gesellschaft weißer Vorherrschaft war. Auch eine ganze Reihe von Hits konnte das Vermächtnis der Sklaverei und des Gettolebens nicht abbauen. Rock'n'Roll mag den Schwarzen ein gewisses Maß an Gleichheit als Entertainern zugebilligt haben (man rühmte sich, frühere strenge Marketing-Unterscheidungen zwischen weißen und schwarzen Musikern aufgegeben zu haben), aber der Rock'n'Roll konnte nicht *alle* Schwarzen mit Stolz erfüllen, sie ermutigen oder ihnen Einsichten in ihre eigene Situation vermitteln, ebensowenig, wie er die ganze weiße Gesellschaft von ihren Vorurteilen gegenüber Schwarzen befreien konnte. Anders ausgedrückt, Lymon starb in erster Linie, weil er ein Schwarzer war, und erst in zweiter, weil er ein Rockstar war.

Wie viele andere, begannen The Teenagers (zusammen mit Frankie Lymon) als Gesangsgruppe in Harlem, wo sie für ein paar Pennies an Straßenecken sangen. Als Frankie vierzehn war, hatte die Gruppe bereits ein halbes Dutzend Top Ten-Singles herausgebracht – unter anderen die noch gut in der Erinnerung haftenden Songs *Why Do Fools Fall In Love?* und *I'm Not A Juvenile Delinquent.* Typischerweise blieben die Mitglieder der schwarzen Vokalgruppen anonym – wodurch sie nicht nur leichter auszubeuten waren, sondern auch unauffällig in ihrer Besetzung ausgetauscht werden konnten.

Frankie Lymon jedoch ging aus The Teenagers als Star hervor und verließ die Gruppe 1956, um eine Solokarriere zu beginnen. Er wurde gerade fünfzehn. Das war zwar nicht beispiellos, aber doch ein mutiger Schritt für einen jungen schwarzen Sänger – selbst wenn man ihm zu der Zeit den Rang eines Bill Haley oder Chuck Berry zubilligte und ihn manchmal sogar mit Elvis Presley verglich. Aber seine Solokarriere ging schief, und Lymon wurde immer mehr von Heroin abhängig. Unterstützt und ermutigt von seiner Freundin, kämpfte Lymon immer noch gegen seine Sucht an, aber die Beziehung war nicht von Dauer, und als der Sänger in die Armee eintrat, wurde er wieder heroinsüchtig. Nach seiner Entlassung kehrte Lymon nach New York zurück und unternahm mehrere erfolglose Versuche, einen festen Job zu finden und zu behalten. Im Februar 1968 starb er mit fünfundzwanzig Jahren – arm und vergessen

---

Mountain high: Tina Turner, die Königin der schwarzen Sängerinnen, stellt auch jenseits der fünfzig immer noch alle in den Schatten.

Der kleine Frankie Lymon – mit 14 schon ein Star.
Am 1. April 1957 hüpfte er vielleicht noch vor Freude im Londoner Palladium, doch elf Jahre später
machte ihm Heroin den Garaus.

– auf dem Fußboden in der Wohnung seiner
Großmutter an einer Überdosis.

Lymons Lebensgeschichte mit dieser Mischung aus Themen wie goldene Jugend,
plötzlicher Reichtum, Ehrgeiz, Sucht, langsamer Abstieg zu erneuter drückender Armut
und schließlich Tod, ist Legende geworden –
eine Story mit Moral, die im wesentlichen alles erfaßt, was am Rock'n'Roll schlecht ist
(ähnlich wie Gene Vincents traurige Geschichte). Aber ebenso wie Vincents tragische Story nicht ohne den Hintergrund des
armen weißen Südstaatlers zu denken ist,
schwingt es in Lymons Story mit, daß er
schwarz war. Obwohl man in der relativ vor-
urteilsfreien Welt des Rock'n'Roll die Vor-

stellung aufgegeben haben mag, daß Schwarze in ihren Schranken bleiben sollten, hallen
diese althergebrachten rassistischen Tradi-
tionen in ihren Geschichten nach. Und die
schwarzen Künstler spüren dies – und begreifen auch, was es mit dem 'flotten Nigger' auf
sich hat, der sich den alten weißen Konventionen vom nützlichen Schwarzen zum Trotz
tänzelnd und hüpfend durchs Leben bewegt.

Ebenso wie für Frankie Lymon war auch
für andere schwarze Musiker Versagen ein
mächtiger Antrieb zu Selbstzerstörung. Guitar Slim, der 1926 in Mississippi als Eddie Jones zur Welt kam, stand 1954 mit einem lang-
samen Blues, *The Things I Used To Do* (mit
Ray Charles am Piano), an der Spitze der
R&B-Charts. Sein spektakulärer Auftritts-
und Spiel-Stil zog später Vergleiche mit Jimi
Hendrix nach sich, vielleicht war er auch seiner Zeit voraus. Der Respekt und die Bewunderung seiner Berufskollegen war ihm als
Anerkennung offenbar nicht genug, und als
ihm langfristiger Erfolg versagt blieb, verfiel
er dem Alkohol und starb 1959.

Ein weiteres Opfer frühen Erfolgs wurde
Clyde McPhatter, der 1933 in North Carolina
geboren wurde. 1953 gründete er die ersten,
ursprünglichen Drifters und hatte sowohl mit
ihnen einige Hits (*Money Honey* und *White
Christmas* zum Beispiel) als auch als Solo-
künstler (*Lucilla* und *Such A Night*), bevor er
1954 eingezogen wurde. 1956 kehrte er in seinen Beruf zurück und arbeitete ausschließlich als Solosänger. Er schuf eine ganze Anzahl Hits, darunter das unvergeßliche *A
Lover's Question*. Aber von 1959 an wechselte er mit alarmierender Schnelligkeit die
Schallplattenfirmen, und obwohl er noch einige beachtliche Hits landete (*Ta Ta, Lover
Please* und *Little Bitty Pretty One* zum Beispiel), ging es mit seiner Karriere bergab. Er
wurde Alkoholiker und zog Ende der sechziger Jahre nach London. Aber obwohl er viele
Anhänger hatte, erreichte er nie wieder vergleichbare Erfolge wie in seiner Frühzeit.
Tatsächlich erlebte er eine ganze Reihe von
Plattenfehlschlägen, und schließlich holte

Anfang der Sechziger wurden schwarze Musiker vom Drogendezernat genauer beobachtet als weiße. Nach seiner zweiten Verhaftung in Indianapolis am 4. November 1961 sitzt der blinde Ray Charles hilflos neben den Polizeibeamten, die mit der Untersuchung von Drogen und Drogenutensilien beschäftigt sind.

man ihn nur noch aus Mitleid oder den alten Zeiten zuliebe ins Studio. Jerry Wexler bezeichnete ihn einmal als 'den tollsten Blues-Sänger aller Zeiten', und Smokey Robinson sagte: „Er war der Beste." Im Juni 1972 starb er, als er Freunde in der Bronx besuchte, an einem Herzanfall, wie es hieß, aber seine Leber, sein Herz und seine Nieren waren völlig vom Alkohol zerstört.

Der R&B-Star Johnny Ace schoß sich am Weihnachtsabend 1954 in der Pause einer Show in Houston, Texas, eine Kugel in den Kopf. Ace, der im Begriff stand, mit seiner Hit-Single *Pledging My Love* auf den Massenmarkt vorzustoßen, beschäftigte sich hinter der Bühne offenbar damit, Russisches Roulett zu spielen – ein perfektes Symbol resignierender Verzweiflung angesichts eines launischen und ihm feindlich gesonnenen Schicksals. 1973 fand man Paul Williams (einen der Ur-Temptations, der zur Zeit aber nicht mehr bei dieser Gruppe war) mit einem Kopfschuß, die Waffe in der Hand und nur mit einer Badehose bekleidet in seinem Auto. Als Todesursache wurde natürlich Selbstmord festgestellt. Auf Selbstmord erkannte man auch bei Donny Hathaway – einem Gospelsänger, der durch seine Duette mit Roberta Flack international berühmt wurde und mal Prediger werden wollte. Der dreiunddreißig Jahre alte Hathaway war im Januar 1979 in New York und machte Platten-

Al Green, eines der großen Sexsymbole der siebziger Jahre, predigt am 26. Jänner 1980 in Memphis das Evangelium. Nach der Episode mit dem Fan und der Pfanne voll heißem Fett war es nicht überraschend, daß er sich ins Kirchenamt zurückzog.

aufnahmen, als man ihn eines Sonntagsmorgens mit zerschmettertem Körper auf einem Dach im zweiten Stock seines Hotels, dem Essex House, fand. „Wir vermuten Selbstmord, weil seine Zimmertür verschlossen war und es keinerlei Anzeichen für einen Mord gab", sagte ein Polizeisprecher. Hathaway war in der Nacht zuvor kurz vor Mitternacht entweder aus dem Fenster seines Zimmers im fünfzehnten Stockwerk gefallen oder gesprungen. Der Schock für Freunde und Kritiker wurde kaum dadurch gemildert, daß es hieß, er habe häufig an Depressionen gelitten. Aber vielleicht hatte der Mann, der mal als ‚der jüngste Gospelsänger der Nation' angekündigt worden war, es schwer gefunden, mit weltlichem Erfolg fertig zu werden.

Ray Charles am 9. Jänner 1962 vor Gericht in Indianapolis. Um der Selbstzerstörung zu entgehen und seiner Familie Kummer zu ersparen, gab er seinen Drogenkonsum auf, nachdem er 1964 am Bostoner Flughafen Logan zum dritten Mal verhaftet worden war.

Es ist eigentlich nicht überraschend, daß sich das allgemeine Gefühl vieler Schwarzer, Außenseiter der Gesellschaft zu sein, in selbstzerstörerischen Gesetzesmißachtungen äußert. Obwohl es aber immer genausoviel Drogenmißbrauch unter weißen wie schwarzen Musikern gegeben hat, gab es bis Mitte der sechziger Jahre weit mehr Verhaftungen unter den Schwarzen, verbunden auch mit schwereren Anklagen und größerem Pressewirbel darum. Louis Armstrong – der Lieblingsjazzmusiker der Weißen – sah sich nach einer besonders strengen Durchsuchung in den vierziger Jahren gezwungen, auf sein geliebtes Marihuana zu verzichten. Ray Charles – der sowohl den Soul als auch die Rockmusik enorm stark beeinflußt hat – wurde 1964 bei seiner Rückkehr von einem Auf-

117

tritt in Kanada auf dem Logan Airport von Boston festgenommen. Charles hatte schon siebzehn Jahre lang Heroin genommen, und dies war das dritte Mal, daß er nach Heroin und Gras durchsucht wurde. Er beschloß, das Rauschgift aufzugeben. „Ich merkte, daß ich es aufgeben mußte", schrieb er in seiner Autobiographie. „Ich habe das Heroin nicht aufgegeben, weil es mich umbrachte – vielleicht tat es das, vielleicht auch nicht –, sondern weil es so aussah, als könnte es meine Familie in Schwierigkeiten bringen, und ich am Ende deswegen vielleicht sogar in einer Gefängniszelle verrottet wäre."

Wie sich herausstellte, war er in der Lage, beides zu verhindern – weil er es schaffte, sich noch vor der Gerichtsverhandlung zu entwöhnen, und weil er, wie er selbst sagte, Glück hatte: „Ich hatte die Kohle, um die Kaution für die Freilassung zu bezahlen und mir ein hohes Maß an Gerechtigkeit zu erkaufen." Er wurde verurteilt, aber seine Strafe wurde zur Bewährung ausgesetzt. Andere hatten nicht so viel Glück. Der Blues-Sänger Little Willie John starb im Gefängnis, nachdem er wegen Diebstahls eingelocht worden war. Der Schlagzeuger Buddy Miles – der in Jimi Hendrix' Band of Gypsies mitgespielt hatte – kam wegen des relativ geringfügigen Vergehens des Autodiebstahls (die Briten bezeichnen das als 'taking and driving away') für zwei Jahre hinter Gitter.

Und wenn sie vom Gesetz verschont bleiben, können die Musiker, auch erfolgreiche, sich noch in jenem negativen Machtapparat, dem organisierten Verbrechen, verfangen. Larry Williams (der in den fünfziger und sechziger Jahren mehrere Hits mit Little Richardartigen Songs wie *Bony Moronie* und *Slow Down* hatte) leitete in Hollywood einen ungeheuer erfolgreichen Callgirlring. 1979 wurde er erschossen – von eigener Hand, laut Aussage der Polizei, von einer Verbrechergang, laut Aussage seiner Familie.

'King' Curtis Ousley – *der* Session-Saxophonist der fünfziger und sechziger Jahre und Virtuose des *Yakety*-Saxophonstils – war ei-

ner der erfolgreichsten schwarzen Musiker seiner Zeit. Er wurde 1971 in New York von einem jungen Puertorikaner erstochen, mit dem Curtis einen Streit angefangen hatte, wahrscheinlich weil er den Mann für einen Einbrecher hielt. Als Curtis den sechsundzwanzigjährigen Juan Montanez entdeckte, saß dieser auf der Treppe vor dem Apartmenthaus aus braunem Sandstein in der West 86th Street, das dem Musiker gehörte. Es war spät in einer Augustnacht, an einem Freitag den dreizehnten. Laut Aussage der Polizei hatten die beiden Männer eine hitzige Auseinandersetzung; Curtis, ein kräftig gebauter Mann über einsachtzig, war bekannt für sein aufbrausendes Temperament und dafür, daß er bei der geringsten Provokation außer sich geriet. Doch diesmal zog der Puertorikaner ein Messer und stach auf den Musiker ein. Curtis entwand ihm das Messer und stach viermal zurück. Montanez schaffte es, zu entkommen, brach aber später zusammen und wurde zu seinem Pech in dasselbe Krankenhaus gebracht, in dem Curtis inzwischen seinen Stichwunden erlegen war. Montanez kam dann wegen Mordes an Curtis vor Gericht.

Vielleicht war Curtis daran schuld, daß es überhaupt so weit kam, aber immerhin macht diese häßliche Begebenheit deutlich, von wieviel Gewalt und Kriminalität schwarze Musiker umgeben sind. Bei einem anderen Unglücksfall wurde 1974 Bobby Womacks Bruder Harry an der Tür zu Bobbys Apartment in Los Angeles von einer Frau erstochen. Harry, der zusammen mit seinem Bruder unter den Namen The Womack Brothers und The Valentinos aufgetreten war, sah seinem Bruder Bobby sehr ähnlich, und es hat Vermutungen gegeben, daß der Mordanschlag eigentlich Bobby gegolten hatte. Der Mord war vielleicht ein merkwürdiger Racheakt dafür, daß Bobby die Frau seines früheren Mentors Sam Cooke geheiratet hatte,

Sam Cooke, der sanfte, höfliche Soul-Sänger der frühen Sechziger. Sein gewaltsamer Tod stand in krassem Gegensatz zu seinem netten, ausgeglichenen Image.

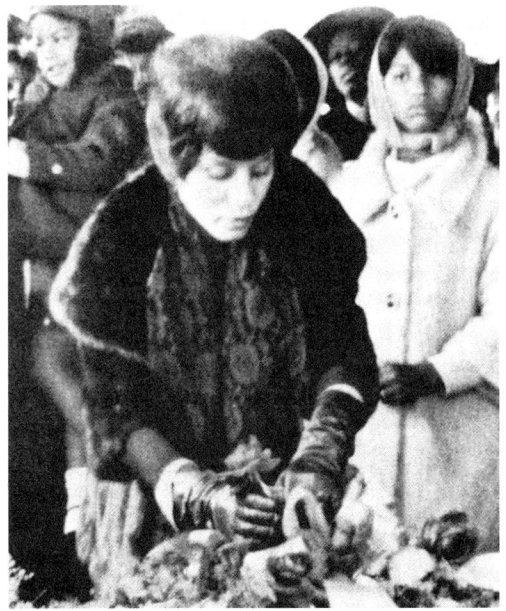

200.000 Menschen erwiesen Sam Cooke die letzte Ehre, nachdem er von der Managerin eines Motels am 11. Dezember 1964 getötet worden war. Weitere 5.000 kamen am 20. Dezember zu seiner Totenmesse in die Mount-Sinai-Baptistenkirche. Da die Kirche nicht genügend Platz für alle bot, mußten viele draußen im Regen stehen.

Sam Cookes Witwe Barbara legt eine Blume auf seinen Sarg. Cooke starb in Gesellschaft einer anderen Frau, die beim Verhör angab, er habe sie vergewaltigen wollen. Seine Töchter Tracey (4) und Linda (11) sind links und rechts von ihrer Mutter zu sehen.

der ebenfalls auf eigenartige Weise ums Leben gekommen ist.

Bei einem Volk, dessen Kultur so ausgebeutet und angegriffen worden ist wie die der schwarzen Amerikaner, ist es nicht überraschend, daß die schwarzen Künstler in hohem Maße ihre Männlichkeit betonen und viele Künstlerinnen wiederum – Tina Turner, Ronnie Spector und Donna Summer zum Beispiel – sich auf sexuell eindeutige, um nicht zu sagen prostituierende Weise präsentieren. Sexuelle Klischees sind natürlich die auffälligsten Formen von Rassismus, und während die meisten schwarzen Musikerinnen, die beim weißen Publikum beliebt waren, sich gezwungen sahen, ihre Verfügbarkeit hervorzuheben, haben ihre männlichen Kollegen in ähnlicher Situation ironischerweise ihr Macho-Image durch unmännliche Aspekt entkräftet (Falsetto- oder hohe Tenorstimmen, alberne Kostümierung oder konventionelle Tanzroutine). Jimi Hendrix gründete seine Show weitgehend darauf, daß er das Sex-Image der Schwarzen deutlich hervorhob, aber sein Erfolg wurde in England begründet, nicht in Amerika. Eric Clapton erklärte dessen Appeal. „In England glaubt doch noch jeder, daß Bimbos große Pimmel haben", sagte er auf dem Höhepunkt von Hendrix' Erfolg. „Und Jimi kam her und nutzte das bis zum Gehtnichtmehr aus, der Mistkerl. Alle fielen darauf herein."

Es ist nicht erstaunlich, daß das Sex-Image der Schwarzen für Unruhe sorgte. Al Green, vielleicht der führende vom Gospel beeinflußte Soulsänger der siebziger Jahre, war ein typischer Fall. „Greens Stil... wird zum Vehikel für eine Persönlichkeit, die bescheiden, sogar zart, aber dennoch unwiderstehlich ist", schwärmte Robert Christgau nach einem Auftritt. In Wirklichkeit meinte er, daß Green sexy sei. Im Oktober 1974 machte sich ein weiblicher Fan an Green heran – die 29jährige Mary Woodson, die sich törichterweise Hoffnungen machte, daß er sie heiraten würde. Sie stellte fest, daß Green nicht ihren Phantasievorstellungen entsprach, und obwohl sie hartnäckig blieb, wurde sie nicht erhört. In der Absicht, den störrischen Geliebten zu verunstalten, kippte sie dem aus Alabama gebürtigen Green eine Pfanne mit kochend heißem Öl über den Rücken. Dann nahm sie ein Schießeisen und tötete sich selbst. Zu dieser Tragödie kam es nicht nur aus unerwiderter Liebe oder brennender Leidenschaft, sondern auch, weil die schwarze Sexualität so öffentlich herausgestellt wurde. Green hat sich vielleicht nicht gerade als hypermännliche Version des schwarzen Macho a la James Brown, Wilson Pickett oder Teddy Pendergrass verkauft, aber mit seinem Stöhnen verfolgte er eindeutig das gleiche Ziel.

Zu Greens Vorläufern zählten Jackie Wilson und Sam Cooke, die beide weit weniger maßvoll und zurückhaltend waren und als die Erfinder der Verbindung von Geistigkeit mit Fleischeslust in der Soulmusik angesehen werden. Genau wie bei vielen anderen Soulmusikern schien Jackie Wilsons Plattenkarriere stets gefährdet und eine unsichere Sache zu sein – sie schwankte auch richtungslos hin und her zwischen Elvis-Nachempfindungen wie *Reet Petite*, Nachtklubstandards und elektrisierenden, Staub aufwirbelnden Nummern wie *(Your Love Keeps Lifting Me) Higher And Higher*. Aber auf der Bühne war er von magnetischer Anziehungskraft. Die sexuelle Hysterie konnte die Menge zum Kochen bringen und bewirkte eine ungeheure Intensität, die weiße Musiker zu der Zeit nur selten erreichten. Joe McEwan beschrieb einen typischen Auftritt im Boston's Back Bay Theatre. Mitten in *Shake! Shake! Shake!* sprang Wilson in die verlangend ausgestreckten Arme der Frauen, die in Trauben um die Bühne herumstanden und tauchte vollständig im Getümmel unter. Er mußte von der Polizei mit zerrissenem Hemd in Sicherheit gebracht werden.

Im Juli 1960 wurde Wilson zusammen mit sechs anderen schwarzen Künstlern während einer Show in New Orleans verhaftet. Diesmal hatte die Polizei zu verhindern gesucht, daß sich der Sänger bei dieser rein schwarzen Show unter das Publikum 'mischte'. Sie erreichten damit aber nur, daß es erst recht zu einem Tumult kam. Die Show wurde abgebrochen, und die Bereitschaftspolizei mußte den Zorn der fünftausend aufgebrachten Fans beschwichtigen.

Am 15. Februar 1961 kehrte Wilson gegen vier Uhr morgens in seine New Yorker Wohnung zurück. Dort wurde er von Juanita Jones, einer 28jährigen Schwarzen, erwartet, die behauptete, eine Verehrerin von ihm zu sein. Wilson erzählte, sie habe bei ihm angeklopft und ihn gebeten, 'ihr etwas Aufmerksamkeit zu schenken'. Als er ablehnte, drohte sie damit, sich zu erschießen, und zog eine 38er aus dem Gürtel. Wilson, ein ehemaliger Boxer, wollte ihr die Waffe entreißen und

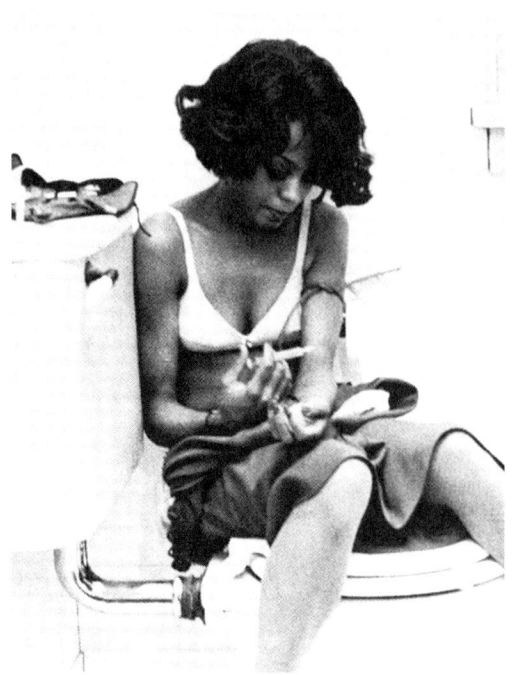

Diana Ross als Billie Holiday in „Lady Sings The Blues". Der Motown-Boß Berry Gordy wollte aus dem namenlosen Mitglied der Supremes einen Star machen. Er erreichte sein Ziel, als Diana die Rolle der tragischen „Lady Day" verkörperte.

---

wurde bei einem kurzen Kampf von vorne und hinten getroffen. Er lief auf die Straße und schrie um Hilfe. Juanita Jones, die wegen ‘Überfalls in verbrecherischer Absicht' festgenommen wurde, erklärte: „Ich liebe ihn, seitdem er *Lonely Teardrops* so unvergleichlich gesungen hat… Ich bin völlig durcheinander."

Wilsons Karriere war bei seinem Abstieg genauso bombastisch wie zu seinen Glanzzeiten Anfang der sechziger Jahre. 1967 wurde er zusammen mit einem Lastwagenfahrer in Catskill im Staate New York von der Polizei gestoppt und wegen Besitzes von Heroin, Injektionsspritzen und zwei geladenen Handfeuerwaffen verhaftet. Zwei Jahre später nahm man ihn als unentbehrlichen Zeugen fest, nachdem in Atlanta eine Kellnerin, das ehemalige *Playboy*-Bunny Karen Lynn Calloway, von ihrem Mann mit fünf Schüssen er-

mordet worden war. Wilson war gerade sechs Tage sang in dem Club aufgetreten, in dem Karen arbeitete. Ihr Mann, der in Atlanta als Arbeiter in einer Teppichfabrik beschäftigt war, behauptete, er habe seine Frau erschossen, weil sie sich in Jackie Wilson verknallt hätte. Karen Lynn war einundzwanzig Jahre alt und hatte zwei Kinder, als sie starb.

Natürlich mußte das Gekreische einmal aufhören, und Wilson verkam zu einer Parodie banaler Sentimentalität. 1967 hatte er während eines Auftritts in New York einen Schlaganfall, und die restliche Zeit seines Lebens verbrachte er weitgehend im Krankenhaus. Im Februar 1978 – ein paar Monate vor seinem Tod – berichtete eine Zeitung, daß der Sänger in seiner glanzvollen Laufbahn 22 Millionen Platten verkauft und an die 200 Millionen Dollar durch Platten- und Konzertkartenverkäufe verdient habe. Da war Jackie Wilson schon mittellos und infolge eines zweiten Schlaganfalls ohne Bewußtsein, und er hatte gerade erst seinen dreiundvierzigsten Geburtstag hinter sich gebracht, zu dem das einstige Massenidol nur noch sechs Glückwunschkarten bekam.

Wilson erlebte mit, wie sich der Rock'n'-Roll nach einer ziemlich ruhigen Phase veränderte. Sam Cooke hingegen starb am Wendepunkt dieser Entwicklung. Viel bemerkenswerter an seinem Tod ist jedoch, daß die Menschen selbst Jahre danach noch fanden, daß die Art und Weise, wie er starb, in krassem und beunruhigendem Gegensatz zu seinem öffentlichen Image stand – er wurde stets als ‘freundlich', ‘gesetzt', ‘höflich' und ‘herzlich' beschrieben. Sein Tod war für Millionen Fans ein schwerer Schock – an den gerichtlichen Untersuchungen in Los Angeles waren zweihundert Leute beteiligt, und in Chicago und Los Angeles zogen 200.000 Menschen an seinem Sarg vorbei. Für viele Weiße bleibt Cooke lediglich ein Mann, der belanglose kleine Popsongs wie *Only Sixteen*, *Twisting The Night Away* und *What A Wonderful World* komponierte und sang, aber für Schwarze war er eine Symbolfigur der *black-*

pride-Bewegung. Ein schwarzer Kapitalist mit einer eigenen Plattenfirma, einem PR- und Managementbüro und einem Musikverlag, ein Mann, der sein eigener Herr war und sich in der Welt der Weißen zu behaupten verstand und öffentlich für die Befreiung der Schwarzen eintrat.

All das nährte die Gerüchte, daß sein Tod kein Unglücksfall war – daß er ein Opfer eines sorgsam geplanten Mordes einer Verbrecherbande war, weil er aufgrund seines Erfolges für das weiße Establishment zu gefährlich wurde, hieß es. Ähnliche Vermutungen gab es im Zusammenhang mit dem Flugzeugabsturz, bei dem Otis Redding drei Jahre später ums Leben kam, und hinsichtlich des Todes von Jimi Hendrix. 1981 brachte die französische Zeitung *Le Monde* sogar ein Interview mit einem Mann, der ungenannt blieb und von sich behauptete, ein Berufskiller zu sein; er leugnete zwar ab, selber an Hendrix' Tod beteiligt gewesen zu sein, erklärte aber, den Mann zu kennen, der hinter dem Verbrechen steckte. Für diese Behauptung gibt es bis heute noch keine Belege. Die Beweise sind in allen drei Fällen dürftig – zumindest um Cookes Tod hat sich aber eine Art Mythos gebildet. Das Traurige ist jedoch, daß die Wahrheit wahrscheinlich so schmutzig ist, wie sie scheint, und daß man sie nur nicht wahrhaben wollte, weil Sam Cooke in einem so trüben Licht erschien.

Laut Zeugenaussagen bei der gerichtlichen Untersuchung geschah folgendes: In der Nacht, in der er starb (vom 10. auf den 11. Dezember 1964), machte Cooke auf einer kleinen Party in einem Hollywood-Restaurant die Bekanntschaft der 22jährigen Elisa Boyer. Cooke war zu der Zeit dreiunddreißig und mit seiner Freundin von der High-School, Barbara Campbell, verheiratet. Nachdem Cooke Boyer angeboten hatte, sie nach Hause zu bringen, fuhr er mit ihr zu einem Motel in Los Angeles und trug sich, während sie offenbar ruhig daneben stand, als 'Mr. und Mrs. Cooke', ins Gästebuch ein. „Er zerrte mich zu dem Zimmer", sagte die Boyer bei der Vernehmung, „und ich bat ihn noch einmal, mich nach Hause zu fahren. Er schob den Riegel vor, warf mich aufs Bett und hielt mich fest. Er sagte immerzu, 'Wir wollen nur miteinander reden'... Er zog mir die Jacke aus und riß mir das Kleid kaputt. Ich wußte, daß er mich vergewaltigen wollte..." Sie schnappte sich ihre Sachen (anscheinend zusammen mit denen von Cooke) und rannte aus dem Motelzimmer. Cooke lief ihr hinterher zum Büro des Motels, aber sie war hinausgelaufen auf der Suche nach einem Telefon. Die Managerin des Motels, eine Schwarze namens Bertha Lee Franklin, sagte Cooke, daß Boyer nicht bei ihr sei. Der Sänger ließ sein Auto an, kehrte aber noch einmal nur mit seinem Mantel bekleidet, ins Büro zurück. Nach Aussage der Franklin fragte er weiter 'Wo ist das Mädchen?', und nachdem sie gedroht hatte, die Polizei zu holen, brach er die Tür zu ihrem Büro auf und ging auf die Managerin los. Sie stieß Cooke zurück, schnappte sich eine Pistole und schoß dreimal auf ihn. „Er sagte: 'Lady, Sie haben mich getroffen'", sagte Bertha Franklin bei der Vernehmung. „Er ging wieder auf mich los. Ich setzte mich mit einem Stock zur Wehr. Als ich ihn das erste Mal traf, brach der Stock entzwei."

Nach den Zeugenaussagen war es ein grausamer, brutaler und unnötiger Tod. Sam Cookes Partner J. W. Alexander engagierte offenbar einen Privatdetektiv, um herauszukriegen, 'was, zum Teufel, meinem Freund widerfahren ist' – aber es kam nichts dabei heraus. Alexander und seine neue Partnerin, Barbara Cooke, zerstritten sich, und Alexander trat schließlich aus der Firma aus. Bald darauf heiratete Barbara Cooke Bobby Womack.

Natürlich brachte RCA – Sam Cookes Plattenfirma zum Zeitpunkt seines Todes – weiterhin Platten von ihm heraus. Als erstes brachten sie nach seinem Tod die heitere Ballade *A Change Is Gonna Come* heraus, die Cooke geschrieben hatte, nachdem er Bob Dylans *Blowin' In The Wind* gehört hatte.

Der Song wurde Sam Cookes eigener Nachruf. Irgendwo in New York mochte Frankie Lymon sich mit Heroin vollpumpen, aber Cooke hatte gewußt, daß sich die Zeiten sowohl für die Schwarzen als auch für die Weißen änderten.

Sam Cookes Hoffnungen auf eine Rassenintegration in der Popmusik hatten sich schon Ende der fünfziger und Anfang der sechziger Jahre zu bewahrheiten begonnen, als die formelle und informelle Rassentrennung in der Musik zu bröckeln begann. Die frühere Rassentrennung hatte bisweilen merkwürdige Formen angenommen. Bis in die fünfziger Jahre hinein war Amerika ein Land gewesen, in dem wirklich Apartheid-Politik betrieben wurde, zumindest südlich der 'Mason-Dixon-Linie' [früher Grenzlinie zwischen Staaten mit und ohne Sklaverei; Anm. d. Ü.]. Schwarze Musiker, die für ein weißes Publikum spielten, mußten in vielen Städten hinter einer Leinwand 'auftreten'. Weiße Künstler wiederum durften vor einem überwiegend schwarzen Publikum überhaupt nicht spielen – auf einer Tournee, an der unter anderen Buddy Holly und die Crickets, Paul Anka und die Everly Brothers beteiligt waren, durften diese weißen Musiker in Chattanooga, Columbus (Georgia), Birmingham (Alabama), New Orleans und in Memphis nicht auftreten. Bei diesen gemischtrassigen Tourneen, von denen viele von dem Discjockey Alan Freed organisiert wurden, mußten sich die Musiker, selbst wenn sie auf ein und derselben Bühne spielen durften, beim Verlassen der Konzerthalle trennen, und die Weißen mußten in ihr Hotel gehen und die Schwarzen in ein anderes, billigeres Quartier. Viele weiße Künstler weigerten sich, das mitzumachen – Niki Sullivan, der 1957 mit den Crickets auf Tournee war, sagte, daß sie es schließlich vorzogen, in schwarzen Hotels zu übernachten, „wo man uns freundlich aufnahm".

In der Plattenindustrie gab es damals eine Kategorie, die als 'race music' bezeichnet wurde und bei der (unter welch euphemisti-

Florence Ballard 1965, am Höhepunkt ihres Erfolges mit den Supremes. 1967 hieß die Band schon Diana Ross and the Supremes, und Florence mußte sich verabschieden.

schen Verbrämungen auch immer, meistens Rhythm & Blues) die Aufnahmen, die Werbung, der Vertrieb und der Plattenverkauf jeweils nach der Hautfarbe der Musiker getrennt stattfanden. Es gab schwarze Radiosender, schwarze Plattengeschäfte und schwarze Plattenlabels für die schwarze Musikgemeinde, die jedoch meist Weißen gehörten und von diesen auch gemanagt wurden. Erst mit dem Rock'n'Roll und dem britischen R&B begann sich dies zu ändern. In der Anfangsphase geschah es einmal, daß Buddy Holly und die Crickets einen Vertrag unterschrieben hatten, mit dem sie sich bereit erklärten, an einem Veranstaltungsort 'unsichtbar' aufzutreten, was die Tourneeorganisatoren mächtig in Verlegenheit brachte, als sie feststellten, daß es sich um Weiße handelte.

Leider änderte sich mit der Aufhebung der Rassentrennung in der Musik und in der Zuhörerschaft kaum etwas an den Ausbeutungspraktiken gegenüber den Musikern. Weiße und Schwarze wurden gleichermaßen übers Ohr gehauen, weil jeder unerfahrene Künstler mit ungenügender Branchenkenntnis und fachlich unkundigen Beratern ein potentielles Opfer war für Verträge mit schlechten (oder gar keinen) Tantiemen, für Manager- und Agenten-Haie, für teuflische Kontrakte und faustische Absprachen. Wenn die Schwarzen mehr unter diesem betrügerischen Geschäftsgebaren zu leiden hatten, dann weil sie über weniger Geschäftserfahrung verfügten, weniger clever vertreten wurden und vielleicht auch weniger Ehrgeiz hatten. Hinzu kam noch, daß der 'race'-Markt kleiner und ärmer war als der weiße, so daß die Anteile meist schlechter und die Einnahmen stets niedriger waren.

Die bekannte und beliebte Praxis, *race records* für den weißen Markt zu *covern* war eine besonders raffinierte Form von Ausbeutung, die sich direkt aus der Rassentrennung im Markt ergab. Viele weiße Musiker machten sich erst einen Namen, indem sie Cover-Versionen von schwarzen Titeln aufnahmen, die auf dem weißen Markt überhaupt nicht gingen. Pat Boone zum Beispiel nahm Mitte der fünfziger Jahre mit Erfolg neue Versionen von Fats Dominos *Ain't That A Shame,* Little Richards *Long Tall Sally* und *Tutti Frutti, I Almost Lost My Mind* von Ivory Joe Hunter und *I'll Be Home* von den Flamingos auf. Natürlich schmälerte jede verkaufte Platte der anämischen Boone-Versionen die Verkaufschancen für die Original Platten. Und selbst wenn dem Musiker der Originalversion Verfasser-Tantiemen zustanden, wurden solche Zahlungen oft nicht geleistet. Ein klassisches Beispiel dafür ist Arthur 'Big Boy' Crudup, dessen Titel *That's Alright Mama* und *My Baby Left Me* von allen möglichen anderen – von Elvis Presley bis zu Rod Stewart und Elton John – neu aufgenommen wurden, ohne daß Crudup jemals Tantiemen dafür erhielt.

Unten: Florence Ballards Begräbnis in Detroit am 18. Februar 1976. Diana Ross (links) tröstet Florences Tochter Nicole Chapman (7). Der Witwer Tommy Chapman (rechts) umarmt Nicoles Zwillingsschwester Michelle. Diana und Florence waren in der selben Wohnsiedlung in Detroit aufgewachsen.

Ein Spaziergang im Regen. Marvin Gaye, das Enfant terrible von Motown, denkt darüber nach, wie schwierig es ist, künstlerische Integrität mit kommerziellem Denken zu vereinbaren.

„Die Firma hat an meinen Manager gezahlt, aber er hat nie an mich weitergezahlt", sagte Crudup Mitte der siebziger Jahre. „Ich hätte 35 Prozent von jedem Dollar, den er erhielt, abbekommen müssen. Doch ich bin bisher leer ausgegangen." Crudups Manager Lester Melrose starb, bevor sein Klient sein Geld erhielt. Nach gerichtlichen Schritten erhielt Crudup von den Melrose-Erben und von Crudups Verleger ein Vergleichsangebot über $ 60.000. Doch während Crudup in New York noch auf den Scheck wartete, wurde ihm mitgeteilt, daß man das Angebot zurückgezogen habe. Die Streitsache mußte erneut vor Gericht, und Crudup starb, bevor ein endgültiges Urteil gefällt wurde.

Ähnliche Erfahrungen, wie Arthur Crudup sie machte, waren jedoch gang und gäbe (und sind es wahrscheinlich immer noch). Sie sind unter schwarzen Musikern und Komponisten häufiger, aber keineswegs auf diese beschränkt. In den fünfziger Jahren und Anfang der sechziger Jahre mußten viele beliebte schwarze Künstler aus Rücksicht auf weiße Konsumenten weniger schwarz zu klingen versuchen. Sie waren sich dessen bewußt, daß sie Kompromisse machten. Dieses Bewußtsein zeigte sich in ihrer Einstellung zum Business. Sam Cooke und Chuck Berry zum Beispiel hatten keine Lust, sich ausbeuten zu lassen. Cooke machte seine eigenen Geschäfte; Berry ist inzwischen berüchtigt dafür, daß er nur noch kleinlich genau erfüllt, wozu er vertraglich verpflichtet ist. Kein Wunder auch, daß James Brown zum Beispiel dafür kämpfte, seine sämtlichen geschäftlichen Interessen, einschließlich des Managements und der Plattenproduktion, selbst zu vertreten und sich schließlich auch damit durchsetzte. Ende der sechziger Jahre nahm er es in Kauf, daß die militanten Schwarzen ihm Kapitulation vorwarfen und die Rock- und Soul-Kritiker, daß er sich wiederhole. Aber der *Number One Soul Brother* kümmerte sich einfach nicht darum, sondern machte weiter wie bisher, mit ebenso viel Erfolg, selbst als er auf die fünfzig zuging.

Wenn es in der Frühzeit des Rock'n'Roll auch nicht direkt eine Bewegung gab, die gegen Rassismus oder für die Gleichberechtigung der Schwarzen eintrat, so war man doch zumindest weitgehend der Ansicht, daß die Schwarzen sich durchsetzen und ihre eigenen Interessen wahren sollten. In den sechziger Jahren wuchs folglich die Zahl der unabhängigen schwarzen Plattenfirmen, Musikverlage, Agenturen und Managementunternehmen, und das Paradebeispiel für alle war Berry Gordys Motown Company.

Die Labels Motown und Tamla wurden 1960 in Detroit von Gordy gegründet, der Ende der fünfziger Jahre einer der erfolgreichsten und produktivsten Songschreiber Amerikas gewesen war. Daß Gordy – unter anderem mit Hits von Jackie Wilson, Marv

Johnson und Etta James – mit einem eigenen Label in den Plattenverkauf einstieg, entsprang ebenso wie die spätere Geschäftserweiterung um einen Musikverlag, eine Managementfirma und eine Filmgesellschaft einfach der Absicht, ein Maximum an Gewinn zu erzielen. Smokey Robinson, einer der ersten Songschreiber-Kollegen von Gordy, Leader der Miracles (der ersten erfolgreichen Gruppe von Tamla) und später Vizepräsident von Motown, erklärte, daß Motown gegründet worden sei, weil schwarze Gruppen das Gefühl gehabt hätten, bei anderen Firmen übers Ohr gehauen zu werden. „Motown war ja nur lokal vertreten", sagte er. „Und da uns sowieso niemand landesweit verkaufte, dachten wir, warum sollten wir nicht mal versuchen herauszufinden, was der nationale Markt hergab. Nur darum stehen wir heute so da."

Motown war von Anfang an ein Unternehmen, das fast ausschließlich von Schwarzen betrieben wurde (anders als die vermeintlich 'echteren' schwarzen Labels wie Atlantic, Chess oder später Stax/Volt). Die Firma beruhte weitgehend auf familiären Bindungen – einer der ersten Gesellschafter von Gordy war seine Schwester Gwen, und die Ehemänner seiner beiden anderen Schwestern, Harvey Fuqua (von den Moonglows) und Marvin Gaye, spielten von Anfang an wichtige Rollen im Motown-Team. Die ersten Motown-Künstler wurden kaum anders behandelt als die anderen schwarzen Musiker auf dem Markt. Am meisten Mühe gab man sich mit Gruppen: The Miracles, The Velvelettes, Martha And The Vandellas, The Four Tops, The Temptations und The Supremes wurden alle nach dem Muster der klassischen großen schwarzen Vokalgruppen gebildet. Die einzelnen Gruppenmitglieder ließ man weitgehend anonym, da sich dies als nützlich erwies, wenn ein Wechsel stattfand, was häufiger der Fall war.

Die eigentlichen Motown-Künstler waren fast die ganzen sechziger Jahre hindurch die Songschreiber, die Arrangeure und die Produzenten – die Musiker wurden bestimmten Vorstellungen entsprechend zurechtmodelliert und arbeiteten schließlich meist fest mit dem einen oder anderen Komponisten- und Techniker-Team zusammen, dessen Vorstellungen sie treulich verwirklichten. Wie The Platters, The Drifters, The Chiffons, The Ronettes und unzählige Vokalgruppen davor oder danach waren sie praktisch gesichtslos – was zählte, war nur der Motown-Sound. Diese hartnäckig verfolgte Verfahrensweise war extrem patriarchalisch; Gordy betrachtete sich offenbar als eine Art Vaterfigur, der seine 'Familie' mit eiserner, dennoch sanfter Hand leitete. „Wir haben bei Motown Records immer eine Schulungsstätte für 'Artists Development „wie wir es nannten, gehabt", sagte Smokey Robinson, „und um bei Motown Plattenstar zu werden, mußte man – bevor es überhaupt zu Plattenaufnahmen oder irgendwelchen Absprachen kam – sich dieser Schulung unterziehen. Man mußte lernen, wie man auf der Bühne auftritt, und Choreographie, und die Mädchen mußten sich mit Schönheitspflege und Hygiene und solchen Sachen befassen. Sie mußten all das lernen, bevor wir sie auch nur einem im Land vorstellten." Die Supremes mußten erst ihren Schulabschluß machen, bevor es zu Plattenaufnahmen kam; die Tantiemen von Little Stevie Wonder wurden treuhänderisch verwahrt, bis er mündig wurde. Kritiker haben Motown Künstler-Manipulation vorgeworfen; Gordy und Robinson haben dem immer entgegengehalten, daß sie sich fürsorglich um ihre Künstler sorgten und deren Talente entwickelten und förderten. Motown hat seine Musik stets auf den weißen Markt ausgerichtet, und es war stets die Taktik der Firma, die Bedürfnisse des weißen Marktes zu erkennen und ihn entsprechend zu beliefern. Doch so erfolgreich diese Taktik auch gewesen sein mag, sie war nicht unproblematisch.

Gordy scheint immer darauf erpicht gewesen zu sein, daß seine Künstler sich im überaus lukrativen Mittelfeld plazierten. Seine Ambitionen zielten auf Las Vegas, die Copacabana und den Film. Anfang der siebziger Jahre jedoch gewann Motown auch 'intellektuell' an Ansehen, als die beiden profiliertesten Außenseiter der Firma, Marvin Gaye und Stevie Wonder, Alben herausbrachten, die der Motown-Richtung zuwiderliefen. Marvin Gayes *What's Going On* und Stevie Wonders *Music Of My Mind* waren textintensiv und experimentierfreudig und, auch wenn Gordy nie vor aktuellen Themen oder symbolischen Darstellungen zurückgeschreckt war, war Gaye hier richtig politisch und Stevie Wonder introvertiert nachdenklich. Hinzu kam noch, daß beide Künstler die Platten fast ganz in eigener Verantwortung gemacht hatten. Das Motown-Schema war durchbrochen.

Wie Motown sich seinen Musikern gegenüber verhielt, ist häufig kritisiert worden – besonders deutlich von ihnen selber. Noch 1981 beschwerte sich Marvin Gaye, daß die Firma ihn nicht behandelt habe wie 'einen Künstler… eine eigenständige Persönlichkeit'. Trotzdem ist Gaye bei Motown geblieben, während andere dieses Nest unter lautstarkem Protest verließen – so die Holland Brothers und Lamont Dozier, Martha Reeves, David Ruffin, Eddie Kendricks und andere.

Der Konflikt, der zu diesen Trennungen führte, war nicht so sehr einer zwischen Unternehmer und Beschäftigten, als vielmehr ein Widerspruch zwischen der Idee, die ursprünglich den Motown-Aktivitäten zugrunde lag, und der neuen Einstellung, die sich in den sechziger Jahren durchzusetzen begann. Gordys Vorstellung von einer schwarzen Firma, die ihre Produkte auf einen weißen Markt ausrichtete, beinhaltete, daß man vor allem ein Markenimage pflegte und einzelne Talente dabei zurückzustehen hatten. Bis Mitte der sechziger Jahre waren dann einige Veränderungen eingetreten, die diese Vorstellungen überholt erscheinen ließen. Zu dem wachsenden Selbstbewußtsein der Schwarzen und dem Erfolg einer Handvoll avantgardistischer Stars wie Sam Cooke kam noch hinzu, daß man allgemein zunehmend bereit war, volkstümliche Musik als 'Kunst'

im herkömmlichen Sinne zu akzeptieren. Gordy und seine 'Arbeitnehmer' waren sich dieser Veränderungen wohl bewußt, und Gordy reagierte darauf, indem er das Steuer seiner Firma herumwarf und, statt ein Markenprodukt herzustellen, das einzelne Talent pflegte. Viele seiner Protegés sahen ihre Zukunft darin, daß für sie persönlich geworben wurde und man sie sogar zu Stars aufbaute, indem man ihren individuellen Wert erkannte und anerkannte. Viele hatten unvermeidlich das Gefühl, daß Motown ihre Chancen schmälerte, und andere wiederum, wie Florence Ballard, blieben bei dem plötzlichen Bemühen, die Namen einer Handvoll einzelner berühmt zu machen, auf der Strecke.

Florence Ballard gehörte (zusammen mit Diana Ross und Mary Wilson) zu den Ur-Supremes. Die drei Mädchen, die alle aus demselben Armenviertel Detroits stammten, lernten sich in der Kirche bei einem Gospeltreffen kennen und beschlossen später, eine professionelle Gesangsgruppe zu gründen. Dank der Förderung durch Berry Gordy (und nachdem sie sich, so will es die Legende, mühsam eigene Kostüme genäht hatten) wurden die Supremes eine ungeheuer erfolgreiche Gruppe. Aber dann änderte Gordy seine Taktik. 1967 wurden aus den Supremes Diana Ross and the Supremes, und sie fingen nun an, Songs 'mit Texten mit ein wenig mehr Sozialbewußtsein', wie das einmal ausgedrückt wurde, aufzunehmen (*Love Child* und *I'm Living In Shame* zum Beispiel). Vor Diana Ross lag eine lange Karriere als Sängerin, Schauspielerin und Star. Florence Ballard und Mary Wilson hingegen wurden damals in den sechziger Jahren in den Hintergrund gedrängt.

Florence – die als Mitglied der Supremes bis 1967 eine ebenso bedeutende Rolle gespielt hatte wie Diana Ross und die mit der Gruppe acht goldene Schallplatten aufnahm – fand sich mit diesem Schicksal nicht einfach ab. Sie behauptete später, sie habe, obwohl sie so auffällige Statussymbole wie einen Cadillac Eldorado und einen goldenen Fleetwood besaß, trotz all dieser Hits die ganze

Zeit nur ein wöchentliches 'Taschengeld' bekommen – was zwar unfair gewesen sein mag, aber keineswegs illegal war. Es wurde in Umlauf gesetzt, daß sie ausschied, weil sie den Strapazen der weltweiten Tourneen nicht mehr gewachsen war. Sie selbst berichtete dagegen der *Los Angeles Times* 1975, sie habe sich einverstanden erklärt, aus der Gruppe auszuscheiden, nachdem Motown ihr eine Abfindung in Höhe von einer Million Dollar angeboten hatte; aber ihre 8,7-Millionen-Dollar-Klage gegen die Firma, gegen die Supremes und ihren früheren Anwalt war 1971 zurückgewiesen worden. 1973 hatten Florence und ihr Mann sich getrennt und sie ihr Haus verloren. Sie kehrte in die Gegend ihrer Kindheit zurück und zog mit Unterstützung von 'Aid to Dependent Children' mit ihren drei Töchtern, ihrer Mutter und Schwester in eine Zwei-Familien-Etage in derselben Siedlung, in der sie aufgewachsen war.

1975 erzählte Florence Ballard ihre Geschichte mit aufsehenerregendem Erfolg in der Zeitung – und bekam dafür wahrscheinlich ein ganz hübsches Sümmchen, das sie dringend nötig hatte. Ein paar Monate später, im Februar 1976, wurde die 32jährige Sängerin, die über Schmerzen in den Armen und Beinen klagte, ins Krankenhaus eingeliefert. Sie hatte offenbar, während sie Tabletten zum Abnehmen und Blutdruck senkende Mittel nahm, gleichzeitig viel Alkohol getrunken. Kurz darauf starb sie.

Es hat immer geheißen, daß Florence Ballard in Armut gestorben sei. Aber ihre Schwester Pat behauptete später, daß Florence kurz vor ihrem Tod eine 'ungeklärte rechtmäßige Zahlung' erhalten habe. Tatsächlich hatte sich Florence vor ihrem Tod

mit ihrem Mann wieder versöhnt und für sich und ihre Familie ein neues Haus und auch wieder einen Cadillac gekauft. Die Art, wie sie starb, läßt vielleicht darauf schließen, was für Probleme sie wirklich mit Motown und den Supremes hatte – falls sie eine schwere Trinkerin war, machte sie das womöglich zu einer Belastung; daher vielleicht die Erklärung, sie sei den 'Tournee-Strapazen' nicht gewachsen gewesen. Doch was auch immer der wahre Grund war, Florence schämte nie das Comeback, von dem sie träumte, und wenn sie für Motown und seinen erfolgreichsten weiblichen Star, Diana Ross, jemals eine Belastung gewesen war, nun war die glücklose Florence es nicht mehr.

Stevie Wonder blieb bei Motown, weil die Gesellschaft ihm, als er erwachsen wurde, die eine Million Dollar freigab, die sie für ihn treuhänderisch verwaltet hatte. Zufrieden damit, daß Motown fair mit seinen Geldern verfahren war, unterschrieb er einen neuen Vertrag, nachdem er eine hohe Tantiemenbeteiligung ausgehandelt hatte und

Marley wartet am 4. Dezember 1976 im Krankenhaus auf ärztliche Versorgung, nachdem politisch motivierte Attentäter in sein Haus in Kingston eingedrungen waren und auf ihn geschossen hatten. Grund dafür war wahrscheinlich seine lautstarke Unterstützung für Michael Manley, den linken Premierminister Jamaikas. Marley überlebte den Mordversuch zwar, starb aber am 11. Mai 1981 an Lungenkrebs.

Bob Marley, der erste Superstar aus der Dritten Welt. Viele seiner Auftritte standen im Zeichen des Kultes um den verstorbenen äthiopischen Kaiser Haile Selassie und der Rasta-Religion.

das Recht, seine eigenen Sachen herausbringen zu dürfen. Man darf sich wohl fragen, wie lange er noch dort bleiben wird, nachdem sogar Diana Ross Berry Gordy und Motown verlassen hat, um auf die grüneren Weiden von RCA zu ziehen, die, wie man munkelt, um 20 Millionen ertragreicher sein sollen.

Auch Marvin Gaye ist geblieben, obwohl es ihm weniger gut ergangen ist. In seiner Ehe mit Anna Gordy hatte er turbulente Zeiten durchzustehen. Im März 1968 brach Gayes damalige Gesangspartnerin Tammi Terrell mit einer Gehirnblutung in seinen Armen zusammen und starb einige Zeit später. Sie wurde nur vierundzwanzig Jahre alt. Gaye war natürlich sehr verstört. Mehr als ein Jahrzehnt später äußerte er sich einmal

über die Probleme, die die Firma damals intern hatte. Gordy und Motown erlitten gerade wegen ihres Erfolges bei Radiostationen und Vertriebsfirmen in anderen Zweigen des Plattengeschäftes Rückschläge. Gaye wurde es zuviel, sowohl im Privatleben als auch im Beruf unter Druck zu stehen, und zog sich praktisch ganz zurück. „Ich war im Grunde ein solches Ekel geworden", gab er zu. „Ich hatte Berry wütend gemacht. Ich stand mit meiner Frau auf nicht besonders gutem Fuß. Und der Vietnamkrieg ging immer noch weiter." Schließlich beschloß er, ein Comeback zu versuchen, und nahm *What's Going On* auf, aber obwohl er menschlich und künstlerisch gewonnen zu haben schien, wurden die Dinge nicht besser. Gegen Ende der siebziger Jahre stand Gayes künstlerischer Wert zweifelsfrei fest, aber er hatte zwei Scheidungen hinter sich und einen Bankrott, den ein Steuerbescheid in Höhe von über zwei Millionen Dollar nach sich gezogen hatte. Anders als Stevie Wonder hatte er immer noch zu kämpfen, und nicht nur um seine Kunst – er war in den Ruf geraten, unberechenbar zu sein, und dieser Ruf haftete ihm weiter an –, aber anders als viele andere Motown-Zöglinge blieb er dem Label treu. Er wurde im Frühjahr 1984 bei einem Streit von seinem Vater erschossen, einen Tag vor seinem 45. Geburtstag.

Der Aufstieg der schwarzen Unterhaltungsmusik in den sechziger Jahren hat der Welt gezeigt, daß sie eine ebenso große Bandbreite vorzubringen imstande war wie der weiße Rock'n'Roll. In dieser Beziehung ebnete sie den Weg dafür, daß Reggae als mehr als nur ein exotischer Tanzrhythmus aus Jamaica angesehen wurde. Im Gegensatz zu einigen anderen schwarzen Musikarten hat Reggae sich nie darum bemüht, auf den weißen Markt vorzustoßen. Wenn Weiße ihn wollen, dann ist das ihre Sache; einige Rastafari-Reggaemusiker haben sich sogar dagegen zur Wehr gesetzt, daß Weiße den Reggae übernahmen, und betrachten das als Übergriff Babylons (worunter die Rastas allge-

mein die ganze westliche Welt unter weißer Vorherrschaft verstehen).

Reggae ist ein wesentliches Element der gesellschaftspolitischen Entwicklung in Jamaica – was für die schwarze Musik in den Vereinigten Staaten nicht zutrifft. Während James Brown es fertigbrachte, 'Say it loud, I'm black and I'm proud' zu singen *und* Richard Nixon in seinem Präsidentschaftswahlkampf zu unterstützen, nahm Bob Marley *Get Up, Stand Up!* auf, unterstützte den sozialistischen Premierminister von Jamaica, Michael Manley, und wurde 1976 eben deswegen angeschossen. Das Engagement hatte eben ein anderes Niveau.

Als Marley 1981 an Krebs starb, wurde deutlich, wie wichtig Reggae und der Rastafarianismus inzwischen für Jamaica waren. Nicht nur wegen der großen Massen, die zu seinem Begräbnis kamen, oder wegen der feierlichen Nachrufe von den führenden Politikern Jamaicas. Weit bedeutsamer war, wieviel Aufmerksamkeit Länder und Berichterstatter außerhalb Westindiens dem entgegenbrachten und wie einig sie sich darin waren, daß Bob Marley der erste 'Third World Superstar' war, wozu man ihn schon ein Jahr vorher in stillschweigendem Einvernehmen ernannt hatte, als er 1980 eingeladen wurde, anläßlich der Unabhängigkeitsfeierlichkeiten in Zimbabwe zu spielen. Mit dem Reggae und dem mit ihm assoziierten Rastafarianismus – einem Glauben, der den verstorbenen Kaiser Haile Selassie als Gott ansieht, Marihuana *(Ganja)* als Sakrament benutzt und die Heimkehr aller Schwarzen nach Afrika verkündet – war Marley Repräsentant für die Einigkeit der Länder der Dritten Welt.

Auch in England war Bob Marley eine wichtige Figur, da er jungen, unzufriedenen Schwarzen – von denen viele nie in Jamaica, geschweige denn in Afrika gewesen waren – einen Fixpunkt bot. Manche Leute warfen Marley Verrat vor, als er öffentlich für Manleys Regime in Jamaica eintrat. Aber die meisten sahen eher im weißen Imperialismus ih-

Marley empfängt das Sakrament des „Ganja" – der Ausdruck der Rastas für Marihuana.

Bob Marleys Sarg wird in Anwesenheit seiner Familie in das National Stadium von Kingston getragen. Das öffentliche Begräbnis fand am 21. Mai 1981 statt, nachdem zuvor eine Totenfeier im engsten Familienkreis abgehalten worden war. Tausende Zuseher wollten die Bestattung Marleys in einem eigens entworfenen Grab in der Nähe seines Geburtsortes Nine Miles in St. Ann's miterleben.

ren Erzfeind als in einer bestimmten politischen Einstellung. Auch Bob Marleys – allen konventionellen Treue-Vorstellungen spottendes – ungehemmtes Liebesleben, über das ausführlich berichtet wurde, und seine ebenfalls publizistisch ausgewalzte Neigung zu *Ganja* brachten die meisten Schwarzen nicht davon ab, seine Einstellung im wesentlichen für richtig zu halten. Wenn *Whitey* die Zeche bezahlte – so wie *Whitey* Marley bezahlte – dann war allein *Whitey* der Verlierer.

Fünfundzwanzig Jahre nach den Erfahrungen, die gemischtrassige Gruppen in den fünfziger Jahren auf Tourneen in Amerika machten, wiederholten sich diese in England, fanden in der Öffentlichkeit jedoch weit weniger Beachtung. Reggae zog in Eng-

land das Interesse der Neo-Nazi-Gruppen auf sich, als diese Musikrichtung zusammen mit ihren Vorläufern, den westindisch geprägten Stilen Ska und Blue Beat, Anfang der achtziger Jahre von verschiedenen – schwarzen, weißen und gemischten – Bands übernommen wurde. Die Punk-Explosion brachte ein neues Element in die übliche Mischung, aus der sich das Rockpublikum zusammensetzte. Die frustrierten Jugendlichen, die sich um den Punk zusammenrotteten, waren seit jeher eine beliebte Zielscheibe für faschistische und rassistische Vereinigungen, und diese Organisationen versuchten in aller Öffentlichkeit nun schnell, der New Wave ihre Vorstellungen von Rock'n'-Roll aufzuoktroyieren. Im Juli 1979 spitzten sich die Dinge zu, als die Erz-Anhänger des Punk, Sham 69, im Londoner Rainbow Theatre unter Heil-Hitler-Grüßen und einer, im Publikum tobenden Schlacht spielten. Die Bühne wurde von jungen Neo-Nazis (zum größten Teil Skinheads) gestürmt, und die Band sah sich – überzeugt, daß ihre Anhänger sie im Stich gelassen hatten – zum

Rückzug gezwungen. Der Sänger von Sham, Jimmy Pursey, schlug einen 'Musik-Streik' vor, doch die Kids mußten bald erkennen, daß solche Demonstrationen nicht ankamen. Purseys Ambitionen gingen leider in Richtung Punk-ohne-Politik, während sich um ihn herum die Bewegung 'Rock Against Racism' formierte, um gegen rassistische Tendenzen in der Rockindustrie zu kämpfen; die beiden wichtigsten britischen Neo-Nazi-Organisationen, die National Front und das British Movement wiederum bemühten sich eiligst, dem Rock Gegenteiliges nachzuweisen.

Neidisch auf den Erfolg von Rock Against Racism, rief die extrem rechte National Front eine klägliche Organisation namens Rock Against Communism ins Leben, die (angeführt von der jämmerlich schlechten Gruppe White Boss) einen Auftritt hatte, bevor sie beinahe geräuschlos wieder in sich zusammenbrach. Unterdessen fuhr die neue Generation der Skinheads auf Two-Tone Dance-Bands wie The Specials, The Beat und Madness ab. Eine Tournee der Madness wurde 1980 abgeblasen, weil die Band sich darüber klar wurde, daß sich unter den Rowdys, die sie anzogen, nicht nur 'Skins' befanden, die sich amüsieren wollten, sondern auch erheblich viele rücksichtslos gewalttätige Neo-Nazi-Schläger. Aus ähnlichen Gründen beschlossen auch die Specials, nicht mehr live aufzutreten.

In dem Gefühl, von Bands wie Sham 69 und Madness im Stich gelassen worden zu sein, sahen sich die 'Skins' nach einer neuen Alternative um – einer schroffen, ruppigen Musik mit dem ästhetisch reizlosen und völlig künstlichen Gattungsbegriff 'Oi', der von Gary Bushell von *Sounds* geprägt wurde. Sein Blatt stellte diese Musik das ganze Frühjahr 1981 hindurch als eine Art volkstümliches Phänomen groß heraus, wie Punk es mal war. Tatsächlich war Oi wohl mehr eine Medienerfindung als sonst etwas. Eine ganze Anzahl der Gruppen und Fans aus diesem Umkreis waren anderseits eben jene Neo-Nazis, die früher Punk-Konzerte und Two-Tone-Auftritte gesprengt hatten und die über das ungewohnte Maß an Aufmerksamkeit, das man ihnen entgegenbrachte, höchst erfreut waren. Kritik an den Gönnern und Verfechtern von Oi in den Medien (die im Anschluß an Tumulte im Londoner Bezirk Southall besonders in der Londoner *Daily Mail* und im *New Musical Express* laut wurde) führte dazu, daß der Herausgeber von *Sounds* und Gary Bushell Verleumdungsklagen anstrengte. Auf die Anwürfe von faschistischer Hetzerei entgegneten sie, daß in Oi die Verzweiflung der Jugendlichen aus der Arbeiterklasse auf unverfälschte Weise zum Ausdruck gelange und daß sie das (und nur das) unterstützten.

Während Reggae seine merkwürdige, sich auf das tausendjährige Reich Christi gründende politische Einstellung pflegte, verkam die Musik der Schwarzen in Nordamerika zu einer sterilen Wiederholung von Disco-Musik. Die letzte Ironie ist das, was auf dem Tanzboden der ultra-exklusiven Clubs wie dem New Yorker Club 54 herauskam (wo man, um Einlaß zu erhalten, nicht nur Geld haben mußte, sondern auch noch ein bekanntes oder bemerkenswertes Gesicht). Die schwarze Musik ist nun am Orkus der Ehrbarkeit angelangt.

Disco-Sound war eine Parodie der schwarzen Musik auf sich selbst. Es ging nicht mehr um Kampf, nur noch darum, aus dem abgenutzten Mythos vom 'angeborenen Rhythmus der Schwarzen' Kapital zu schlagen. Der ganze orgasmische Einsatz von Disco-Stars wie Grace Jones oder Donna Summer schlug nur – wie seit jeher – Nutzen aus der Vorstellung von der Verfügbarkeit schwarzer Frauen für den Mann. Das männliche Pendant neigt dazu, die Vorstellung zu erwecken, sexuell blockiert zu sein, und auch hier war das Image der meisten dieser Künstler ein Abklatsch der Rollen, die schwarze Musiker vor zwanzig Jahren und davor notgedrungen spielen mußten – gesichtslose und romantische Sex-Clowns.

'ROCK' STAR DIES IN CRASH

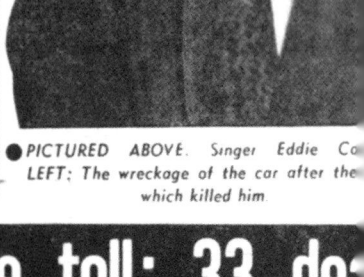

● PICTURED ABOVE. Singer Eddie Co
LEFT: The wreckage of the car after the
which killed him.

By NED GRANT

AMERICAN rock 'n' roll singing star Eddie Cochran, 21, died yesterday after a car taking him to London Airport crashed.

Among the three other passengers in the car when it crashed at Chippenham, Wilts, on Saturday night were two Americans— "rock" singer Gene Vincent, 25, and girl song writer Sharon Sheeley, 20.

Last night Miss Sheeley— she wrote the hit song "Poor Little Fool" when she was seventeen— was in "fair" condition with a fractured pelvis in hospital at Bath, Somerset.

Her mother, Mrs. Mary Sheeley, sobbed in Hollywood last night when she heard of the crash.

The news was broken to Mrs. Sheeley by the mother of Ritchie Valens—the "rock" star who was killed at the age of sixteen last year in an air crash soon after recording one of Sharon's songs.

Mrs. Sheeley said: "Eddie Cochran and Sharon had been

Sharon Sheeley

going steady since they met two years ago.

"Eddie was the first and only boy friend Sharon ever had. They were terribly in love, and were planning to marry. They were unofficially engaged."

The car's driver, George Martin, of Hartcliffe, Bristol, was unhurt.

Cochran—with Sharon, Gene Vincent and the fourth passenger, Camberwell theatrical agent Patrick Thomkins, 29—was taken to hospital.

America-bound

Just after four o'clock yesterday afternoon, Cochran died. Cochran—his record hits have included "Summertime Blues" and "C'mon Everybody"—was travelling from Bristol, where he was starring in variety, to catch an America-bound plane at London Airport.

He had been in Britain since January, appearing on the stage and in TV shows—including ITV's "Boy Meets Girls."

Gene Vincent, whose first big song hit was "Be-Bop-a-Lula," planned to fly with Cochran.

He said in hospital last night: "I hope to be out in two or three days."

● Cochran's last record will be issued according to schedule in the next few days, his British impresario, Larry Parnes, announced yesterday. It is called "Three Steps to Heaven."

The toll: 33 dea 632 injured so f

AT least thirty-three people have been killed and 632 injured on the roads since the Easter Holiday started on Good Friday.

And last night the Automobile Association made an urgent Bank Holiday appeal for safety on the roads.

First reports of YESTERDAY'S ACCIDENTS showed that twelve people were killed and sixteen injured.

Provisional figures for GOOD FRIDAY and SATURDAY announced by the Automobile Association were: Twenty-one dead and 616 injured.

Last year's figures for the same two days were: Fifteen dead and 400 injured.

In their appeal last night, the AA said:

● These figures tell their own sorry story, but they do not reflect the grief and misery in thousands of homes. An all-out effort will be

required by eve the toll on the not to be grea last Easter.

Bank Holiday m conditions call f bit of concentra the part of cyclists and pede

A second's care could mean lost life.

The margin allowed by ce roads and heav is so small that can afford the slightest mistak

● BUMPER "PA TO THE S Back Page.

REISEWUT, TOURNEEKOLLER, BÜHNENANGST

Der Gitarrist der Eagles, Joe Walsh, hatte ein Motto, das ihm half, die langen Tourneewochen zu überstehen. Man fand es oft in die Möbel des Hotels geritzt, das die Gruppe gerade verlassen hatte. Es lautete: PARTY TIL YA PUKE. (Amüsier dich, bis du kotzt.) Wenn die Band auf Tournee war, reservierte sie sich im Hotel immer eine große Suite für die Feiereien nach dem Auftritt. Sie bezeichneten sie als 'die dritte Zugabe', und es war immer das gleiche: Wenn die Gruppe, deren Freunde und Begleiter wieder ausgezogen waren, war die Suite nicht mehr wiederzuerkennen. Der Manager der Gruppe, Irving Azoff, kaufte für Joe Walsh einmal zu Weihnachten eine Motorsäge. Der Gitarrist nahm sie fortan mit auf Reisen – nur für den Fall, daß er unterwegs auf etwas stieß, das schnell total zerstört werden mußte. (So ein Fall ist nie eingetreten.) Ähnlich war es mit Ian MacLagan, dem ehemaligen Keyboard-Spieler der Faces, der immer eine Axt mit auf Tournee nahm, um jedes Konzertpiano zu zertrümmern, das nicht den vertraglichen Vereinbarungen mit der Gruppe entsprach. Immer nur das Beste für die *big boys* – und noch mehr. Das ist mutwillige, auffällige Zerstörung in dem Wissen, daß „wir für alles bezahlen müssen", wie der Road Manager der Eagles sagte. Die Eagles nannten das „life in the fast lane" [etwa Leben im Jet Set-Fieber; Anm. d. Ü.]. Andere Leute nennen es *Tournee-Koller*.

Roadfever kann sich auf viele verschiedene Arten äußern – durch Feiern, Veralberungen, Gewalttätigkeiten, in einer besessenen Spielleidenschaft wie zum Beispiel bei Buddy Holly, der mit Spielen die Zeit zwischen den Auftritten totschlug, oder in anscheinend sinnlosen Tätigkeiten wie etwa bei dem Country Rock-Star Waylon Jennings und seiner Band, die sich einmal für eine ganze Nacht in ihrem Hotelzimmer verbarrikadierten, und zwar offenbar nur, weil sie 'Fort Apache' oder 'Beau Geste' spielen wollten. Normalerweise geht damit einher, daß viel getrunken und nicht wenig Rauschgift genommen wird. Es kann das Ergebnis von Langeweile sein, von Gefühlsüberschwang, Frust oder einfach Ärger, aber es hat immer etwas mit Tournee-Streß zu tun, der geselligkeitsfeindlichen Arbeit bis spät in die Nacht, den oftmals bei Auftritten aufgestauten Gefühlen, der Isolation der Rockstars und ihrer Begleiter in ungemütlichen Hotelzimmern und auf ungemütlichen Bühnen sowie mit langem, Klaustrophobie erzeugendem Festsitzen in Zügen, Flugzeugen und Limousinen mit dunkel getönten Scheiben.

Der Tourneestreß spielte von Anfang an eine wesentliche Rolle in der Rockszene. Mehr als bei jeder anderen Musik- oder Unterhaltungsform gehörte es bei Rock'n'Roll immer dazu, daß man in so kurzer Zeit wie irgend möglich seine 'message', seine Botschaft, möglichst vielen Menschen übermittelte. „In diesem Geschäft geht es nicht so sehr darum, daß man es so schnell macht, wie man kann", sagte der Bassist von Led Zeppelin, John Paul Jones, „sondern daß man es macht, *solange* man kann… Die Tourneen machen aus dir einen anderen Menschen. Das merke ich immer, wenn ich wieder nach Hause komme. Ich brauche Wochen, um mich zu erholen, nachdem ich so lange wie ein Tier gelebt habe."

Manchmal kann das Tempo im wahrsten Sinne tödlich sein, weil die meisten Tourneen nach einem kräftezehrenden Termin-

Buddy Hollys letzte Tournee endete am frühen Morgen des 3. Februar 1959, als das einmotorige Flugzeug, in dem er sich gemeinsam mit Big Bopper und Richie Valens (dessen Leiche im Vordergrund liegt) befand, auf einer verschneiten Heide in der Nähe von Fargo, North Dakota, zerschellte.

bekommen, hätten er und seine Kollegen sich nicht bemüht, die Unglücksmaschine zu bekommen. Buddys Witwe Maria Elena erinnerte sich bei einem Gespräch 1980, daß der Sänger eigentlich überhaupt nicht auf diese Tournee gehen wollte. Er war zu der Zeit aber pleite, da er sich kurz vorher gerade von den Crickets getrennt hatte. Und, was vielleicht noch wichtiger war: Maria Elena, mit der er seit sechs Monaten verheiratet war, war schwanger. „Er war darauf nicht vorbereitet", sagte sie, „und alles mußte in letzter Minute organisiert werden. Aber wir brauchten das Geld." Die Geschichte nahm noch eine weitere tragische Wendung – der Schock beim Tod ihres Mannes bewirkte, daß Maria Elena eine Fehlgeburt erlitt.

Viele andere sind aus ähnlichen Gründen bei Unfällen ums Leben gekommen – was

Ein Bergungsarbeiter findet ein Promotion-Foto von Lynyrd Skynyrd in den Überresten ihres Gepäcks. Drei Bandmitglieder starben während einer US-Tour, als ihre Corvair 240 am 21. Oktober 1977 in der Nähe von McComb, Mississippi, über einem Wald abstürzte.

plan mit dicht aufeinanderfolgenden Veranstaltungen ablaufen, zwischen denen bisweilen Strecken von mehreren tausend Kilometern zu bewältigen sind. Der Tod von Buddy Holly, The Big Bopper und Ritchie Valens 1959 zeigt deutlich, wie gefährlich dauernder Tourneestreß ist. Hätte Holly es nicht so eilig gehabt, zum nächsten Veranstaltungsort zu kommen, um dort noch ein paar letzte Vorkehrungen zu treffen, sich frische Wäsche zu besorgen und genügend Schlaf zu

Links: Die zweite Stufe in den Himmel? Eddie Cochran, das Bindeglied zwischen dem Rock'n'Roll der Fünfziger und der New Wave der Achtziger, starb am 17. April 1960 auf dem Weg zum Londoner Flughafen. Seine Verlobte Sharon Steeley überlebte den Autounfall. Zwei Monate später war seine letzte Platte „Three Steps To Heaven" an der Spitze der Charts.

Marc Bolan eine Woche vor seinem tödlichen Auto-unfall im September 1977. Sein jugendliches Glitter-Image täuschte über die Auswirkungen des Rock'n'Roll-Lebensstils hinweg: sogar seine Zähne waren falsch.

Das Auto, in dem Marc Bolan (wirklicher Name Mark Feld) am 16. September 1977 starb. Seine Freundin Gloria Jones, die den Mini bei Barnes Common gegen einen Baum lenkte, erlitt Gesichtsverletzungen. Bolan war sofort tot.

Links: Otis Reddings Leiche wird in der Nähe von Madison, Wisconsin, aus dem eisigen Wasser des Sees geborgen, in den sein Flugzeug gestürzt war. Ironischerweise war der Titel seines posthum erscheinenden Hits „Dock of the Bay" (etwa: Am Hafen der Bucht).

bis zu einem gewissen Grad einfach damit zusammenhängt, daß Rockmusiker ungewöhnlich viel auf Achse sind. Carl Perkins war nicht der einzige Rockmusiker, dessen Karriere durch einen Autounfall unterbrochen wurde. Der in England ungeheuer beliebte Eddie Cochran trat im Januar 1960 im Alter von einundzwanzig Jahren eine zwölfwöchige Tournee durch das Land an. Die Tournee war so erfolgreich, daß sie um weitere zehn Wochen verlängert wurde. Cochran, Gene Vincent (der mit ihm im selben Programm auftrat) und Cochrans Verlobte Sharon Sheeley waren unterwegs zum London Airport, um zwischen der ersten und zweiten Hälfte der verlängerten Tournee eine Pause einzulegen. Vincent war für einige Veranstaltungen in Paris gebucht; Eddie und Sharon hingegen hatten vor, nach Amerika zu fliegen und zu heiraten. Sie waren nach einem Auftritt im Bristol Hippo-drome mit einem Wagen unterwegs, der von einem Chauffeur gesteuert wurde, als drei-ßig Kilometer außerhalb von Bristol ein Reifen platzte und der Wagen rückwärts gegen einen Laternenpfahl prallte. Das war kurz nach Mitternacht am siebzehnten April. Cochran wurde mitsamt seiner Gitarre aus dem Auto geschleudert. Er starb im Laufe des nächsten Nachmittags in einem Krankenhaus in Bath. Sharon Sheeley und Gene Vincent wurden beide verletzt, und bei Vincent führte das dazu, daß sich seine frühere Beinverletzung noch beträchtlich verschlimmerte. Sharon, die noch in dem Autowrack herumgekrochen war und dabei dauernd „Where's Eddie?" gerufen hatte, scheint sich von dem Trauma nie ganz erholt zu haben. Sie war nur für eine Woche nach England zu Besuch gekommen. Die nächste Schallplatte, die von Eddie herauskommen sollte, ein mäßig schnelles Liebeslied, trug ironischerweise den Titel *Three Steps To Heaven*. Die Platte gelangte unmittelbar nach seinem Tod in die Top Ten und hielt sich dort zwei Monate lang.

Drei Mitglieder von Lynyrd Skynyrd, ein Roadie, sowie der Pilot und Co-Pilot waren auf der Stelle tot, als ihr Privatflugzeug 1977 auf dem Flug zu einem Auftritt abstürzte (zwei weitere Roadies erlagen später im Krankenhaus ihren Verletzungen). Offenbar war dem Flugzeug – einer Corvair 240 Propellermaschine – zweihundert Meter vor einem offenen Feld in der Nähe von Gillsburg, Mississippi, wo der Pilot landen wollte, der Treibstoff ausgegangen. Bei einem früheren Flug wäre beinahe ein Triebwerk in Flammen aufgegangen, und die Bandmitglieder waren sich danach uneinig gewesen, ob sie die Maschine noch weiter benutzen sollten. Die Sängerin Cassie Gaines hatte sich erst an diesem Tag dazu überreden lassen, nicht mit dem Lastwagen mit der Ausrüstung zu fahren. Die Band und ihre Begleiter (etwa zwanzig Leute) waren alle eng miteinander befreundet, und ihre Tourneen wirkten oft mehr wie ausgelassene Ausflüge als wie Geschäftsreisen. Cassie kam zusammen mit ihrem Bruder Steve ums Leben, mit Ronnie van Zandt, dem Star der Band, und mit deren Road Manager Dean Kilpatrick.

Unter ähnlichen Umständen starben im Dezember 1967 Otis Redding und fünf Jugendliche aus seiner Begleitgruppe, den Bar-Kays, als Otis' nagelneues Privatflugzeug etwa sechs Kilometer vor ihrem Flugziel in einen eisigen See stürzte. Clarence White, der eine Zeitlang ein brillanter Gitarrist der Byrds war, wurde nach einem Konzert beim Beladen des Ausrüstungswagens das Opfer eines Unfalls mit Fahrerflucht. Und es hat noch viele weitere tödliche oder beinahe tödliche Unfälle gegeben. Bob Dylan hatte im Juli 1966 bei Woodstock in der Nähe seines Hauses einen Motorradunfall, bei dem er sich einen Halswirbel brach; er war für achtzehn Monate aus dem Verkehr gezogen. Der Unfall und das Schweigen, das Dylan anschließend bewahrte, machten ihn für viele Fans noch geheimnisvoller. Viele stellten Spekulationen an, ob es sich um einen Selbstmordversuch handelte unter dem Einfluß von Drogen, die Dylan in den sechziger Jahren brauchte, um die anstrengenden Tourneen zu überstehen.

Stevie Wonders Wagen stieß im August 1973 in North Carolina mit einem Holztransporter zusammen, gerade vier Tage, nachdem sein ungeheuer beliebtes Album *Innervisions* herausgekommen war. Stevie Wonder erlitt dabei Kopfverletzungen, die glücklicherweise nicht so schwer waren, wie man zuerst befürchtet hatte, so daß er im September schon wieder auftreten konnte. Phil

---

Garderobenspäßchen mit Schock-Rocker Alice Cooper und Stacia von der Heavy-Metal-Band Hawkwind. Die Band von Cooper brüstete sich einmal, 300.000 Dollar pro Jahr für Alkohol auszugeben. Diese ansehnliche Summe kam vielleicht zum Teil dadurch zustande, daß man, wie auf diesem Bild ersichtlich, für Bierflaschen neue Verwendungsmöglichkeiten fand. Cooper ging später in ein Sanatorium, um seine Alkoholsucht zu überwinden.

Spector, der für seine exzentrischen Einfälle berüchtigt war, erlitt Anfang Februar 1974 bei einem Autounfall irgendwo zwischen Los Angeles und Phoenix angeblich Verbrennungen und etliche Kopfverletzungen. Gerüchte, daß Spector den Unfall vorgetäuscht habe, 'um dem ganzen Rummel zu entgehen' (oder sogar um heimlich eine Haartransplantation vornehmen zu lassen), wurden dadurch genährt, daß nichts Näheres darüber zu erfahren war, und dadurch, wie Spector sich danach verhielt – er lebte in fast krankhafter Zurückgezogenheit. All das war natürlich vielleicht einfach auf den Unfall

zurückzuführen – aber Spector ist, genau wie Dylan, von dem Stoff, um den sich Legenden bilden.

Anderen Stars ist es nicht besser ergangen. Robert Plant von Led Zeppelin und seine Frau Maureen wurden 1975 bei einem Unfall auf Rhodos schwer verwundet. Ihr Wagen kam von der Straße ab, stürzte einen Abhang hinunter und blieb in einem Baum hängen. Bei einem weiteren Unglücksfall, der Led Zeppelin traf, brach sich John Bonham bei einem Autounfall 1977 drei Rippen. 1975 hatte auch Eric Clapton einen Autounfall. Nach der Rückkehr von einer anstrengenden Tournee durch Australien und Neuseeland bestieg er nach Wochen erstmals wieder seinen silbernen Ferrari und prallte in der Nähe seines Hauses in Ewhurst, Surrey, in einer schmalen Gasse mit einem Lastwagen zusammen. Der Wagen war nur noch Schrott, Clapton blieb zwar unverletzt, aber

John Entwistle – jenes Who-Mitglied, das so gut wie nie von sich reden machte. Doch auch er nahm am wilden Tourleben teil. Auf dem Foto unten wird er gerade wegen ungebührlichen Benehmens auf einer Party in Houston, Texas, verhaftet, die die Who anläßlich des Beginns ihrer US-Tour am 20. November 1975 veranstalteten.

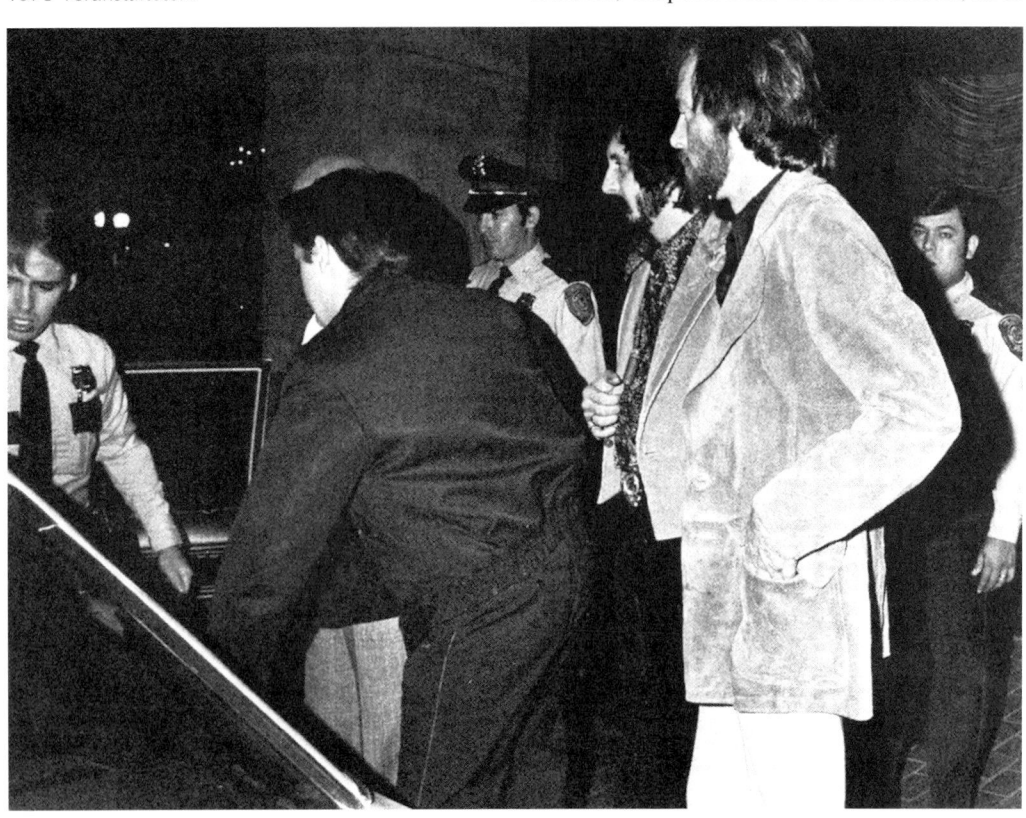

die Feuerwehrleute brauchten zwanzig Minuten, um ihn mit Schneidbrennern aus dem Wrack zu befreien.

1976 durchbrach Keith Richards Bentley auf der Rückfahrt von einem Auftritt in Stafford gegen fünf Uhr früh die Leitplanken einer Schnellstraße. In dem Wagen saßen Keith, Anita Pallenberg und ihr gemeinsamer Sohn Marlon – aber das einzige Opfer dieses Unfalls war Keith; er wurde von der Polizei festgenommen, weil sie in dem Wagen Kokain und Marihuana entdeckte.

Andere hatten allerdings nicht das Glück, mit dem Leben davonzukommen. Martin Lamble von Fairport Convention und der Modedesigner 'Genie the Tailor' (dem zu Ehren Jack Bruce das Album *Songs For A Tailor* aufnahm) kamen 1969 bei einem Autounfall ums Leben.

Duane Allman, mit dessen gitarristischer Begabung sich nur sein Drogenkonsum messen konnte, verunglückte mit seinem Motorrad tödlich bei einem Ausweichmanöver vor einem Lastwagen. in Macon Georgia Das war im Oktober 1971, und Allman hatte gerade eben erst das Haus des Bassisten Berry Oakley verlassen. Gut ein Jahr später hatte Oakley auf derselben Strecke einen Motorradunfall. Er prallte gegen einen City Bus und starb, nachdem er sich hartnäckig geweigert hatte, ein Krankenhaus aufzusuchen, im November 1972 an einer Gehirnblutung. Allman und Oakley sind Seite an Seite auf dem Rose Hill Cemetery in Macon begraben, einem Friedhof, der Allman zu vielen seiner frühen Lieder inspiriert hatte.

Marc Bolan starb im September 1977 auf der Heimfahrt von einem Nachtlokal, als der Wagen – mit seiner Freundin Gloria Jones am Steuer – gegen einen Baum prallte. Gloria, die selbst nur leichte Verletzungen davontrug, wurde später wegen Trunkenheit am Steuer angeklagt.

Interessant ist die Feststellung, daß im Rockmilieu die Zahl derer, die bei Verkehrsunfällen (vor allem mit dem Flugzeug, dem

Who is Who? Keith Moon und Pete Townshend haben Spaß auf einem Rally-Wagen. Ganz so komfortabel war das Tourleben nicht immer.

Auto und Motorrad) ums Leben kommen oder schwere Verletzungen davontragen, genauso groß ist wie die Zahl der Drogen- oder Alkoholopfer oder sogar noch größer. Während es sich bei einigen um die Folgen regelrechter Berufsrisiken handelt – Übermüdung und Terminstreß –, gehen die anderen Opfer eher auf das Konto einer tödlichen Faszination an Speed und Geschwindigkeit, die so viele Musiker dazu bringt, alle Vorsicht beiseite zu lassen und in ihrem drängenden Verlangen nach einem flotten, aufregenden Leben jenem Adrenalinstöße produzierenden Kitzel nachzujagen.

Tourneekoller sind nicht nur eine Folge jener kräftezehrenden Terminpläne, welche die Musiker schon seit den frühen Tagen in den fünfziger Jahren Nerven gekostet haben, als die ersten Rock'n'Roll-Package-Tourneen kreuz und quer über die Kontinente zogen.

Harmloser Narr oder unangenehmer Irrer? Keith Moon präsentierte sich während eines Konzertes am 12. November 1976 in einer geschmacklosen Verkleidung als Feldmarschall Rommel und hob die Hand zum deutschen Gruß. Er hatte die jüdische Gemeinde des Londoner Stadtteils Golders Green schon einmal vor den Kopf gestoßen, als er in ähnlicher Aufmachung an einem Samstag durch die Hauptstraße marschierte.

Vor allem waren Tourneekoller jedoch eine Zeiterscheinung jener Ära der Mammut-Tourneen mit verschiedenen Gruppen und Einzelkünstlern zwischen Mitte der sechziger und Ende der siebziger Jahre. Heutzutage gibt es Hotels die einander geradezu dabei überbieten, Rockmusiker zu umwerben (auf einem Schild in der Rezeption im Continental Hyatt House Hotel in Los Angeles ist ein typischer 'Langhaariger' zu sehen und darunter steht: „Sei nett zu ihm, er hat vielleicht gerade eine Million Schallplatten verkauft."), aber damals war das anders. Heute gehört mutwillige Zerstörung vielleicht zum Image, und die Hoteliers wissen, daß ihnen der Schaden (reichlich) ersetzt wird. Es gab jedoch eine Zeit, als Tourneekoller weniger ein Hobby

der Reichen waren als Akte von Vandalismus, ursächlich bedingt durch die Isolation von Freunden und die Unfreundlichkeit derer, die einen umgaben.

„Da hat man auf einem Flughafen rumgestanden, hatte Probleme, eine Unterkunft zu finden, weil der eine oder andere zu lange Haare hatte, oder man war Stunden durch die Gegend kutschiert, ohne daß man schlafen konnte, und es blieben einem nur noch drei Stunden, bis man auf die Bühne mußte", sagte Grace Slick zu den äußeren Umständen bei diesen Veranstaltungen und dazu, wie sie sich auswirkten. „Die Leute in der Gruppe fangen an, sauer zu werden, und die Musik heizt einen noch emotional auf, also zetert und schreit alles hinter der Bühne herum... Da wird man wirklich seltsam, wenn es dauernd heißt, rein in den Bus und wieder raus, und wenn man immerzu mit lauter neuen Leuten reden muß."

Dieses 'Seltsam-Werden' ist eine Folge der ganz besonderen Umstände einer Tournee. Eine Tournee befreit einen von den Zwängen der normalen Routine zu Hause, aber gleichzeitig verbindet sich damit auch ein bedrohliches Gefühl des Nichtvertrautseins, von Fremdheit und Isolation. Aber der Musiker auf Tournee arbeitet auch – oft sehr hart. Schlimmer noch: Auf Tournee arbeiten die Musiker in einem spiegelbildlich verkehrten Zeitplan zum normalen Tagesrhythmus der meisten Leute. Kein Wunder, daß es eine irritierende Erfahrung ist, auf Tournce zu sein, und kein Wunder, daß die Musiker unter sich bleiben oder die Gesellschaft anderer Musiker suchen oder sich in ein fröhliches Zusammengehörigkeitsgefühl flüchten, wie man es mit kindlichen Streichen in Verbindung bringt. Und kein Wunder auch, daß einige Musiker sich gegen die merkwürdige Ausnahmesituation auf Tournee körperlich zur Wehr setzen – indem sie sich zu prügeln beginnen, rumhuren oder ganz einfach Dinge zerstören.

Als die sogenannte 'Britische Invasion' eine Flut englischer Musiker nach Amerika brachte, befanden sie sich häufig in Situationen, die noch merkwürdiger waren, als Grace Slick sich das hätte vorstellen können. Sie waren schließlich für Leute, die sie nicht mochten, nicht nur Hippies oder moralisch verderbte Langhaarige – sie waren auch noch Ausländer und als solche beliebt oder verhaßt, freier oder noch größeren Zwängen unterworfen als ihre amerikanischen Artgenossen. Die Gemütserregungen waren stärker, die Spannungen höher und die Isolation noch schmerzlicher. „Wir nehmen meist vier Road Manager mit, einen Production Manager und einen Buchungs-Agenten, wir sind also meist zehn Engländer, wenn wir durch Amerika reisen", sagte John Entwistle von den Who 1971. „Die Amerikaner haben einen anderen Humor, ihr ganzer Lebensstil ist anders. Die, die nicht aus unserer Branche sind oder zu unseren Konzerten kommen, sind Langweiler. Sie sind Ausländer, und wir sind für sie Ausländer, und man kann mit solchen Leuten nicht verkehren, also hockt man immer mit denselben Leuten zusammen und verbringt viel Zeit im Hotelzimmer und so."

Die Who waren eine der ersten Gruppen, die in den Ruf kamen, Hotels zu demolieren – was natürlich auch mit der beispiellosen Zerstörungswut bei ihren Bühnenauftritten zusammenhing. „Mit den Who auf Tournee zu gehen, ist äußerst schwierig", sagte Pete Townshend 1968. Über die Implikationen all dieser Gewalttätigkeiten für ihr Privatleben äußerten die Who sich oft mit verrücktem Humor. „Wenn wir ernst wären", sagte Pete Townshend, „müßten wir uns eingestehen, daß wir uns nicht leiden können. Aber weil wir nicht ernst sind, brauchen wir das nicht zuzugeben." Die Who waren keineswegs die einzige Gruppe, die in dem Ruf stand, auf Tournee 'verrückt' zu sein (wie Townshend das ausdrückte). Besonders wild führten sich die Beach Boys auf, ebenso die Rolling Stones und auch die Beatles, bis sie 1966 die Tourneen aufgaben. Aber dank Keith Moon (der allgemein als 'Moon the Loon' bekannt war) werden die Who wohl für immer den Titel 'Explosivste Rockgruppe auf Tournee' behalten.

Es begann alles 1967, als die Gruppe wochenlang die ärgsten Tourneestrapazen auf sich nahm, um den ganz großen Durchbruch zu schaffen. Dabei verloren sie viel Geld und büßten einen erheblichen Teil ihrer Normalität ein, womit sie einen schlagenden Beweis für Townshends Lieblingsausspruch lieferten, daß man „um das Leben nicht mehr so ernst zu nehmen, auf Walze gehen muß".

Die erste Amerikatournee der Band wurde beispielhaft für die Zukunft. Moon entdeckte 'Cherry Bombs' – besonders explosive Feuerwerkskörper – und setzte eine lange Serie verheerender Verwüstungen in Gang. Als er jünger gewesen war, hatte Moon sich damit begnügt, seine Zerstörungswut an einem Schlagzeug auszulassen. Aber der gesteigerte Alkohol- und Pillenkonsum und das ansteckende, übergeschnappte Verhalten auf Tournee brachten ihn bald auf neue Ideen. Es dauerte nicht lange und er sprengte in Hotels Zimmertüren mit Cherry Bombs, warf aus den Fenstern Fernsehgerä-

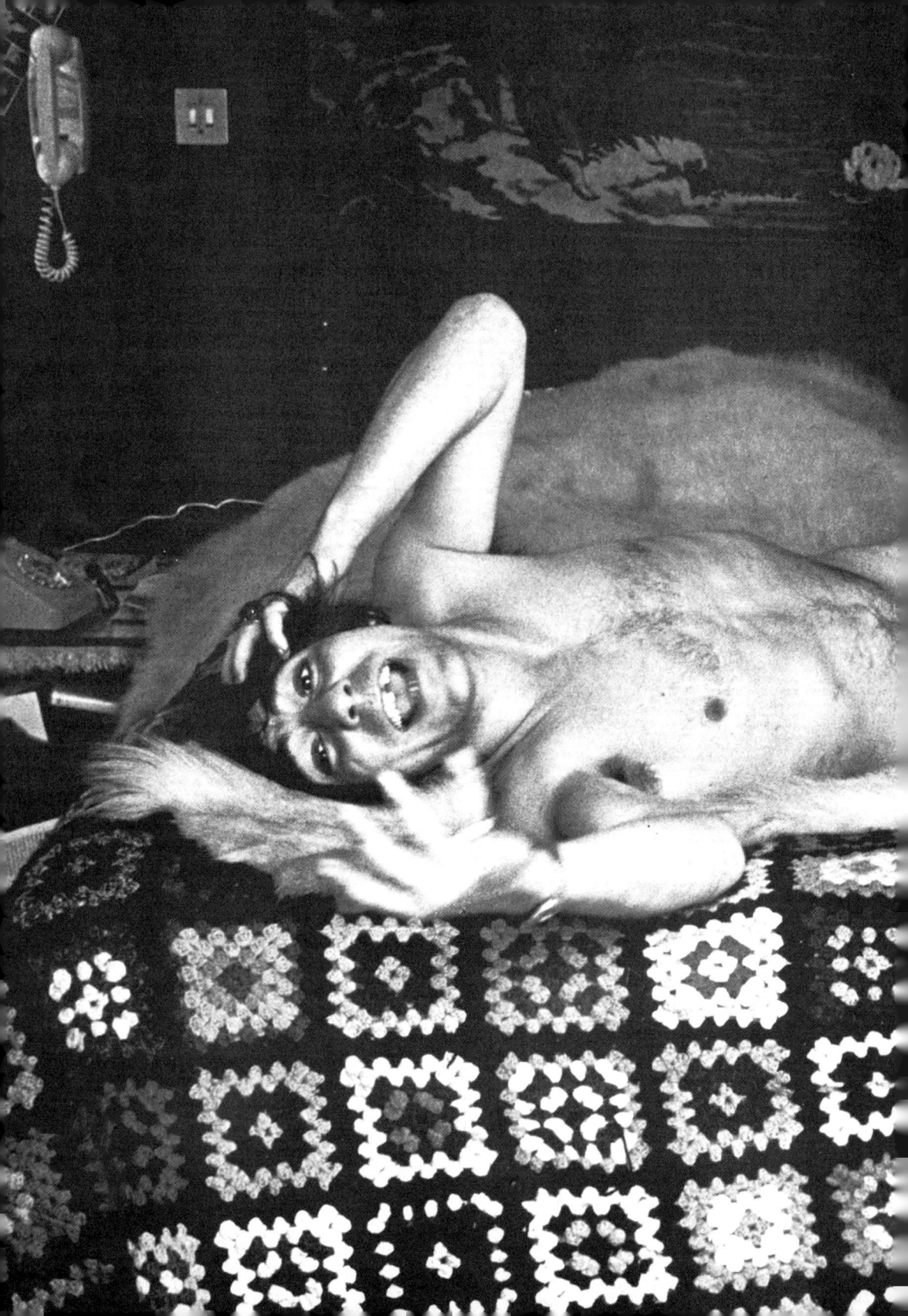

te auf die Straße und jagte Klobecken in die Luft. („Diese Cherry Bomb war drauf und dran, in meiner Hand loszugehen", erklärte er einmal, „darum habe ich sie in den Lokus geworfen, um sie zu löschen.")

Während der 67er Tournee stiegen die Who auch im Gorham Hotel in New York ab – eine beliebte Unterkunft von Gruppenreisenden. Mitten in der Nacht wurden die Hotelgäste davon aufgeschreckt, daß Polizei durch die Flure trampelte und draußen Sirenen heulten. Townshend wachte auf und dachte, daß auf einer Party der Who eine Razzia wegen Pot veranstaltet worden wäre. Als er mit dem Fahrstuhl zu dem entsprechenden Stockwerk hinauffuhr, vernahm er einen Knall, der wohl der letzte einer ganzen Serie von Explosionen war. Der Fahrstuhl hielt an, und die Tür ging auf. Draußen war alles voller Qualm, deshalb stieg Townshend wieder ein, um weiterzufahren. Als sich die Fahrstuhltür wieder schloß, spazierte Moon gerade vorbei, der von seinem Einsatz zurückkehrte. Er hatte gerade die Tür zum Zimmer der Frau des Hotelmanagers in die Luft gesprengt.

Später hat sich Moon darauf verlegt, Hotelzimmer auf künstlerische Weise zu demolieren. Er nahm fast geräuschlos das Mobiliar auseinander und verteilte es neu, damit es so aussah, als wäre das Zimmer verwüstet worden. Manchmal goß er Tomatenketchup in die Wanne und legte ein Paar Plastikbeine hinein. Bei anderen Gelegenheiten ärgerte er Mitglieder der Who oder deren Begleiter (oder auch völlig Fremde) mit Juckpulver, Stinkbomben, Rauchbomben, Plastikungeziefer oder sonstigen widerlichen Sachen, die er irgendwo unterwegs in einem Scherzartikelgeschäft erstand. Ein anderes Mal,

nachdem sie in Ashbury Park, New Jersey, in einer Konzerthalle am Ende der Mole gespielt hatten, setzte sich Moon in den Kopf, daß er im Bus der Band ein Groupie als Begleitung mitnehmen wollte. Alle anderen waren dagegen – bei einer früheren Gelegenheit auf dieser Tournee hatten ein paar Mädchen im Laufe einer berauschenden Party in einem Hotelzimmer einige Tausend Dollar Handgeld mitgehen lassen, und die Band wollte nicht, daß so etwas noch einmal geschah. Aber Moon bestand auf seinem Wunsch, und der Umkleideraum der Band – der übers Meer hinausragte, erdröhnte unter dem lautstarken, hitzigen Streit, den die Who wieder einmal nach einem Gig ausfochten. Bei Moon konnte manchmal tödlicher Ernst daraus werden, wenn er entsprechend disponiert war, und es war erschreckend, echten Haß in seinen Augen aufsteigen zu sehen, selbst wenn er die Situation mit einem Scherz zu entschärfen versuchte. Diesmal war es ihm ernst. „Sie kommt mit, oder ich springe!" rief er, stieg aufs Fensterbrett und sprang ohne weitere Vorwarnung. Sie suchten Stunden nach ihm, riefen die Küstenwache zu Hilfe und die Polizei. Aber Moon war nicht zu finden. Als sie schließlich schon alle Hoffnung aufgegeben hatten und die Band sich schon anschickte, eine Zukunft ohne ihren Drummer anzuvisieren, drang ein dünnes Stimmchen von der Mole unten zu ihnen herauf. „Ich dachte schon, ich würd's nicht überstehen, und ihr?" Es war Moon.

Moon war also ständig zu Streichen aufgelegt, und in seiner Vorliebe dafür, die Leute zu schockieren, überschritt er oft weit die Grenzen des guten Geschmacks (so zum Beispiel, als er und Vivian Stanshall sich als Nazis verkleideten und auf der Hauptstraße von Golders Green in London auf und ab paradierten und die Gefühle der dortigen jüdischen Bevölkerung r verletzten. Moon hatte auch eine Schwäche für tolle Autos und andere Fahrzeuge. Zu Hause in Chertsey hatte er an die zwölf Stück, von mehreren Rolls-Royce bis zu einem eigenen Hover-

---

„Don't give me any of your lip". Nachdem Rod Stewart bei einem Konzert in San Francisco auf der Bühne gestürzt war, flog er am 23. Dezember 1977 mit genähter Oberlippe nach London, um seine traditionellen Weihnachtskonzerte zu spielen. Bei der Ankunft hatte er ein Glas Brandy in der Hand und sang: „I'd walk a million miles for one of your legs."

craft. Es machte ihm gar nichts aus, einen teuren Rolls Royce in einen Swimming-Pool zu fahren. Tragischerweise wurde Keith' Chauffeur Neil Bolland von ihm mit einem Rolls Royce überfahren und getötet, als Moon vor einer Disco in Hertfordshire vor einem Haufen Rabauken zu flüchten versuchte und den Wagen dabei in zu großer Eile zurücksetzte. Er wurde wegen Trunkenheit am Steuer angeklagt.

Moon war die Seele der Live-Auftritte der Who. Die restlichen drei hatten immer andere Interessen und waren, was das Touren anging, mal dieser und mal jener Ansicht. Für Moon hingegen war Rock'n'Roll gleichbedeutend mit auf Tournee gehen – er war ständig auf Achse, heimatlos, immer auf der Suche nach etwas Neuem, um seine rastlose Seele zu befriedigen. Für ihn waren die Who gleichbedeutend mit Live-Auftritten, und Live-Auftritte waren laut. Eines Tages spielte er in einem Hotel in Los Angeles (diesem 'Fleischmarkt', wie er sagte) sehr laut das Band eines Who-Albums ab – wie es ihm eben richtig erschien. Es kam, wie es kommen mußte: Der Hotelmanager wurde auf die Ruhestörung aufmerksam und beschwerte sich bei Moon über den 'Krach' und bat ihn, die Lautstärke zu vermindern. Keith kam dieser Aufforderung nach, aber kurz darauf erschütterte eine Explosion das Hotel, bei der die Tür zu Moons Suite aus den Angeln gehoben wurde. Dem Manager, der nun wirklich wutentbrannt war, erklärte Moon: „Das war Krach. Das, was Sie vorher gehört haben, das waren die Who."

Zudringlicher Diensteifer und schlechter Service haben einige schlimme Tourneekoller ausgelöst. Auch Langeweile. „Eine Woche lang in einem Hotelzimmer rumzusitzen ist kein Picknick", sagte Jimmy Page. „Dann geht das mit dem Tourneekoller los und damit, daß Dinge zu Bruch gehen." Der Schriftsteller John Pidgeon führte Tagebuch über die '72er Tournee der Faces durch England – eine Tournee, die entscheidend zum Erfolg der Band beitrug. Pidgeon nahm an

der Tournee als Road Manager teil – es ist oft so, daß die Roadies, die am härtesten arbeiten und denen das am wenigsten gedankt wird, in den wenigen Stunden der Erholung am stärksten vom Tourneekoller gepackt werden. Pidgeon berichtete, wie die Band mit ihrem Troß ein gräßliches Hotel in Blackpool bezog.

„Im zweiten Stock hatte es einen Kurzschluß gegeben und es brannte kein Licht, die Zimmertelefone funktionierten nicht... Die Nachttischlampen gingen nicht an, die Heizung ließ sich nicht anstellen, und in der Wanne waren Schamhaare. Wir durften nicht ohne Schlips ins Restaurant, und auf Veranlassung des Empfangschefs ließ man uns nur in die abscheuliche, von den Förmlichkeiten ausgenommene Grillstube." Nach einem amüsanten Abend in einer Bar am Orte, wo sie den ganzen Brandy ausgesoffen hatten, beschlossen zwei Roadies der Faces, am Hotelinventar einige 'Veränderungen' vorzu nehmen. Während der Show am nächsten Abend drangen Fans in den Orchesterraum ein, und die Polizei wurde gerufen. Rod Stewart überredete sie, die Show nicht zu stoppen. Später im Hotel nahmen sie 'einige weitere Veränderungen' vor – obwohl sie die ganze Zeit ein Wachhund wütend anknurrte. Am nächsten Morgen fuhr einer der Roadies den Truck der Band gegen das Hotel.. „Er wollte dabei lediglich die Zementkugel von dem Torpfosten herunterstoßen", hielt Pidgeon fest, „aber wir rammten den Pfeiler so stark, daß er zusammenstürzte und mit ihm ein paar Meter Mauerwerk."

Diese Art mutwilliger Zerstörung ist eine Art Rache dafür, wenn man Rockstars den Aufenthalt nicht möglichst angenehm gestaltet. Tatsächlich lassen sich gute und schlechte Zeiten auf Tournee kaum unterscheiden – unter dem Tourneestreß scheint alles einen merkwürdig freudlosen und gewohnheitsmäßigen Anstrich zu bekommen, als ob das Amüsement *offstage* nur eine andere Form von Arbeit wäre.

„Nach der Show in Sheffield wollten wir

Rod Stewart war hier: das Erste-Klasse-Abteil, in dem er am 23. Dezember 1977 nach London geflogen war. Rod und seine Begleiter schütteten Drinks auf den Teppich, beschmierten die Sitze mit Marmelade und Butter und warfen das Abendessen in den Gang.

noch feiern", erzählte Pidgeon. „Aber als wir mit dem Beladen des Trucks fertig waren, hatten sich die Mädchen, die wir aufgerissen hatten, verkrümelt, und die Stimmung im Hotel war lausig." Sie kamen jedoch wieder in Feierlaune und zu dem Schluß, daß sie „ihre Fete ja auch bei dem Kerl von Warner Brothers im Zimmer machen könnten. Woody (Ron Wood), Mac und Rod fanden das auch, obwohl unser Gastgeber da anderer Ansicht war. Er hatte zwei Mädchen im Visier und befürchtete, daß wir ihnen Angst einjagen und sie vergraulen könnten. Er hatte recht. Woody und Rod zerrten eine von ihnen in einen Kleiderschrank. Als sie ihnen entkommen konnte, stürmte sie gleich aus dem Zimmer hinaus; daraufhin gaben die beiden uns eine Cabaret-Vorstellung im Schrank, sangen, erzählten Witze und tanzten sogar, und das die meiste Zeit da drin-

nen. Mac führte praktisch vor, wie man einen billigen Sessel auseinandernimmt, und hielt währenddessen einen Vortrag über dessen Konstruktionsfehler. Alle amüsierten sich großartig. Nur der Kerl von Warner Brothers nicht; der geriet immer mehr außer sich bei dem Gedanken, wie er die Rechnung fürs Mobiliar als Geschäftsunkosten würde ausgeben müssen." Darüber hätte er sich keine Sorgen zu machen brauchen. Wie immer nach solchen Anfällen von Tourneekoller, setzten am Morgen die Gewissensbisse ein und die Band bezahlte die Rechnung.

Und so geht es von einem scheußlichen Hotelzimmer zum nächsten, von einem enttäuschenden Auftritt zum nächsten, von einer grauen Stadt zur anderen und von einer Tournee zur nächsten. Einigen Bands schienen die Hektik und die Aufregung, die mit Konzerten und dem Leben auf Tournee verbunden und für sie typisch sind, bestens zu bekommen. Wenigstens bis das Drum und Dran der Konzert-Touren im Laufe der siebziger Jahre immer komplizierter und raffinierter zu werden begann. Denn damit veränderten sich die Voraussetzungen dafür, daß man gerne auf Walze ging. Die Tourneen wurden aufwendige Unternehmungen, militärischen Manövern gleich, die von ganzen Expertenteams von Managern organisiert wurden.

Auf der 'Diamond Dogs' Tournee 1974 benutzte David Bowie eine ganze Bühnenausstattung – ein Gerüst mit einer expressionistisch gemalten Theaterkulisse einer modernen Stadt, eine gewaltige Beleuchtungsmaschinerie, Lautsprechertürme, einen beweglichen Steg und einen Stuhl an einem motorisierten Hebebalken aus Stahl, der Bowie herauf oder herunter oder zehn Meter weit in den Zuschauerraum schwenken konnte. Es gab auch ein riesiges, als 'Diamond Module' bezeichnetes, verspiegeltes Plexiglas mit Motor und Rädern, in dem Bowie über die Bühne fahren konnte und das, wenn es sich öffnete, den Sänger in all seiner Pracht zeigte. All das verteuerte die

Tournee um gut $ 200.000. Eine Tournee-mannschaft von fünfzehn Leuten ging mit auf Reisen und war in einem Bus unterge-bracht, der komplett eingerichtet war, mit Schlafkojen, Stereoanlage, Farbfernseher und Badezimmer. Sie brauchten zusammen mit einer örtlichen Mannschaft einen Ar-beitstag von etwa neunzehn Stunden (die Reisezeit nicht mitgerechnet), um die Aus-rüstung aufzubauen, alles zu überwachen, wieder abzubauen, zu verladen und wieder zu entladen. Was immer Bowie und die Mu-siker tun mochten, der Truppe blieb wenig Zeit zum Feiern. „Nach fünf oder sechs Ta-gen", sagte einer von ihnen, kam eine größe-re Sendung Kokain an. Anfangs setzte das die Arbeitszeit auf vierzehn Stunden herab, aber keiner bekam deshalb mehr Schlaf als vorher, weil wir alle so aufgedreht waren und aufblieben und uns unterhielten. Nach ein paar Tagen pendelte sich unser Arbeitstag wieder auf einundzwanzig Stunden ein, und dabei blieb es. Zum Glück habe ich verges-sen, was für ein Gefühl es ist, dermaßen übermüdet zu sein, aber wir waren alle stän-dig kurz vor dem Durchdrehen."

Währenddessen wurden die Rock-Stars selbst immer mehr verhätschelt. Die Privat-flugzeuge, die einst ein solcher Luxus schie-nen, wurden nun unerläßlich. 1973 war es soweit, daß man den Led Zeppelin gegen Ende der Tournee $ 180.000 Bargeld aus dem Hotelsafe stehlen konnte – Geld, das offenbar dafür vorgesehen war, die Hotel-rechnungen zu bezahlen, eine Film-Crew und die Chartergebühr für ein Flugzeug. 1978 schließlich spielten die Rolling Stones auf einer Tournee vor insgesamt 760.000 Menschen, nahmen bisweilen bei einer ein-zigen Show mehr als eine Million Dollar brutto ein und hatten selbst bei der klein-sten Show (vor ungefähr 2.500 Leuten) etwa $ 25.000 Dollar an Ausgaben. Die Hotel-rechnung der Stones für nur einige wenige Übernachtungen in Texas belief sich auf $ 17.000, die Ausgaben für Essen und Ge-tränke für *eine* Show überstiegen $ 2.000.

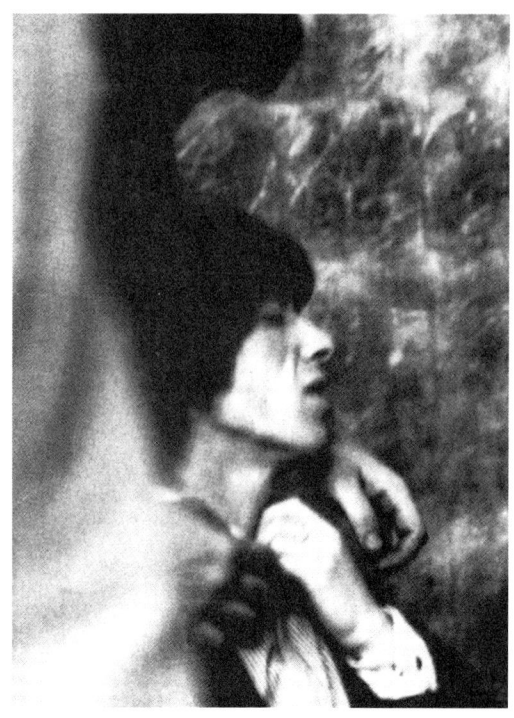

Bühnenangst: Bill Wyman, Mick Jagger und Brian Jones bekamen am 27. März 1965 bei den Proben für ein Konzert im dänischen Oclense einen 220-Volt-Stromschlag aus einem ungeerdeten Mikrophon. Bill erwischte es am schlimmsten: er war mehrere Minu-ten bewußtlos.

In solchen Dimensionen wird der Rock-star auf Tournee von all den Feindseligkei-ten und Enttäuschungen, mit denen er einst konfrontiert war, abgeschirmt. Tatsächlich ist er von fast allem isoliert. „Man muß sich richtig dazu aufraffen, auszugehen", meinte Keith Richard. „Man kriegt alles, was man braucht, vom Zimmerservice, läßt es sich be-sorgen… Man ist wirklich von der Welt ab-geschnitten." Unterhaltung kann man sich kaufen, und selbst ein Krawall kommt einen ziemlich billig zu stehen. „Es ist seltsam, wie Erfolg und Zimmer-Demolieren Hand in Hand zu gehen scheinen", bemerkte Bev Bevan vom Electric Light Orchestra. „Jahre-lang haben wir nicht mal einen Zahnbürsten-halter kaputt gemacht, und erst als wir Abend für Abend bei ausverkauften Konzerten vor 20.000 bis 72.000 Leuten spielten, bekamen wir Probleme."

Diese Art auffälliger Zerstörungswut erreichte einen Höhepunkt mit den Led Zeppelin. „Von den miesesten Absteigen bis zu den besten Klassehotels", sagte Robert Plant, „es war immer ein Spaß." Aber selbst Plant ist ermattet. Sieben Jahre nach der ersten Amerikatournee der Gruppe blickte er fast sehnsüchtig zurück. „Das ist lange her", meinte er. „Heute neigen wir eher dazu, in unseren Zimmern zu bleiben und Nietzsche zu lesen. Man konnte viel Spaß haben, damals gab es einfach mehr Leute, mit denen man sich echt gut amüsieren konnte als heute."

Plant fuhr fort: „Man lernte eine Menge Leute kennen, die Sinn für Ulk hatten. Die Menschen hießen uns echt willkommen im Land, und wir begannen richtig auf die Pauke zu hauen. Warfen Eier von Stockwerk zu Stockwerk und inszenierten alberne Wasserschlachten, wie Neunzehnjährige. Es waren einfach die ersten Lernschritte, wie man sich *crazy* verhält."

Immer häufiger wird auch Langeweile als Grund für die sinnlose Zerstörungswut angegeben; es scheint so, als versuchten die Superstars des Rock auf diese Weise den Konzertstreß abzubauen; Zerstörung ist aber auch ein Statussymbol, das klarmacht, daß man es sich leisten kann, materielle Werte zu mißachten, sich die exotischsten Spielereien zu gestatten, die man mit Geld kaufen kann. Rockstars können ihre Wunschträume verwirklichen. Aber sobald ein Traum wahr geworden ist, wird er auch Teil des täglichen Einerleis. Und es wird immer schwerer, sich neue, aufregendere Gelüste einfallen zu lassen.

Die Auftritte selbst bleiben immer noch mit den wirkungsvollsten Vorstellungen verknüpft – der Vision, daß Zuhörer und Musiker eins werden. „Wir haben alle schon die Erfahrung gemacht, daß wir bei einem Rock-Konzert vergessen, wer wir sind", sagte Pete Townshend, „daß wir uns völlig fallenlassen. Wenn die Musik so gut wird ... vergessen alle für eine Stunde, wer sie sind und wo sie sind ... Wenn man das erlebt hat, strebt man es immer wieder an und sehnt es herbei, weil es so ein himmlisches Gefühl ist." Doch die mit diesem Verlangen verbundenen Anstrengungen und Enttäuschungen haben bei den Shows der Who auch zu Ausbrüchen von Aggressivität geführt, was beweist, daß der Weg zum Ziel der Sehnsucht überaus bitter sein kann.

Townshend schlug dem 'Jugendrevolutionär' Abbie Hoffman seine Gitarre über den Schädel, als Hoffman im LSD-Rausch in Woodstock auf die Bühne kam und die Who zu Beginn ihres Auftritts unterbrach. Hoffman, der nicht ganz bei Sinnen war, rief das etwa eine halbe Million Menschen starke Publikum dazu auf, loszumarschieren und John Sinclair aus dem Gefängnis zu befreien, und das konnte Townshend nicht ertragen. Ich selbst habe erlebt, daß Townshend von der Bühne sprang und fast einen Jugendlichen erwürgt hätte, dessen einziges Verbrechen darin bestand, daß er dauernd einen bestimmten Song hören wollte.

Aber auch dafür hat Pete Townshend eine Erklärung. „Es gibt eine bestimmte innere Einstellung, die ich als 'Tourneerüstung' bezeichnete", sagte er 1980 zu Greil Marcus. „Wenn man auf Walze geht, panzert man sich mit einer Rüstung, geht beinahe in Trance... Wenn ich sage Rüstung, dann meine ich eine Art von Rüstung, die einem echt erlaubt, ungezwungener zu sein, und freier, die es einem ermöglicht, draufgängerischer zu sein, härter. .. Ich will es nicht zu verherrlichen versuchen, ich bin darauf auch nicht unbedingt stolz."

Eine Tourneerüstung bewahrt den Musiker jedoch nicht vor den Gefahren auf der Bühne selber, die zum großen Teil auf einen überstürzten Aufbau oder einen übereilten Abgang zurückzuführen sind. Les Harvey, der Gitarrist von Stone the Crows, wurde im Mai 1972 auf der Bühne im Top Rank Ballroom in Swansea vor 1.500 Fans getötet, als er einen elektrischen Schlag von seiner

Gitarre bekam. Er hatte einfach nur angefangen zu spielen. In der Eile, in der die Apparate aufgebaut worden waren, hatte sich niemand die Mühe gemacht, noch einmal zu überprüfen, ob die Gitarren und Mikrophone sicher angeschlossen waren, und Harveys Gitarre stand unter Strom. Im Oktober 1974 bekam Gary Thain, der Bassist der Uriah Heep, auf der Bühne in Dallas ebenfalls einen elektrischen Schlag. Er bekam zwei Wochen Ruhe verordnet, aber die Nachwirkungen dieses Unfalls führten in Verbindung mit schwerem Drogenkonsum dazu, daß er immer unzuverlässiger wurde. Die Band trennte sich von ihm, und im Februar 1976 fand ihn seine japanische Freundin tot zu Hause in seinem Bad, gestorben an einer Überdosis. Auch die Rolling Stones haben elektrische Schläge abgekriegt; Bill Wyman war einmal nach einem solchen Stromstoß drei Minuten bewußtlos. Ein weiterer Musiker, der auf der Bühne einen Schlag erhielt, allerdings einen, der nicht so schlimm war, war Tom Petty. Doch bei der Vielzahl elektrischer Kabel und Leitungen bei einer Bühnenshow ist es eigentlich sogar noch überraschend, daß trotzdem nicht mehr Unfälle dieser Art passieren.

Die elektrische Gitarre ist auch schon als Selbstmordinstrument benutzt worden. Keith Relf, Mittelpunkt der Yardbirds, dessen Karriere ins Wanken geriet, als die Gruppe in Led Zeppelin aufging, wurde im Mai 1976 mit einer unter Strom stehenden elektrischen Gitarre im Arm tot in seinem Londoner Haus aufgefunden. Bei John Rostill, der 1963 den Bassisten Brian Locking bei den Shadows abgelöst hatte, blieben die genauen Todesumstände ungeklärt. Er kam als völlig Unbekannter zu den Shadows, nachdem er einmal vorgespielt hatte, und blieb, bis die Shadows sich 1968 auflösten, immer im Hintergrund. Im November 1973 fand man Rostill, offenbar gestorben an einem elektrischen Schlag von seiner eigenen Gitarre. Sein Tod bleibt geheimnisumwoben, weil Rostill kurz vor einer geplanten Wiedervereinigung der Shadows starb. Diese fand dann ohne ihn statt, und die Band gewann wieder an Popularität.

Bei den Bühnenauftritten selbst kommt es natürlich auch zu unzähligen kleineren Verletzungen. Schwere Verletzungen sind (außer von Wurfgeschossen aus dem Publikum) seltener. 1971 wurde Frank Zappa im Rainbow in London von einem aufgebrachten Fan aus Eifersucht von der Bühne geschleudert, weil dessen Freundin so begeistert von dem amerikanischen Star war. Zappa stürzte in den Orchestergraben und brach sich so schlimm ein Bein, daß er ein Jahr lang mit einer Beinschiene aus Stahl auftreten mußte. Seither hatte er ständig einen ehemaligen Polizisten als Leibwächter bei sich. „Es gibt viele höchst sonderliche Leute bei einem Rock-Konzert", meinte er, „und die Drogen, die bei solchen Anlässen genommen werden, erhöhen noch das Risiko verrückter, gewalttätiger Angriffe." Patti Smith, deren exaltierte Auftritte größere Verletzungen regelrecht heraufbeschwörten, zog sich 1977 eine Nackenverletzung zu und mußte mit 22 Stichen genäht werden, als sie in der Curtis Nixon Hall in Tampa, Florida, auf der Bühne so lange herumgewirbelt war, bis ihr schwindelig wurde. sie stolperte und kopfüber ins Publikum stürzte.

Patti stritt natürlich ab, daß sie zu der Zeit unter Drogen gestanden hatte – obwohl sie ihren Auftritt mit einer ätzenden und ausfallenden Dankesrede an Florida und seine Einwohner begonnen hatte. Sie behauptete, vom Rock'n'Roll high zu sein. „Die Show ist die Droge", wie sie sagt.

Ein Auftritt kann komplizierte Empfindungen freisetzen, die dazu führen, daß der Musiker irgendwo zwischen Ekstase und Verzweiflung dahintreibt. Inbegriffen ist immer ein gewisses Versagen, weil der Auftritt

---

Die akrobatischen Einlagen von Patti Smith führten 1977 in Tampa, Florida, zu ernsthaften Verletzungen. „Ich weiß nur, daß es jede Nacht irgendwann so mit mir durchgeht, daß ich mich entweder auf der Bühne anpinkle oder einen Orgasmus bekomme", sagte Patti.

ja zeitlich begrenzt ist. Trotzdem sind sich alle Musiker auf der Bühne der Macht bewußt, die sie haben, wenn auch nur mehr oder weniger intuitiv. Ein Auftritt ist demzufolge eine Art Sex-Ersatz, und für manche ist eben das Hintreten vor das Publikum der Grund, warum sie so wild auf Tourneen sind.

„Da war man auf der Schule und hatte Pickel, und keiner wollte was von einem wissen", erklärte Eric Clapton.. „Aber kommt man mit einer Band, kann man unzählige Frauen haben. Und Tausende kleiner Mädchen kreischen und geraten völlig aus dem Häuschen. Mann, das ist Macht."

Für manche ist diese Macht beeindrukkend und erschreckend zugleich – nicht zuletzt deshalb, weil das Publikum, wenn die Macht nicht wirkt (oder zu gut wirkt), unter Umständen Krawall macht oder einzelne von ihnen auf die Musiker losgehen. Jimi Hendrix' letzter trauriger Auftritt in Amerika läßt etwas davon erahnen, was hinter seinen übermäßigen Ausschweifungen, seinen gewalttätigen Auseinandersetzungen mit Kollegen und seiner stets vorhandenen Neigung zu Tourneekollern steckte. (Nach einer besonders gemeinen Rauferei mit Noel Redding in einem Hotelzimmer in Schweden landete Hendrix im Gefängnis – und um ihn dahin zu verfrachten, waren fünf Polizisten nötig.)

Hendrix' letzte Show fand in Seattle statt, seiner Heimatstadt. Der Gitarrist spielte schlecht, trotzdem stürmten eifrige Fans in Erwartung des magischen, verzückenden Moments zur Bühne vor. Hendrix beschimpfte gezwungenermaßen das Publikum. „Fuck you! Fuck you!" schrie er, obwohl die Menschen angefangen hatten, „We love you, Jimi!" zu singen. Am Ende der Show schleuderte er seine Gitarre zu Boden und ging von der Bühne, kehrte jedoch ein paar Minuten später niedergeschlagen ans Mikrophon zurück und fragte, ob jemand von seiner alten Schule im Publikum sei. Auf die Yeah-Rufe reagierte er nur mit: „Spitze!"

Auch Jim Morrison entwickelte seinem Publikum gegenüber mit der Zeit immer mehr Aggressivität. Anfangs meinte er: „Konzerte sind toll, aber dabei kommt es zu einem Massenphänomen, das eigentlich wenig mit Musik zu tun hat." Als die Zuhörermassen größer wurden und nach immer mehr Skandal und Aufpeitschung verlangten und Morrison seinen Aufstieg zum Star innerlich nicht zu verkraften schien, neigte er immer mehr dazu, die Beherrschung zu verlieren. Seine zwiespältigen Empfindungen zerstörten am Ende seine Musik und verwandelten seine Konzerte in Freak-Shows. Und Iggy Pop, der sich auf der Bühne genau wie Jim Morrison entblößte (allerdings ohne gerichtliche Folgen), erinnerte sich bei seinem Comeback Ende der siebziger Jahre, wie sehr er „das Publikum manchmal haßte, wegen der Dinge, die man seinetwegen tut. Sie sind Ärsche", sagte er. „Warum sind sie gekommen, um mich zu sehen?" Iggy beschimpfte allerdings sowohl sein Publikum als auch sich selbst. Er schwelgte darin, provozierte Schlägereien, beschmierte die Leute mit Erdnußbutter. Er ritzte und schnitt sich mit Scherben blutig und forderte das Publikum auf, auf die Bühne zu kommen. Er spielte über Lautsprecher verstärkt die Geräusche von Toilettenspülungen. Aber zu der Zeit war er auch heroinsüchtig und manchmal nicht in der Lage, ohne einen kräftigen Schuß Methedrine überhaupt aufzutreten. (Er erinnert sich noch, wie eines denkwürdigen Tages ein Gorilla auf die Bühne kam und ihn, während er sang, hochhob – er war zu der Zeit voller Speed. „Ich war völlig außer mir vor Angst", erzählte er – doch dann stellte sich heraus, daß es sich bei dem Gorilla um den als Affen verkleideten Elton John handelte, der ihm – allerdings zum falschen Zeitpunkt – lediglich einen freundschaftlichen Überraschungsbesuch abstattete.)

„Wenn ich auf Tournee bin, bedeutet das, daß ich von jemandem getrennt bin, den ich liebe", sagte Patti Smith. „Das kann bedeuten, daß ich nachts allein bin, daß ich vielleicht einen Monat ohne Liebe auskommen muß, und deshalb muß ich mir diesen Kick auf der Bühne holen... Ich weiß nur, daß meine Hingabe jeden Abend irgendwann so groß ist, daß ich mich bepisse oder daß es mir auf der Bühne kommt – einmal habe ich mir auf der Bühne sogar in die Hose geschissen, ich habe mich so bemüht, einen bestimmten Ton zu treffen oder ein Gefühl oder ein Wort, daß ich einfach die Kontrolle über mich verlor."

Patti Smith glaubt, daß das Publikum im Star ein Spiegelbild seiner selbst sieht. „Du gibst denen 'ne Menge phantastischer Energie, und sie konsumieren sie und spucken sie aus", erklärte sie. „Sie sind wie verliebte Vampire oder so."

Patti Smith weiß, warum sie am liebsten live auftritt. Mick Jagger hat dieselbe Macht

erfahren wie sie, aber er ist zu zynisch, vielleicht auch weniger theatralisch und hat gewiß zuviel Distanz zu seinem Publikum, um in einer Show mehr als eine unvollkommene Nachahmung des Lebens zu sehen. „Ich verstehe den Zusammenhang zwischen Musik und Gewalt nicht", hat er einmal – ein wenig unaufrichtig – gesagt. „Ich weiß nur, daß Musik mich sehr erregt, aber sie regt mich nicht zu Gewalttätigkeit an. Ich wollte nie nach einer Rock'n'Roll-Show Fenster einwerfen oder jemanden zusammenschlagen. Mich regt es eher sexuell an als zu körperlicher Gewalt." Vielleicht hält dieses Gefühl nur fünf Minuten an, wie Jagger behauptet – trotzdem ist es eine merkwürdige Erregung. Menschen, die auf so flüchtige und heftige Gefühle angewiesen sind, müssen lange Reisen unternehmen, und so wie Schneeblindheit eine Art Berufskrankheit für Polforscher ist, bekommen Stars, beruflich bedingt, ihr *roadfever* und müssen 'on the road', auf Tournee, gehen.

„Er ist groß", sagte jemand, der es wissen muß, „aber nicht sehr groß." Mick Jagger meinte einmal, daß ihn Musik sehr errege; aber basiert sein Image als Sexgott wirklich nur auf heißer Luft?

STAGE-DOOR SEX

Ein ganz wesentliches Element der Rock'n'Roll-Magie ist das Groupie – gleichgültig ob es sich um einen namenlosen Fan oder ein betreffendes Mitglied der oberen Zehntausend handelt –, das Musik gegen die Währung Orgasmus wechselt und damit freigebig ist. Sie (denn es sind fast immer Frauen) spielt eine Hauptrolle in den Rockmythen und -legenden – sie ist für Fans und Beobachter der Beweis, daß Rockstars den neuzeitlichen heiligen Gral ungestrafter, schuldloser Promiskuität entdeckt haben, daß also der Menschheitstraum von Erlösung, Heilsuche und Belohnung Wahrheit werden kann. Aber für die Rockstars selber sind Groupies nicht viel mehr als Machtbeweise, die sich in sexuellen Handlungen äußern – Erfolgssymbole. „Du wirst nicht viel Geld verdienen, aber mehr Pussies haben als Frank Sinatra", versprach Ronnie Hawkins Robbie Robertson, als er ihn für seine Band anwarb – ein Versprechen, bei dem das Groupie wertmäßig etwa mit freier Kost und Logis gleichgesetzt wurde.

Backstage und im Hotel lebten die Beatles inmitten eines sexuell grotesk überaktiven Bienenschwarms. John Lennon erzählte Jann Wenner: „Dereks (Derek Taylor) und Neils (Neil Aspinall) Zimmer waren immer voller Mädels und Polizisten und allem. *Satyricon!* Wir mußten etwas tun, und was machst du, wenn die Wirkung der Droge nicht nachläßt... Wenn wir keine Groupies kriegen konnten, nahmen wir eben Huren und alles, was ging."

Nackte Umarmung: Jerry Hall demonstriert, bis auf ihre Juwelen unbekleidet, ihre Liebe zu Mick Jagger. Das frühere *Vogue*-Covergirl war einst das höchstbezahlte Model der Welt.

Chrissie Shrimpton – die kleine Schwester des Fotomodells Jean – war eine Zeitlang berühmt, weil sie Mick Jaggers Freundin war, später bekam die unglückliche Marianne Faithfull diesen Titel. Chrissie genoß es, der Presse zu erzählen, sie wisse aus Erfahrung, daß die Stones nicht homosexuell seien. Marianne Faithfull erinnerte sich, daß sie fest entschlossen war, „einen Rolling Stone zum Freund" zu haben. „Ich schlief mit dreien und kam dann zu dem Schluß, daß der Leadsänger das lohnendste Ziel war." Aber sie verliebte sich in den Leadsänger – sie, dieses nette Mädchen aus der Oberschicht, die Klosterschülerin, die wie so viele andere an den Mythos glaubte, daß Rock'n'Roll ihr die Befreiung brächte. Ihre Freiheit, stellte sich heraus, bestand darin, daß sie sich von Mick Jaggers lüsternem Image bestricken ließ. Sie folgte ihm wie ein Schoßhündchen, sie liebten sich in der Umkleidekabine eines exklusiven Modegeschäfts, ihr Name, der aus der Gerichtsverhandlung nach der Redlands-Razzia herausgehalten wurde, geisterte durch die schmutzigen Phantasien junger Burschen, die voller Neid verfolgten, welche sexuellen Schätze Jagger zur Verfügung standen. Sie und Jagger waren in Redlands *in flagrante delecto* erwischt worden, als sie gerade einen Mars-Riegel als neues Cunnilingus-Accessoire entdeckt hatten, wurde ziemlich laut getuschelt. Angenommen, daß dieses merkwürdige Gerücht erfunden war (und es kursierte in Amerika mit kleineren, aber entscheidenden Abwandlungen – der Schauplatz war Woodstock und der Schokoladenriegel war von der Marke Baby Ruth und mit Acid versetzt), so machte es doch Marianne zu einer Ausgeburt lüsterner Phantasien, machte aus

Marianne Faithfull bekräftigt ihr Image als jungfräuliche (oder gar engelsgesichtige) Hure – ein feuchter Männertraum.

Die Schönen und die Verdammten: Mick Jagger und Marianne Faithfull kommen am 6. Juli 1969 am Flughafen Sydney an, um Filmaufnahmen für „Ned Kelly" zu machen. Nach zwei Jahren Medienpräsenz in Gesellschaft der Stones und jeder Menge gerichtlicher Probleme war es die letzte sanfte Landung für Marianne.

ihr: die Hure mit dem Aussehen einer Jungfrau (ja sogar eines Engels): das willige Opfer.

Aber Marianne machte leidvolle Erfahrungen. „Wenn du erst einmal anfängst, dir aus jemandem etwas zu machen", sagte sie, „macht es deine ehrgeizigen Pläne zunichte." Ihr Ehrgeiz hatte sich in vier Hit-Platten manifestiert. Aber Mick zerstörte ihre Pläne. „Er hatte mich aufgespießt wie ein Insekt", erinnerte sie sich, „und er sah zu, wie ich um mich schlug und mich wand, aber das faszinierte ihn als Künstler."

Marianne wurde heroinsüchtig, nahm 1969 in Australien eine Überdosis, rannte einmal gegen eine Spiegelglasscheibe und hatte später, als sie ein Kind von Mick erwartete, eine Fehlgeburt. Sie brach mit ihm, tauschte das Scheinwerferlicht des Rock'n'-Roll gegen das der Schauspielerei, heiratete einen anderen Musiker, Ben Brierley ('die

Braut trug Rot', hieß es in einem Pressebericht), und hatte Ende der siebziger Jahre ein ziemlich erfolgreiches Comeback.

Das Image, das Marianne aus jenen wilden Zeiten immer noch anhängt, ist mit ziemlicher Sicherheit immer noch so stark, daß sie Kapital daraus schlagen kann. Als sie 1977 in einem auf Erfindung basierenden Film über die Sex Pistols probehalber die Rolle der inzestuösen Mutter von Sid Vicious spielte, bezeichnete sie eine geplante Nacktszene mit Sid als „ziemlich widerlich", bekannte aber gleichzeitig, im Grunde sei sie wahrscheinlich immer noch „a dirty little girl". Andererseits hat sie sich bemüht, mit ihren eigenen komplizierten Gefühlen fertig zu werden; 1977 nahm sie auf ihrem Album *Broken English* einen Song über sexuelle Eifersucht auf, der so deutlich war, daß er das Mißfallen der BBC erregte. Über Mick Jagger sagt sie, „keiner wurde verlassen. Meine Beziehung... kam einfach zu einem natürlichen Ende". Sie bestand darauf, „nie ein Opfer gewesen" zu sein; „vielleicht bin ich leicht zu verletzen", sagte sie 1981, „aber in anderen Bereichen bin ich sehr stark."

Sie lehnte häufig wechselnden Partnertausch ab („In den sechziger und siebziger Jahren haben die Leute das alles ausprobiert, und es hat nicht funktioniert", sagte sie) und versuchte mehrfach, mit weniger Erfolg, Heroin aufzugeben. Ihre Sucht führte dazu, daß sie das Sorgerecht für ihren Sohn Nicholas verlor und dessen Vater John Dunbar es bekam.. Anfang 1981 wurde sie wegen des Besitzes von fünfzehn Milligramm Heroin verhaftet und wurde, nachdem sie sich damit entschuldigt hatte, „ein Freund namens Nicky" habe es in ihrem Nachttisch liegenlassen, zu einer Geldstrafe von £ 100 verurteilt.

„Ich habe das Drogenproblem überwunden", sagte sie, „aber ich gerate noch immer in Versuchung, vor allem wenn ich deprimiert oder allein bin." Vielleicht ist ihre Vergangenheit selbst die kräftigste Droge, denn Marianne ist noch heute für die Weltpresse 'die frühere Freundin von Rolling Stone Mick Jagger'.

Das Wort 'Groupie' ist erst relativ jung, aber Lichtfalter dieser Art gibt es schon seit Jahrhunderten. Das Anziehende ist nicht unbedingt der Ruhm selbst, sondern die Art von Berühmtheit, die man mit Männern in Verbindung bringt, die irgendwie gefährlich leben, so daß die Gefahr besteht, daß es kurz sein wird, und die daher (so lautet die Überlegung) ein besonders wildes Leben führen. Die sexuellen Handlungen dieser Frauen kann man als Akte der Großzügigkeit ansehen, als Gefälligkeiten, die sie den Einsamen, Müden und Tragischen erweisen, de-

As Tears Go By: Marianne Faithfull auf der Intensivstation eines Krankenhauses in Sydney, nachdem sie am 8. Juli 1969 150 Natriumamytaltabletten geschluckt hatte. Ihre Heroinsucht, der Tod von Brian Jones fünf Tage zuvor und Probleme in ihrer Beziehung zu Mick Jagger führten zu diesem Selbstmordversuch. Marianne war das Aushängeschild der „swingenden" Sechziger, aber als der bunte Lack abblätterte und das Jahrzehnt seinem Ende zuging, stand sie mit einem Fuß im Grab.

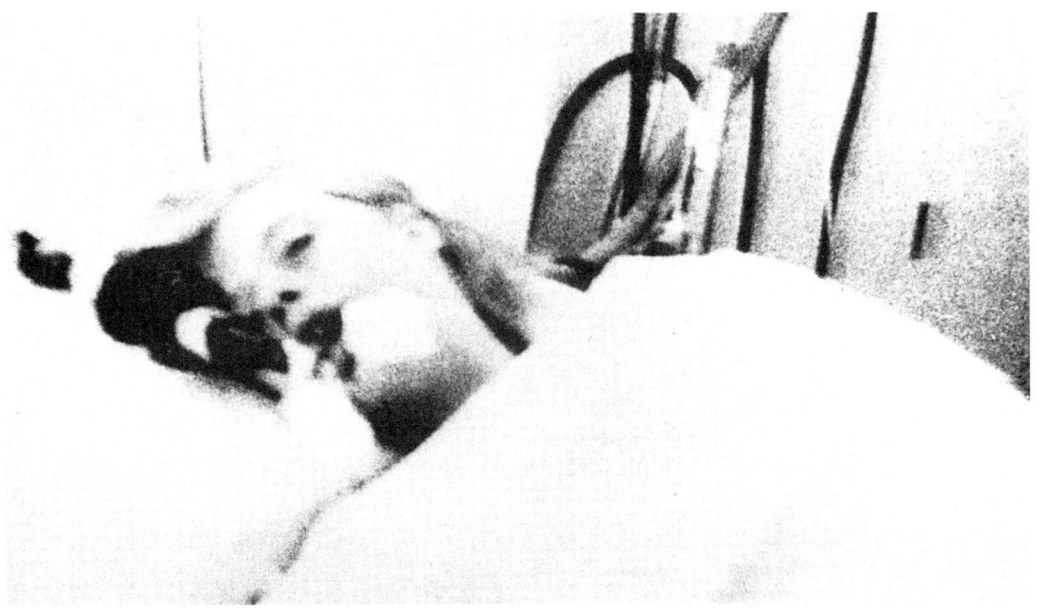

ren Beziehungen immer seicht und meist kurz sind, als Versuche, etwas von der Aufregung und dem Ruhm abzubekommen, oder einfach als Hurerei. Wie man es auch bezeichnen mag, immer sind die gleichen Handlungsmotive zu erkennen – der Wunsch, mit Tod und Leben zu flirten, indem man sich der Gefahr aussetzt daß eine vorübergehende sexuelle Beziehung sich in eine ständige gefühlsmäßige Bindung verwandelt. Für die Frauen sind solche Beziehungen ein schwacher Abglanz dessen, was die Männer naturgemäß davon haben. Oft war das alles, was sie zu erhoffen hatten.

Unter den Musikern hießen diese Begleiterinnen 'band chicks', 'starfuckers', 'snuff queens' (in der Country Music) und seit den sechziger Jahren 'Groupies'. Was die Rockgroupies ganz wesentlich von ihren Vorgängerinnen unterscheidet, ist, daß ihr Schwarm eine Gruppe war. Den Anfang machten natürlich die Beatles. Sie waren nicht einfach nur Stars, sondern eine exklusive Bruderschaft, zu der man so gerne *dazugehören* wollte. Der Sex kam, manchmal, später. Die Mädchen hingen an den Bühneneingängen herum in der Hoffnung, einen kurzen Blick zu erhaschen. Wenn ein Roadie herauskam, um etwas für die Fab Four zu besorgen, war es leicht, sich anzubieten – und solche Angebote wurden selten abgelehnt. Später würden die Roadies, Konzertveranstalter und Discjockeys vom Ort einen, als Gegenleistung, vielleicht hinter die Bühne lassen. Was sollte eine arme kleine Verehrerin sonst tun?

Anfang der sechziger Jahre war es leicht, durch Sex vom Fan zum Groupie aufzurücken. Die Atmosphäre der Rock'n'Roll-Konzerte war mit pubertärer sexueller Energie aufgeladen. Vor dem Hintergrund von Fummelerlebnissen mit unerfahrenen und linkischen *boyfriends* war das welterfahrene Image des liebeserprobten Pop- oder Rockmusikers wahrhaft verführerisch. Ein Mädchen, das einmal draußen vor dem Bühneneingang gestanden und es geschafft hatte, ins Innerste des Heiligtums geleitet zu werden,

um die Bedürfnisse eines von der Lust überkommenen Musikers zu befriedigen, fand die Erfahrung oft wiederholenswert. Der Geschlechtsakt selbst, kaum mehr als symbolisch, bewies, daß die Schranke zwischen Publikum und Künstler für sie gefallen war und sie sich damit über die Menge erhoben. Sex war die hinter der Bühne fortgesetzte Show – nicht länger mehr ein Ersatz, sondern der Akt selbst.

Obwohl die Groupies schnell Lieblings-Stars hatten oder eine Hierarchie bildeten, in der sich die Hierarchie der Rockstars widerspiegelte, war die Motivation, die sie miteinander verband, entscheidender. Diese hing von ihrer Vorstellung ab, wie exklusiv und exotisch fremdartig eine Gruppe war, so daß zwar jede Band Groupies anzuziehen vermochte, es aber erst mit der sogenannten Britischen Invasion Mitte der sechziger Jahre zu einer wahrhaft explosionsartigen Vermehrung dieser Spezies kam.

Junge Mädchen aus guten Familien begeisterten sich schnell dafür, Groupies zu werden. Sie waren „gut betucht, lebten von Daddy's Geld und besaßen eine solide Schulbildung", erinnerte sich Bev Bevan vom Electric Light Orchestra. Viele britische Groupies entwickelten – angespornt von dem Wirbel um Chrissie Shrimpton, Marianne Faithfull, Jane Asher (in den sechziger Jahren eine Zeitlang eine Freundin von Paul McCartney) und Patti Boyd (das Fotomodell, das erst George Harrison und dann Eric Clapton heiratete) – Ehrgeiz. Andere gaben sich mit dem zufrieden, was der Augenblick zu bieten hatte. „Man kann sich mit den hübschesten Jungs amüsieren, bekommt den besten Stoff zu rauchen und lernt die tollsten Leute kennen", sagte ein als Patti Cakes bekanntes Mädchen. „Du bist drei oder vier Tage da, wirst bestens bedient und bekommst jede Menge Stoff und so viel zu essen, wie du magst", sagte Anna aus San Francisco, „und alle Welt interessiert sich für dich und deinen Liebhaber. Das ist sehr schön."

Gleichgültig, worauf ein Groupie auch

Miss X in Aktion: Der Redlands-Prozeß und ihre Rolle im Film „Girl on a Motorcycle" (1967) mit Partner Alain Delon (hier zu sehen) machten Marianne Faithfulls jungfräuliches Image zunichte.

aus sein mochte, ihre sexuellen Dienste waren eindeutig eine Ware, die sich verkaufen ließ – auch wenn der Preis, den sie dafür erhielt, oft beleidigend niedrig war. Sherry, ein Groupie aus Los Angeles, fuhr immer den Sunset Strip auf und ab und hielt dabei nach langhaarigen Burschen auf Hotelbalkons Ausschau. Sie rief zu ihnen hinauf und fragte sie nach ihren Zimmernummern. Sie hatte auch gedruckte Visitenkarten mit Sprüchen wie 'Ich begehre Dich' und 'Laß uns zur Sache kommen'. Ein anderes Groupie aus Cleveland fuhr so manche Nacht hinter viel-

versprechenden Limousinen her. Und noch ein anderes schrieb eine hoffnungsvolle Notiz an Mick Jagger, die mit den Worten begann „Can you move your prick/As well as you kick/When you dance, Mick?" und mit vollem Namen samt Adresse und Telefonnummer unterschrieben war. Andere Annäherungsversuche waren weniger künstlerisch bemüht und bestanden u.a. darin: einen Hubschrauber zu mieten und darin um das Haus zu brummen, in dem die Beatles untergebracht waren; Carl Palmer von Emerson, Lake & Palmer ein Höschen zu schicken mit dem Angebot 'einer persönlichen Vorführung'; schlicht in Lügen und, natürlich, darin, mit der Wurst nach der Speckseite zu werfen.

Jeder, der über die richtigen Verbindungen verfügte, war ihnen recht. Da gibt es zum

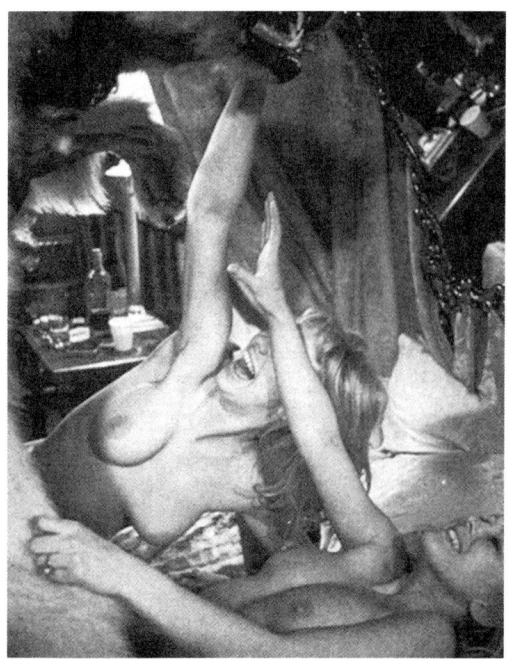

Gruppenbild: In seinem Film „Stardust" inszenierte David Essex das sinnliche Image, das der Rock'n'Roll in den Sechzigern verkörperte.

Beispiel die Geschichte von dem sechzehnjährigen New Yorker Groupie, das im sechsten Stock eines Hotels auf einem Sims zum Zimmer eines Journalisten kletterte, der mit den Rolling Stones reiste. Nachdem sie durch ein Fenster eingestiegen war und sich vergewissert hatte, daß sie es wirklich mit einem Freund von Mick und seinen Jungs zu tun hatte, zog sie sich aus und legte sich ins Bett. In Robert Greenfields Bericht über die 72er Amerika-Tournee der Stones, *Stones Touring Party,* machen wir die Bekanntschaft von Renée, einer angehenden Sekretärin von neunzehn Jahren mit 'frischem Gesicht', die es mit Lügen schaffte, bei einer Show in Philadelphia hinter die Bühne zu gelangen, in die Betten von ein oder zwei Roadies zu kommen und als Darstellerin in den von Robert

Älter und klüger? 1979 gelang Marianne ein Comeback als Sängerin. In ihrer Stimme spiegelten sich Alter und Schmerz.

Frank gedrehten und nie veröffentlichten Dokumentarfilm über die Tournee, *Cocksucker Blues.* Sie hatte sich bereit erklärt, sich dabei filmen zu lassen, wie ihr Stones-Mitarbeiter ihre Genitalien in ihr frisches Gesicht stopften. Renée war kein Top-Groupie – 'die Stones hätten', wie sie selbst sagte, „die Butter Queen, Suzy Creamcheese oder Cherry Vanilla da haben müssen" –, aber sie war sich über ihre Rolle ziemlich im klaren. „Eine Tournee macht es einem als Mädchen ziemlich leicht", sagte sie, als die Tour vorbei war. „Man muß sich nicht die Mühe machen, jemandem nachzustellen. Man ist nur dazu da, ja zu sagen." Dieser Ausspruch hätte auch von Jagger selbst stammen können, für den es 'wirklich keinerlei Grund gibt, Frauen mit auf Tournee zu nehmen, sofern sie nicht einen Job zu erfüllen haben; der einzige andere Grund ist: zum Vögeln.'

„Dauernd kommen Mädchen und posieren wie Starlets, machen einen an und tun arrogant", beschwerte sich einmal Jimmy Page von Led Zeppelin. „Wenn man sie ein wenig demütigt, werden sie gleich richtig wild." Die Funktion eines Groupies bestand darin, dazusein, verfügbar zu sein – und es liegt in der Natur des Verfügbar- und Dienstbar-Seins,

daß man gedemütigt wird. Das ist einer der Gründe, warum Fellatio ('blow jobs', 'giving head', 'cocksucking') hinter der Bühne und im Hotel die bevorzugte Sexpraktik ist (ein anderer ist eine nicht unberechtigte Furcht vor Geschlechtskrankheiten).

Bev Bevan berichtet von einer merkwürdigen Begegnung mit vier Groupies in der Bar eines Holiday Inn in Salem, Oregon. Es war halb zehn Uhr abends, und die Gruppe hatte sich dorthin zurückgezogen, nachdem sie im Vorprogramm eines Konzerts der Wishbone Ash gespielt hatte. Bis auf sie selbst, einen gelangweilten Barkeeper und ein Pianotrio, das ein Potpourri von Filmmelodien spielte, war die Bar leer. Da kamen vier Mädchen in feinstem Basin-Street-Bordellputz zielbewußt in

die Bar. Sie waren sehr selbstsicher. Ihre Anführerin, Penny (ein „Double der jungen Mae West" nach Aussage von Bev), stellte sie vor. „Wir nennen uns die Flying Garter Girls, und ich leite die beste Schule für Oralverkehr diesseits der Rockies."

Um sie „aufzupeitschen", wie Penny ihnen sagte, tanzten sie und 'Miss Memphis' bald mit zwei Mitgliedern der Band, während die anderen Mädchen (Cheryl und Cindy-Lou) es auf dem Boden der Bar miteinander trieben. „Wir sind doppelgleisig", soll Penny erklärt haben. „Wir mögen uns auch gegenseitig."

Voyeurismus, Gruppensex und ein klein wenig Sadismus leichterer Sorte sind wesentliche Elemente der Groupie-Szene. Die Rockstars bewahren die distanzierte Haltung urteilsfähiger Konsumenten, während die Groupies ein weit gefächertes Angebot an Dienstleistungen von hohem Niveau bieten, wie man es in dieser Bandbreite von einem

Der Griff nach den Sternen: Die Berühmtheit der meisten Groupies beschränkte sich darauf, Gegenstand eines Zeitungsartikels zu sein oder eine kurze Filmrolle zu spielen. Das Foto unten stammt aus „Groupies" – einem Semi-Dokumentarfilm aus dem Jahr 1972.

Marianne erlitt eine Fehlgeburt, Bianca bekam Jade, und Marsha Hunt, die dazwischen dran war, gebar 1970 Karis. Sie klärte die Vaterschaft außergerichtlich.

guten Warenhaus, einem Eissalon – oder einem Bordell – erwarten kann. Die Etikette zu brechen bedeutet im Extremfall, unerwünschte Kinder zu zeugen. Brian Jones soll es auf sechs gebracht haben (zwei davon zugegebenermaßen, bevor er zum Star wurde); Jimi Hendrix (der den spöttischen Begriff 'Band Aids' [etwa 'Band-Helferinnen'; Anm. d. Ü.] für Groupies prägte) soll quer durch Europa und Amerika einen regelrechten Schweif an Kindern und drohender Vaterschaftsklagen in seinem Schlepp zurückgelassen haben; 1980 behauptete eine Berlinerin, Erica Hübers, ihre siebzehnjährige Tochter sei ein Kind von Paul McCartney, die Folge einer angeblichen Beziehung während der Hamburger Nachtklubzeit der Beatles („Paul kann sich an diese Dame nicht erinnern", sagte sein Pressesprecher); Marsha Hunt traf mit Mick Jagger wegen der strittigen Vaterschaft ihres Kindes einen außergerichtlichen Ver-

Der sechsjährige Little Jimi mit seiner Mutter Eva Sundkvist sechs Jahre nach dem Tod von Jimi Hendrix. Er wurde von einem schwedischen Gericht als leiblicher Sohn des Gitarristen anerkannt.

gleich, während er von sich aus zugab, der Vater des Kindes zu sein, das Marianne Faithfull bei einer Fehlgeburt verlor.

„Man hält in bestimmten Städten nach bestimmten Dingen Ausschau", sagte Jimmy Page. „Chicago zum Beispiel ist für zwei Dinge gleichzeitig bekannt. Daß man sich mit zwei – oder drei – Miezen gleichzeitig amüsiert." Als *Rolling Stone* 1969 eine spezielle Groupies-Ausgabe herausbrachte, gab es Kritik, daß nichts über die New Yorker Groupies darin stand, die 'von besonderer Art' sein sollten. Laut Aussage von Jimmy Page sind die Groupies in San Francisco 'wie Freunde', während die in New York und Los Angeles „eine Religion daraus machen, wie viele Pop-Stars sie ficken können". Eric Clapton erinnerte sich daran, wie er mit den Who in New York die Murray *the K Show* spielte. „Sie hingen tonnenweise herum", sagte er zu Steve Turner. „Ich meine, ziemlich häßliche, aber auch einige hübsche. Es gab wirklich beide Extreme – schreckliche, pickelige, gammelige und wirklich nett aussehende bürgerliche Mädchen. Oder einfach nette Mädchen, denen gar nicht klar war, daß sie zu Groupies wurden – sie waren ziemlich naiv."

Groupies werden selbst von Frauen immer als gefühllos eingestuft – zumindest seit geläufig wurde, daß das Groupie-Dasein ein *full-time job* sein kann. Jenny Fabian, die ihre Erfahrungen mit englischen Gruppen in ihrem Roman *Groupie* auswertete, ließ erkennen, wieviel Rivalität es in der Groupie-Szene gab.

Zuunterst im Groupie-Haufen waren die total Verfügbaren. Sie erhielten keinerlei Bezahlung, kein Dankeschön und auch nicht eine zweite Chance. Sie waren 'Zimmer-Service' oder 'flüchtige Ablenkung' – bereit und willens, sich nach Belieben benutzen oder mißbrauchen zu lassen. „Wir sind die häßlichste Band, die es je gab", behauptete Bobby Colomby, der Schlagzeuger von Blood, Sweat and Tears. „Wir haben die komischsten Groupies auf der Welt – richtiger Bodensatz." Die Led Zeppelin wurden von zwei besonders unattraktiven, aber hartnäckigen Detroit-Groupies belästigt. Einige Mitglieder der Gruppe kamen eines Tages auf die Idee, sie auf eines der Motel-Zimmer der Band mitzunehmen und sie mit Sahnetörtchen zu bewerfen. Robert Plant konnte jedoch keinen geöffneten Laden finden, wo es dieses Sahnegebäck gab, und so kam es nie dazu. Dann begegnen wir Renée wieder, diesmal an Bord des Stones-Flugzeugs. Der Bursche, mit dem sie unterwegs war, kam nicht, und Renée war nackt, erhitzt und müde. Ein anderes Tourneemitglied kam zu ihr mit einem Drink in der Hand, und Renée bat ihn um einen Schluck. „Nicht nach dem, was du getan hast", sagte er. Schließlich reichte er ihr großmütig sein leeres Glas. Unmittelbar vorher hatte er zwei andere Groupies dabei beobachtet, wie sie es trieben und sich dabei mit Orangensaft bespritzten.

Aber an der Spitze der Groupies stehen die, deren Aufmerksamkeiten man schätzt. Einige von ihnen betrachten sich vielleicht nicht einmal als Groupies, da sie eher wie Ehefrauen oder Prostituierte von großer Klasse behandelt werden (aber ohne deren rechtlichen Status und Schutz zu genießen). „Es spielt keine Rolle, was ihr Motiv ist", sagte Country Joe MacDonald in den sechziger Jahren. „Manchmal kommen sie und sind auf irgend etwas aus, und du bist selbst auch auf etwas aus, und man tut sich zusammen, und jeder ist glücklich. Groupies sind wunderbar. Sie kommen, um dich spielen zu hören, sie werfen einem Blumen und Höschen zu, sie schenken einem Küsse und Liebe, sie gehen mit einem ins Bett. Sie sind wunderbar." 1968, als er in Topanga County lebte, bemerkte Neil Young, „da laufen an die acht Mädchen herum, halten das Haus in Ordnung, kochen das Essen und lieben jeden". Das war, gestand er, 'herrlich'.

„In der Regel sind sie unglaublich warmherzig", sagte Eric Clapton zu Anfang über die Groupies. „Wenn es dich glücklich machte, mit ihnen zu schlafen, schliefen sie mit einem. Wenn man müde war und keine Lust dazu hatte, bekochten sie einen und machten es einem gemütlich. Sie waren wirklich Häfen der Ruhe." Hendrix sagte mehr oder weniger das gleiche. „Anstatt zu sagen, 'Wir gehören zur *love scene*', verhalten sie sich wirklich danach", bemerkte er einmal. „Sie fahren einen herum, sie waschen einem die Socken und versuchen, es einem schön zu machen, solange man in der Stadt ist, denn sie wissen, sie können einen nicht für immer haben."

Hinter dieser romantischen Verbrämung verbarg sich die brutale Wahrheit des männlichen Chauvinismus. Hendrix' *'love scene'* sah so aus: „Er hatte einen unglaublichen sexuellen Appetit und schlief oft in ein und derselben Nacht mit drei oder vier Mädchen", sagte Kathy Etchingham, die länger zu Jimis Begleiterinnen zählte. Er war berühmt für seine Leichtfertigkeit – überraschend war nur, wie bereitwillig sich alle damit abfanden, Kollegen, Freunde, Fans und Geliebte „Einmal, an einem Abend nach einem Konzert in Manchester", sagte Kathy, „fand ich ihn sogar mit einem Mädchen auf der Damentoilette. Sie bedeutete ihm nichts, und mir bedeutete das auch nichts – außer daß ich ihm sagen mußte, er solle schnell machen, sonst würden wir den Zug zurück nach London verpassen."

Jimi war, was Frauen anbelangte, offenbar genauso maßlos, wie in Bezug auf Alkohol, Drogen und Musik. Und, wie die meisten Männer, maß er mit zweierlei Maß. „Als wir anfingen, miteinander zu leben, war ich sehr jung und etwas wild", erinnerte sich Kathy, fast entschuldigend. Schließlich sperrte Hendrix sie zur Strafe im Schlafzimmer ein und setzte ihr 'stundenlang geduldig auseinander', wie sie sich 'zu verhalten habe', und zwar, laut Kathy, „sowohl als Frau als auch, wenn ich mit jemandem zusammenlebe, den ich liebe."

Tatsächlich verließ sich der galante Jimi oft lieber auf wirkungsvollere Lehrmethoden. Im Bag O'Nails, einem Londoner Nachtklub, ließ Kathy Jimi eines Abends allein am Tisch und ging hinauf, um mit einer Freundin zu telefonieren. Nach einer Weile kam Jimi – da es länger dauerte, als er es gut fand – riß ihr in der Annahme, daß sie mit einem männlichen Rivalen sprach (was sie nicht tat), den Telefonhörer aus der Hand und begann damit auf sie einzuschlagen. Kathy schrie, und zu ihrem Glück kamen zufällig zwei berühmte Tondichter vorbei, Lennon und McCartney, und zerrten den galanten Jimi von seiner Geliebten fort. „Das war vielleicht die erste Prügelei von den vielen, die wir hatten", meinte Kathy. Einmal brach Hendrix ihr mit einem gut gezielten Fußtritt die Nase, an drei Stellen.

„Jimi Hendrix war ein Genie", sagte einer seiner intimsten Kollegen, Eric Burdon, 1976. „Aber im einen Moment stand er auf der Bühne und sang über die Massen der *underdogs* in Amerika, und im nächsten trat er wie verrückt auf irgendein armes Mädchen in einer obskuren Seitengasse ein." Die bekannteste Begleiterin von Jimi Hendrix war wohl das New Yorker 'Supergroupie' Devon. Der Schriftsteller Al Aronowitz sagte über sie, „daß sie es am ehesten schaffen hätten können, Jimis Alte zu werden … sie war eines der schönsten und sinnlichsten Groupies und eines der erfolgreichsten." Ende der sechziger Jahre gab es (laut Devons Freundin Pat Hartley) „vier oder fünf berühmte Groupies, und eines davon war Devon, aber sie blieb bei keinem lange. Sie wollte nicht mit einem von ihnen zusammenleben, es war einfach eine richtige Statusangelegenheit…" Devon war die Favoritin der Rockstars. Sie hatte was mit Brian Jones, Mick Jagger, Jimi Hendrix. „Immer wenn ein Rockstar nach New York kam", schrieb Al Aronowitz, „konnte man mit ziemlicher Wahrscheinlichkeit Devon bei ihm im Zimmer antreffen." Ihre Dienste wurden weiter empfohlen. Jagger rief sie an, nachdem er ihre Telefonnummer von einem Freund bekommen hatte, und lud sie ein, ihn zu einem Konzert nach Philadelphia zu begleiten. „Nach dem Philadelphia-Gig", erinnerte sie sich, „verbrachten wir eine Woche zusammen in New York. Sechs schöne Tage und Nächte… Wenn ich wollte, konnte ich ihn nach Boston begleiten. Ich fühlte mich einfach wunderbar… Ich bekam Anrufe von meinen Freundinnen, und sie beglückwünschten mich und sagten 'Hey, du hast es geschafft!' Wie bei einem Riesengewinn, stimmt's?"

Die Glückwünsche hatten etwas damit zu tun, daß Devon eine Schwarze war. Sie war auch Jimis Freundin – sie wollte ihn sogar heiraten. Und sie bot ihm den Extra-Service, daß sie Hendrix ein halbes Dutzend anderer Mädchen besorgte. Pat Hartley erinnerte sich an „allerlei merkwürdige Vorkommnisse und viel Telefonläuten und an Mädchen, die mit einem Tritt die Treppe hinunterbefördert wurden, und allen möglichen Unsinn… LSD-Trips ganz spät in der Nacht und solche Dinge…" „Jimi", sagte Pat Hartley, „war schüchtern, aber das hieß nicht, daß er einen nicht zusammenschlagen wollte, wenn man sich ihm gegenüber zuviel herausnahm… manchmal war es der reine Horror."

Was Devon anbelangte, so war sie glücklich, begehrt zu sein. Aber irgendwie war auch alles traurig und leer. Sie lebte für den nächsten Tag, dafür, ihr Foto in der Zeitung zu sehen, daß Journalisten wie Al Aronowitz Kolumnen über sie schrieben. Hendrix' Tod war für sie wirklich ein schmerzlicher Verlust, und sie brachte sich zwei Jahre später mit einer Überdosis um.

Ein anderes Spitzengroupie war Chris. Aber sie verliebte sich richtig in Dean Kilpatrick, den Road Manager von Lynyrd Skynyrd, der bei dem Skynyrd-Flugzeugunglück 1977 auf tragische Weise ums Leben kam. Aber sie hatte auch schon vorher einiges Schlimmes durchgemacht. „Woodstock war das erste Mal, daß ich von zu Hause fort war und mich richtig austoben konnte", erzählte sie dem Schriftsteller Michael Segell. „Ich war die ganze Woche sehr betrunken, sehr high. Ich hatte vorher schon mal was geraucht, aber nie stärkeren Stoff ausprobiert. Und ich machte es mit vielen Leuten. Ich weiß nicht einmal mehr, mit wem." Als ihr Freund kam, mißfiel ihm, was er sah. Chris

ließ ihn sitzen und zog mit einem anderen Mann los, einem Musiker vom Festival. Als sie nach New York ins Chelsea Hotel kamen, verlangten der tagelange Rauschgiftkonsum und Alkoholgenuß (einschließlich des berüchtigten, mit Acid versetzten Woodstock-Punsches) ihren Tribut. Ihr Begleiter akzeptierte weder ihre Müdigkeit noch ihre Übelkeit. Er versuchte sie zu vergewaltigen und schlug sie so schlimm, daß sie ins Krankenhaus eingeliefert werden mußte.

Trotzdem machte sie eine Zeitlang als Groupie weiter, selbst als noch andere Musiker sie brutal mißhandelten. Schließlich wurde ihr die schmähliche Ehre zuteil, zu Clevelands Hauptattraktion ernannt zu werden.

„Exitus: Bold As Love": Hendrix-Freund Alan Clarke tröstet das New Yorker Supergroupie Devon beim Verlassen der Leichenhalle, wo der tote Jimi vor seinem Begräbnis am 18. September 1970 aufgebahrt lag. Devon war für Hendrix mehr als bloß ein Groupie, und sie überlebte ihn nur um zwei Jahre. 1972 starb sie an einer Überdosis.

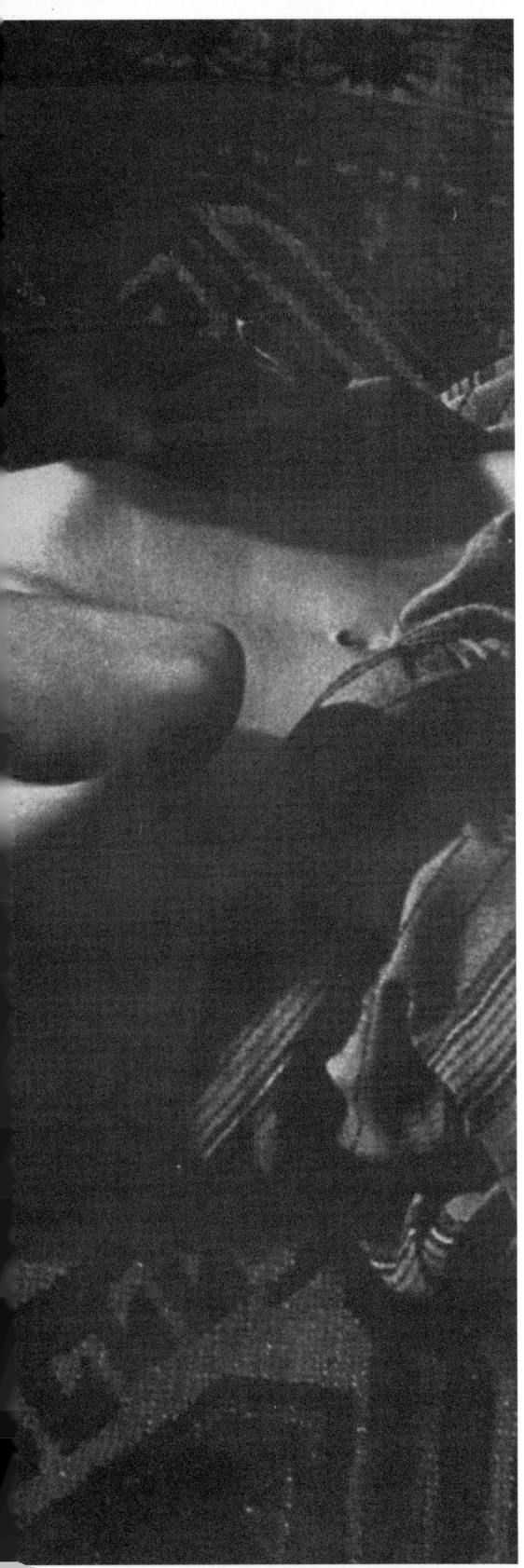

„Ich hatte immer die Vorstellung, im Leben irgendeinem großen Zweck zu dienen", erzählte sie Segell, „jemandes Träume wahrzumachen oder jemandem dabei zu helfen, einem Teil der Menschheit viel Gutes anzutun.. Rückblickend gesehen, hatte es nicht viel Sinn. Ich habe nur viel übers Leben erfahren." Als Kilpatrick starb, gab sie die Welt der Rockmusik für immer auf, nahm eine Stelle als Empfangsdame in einem Anwaltsbüro an und führte abends ein ruhiges Leben mit ihren Eltern.

Den höherwertigen Status einer 'Rockmusiker-Alten' zu erlangen, ist ein illusorischer Triumph. Ein Groupie mag bis ins Allerheiligste vordringen, aber tut es immer unter Opfern. Marianne Faithfull fand das heraus – vielleicht eben noch rechtzeitig, um ihr Leben zu retten. Auch Anita Pallenberg hatte es schwer nach ihrer langen Verbindung mit den Rolling Stones. Anita, als junge Frau eine blonde Schönheit, trat Mitte der sechziger Jahre als Freundin von Brian Jones ins Leben der Stones. Zwischen den beiden ging es, vorsichtig ausgedrückt, stürmisch zu. Brian verprügelte Anita immer wieder heftig; Anita bestärkte Brian mit seinen krankhaften Wahnvorstellungen und auf seinen Trips. Einmal verkleidete sich Brian in einer Naziuniform und ließ sich fotografieren, wie er mit seinem Stiefel eine Puppe in den Boden stampfte – und Anita schlug ihm vor, das Bild an die Zeitungen zu schicken mit der Erklärung, es handle sich dabei um einen „Anti-Nazi-Protest".

1967 wechselte Anita von Brian zu Keith Richard. Auf einer Reise nach Marokko erkrankte Brian und wurde von der übrigen Gruppe, die Urlaub machen wollte, in einem Krankenhaus zurückgelassen. Keith und Anita fanden in Valencia zusammen, verheimlichten das aber vor Brian. „Er wurde immer bösartiger", erklärte Keith später. Nachdem Brian in Marokko wieder zu ihnen

Anita Pallenberg: weiche Rundungen und harte Kanten.

gestoßen war, ließ er aus einem örtlichen Bordell zwei Prostituierte holen und verlangte eine Darbietung mit ihnen und Anita. In einem plötzlichen Anfall von Ekel packte Keith Anita in ein Auto und fuhr mit ihr davon. „Es widerte mich an, wie Brian sie behandelte", sagte er.

Dabei war Anita selbst kein Engel. Sie war mal rauschgiftsüchtig, von Heroin abhängig, schaffte es aber, von der Sucht loszukommen. Wie so viele Leute in der Rockwelt entwickelte sie eine Neigung zum Okkulten. Während sie in dem Nicolas-Roeg-Film

Würden Sie ihre Tochter mit einem Rolling Stone ausgehen lassen? Rechts: Anita Pallenberg, die kühle Prinzessin, 1966 mit Brian Jones. Ganz rechts: Anita mit Marlon, ihrem Sohn von Keith Richard. Die Mutterrolle ist ihr nicht recht geheuer. Die britischen Behörden legten der gebürtigen Italienerin nahe, entweder zu heiraten oder das Land zu verlassen, also reiste sie in die Staaten. Keith und sie haben nie geheiratet. Unten: Während der Filmaufnahmen zu „Performance" gibt Anita einen Joint an Mick Jagger weiter. Während einer Drehpause verführte sie Jagger und zog damit in der Anzahl der Stones-Liebschaften mit Marianne Faithfull gleich.

Performance mitspielte, stahl sie eine ganze Anzahl Requisiten mit okkulter Bedeutung. Ende der siebziger Jahre bekannte sie, Mitglied des Hexenkonvents zu sein – was ihr Anwalt allerdings später wieder abstritt.

Im Juli 1979 fand man in Keith Richards Zwölf-Zimmer-Villa in South Salem, New York, den siebzehnjährigen Scott Cantrell tot auf Anitas ungemachtem Bett. Er hatte sich mit einem Smith and Wesson 38er Revolver, den es im Haus gab, in den Kopf geschossen. Das eichene Doppelbett stand in einer Ecke des Zimmers neben einem alten Stuhl. Das Bettzeug war blutgetränkt. Anita hatte sich in einem anderen Zimmer befunden, als der Junge sich den ganzen Hinterkopf wegschoß, aber sie beschmierte sich ihre Kleider mit Blut, als sie dem Schuß nachging und Scott auf den Bauch drehte. Anita sagte, sie habe erst ein Klicken, dann einen Schuß gehört. Bei der Untersuchung stellte sich heraus, daß der 38er drei Patronenhülsen enthielt – eine leere und zwei scharfe, von denen eine eine Einkerbung hatte, als wäre sie von dem Schlagbolzen getroffen worden. Laut Aussage von Anita hatte der Junge vorher schon

über Russisches Roulett gesprochen – er war deprimiert, kam mit seinem Vater nicht zurecht und litt sehr unter dem Tod seiner Mutter, die etwa sechs Monate vorher gestorben war. Sie beide hätten, sagte Anita, den ganzen Tag Weißwein getrunken und Scott hätte eine Menge Marihuana geraucht.

Scotts Vater, Robert Cantrell, behauptete, Anita sei schrecklich in seinen Sohn verliebt gewesen und habe ihn verführt. Aber es wurde auch bekannt, daß ein Streifenpolizist eine Weile vorher nicht weit vom Haus entfernt aus einem Gebüsch Gesang vernommen hatte. In dem Polizeibericht über den Zwischenfall hieß es, der Streifenpolizist sei von einem Mann mit Umhang und Kapuze angesprungen worden, der von der Größe und dem Gewicht Scott Cantrell glich. Hatte Scott mit oder ohne Anita okkulte Handlungen praktiziert? Die Polizei fand im Haus eine Henkerschlinge – an der eine Hängematte hing – und auf dem Kaminsims eine 'Puppe im Voodoo-Stil, die Elvis Presley darstellte'. Anita wurde, was nicht überraschend war, von jeglicher Schuld an Scott Cantrells Tod freigesprochen, aber wegen Besitzes eines gestohlenen Revolvers (des 38ers) und einer nicht registrierten Automatikwaffe, die man auch noch im Haus fand, angeklagt.

Was immer die Wahrheit über Anitas bizarres Leben sein mag, ihre Tragik scheint eher simpel gewesen zu sein. Als Freundin eines Rockmusikers mangelte es ihr erheblich an konventioneller Sicherheit. Statt dessen war die Sexualität für sie, zumindest eine Zeitlang, der entscheidende Halt in ihrem Leben gewesen.

Inwiefern Anitas Verfassung zum Zeitpunkt von Cantrells Todesschuß davon beeinflußt war, wie ihr Verhältnis mit Keith Richard aussah, kann man nur vermuten. Richards ständige Begleiterin 1979 war jedenfalls überwiegend das schwedische Model Lil Wenglas Green, das mit ihm ein Jahr lang in Paris lebte. Aber gegen Ende des Jahres 1979 sagte Richards Pressesprecher zum Verhältnis zwischen Keith und Anita, „nach Ansicht

Ein Leben mit den Stones gefährdet Ihre Gesundheit. Nach dem Tod von Scott Cantrell wurde Anita wegen illegalen Waffenbesitzes angeklagt. Als sie am 24. Juli 1979 das Gericht von Lewisboro, New York, verließ, wirkte sie geistesabwesend und aufgeschwemmt.

von Keith haben sie sich nie getrennt. Nur die Presse behauptet, sie hätten es getan." Tatsächlich kehrte Keith einige Monate, nachdem Cantrell sich erschossen hatte, zu Anita zurück. Einer seiner Freunde bemerkte dazu jedoch: „Wen Keith wirklich liebt, ist ihr gemeinsamer Sohn Marlon."

Die Rolling Stones zogen natürlich auch die prominentesten Groupies von allen in ihren Bann. Eines davon war Margaret Trudeau, die damalige Ehefrau des kanadischen Premierministers Pierre Trudeau. Kurz nachdem Keith und Anita im Sommer 1977 in Toronto wegen Heroinbesitzes festgenommen wurden, verfiel die 'tolle' Margaret (wie die Presse sie nannte) ihrem Zauber. „Ich habe sie weder ermutigt noch abgewiesen", sagte Mick Jagger, nachdem sie der Gruppe schon einige Zeit Richtung New

York hinterhergereist war. „Es wäre schwierig gewesen, sie hinauszuwerfen. Sie hatte sechs Sicherheitsbeamte mit je zwei Schießeisen um sich. Nein, danke. Sie war eine sehr entschlossene – äh, ältere Dame. Ich glaube, sie war einfach krankhaft auf der Suche nach irgend was. Sie hat es gefunden, aber nicht bei mir. Ich möchte entschieden nichts mit ihr zu tun haben."

Offenbar hatte die 27jährige Tochter eines Zementmillionärs gerade eine schlechte Phase in ihrer bereits sechs Jahre währenden Ehe mit dem 56jährigen Pierre. Nachdem sie den Stones begegnet war, folgte sie ihnen nach New York, zog in dasselbe Hotel und schloß sich ihnen an. Sie kehrte etwas später mit einem blauen Auge nach Kanada zurück, dem vorläufig letzten laut dem letzten Kapitel ihrer Autobiographie *Beyond Reason*, und mit einem außerordentlich widerspruchsvollen Zeugnis Seiner Satanischen

Was gibt's, Deb? Harry als Häschen – aber wo ist die Karotte?

Die Fotografie brachte sie zusammen, doch manchmal haben Paul und Linda mit Fotos trotzdem nichts am Hut.

Majestät selbst (der sich zu der Zeit gerade von seiner Frau Bianca trennte): „Es gab kein Verhältnis mit Margaret Trudeau", sagte Jagger, „nur eine flüchtige Bekanntschaft von zwei Nächten."

Die Frauen, die in der männerbeherrschten Welt der Rockmusik am besten überleben, sind keineswegs Groupies. Jenny Fabian zum Beispiel, sagte Roger Chapman, der Sänger der Family, der sie gut kannte, „gehörte einfach zur Underground-Szene". Deborah Harry verbrachte die späten sechziger Jahre in einer Flowerpower-Gruppe, die sich Wind In The Willows nannte und wollte die ganze Zeit selbst Musikerin werden. Sie arbeitete eine Zeitlang als *Playboy*-Bunny, das einträglicher war, als in Max's Kansas City in New York als Kellnerin zu arbeiten, aber so konnte sie mit Musikern herumbängen und ihr eigenes Talent fördern. 1981 gab sie zu, „daß Sex sich gut verkauft und ich aus meiner Sexualität Kapital schlage", behauptete jedoch auch „Frauen werden die neuen Elvise sein. Nur so kann es mit dem Rock'n'Roll

weitergehen. Die einzigen, die in der Rockmusik noch etwas Neues zum Ausdruck bringen können, sind Mädchen und Schwule."

Für Linda Eastman war Fotografie sowohl eine an sich lohnende Beschäftigung (sie arbeitete für das Magazin *Eye* in New York) als auch ein Mittel, Zugang zu Musikern zu finden. Beides war natürlich nie gänzlich voneinander zu trennen, aber als sie 1969 Paul McCartney kennenlernte und heiratete, hängte sie den Beruf als Fotografin schnell an den Nagel und wurde statt dessen Mitglied in seiner neuen Gruppe Wings, daß es auf einen Mangel an beruflicher Neigung schließen läßt. „Wir lernten uns in einem Club in London, dem Bag O'Nails, kennen", erinnerte sich Linda nach drei Jahren Ehe. „Es war wirklich reiner Zufall. Georgie Fame spielte, und ich sah Paul und hatte das Gefühl, daß ich ihn kennenlernen müsse. Also richtete ich es so ein, daß ich mit ihm sprechen konnte, und hinterher gingen wir noch mit Keith Moon und Roger Daltrey von den Who in einen anderen Club, den Speakeasy. . . Wir dachten daran, nur so miteinander zu leben, aber das war irgendwie nicht drin, deshalb heirateten wir."

Wenn sich Lindas Beschreibung auch wie der ewig gleich bleibende Annäherungsversuch eines Groupies anhört, so muß man doch betonen, daß ihre Ehe mit Paul glücklich zu sein scheint. Nachdem sie bereits einmal während ihrer Studienzeit kurz verheiratet gewesen war und schon ein Kind hatte, ihre Tochter Heather, bemerkte Linda einmal nachdenklich: „Man muß jemanden schon wirklich sehr lieben, um verheiratet zu bleiben".

Britt Ekland, ein schwedisches Starlet, wechselte von Peter Sellers zu Lou Adler und von diesem zu Rod Stewart. In ihrer Ehe mit Sellers, meinte sie später, gab es kei-

Hältst Du mich für sexy? Rod Stewart begrapscht seine Frau Alana 1980 bei einer After-Show-Party im Londoner Embassy Club. Nachdem sie Britt Eklands Platz in Rods Gefühlsleben eingenommen hatte, gehörte ihr auch bald der Platz in Rods Bett.

ne Liebe, und obwohl er der Vater ihrer Tochter Victoria war, sagte sie, habe sie ihn erst nach der Trennung lieben gelernt. Lou Adler, Herrscher über die West Coast-Rockszene, ist der Vater ihres Sohnes Nicolai. Aber Britts größte Liebe scheint Rod Stewart gewesen zu sein. Nachdem sie auseinandergegangen waren, sagte er in bezug auf ihre Memoiren, *True Britt,* voller Mitgefühl: „Das Buch hat bewirkt, daß sie mir leid tut, weil sie eine geborene Verliererin ist. Sie ist die ewig Sitzengelassene und ewige Brautjungfer."

Während Rod und Britt zusammen waren, behauptete er einmal, sie geschwängert zu haben, gab aber später zu, das in „einer momentanen Laune erfunden zu haben". „Manchmal glaube ich, er ist nicht sehr ehrlich", sagte Britt befangen. „Aber nicht, weil er lügen will, sondern weil er die Leute irritieren oder ihnen gefallen will." Wer aus diesem Gespann, Britt oder Rod, in einer Phantasiewelt lebte, ist nicht klar, aber moralisches Empfinden, Urteilsvermögen und Verständnis scheinen in dem Prunkhaushalt des Paares nicht eben häufig zu Gast gewesen zu sein.

Britt behauptete, daß Rod übertrieben geizig sei. Aber Kenner der Rockszene haben schon lange ihren zwanghaften Einkaufstick bemerkt. Rods frühere Freundin Dee Harrington und seine jetzige Frau, Alana Hamilton, sind ihm beide zu Hilfe kommen und haben ihn in Schutz genommen. Doch da mochten sie noch so viel protestieren, Rod hat sich erwiesenermaßen bemüht, im Zusammenhang mit Britt so wenig auszugeben wie möglich. Er gab sogar zu, auf einem Flughafen in einer Buchhandlung ein Exemplar von *True Britt* gestohlen zu haben. „Nun, ich wäre doch blöde gewesen, wenn ich dafür bezahlt hätte", meinte er.

Als es zur Trennung kam, behauptete Britt, Rod und sie hätten eine mündliche Ver-

einbarung getroffen, ihre ‚Einnahmen und Fähigkeiten' zusammenzutun, und sie verlange eine entsprechende Entschädigung. Alles müsse genau zur Hälfte geteilt werden, und da sie auf eine Karriere als Schauspielerin verzichtet habe, um für Rod dazusein, stünden ihr ihrer Ansicht nach sechs Millionen Pfund zu – vor allem, da Rod gerade im Begriff stand, einen Vertragsabschluß über 13 Millionen zu tätigen, als er sie verließ. Für die Zwischenzeit, bis ihre Ansprüche gerichtlich geklärt waren, verlangte Britt £ 2.750 pro Monat. Aber ihre Argumentation stieß bei Gericht auf Ablehnung.

Rod heiratete schließlich Alana Hamilton, die vorher mit dem Schauspieler George Hamilton verheiratet war, dessen Name mal mit Lyndon Johnsons Tochter in Verbindung gebracht wurde. Alana und Rod begegneten sich 1977 zum ersten Mal; danach beauftragte er seinen Pressemann, sie anzurufen und sie um ein Treffen zu bitten. „Ich fand ihn sensibel, witzig, klug, sexy und schüchtern", sagte Alana. Offenbar blieben sie bei ihrer ersten Verabredung fast die ganze Nacht auf und redeten miteinander.

Frauen, die so von einem berühmten Mann zu einem anderen flattern, sind meist nicht prominent, weil sie selbst gefeierte Persönlichkeiten sind, sondern ihre Männer. Sie sind folglich der Stoff für die Klatschspalten – jenen journalistischen Bereich, wo nur zählt, wer mit wem und wann. Das Leben im Wechsel von Star zu Star ist für diese Frauen öde Routine. Bianca Perez Morena de Macias, ein Model aus Nicaragua und eine ehemalige Freundin von Michael Caine, sah sehr vielversprechend aus, als sie der Presse nach ihrer ersten Begegnung mit Mick Jagger sagte: „Ich bin namenlos." Kaum hatte sie aber den Namen ihres Mannes angenommen, trieb sie den üblichen Sport bald auf die Spitze. „Bianca", sagte Andy Warhol, „ist der größte Filmstar, der nie einen Film gedreht hat." Gegen Ende ihrer Ehe mit Mick fing sie an, sich in Gesellschaft vieler Klatschspalten-Prominenter sehen zu lassen – Ryan O'Neal, Prin-

---

Um der echten Liebesheirat keine Hindernisse in den Weg zu legen, zeigt Bianca Jagger beim Empfang anläßlich ihrer Hochzeit am 12. Mai 1971, was sie hat.

zessin Margarets Freund Roddy Llewellyn und etlicher Kunsthändler, Ölmillionäre und anderer Geschäftsleute. Einige Wochen lang führte sie das hektische Dasein des New Yorker *high-life*, das sich zu jener Zeit hauptsächlich im ultra-exklusiven Disco-Club und Koks-Tempel Studio 54 abspielte.

Ihre Trennung von Mick, zu der Zeit (1977) inbrünstig bestritten, wurde später rechtlich kompliziert. Aufgrund ihrer Ehe mit ihm und als Mutter seiner Tochter Jade hatte Bianca rechtlich Anspruch auf Unterhaltszahlung. Sie verlangte $ 12.5 Millionen – da sie Micks Einnahmen im Laufe ihrer achtjährigen Ehe auf $ 25 Millionen schätzte. Nach einigem außergerichtlichen Gefeilsche reichte Mick ein Gesuch ein, den Fall in England zur Anhörung zu bringen, wo die Abfindungen bei Scheidungen meist kleiner waren als in Amerika. (Biancas Rechtsanwalt, Marvin Mitchelson, hatte schon Marsha Hunt in ihrer Vaterschaftsklage gegen Jagger vertreten). Solange dieses Gesuch

Reiche Menschen, teure Liebe: Mick und Bianca feiern auf Prinzessin Margarets Ferieninsel Mustique den fünfzigsten Geburtstag des ehrenwerten Colin Tennant.

lief, mußte Jagger, so wurde verfügt, Bianca wöchentlich $ 3.000 für ihren Unterhalt zahlen (einschließlich $ 500 pro Woche für Fahrtkosten, $ 250 Taschengeld und $ 1.000 für Miete oder Hypotheken-Belastungen). Schließlich entschied das Gericht, den Fall in London klären zu lassen. Als Interimszahlung wurden Bianca etwa £ 25.000 zugesprochen, aber der Fall zog sich in die Länge, auch nachdem schon ein vorläufiges Scheidungsurteil gesprochen war. Ein Jahr später legte ein Rechtsanwalt in einer privaten Abmachung die endgültige Summe fest – die nie bekanntgegeben wurde, aber auf etwa eine Million Pfund geschätzt wird.

Trotzdem behielt Bianca einen gewissen Sinn für die Wirklichkeit – was sich Anfang der achtziger Jahre zeigte, als sie Anstrengungen unternahm, ihre Landsleute in Nicaragua zu unterstützen, die in ihrem Kampf gegen das tyrannische Somoza-Regime und für die neue Demokratie schwer gelitten hatten. (Sie hatte schon einmal, 1978, viel Zeit und Geld aufgebracht, als ein schweres Erdbeben das Land verwüstet hatte). Sie ist auch öffentlich für die Freiheitskämpfer in El Salvador eingetreten. „Das Rockmusik-Geschäft ist wie ein von Männern geleiteter Geheimbund", sagte sie 1981. „Die Frauen werden wie Bürger zweiter Klasse behandelt." Frauen, meinte sie, wären sich selbst die ärgsten Feinde, weil sie sich immer als Rivalinnen betrachteten – wie sie selbst auch bewiesen hatte, als sie sich öffentlich gegen Mick Jaggers neue Gefährtin aussprach, das texanische Model Jerry Hall.

Jerry Hall, 1,80 groß und ehemaliges Cover Girl von *Vogue*, galt einmal als das höchstbezahlte Model der Welt. Bryan Ferry, der stets elegante Sohn eines Bergarbeiters aus Durham, der in den siebziger Jahren das Aushängeschild von Roxy Music war, sah sie auf *Vogue* und verwendete ihr Bild für die Hülle des Roxy-Albums *Siren*. Er verliebte sich in sie, und das Paar verlobte sich. Als Jerry im Oktober 1977 mit Mick Jagger auf und davon ging, war er natürlich verletzt. Schließlich zählte zu Jerrys Bewunderern, unter anderen, der frühere Schah von Persien, und Bryan – der nichts mehr genoß, als zu Weihnachten auf Takis Theodorakis' Yacht herumzuschippern oder auf Prinzessin Margarets Ferienversteck, der Insel Mustique, Urlaub zu machen – konnte sich nichts Erstrebenswerteres vorstellen als eine Frau, die vom reichsten Mann der Welt verehrt wurde. „Ich lasse mir nicht gerne nachsagen, daß ich den Reichen nachstelle", sagte Ferry, nachdem er sich von der Hall-Affäre erholt hatte. „Es macht mir Spaß, die Gesellschaft zu erforschen." Das Dumme ist nur, daß es in der gesellschaftlichen Stratosphäre, in der sich Ferry und seinesgleichen bewegen, sehr wenig zu erforschen gibt. Welch entscheidenden Unterschied gibt es letztlich wirklich zwischen Jerry Hall und, sagen wir, Amanda Lear (ebenfalls eine Freundin von Ferry), außer

den Abweichungen in der Liste der Berühmtheiten, die man in den Klatschspalten mit ihnen in Verbindung brachte – sogar ihre Memoiren sind ermüdend ähnliche Wiederholungen des gleichen Tratsches. Vielleicht hebt das Interesse an Reichtum und Ruhm diese Leute von den anderen ab, aber (wie Bianca schon meinte) für männliche Rockstars sind alle Frauen potentielle Groupies.

Das echte leidenschaftliche Groupie indessen schließt aus dem Spruch „Wenn er nicht auf der Gitarre klimpert und wie ein Sexbesessener singt, ist er ein Niemand", daß beinahe jeder, der diese Dinge tut, sich als ein Jemand qualifiziert hat. Das leidenschaftliche Groupie betreibt das Ganze als Sport, sammelt Musiker und Bands wie andere Kids Briefmarken. Die denkwürdigen Plaster-Casters von Chicago stilisierten ihre Sammel-

Der Preis der Liebe? Der hochkarätige Scheidungsanwalt Marvin Michelson meint am 8. Mai 1979 außerhalb des Los Angeles Superior Court zu Bianca, daß sie 12 Millionen Dollar in Aussicht hätte. Die Scheidung wurde schließlich unter Ausschluß der Öffentlichkeit vor einem britischen Gericht geregelt, wobei angeblich Alimente in der Höhe von einer Million Pfund festgesetzt wurden.

leidenschaft zur Kunst hoch. Die Plaster-Casters – Cynthia, Dianne und Marilyn – legten eine einzigartige Sammlung von Gipsmodellen der erigierten Penisse von Rockstars an. Sie begannen damit Ende 1967, als Cynthia fast zwanzig war. Sie hatte schon seit 1965 'Gruppen nachgestellt', aber sie 'wollte sich von den anderen Groupies abheben und als erste mit den Gruppen zusammentreffen'. Ihre erste Band waren die Stones. „Danach", sagt sie, „na ja, fast alle, glaube ich."

Die Methode der Plaster-Casters war simpel, direkt und schamlos. Sie traten mit ungewöhnlicher Offenheit an eine Gruppe heran. Sie trugen ihre Ausrüstung in einem Aktenkoffer mit sich herum, auf dem 'Plaster-Casters of Chicago' stand. Sie schleppten auch Abgüsse mit sich herum, um sie möglichen 'Klienten' zu zeigen. Sie ließen sich sogar T-Shirts und Visitenkarten drucken. Bei einer typischen Sitzung hielt eine meist die Gußform, die andere machte den Gipsabdruck und die dritte arbeitete als Assistentin. Die ganze 'Operation' wurde in einem Tagebuch klinisch genau festgehalten. „Er … behielt seinen Steifen fast eine ganze Minute lang", heißt es in einem Eintrag. „Er blieb jedoch fast fünfzehn Minuten (mit den Haaren) kleben, verhielt sich aber großartig – geriet nicht in Panik … amüsierte sich sogar darüber und hatte seinen Spaß an dem Abdruck, als er fertig war. Daß wir sein Glied nicht freibekommen konnten, lag, glaube ich, in Wirklichkeit daran, daß es nicht erschlaffte."

Heute zieht die Rockszene eine große Vielfalt mehr oder weniger großer sexueller Opportunisten an. Die Unschuld früherer Zeiten, als Sex mit Stars meist nicht mehr als ein harmloser Spaß war, ist abhanden gekommen. Da gibt es Möchtegern-Supergroupies, denen es an großen Berühmtheiten mangelt. Es gibt männliche Groupies und schwule Groupies. Und einigen hat die enge Zusammenarbeit und das Zusammensein mit Rockstars als Startbasis und Einstiegsreklame für eine eigene Karriere gedient. Bebe Buell nahm, nachdem sie als

Freundin von Stars berühmt geworden war, ein unvergeßliches Album auf, als sie etwas Eigenes hervorzubringen versuchte. Paula Yates (die Tochter von Jess Yates, der früher mal die beinahe religiöse britische Fernsehshow *Stars On Sunday* machte, bis ein Skandal mit einer geschiedenen Frau ihn seinen Job kostete) schaffte es, sich Bob Geldof von den Boomtown Rats zu angeln und ihm zu einem raketenhaften Aufstieg in den Klatschspalten des Pop zu verhelfen. Damit war ihre Karriere als Prominenten-Kolumnistin in der Musikpresse, in Sonntagsbeilagen und Frauenmagazinen gesichert.

Natürlich haben sich die Dinge geändert, seit Jimi Hendrix oder Neil Young behaupteten, Groupies seien praktizierende Verfechterinnen der Hippie-Liebe. Inzwischen wissen sowohl die Groupies als auch die Musiker, daß es bei allem nur um eines geht: es mit einem Star zu treiben.

Rockmusik bedeutet heute Status und Exklusivität. Die großen Stars von heute würden nie zugeben, daß sie gerne Groupies hätten. Aber für den Bodensatz der Szene sind Groupies immer noch das Zeichen für Berühmtheit. In Dallas verließ Sid Vicious mal die Garderobe der Sex Pistols, um sich ein Groupie auszusuchen. „Ich will sie nicht alle ficken", schrie er die Leibwächter an, die die Mädchen im Zaum zu halten versuchten. „Ich will nur *eine* ficken!" (Das von einem, der sich als sexloses Monster beschreibt.) Als er sich von den Pistols trennte, machte er die Bekanntschaft eines amerikanischen Groupies – Nancy Spungen. Nancy, deren Vater in Philadelphia eine Papierfabrik besaß, war – laut Aussage von Malcolm McLaren – „das erste und einzige Mädchen, mit dem Sid ausgegangen ist. Bevor er mich kennenlernte", (sagt McLaren), „war er homosexuell." Ebenso wie die netten amerikanischen Mädchen, die in den Sado-Masochismus hineingeraten, weil die Punk-Gruppen angeblich auf so etwas stehen, wollte Nancy einfach nur Aufmerksamkeit.

Das Ärgerliche am Groupiedasein, sagte mal eine, ist, daß man dauernd verlassen

Die neunzehnjährige Paula Yates, laut Presse damals „professioneller Punk". Später heiratete sie „Sir" Bob Geldof, aber hier zeigt sie an einem kalten Julitag 1979 ihre versteckten Qualitäten.

wird. Tatsächlich sehnen sich die Groupies nach etwas, das ein wenig von Dauer ist – vielleicht als Bestätigung dessen, wie begehrenswert sie sind, selbst unter den hoffnungslosesten Umständen. Es heißt, daß Gram Parsons, der reiche Junge, der Mitglied der Byrds war, gern mit den Stones herumzog und ums Verrecken ein Star sein wollte, nach einem Tag wie vielen anderen mit Saufereien und Rauschgiftgenuß in seinem Motelzimmer zusammenbrach. Parsons – der für seine erfolglosen musikalischen Unternehmungen am Ende regelmäßig mit seinem Privatvermögen aufkommen mußte – war selbst eine Art Groupie. Am liebsten berauschte er sich zusammen mit Keith Richard. Er wollte dringend die Anerkennung der Stones, die diese ihm als *dem* Begründer des Country Rock der

sechziger Jahre wohl auch zukommen ließen. Er wurde von der Sängerin Emmylou Harris geliebt und von vielen wirklich hochgeschätzt. Aber das reichte ihm nicht. Er wollte Drogen, Alkohol und Groupies – die unverkennbaren Symbole des Star-Ruhms.

Am 19. September 1973 war Parsons in Kalifornien im Joshua Tree Inn – wo er bei seinen Besuchen in dieser Gegend oft abstieg, da es ihm aus unbekannten, rätselhaften Gründen etwas bedeutete. „Gegen zehn empfing ich aus seinem Zimmer oben irgendwie merkwürdige Schwingungen", erinnerte sich der Sohn des Motelbesitzers. „Als ich hinkam, versuchte gerade sein Mädchen, es ihm zu machen, vermutlich um ihn wiederzubeleben. Wahrscheinlich war sie in ihn verliebt." Gram Parsons war tot. Drei Jahre später, 1976, kamen von Zeit zu Zeit immer noch Mädchen in dieses Motel. „Sie fragen, ob sie das Zimmer haben können, in dem Gram Parsons starb", sagte der Besitzer.

DAILY ● NEWS

Tonight

25¢

New York,
December 10, 1980

LATEST
STOCKS

TUESDAY NIGHT EDITION

Killer
stalked
him 3 days

Page

Lennon signing autograph for Mark Chapman, before the shooting. **News photo by Paul Goresh** © Copyright 1980 New York News In

EXCLUSIVE: Lennon & suspect

FAN DANCING

In Rock'n'Roll-Babylon bewohnen die Stars die obersten Etagen des heiligen Stufentempels und amüsieren sich nach Kräften inmitten der exotischen Pflanzen ihrer eigenen hängenden Gärten. Die Leute indessen, denen sie ihren Aufstieg zu verdanken haben, befinden sich unten auf der Straße: die Fans. Fans kaufen ihre Schallplatten, gehen zu ihren Konzerten, sammeln ihre Autogramme, lesen ihre Zeitschriften; und, vor allem, identifizieren sich mit ihren Helden.

Die Aristokratie der Fans bilden die Elvis-Verehrer. Diese füllen bedenkenlos ihre Häuser mit Elvis-Platten und Elvis-Andenken. Ansonsten offenbar ganz vernünftig, sind sie bereit, ihren letzten Pfennig für eine nigerianische Ausgabe von *Elvis' Greatest Hits* auszugeben oder für eine Flasche süßen Weißwein mit einem Elvis-Bild und dem Namen 'Always Elvis – (Blanc d'Oro)', ohne sich im geringsten darum zu kümmern, daß sie das gleiche Album vielleicht schon in siebzehn verschiedenen Plattenhüllen haben und daß Elvis, wie sie wissen, nie Wein trank („Wir glauben, daß Elvis diesen Wein getrunken hätte, wenn er welchen getrunken hätte", sagte ein Sprecher der Gesellschaft, die 'Always Elvis' verkauft.) Seit Elvis begraben ist, haben die Fans jegliches Gespür für das wahre menschliche Wesen von Elvis verloren.

Elvis-Fans können Männer und Frauen fast jeden Alters und jeder Gesellschafts- schicht sein. Ihre Besessenheit ist eine merkwürdige Mischung aus Hobby und beinahe religiöser Verehrung. Sie sprechen immerzu von ihren Reisen zu Fan-Treffen, ihren Ferien in Memphis, wo sie Elvis' Haus besichtigt haben, und wie sie Elvis' Leben nachgespürt haben (seinem tatsächlichen oder dem im Film), als wären das gesellschaftliche Ereignisse, Vorwände für ein bißchen Spaß und Freude und Gelegenheiten, gleichgesinnten Freunden zu begegnen. Sie sind oft ernsthaft besorgt über die ausbeuterischen Exzesse der Elvis-Andenken-Industrie, und doch sind sie alle Sammler und begierige Leser der umfangreichen Elvis-Literatur (das meiste ist hanebüchener Unsinn). Trotzdem sind ihnen ihre Illusionen über Elvis lieb und teuer – so sehr, daß nach Erscheinen von Albert Goldmans skurriler Biographie über den Menschen Elvis im Jahr 1981 der britische Elvis-Fan Club es boykottierte, vermutlich weil Goldmans *Elvis* ihrer Ansicht nach entweder von Anfang bis Ende erlogen war oder Goldman absichtlich Halbwahrheiten verkündete, um dem Image des großen Mannes zu schaden.

Elvis-Fans reden viel über Elvis, den Mann, und Elvis, den Sänger, sie machen sich Sorgen um die Zukunft von Elvis' Tochter Lisa-Marie, und zwar nur seinetwegen (sie spenden sogar Geld, damit sie Graceland behalten und instandhalten kann), und dennoch reden sie oft über ihn, als wäre er eher ein Anwärter auf Heiligsprechung oder sogar eine Gottheit als der Mensch, den sie alle zu kennen vorgeben. Ein englischer Fan sagte einmal, er hätte sein Leben für eine Stunde mit Elvis hergegeben – da Elvis zu der Zeit schon tot war, war es natürlich kaum ein Risiko, das zu sagen. Es kommt noch bi-

---

„I read the news today, oh boy". Mark Chapman, der ultimative Fan, ließ sich das „Double Fantasy"-Album von John Lennon signieren, bevor er ihn einige Tage später vor dem Dakota Building erschoß. „Begreifen Sie denn, was sie gerade getan haben?" fragte der entsetzte Hauswart. „Ja", antwortete Chapman. „Ich habe gerade John Lennon erschossen."

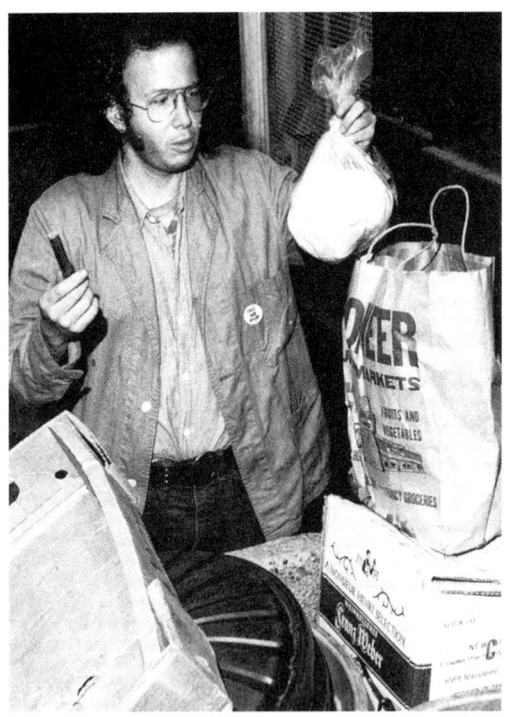

Deadheads; die neunzigtausend karteimäßig erfaßten Fans der Grateful Dead, die ihren Superhelden um die ganze Welt mit aufnahmebereiten Tonbandgeräten nachreisen, um jede Note und jede Nuance bei den Auftritten der Dead festzuhalten. Ihre Sprache erreicht bisweilen ungekannte Höhen an Unverständlichkeit, wenn sie ihre Gefühle für die Band zum Ausdruck zu bringen versuchen. Es ist schwer, sich vorzustellen, daß ein Fan, der ernsthaft über 'Verschiebungen im vierdimensionalen Raum', 'Quantenchemie', 'Dehnen der Taos' redet und noch mehr krankhaftes Gestammele dieser Art von sich gibt, wenn er über eine Rockgruppe spricht, gleichzeitig ein erfolgreicher Anwalt sein kann, der laut Auskunft seiner Frau Michelle „nach drei Nächten mit den Dead

Wenn Abfall reden könnte! A. J. Weberman, Erfinder der „Müllologie", mit einer nicht gerauchten Zigarre und einem Sack Windeln, die er am 12. Oktober 1971 aus der Mülltonne vor Bob Dylans Wohnung in Manhatten holt. Für den echten Fan ist Abfall nicht bloß Mist.

Eine Gedenkstätte in der Wüste für Gram Parsons, dessen Sarg von seinem Freund Phil Kaufmann entführt und in der Nähe dieser Stelle beim amerikanischen Nationaldenkmal Joshua Tree im September 1973 verbrannt wurde.

zarrer: Eine Gruppe von Elvis-Fans glaubt, daß ein Kind in North Carolina, das auf den Namen Elvis Presley Patterson getauft ist, eine Reinkarnation von Elvis ist; es gibt mindestens ein Buch und einen Song, die Elvis aus dem Grab diktiert haben soll; und ein amerikanisches Sensationsblatt, das über übernatürliche Erscheinungen berichtet, veröffentlichte einige Zeit nach Elvis' Tod eine Geschichte, in der es hieß, ein halb-geratener Klon des Sängers sei aus einer Anstalt entkommen, wo 'Wissenschaftler' dessen mörderische Neigungen unter Kontrolle zu bringen versucht hätten.

Natürlich besaß Elvis kein Monopol auf Fan-Verehrung. Es gibt viele andere Beispiele von an Irrsinn grenzender, besessener Vergötterung. Da gibt es zum Beispiel die

Auch Stars sind Fans: Patti Smith sucht an Jim Morrissons Grabstätte in Paris nach Inspirationen. Es ist zwar ein namenloses Grab, doch Fans haben dafür gesorgt, daß es nicht zu übersehen ist.

Geschworenenausschüssen prozeßentscheidende Argumente geliefert hat" und „dessen Trip ihn so auflädt, daß er die Prozesse gewinnt".

Andererseits ist das wohl kaum weniger seltsam als der Ein-Mann-Fan-Club von Bob Dylan namens A. J. Weberman. Weberman, der sich selbst zum Erfinder der Wissenschaft 'Müllforschung' ernannt hat, untersucht mit Vergnügen Müll – vor allem den von Bob Dylan. Anfangs amüsierte das Dylan, er war sogar begeistert von A. J., aber Weberman war so versessen darauf, dem geheimnisvollsten Rockstar der Welt auf die Schliche zu kommen, daß er am Haus seines Opfers fast rund um die Uhr herumspionierte und sich darauf konzentrierte, Dylans Mülltonnen zu durchstöbern, um dem Unerklärlichen auf die Spur zu kommen. Einmal trat Dylan A. J. gegenüber und bot ihm eine Stellung als Chauffeur an. Die Unterhaltung

zwischen den beiden großen Geistern nahm jedoch eine so merkwürdige Wendung, daß Dylan es auf seine Art mit typisch brillanter Rätselhaftigkeit beendete. „Ich bin nicht Dylan, A. J.", sagte er bestimmt, „Sie sind es." Welch größere Anerkennung gibt es für einen echten Fan?

Der Herdeninstinkt ist bei Fans stark ausgeprägt: die Menge gibt ihnen Sicherheit. Und das Gemeinschaftsgefühl ist besonders stark, wenn das Leben eines Helden auf grausame Weise vorzeitig endet. Ein früher Tod macht es für immer unmöglich, daß Fan und Star sich als gleich und gleich begegnen, aber er hat auch den Vorteil, daß man die Idealvorstellung von seinem Star für immer einfrieren kann, anstatt die oft abgeschmackte Wirklichkeit zu erleben. Prosaischer gesagt: Niemand hat je eine zufriedenstellende Erklärung abgegeben für die morbide Neugier des Publikums, wenn eine bekannte Medienpersönlichkeit unter ungewöhnlichen Umständen stirbt. Diese magische Verbindung von Heldenverehrung und Morbidität ist eine Erklärung dafür, warum im Jahr nach Elvis' Tod schätzungsweise 1,5 Millionen Menschen sein Grab besucht haben, und warum Fans die Stelle am Joshua Tree National Monument, wo Gram Parsons unerlaubterweise verbrannt wurde, wieder und wieder dem Andenken des Sängers widmeten. Am Joshua Tree hat jemand zu seinem Andenken hingekritzelt: 'A bird flying high over the San Andreas fault'. Und von Zeit zu Zeit werden dort Blumen und andere Opfergaben abgelegt. Jim Morrisons Grabstelle auf dem Friedhof St. Pierre Lachaise in Paris ist über und über mit Graffiti bedeckt. Fans versammeln sich andächtig an seinem Grab, um kleine Gaben zu hinterlegen, zu meditieren und Musik zu machen. Da gibt es die Graffiti 'Lizard King' und 'I Want To Kill', in den Grabstein geritzte Zeichnungen von Morrison, Lobsprüche auf LSD und, unter anderen französischen Inschriften, die Worte: *Monstre de sensualité* und *Jim, tu les a libéré*. Eine ähnliche Weihestätte hat man an der Barnes Common in London Marc Bolan gewidmet, der an dieser Stelle mit seinem Wagen gegen einen Baum fuhr und dabei ums Leben kam. Und die Gräber von Duane Allman und Berry Oakley, die in Macon, Georgia, Seite an Seite liegen, sind eine Pilgerstätte geworden, wo Fans Gitarrenteile und Joints als Opfergaben niederlegen, um den grimmigen Sensenmann milde zu stimmen.

Weitere heilige Stätten der Rockmusik sind das Grab von Buddy Holly in Lubbock, Texas, und das von Jimi Hendrix in Seattle. Fans, die sich nicht mit der garstigen Tatsache von Jimis Tod abfinden können, halten an der merkwürdigen Fiktion fest, daß Hendrix sich in einem Akt höchster Kunstvollendung selbst das Leben genommen hat („sich auf eine andere Daseinsebene hinausbegeben hat", wie Eric Burdon es einmal ausdrückte). Andere versuchen die Tatsache des Todes völlig zu ignorieren. Gefolgsleute von Jim Morrison haben die Theorie vertreten, daß Jim seinen ‘Tod’ nur inszeniert habe, in Wirklichkeit aber unter Pseudonym weiterlebe (was unwahrscheinlich ist, wie sein Doors-Kollege Ray Manzarek trocken bemerkte, denn „er hat in letzter Zeit nie eine Abrechnung verlangt"). Selbst abgebrühte Rockjournalisten tappen in die Falle. „Vier Tage, nachdem John Lennon erschossen wurde", schrieb Greil Marcus, „wachte ich auf und fand keine Beatles-Musik im Radio und keine Berichte auf der Titelseite mehr … Heißt das, dachte ich bei mir, daß es vorbei ist? Daß er nicht mehr tot ist?"

Es ist wirklich nicht überraschend, daß Lennons Tod unter den Fans ein Massentrauma auslöste, und das nicht nur wegen der schockierenden Umstände, unter denen er erschossen wurde. Die *Beatlemania*, das Beatlesfieber, war schließlich das extremste Beispiel der alles-verzehrenden Leidenschaft, welche die Fans miteinander verbindet. In einfachster Form manifestiert sie sich als eine Art sexueller Raserei bei Konzerten, die mal jemanden zu dem alten Showbiz-

Unten: Ausgerüstet mit Schlagstöcken beenden dänische Polizisten am 8. August 1957 eine Straßenschlacht nach einer Filmvorführung von „Rock Around the Clock". Rock'n'Roll war sofort ein Kassenschlager…

𝕿𝖍𝖊 𝕹𝖊𝖜 𝖄𝖔𝖗𝖐

Four Young Singers Pay a Call on the

THAT DOCKSIDE

Rechts: Baby, please don't go: Ein verzweifelter Fan versucht, einen kurzen Blick auf die Rolling Stones zu erhaschen, als sie die Los Angeles Sports Arena nach einem Konzert am 6. Dezember 1965 verlassen.

STONE BONKERS!

Gesetz und Unordnung: Im Dezember 1964 erreicht die Beatlemania Atlantic City, New Jersey.

mes. WEDNES!

nd Look What Happens

Ausspruch inspirierte, eine erfolgreiche Show bedeute, „daß kein Sitz im Saal trokken bleibt". Von den Zeiten von Johnny Ray, Elvis und Fabian bis in die Teenybop-Tage des Glitzer-Rock und bis zur Begeisterung über Gruppen wie New Kids on the Block hat stets das Kreischen heranwachsender Mädchen den Rock'n'Roll begleitet. Die Ekstase kam selbst über den Bildschirm. „In sechs Minuten", sagte Patti Smith darüber, wie sie zum ersten Mal die Rolling Stones sah, „trieben fünf Abbilder von Lust mir den ersten Wonneglibber in mein jungfräuliches Höschen." Adam Faith meinte beim Gedanken daran, wie ihn die Mädchen Ende der fünfziger Jahre anhimmelten, mit Recht: „Ich bin immer noch so, daß sie sich auf ihren Sitzen die Hosen naß machen. Das ist in meinen Augen alles, was es mit mir auf sich hat." Cliff Richard gab zu: „Es war schön", als die Mädchen zum ersten Mal seinetwegen kreischten (im Gaumont, Shepherd's Bush, Ende der fünfziger Jahre). Tom Petty

bestätigte das in den siebziger Jahren. „Es war immer gut, wenn man ein paar kreischende Mädchen in der ersten Reihe hatte", sagte er. „Das macht es mehr zu Rock'n'Roll." Und Bill Wyman, der älteste Teenager im Geschäft, gab zu, wie erleichtert die Stones waren, daß sich in den achziger Jahren unter ihrem Konzertpublikum immer noch sechzehn- und siebzehnjährige Mädchen befanden.

Aber die ungehemmte sexuelle Verlockung, die mitinbegriffen ist, kann verheerende Folgen haben. Das Gedränge der Mädchen, die ihr Idol Leif Garrett 1979 bei seiner Show berühren wollten, führte dazu, daß

Tod in Cincinnati: Eines der Opfer der bislang schlimmsten Katastrophe im Rahmen eines Rockkonzerts. Am 2. Dezember stürmten Tausende Fans, die zuvor bei klirrender Kälte auf einen Auftritt der Who gewartet hatten, das Riverfront Coliseum. Sie glaubten, die Band hätte bereits zu spielen begonnen. In dem verrückten Wettlauf um die besten Plätze wurden elf Menschen zu Tode getrampelt.

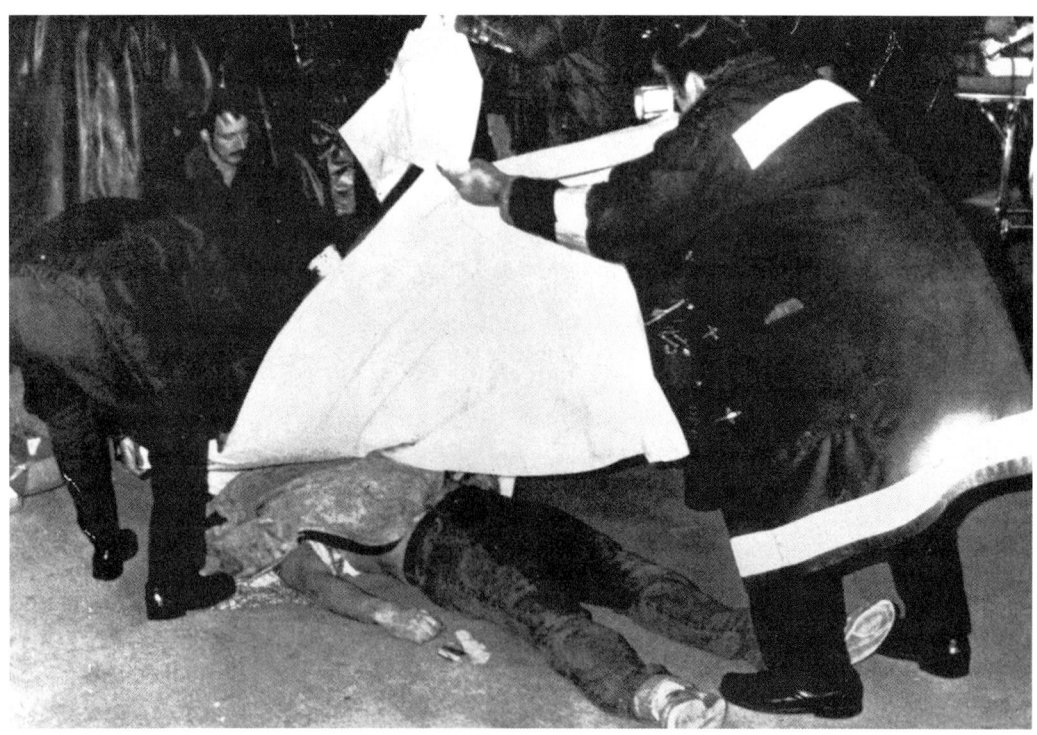

240 von ihnen in Ohnmacht fielen. Solche Zahlen sind nicht außergewöhnlich, und es kann zu echten Tragödien kommen. 1974 starb die vierzehnjährige Bernadette Whelan, nachdem sie bei einem David-Cassidy-Konzert gegen die Bühne gepreßt worden war. Sie hatte versucht, möglichst nahe heranzukommen, um von ihrem Idol Aufnahmen zu machen; ihre Kamera überstand das Gedränge, und als der Film entwickelt wurde, konnte man sehen, wie nah sie ihm gekommen war; aber sie erlebte es nicht mehr, ihre Fotografien zu sehen.

Doch wenn junge weibliche Fans ihre Helden auch als Sexualobjekte betrachten, so haben junge männliche Fans dennoch oftmals kein weniger dringendes Verlangen, dem Star auf der Bühne nahe zu kommen. Man kann wohl davon ausgehen, daß junge männliche Fans sich eher mit ihrem bewunderten (meist männlichen) Idol identifizieren, als daß ihre Verehrung sich sexuell äußert. Heavy-Metal-Fans zum Beispiel kleiden sich oft nicht nur wie ihre Lieblingsbands, sondern gehen in ihrer Nachahmung sogar so weit, daß sie bei Songs mitspielen, indem sie auf eingebildeten Gitarren oder ausgeschnittenen Pappnachbildungen mitklimpern. Oft kann die Nachahmung gefährliche Formen annehmen – vor allem, wenn dabei gefährliche Requisiten verwendet werden. Im Juni 1974, als Alice Cooper mit seiner vorgetäuschten Galgen-Exekution Furore machte, hing sich ein dreizehnjähriger Junge aus Calgary, Kanada, während einer nachgemachten 'hanging party' auf und starb dabei. (Nach dieser Tragödie strich Alice diese Nummer aus seinem Programm). Im November 1978 fügte sich ein männlicher Fan der Kiss in Baltimore schwere Verbrennungen zu, als er die Feuerschlucker-Nummer seiner Lieblingsband nachzuahmen versuchte. Unglücksfälle dieser Art sind zum Glück selten.

Zum ersten Mal wurden sich Presse und Öffentlichkeit der schockierenden Gewalttätigkeit bei einem außer Kontrolle geratenen Rockpublikum bewußt, als Alan Freed am 21. März 1952 in der Cleveland Arena sein erstes Konzert veranstaltete. Da auf jeden verkauften Sitzplatz 2,5 Leute kamen, war die Musik kaum noch zu hören. Es kam zu einer Messerstecherei und später zu fünf Festnahmen wegen Trunkenheit; man rief die Polizei und zu deren Verstärkung noch die Feuerwehr, und das Konzert mußte daraufhin abgebrochen werden.

Als Bill Haley 1957 eine Europatournee machte, wurde überall auf dem Kontinent Konzerthallengestühl demoliert, und in Berlin kam es zu einer regelrechten Schlacht. Die Zeitungen behandelten das meistens, als wäre alles einfach nur Spaß, aber als Haley am 5. Februar 1957 am Londoner Waterloo-Bahnhof eintraf, kam es fast zu einem Krawall. „Man sah überall nach oben gereckte Gesichter, inzwischen zerknittert vor Furcht,

Festivals machen Spaß. Ein Mädchen lebt beim Festival auf der Isle of Wight im August 1969 seine Freiheitsphantasien aus. 150.000 kamen, um ein Konzert mit dem Headliner Bob Dylan zu sehen.

aus denen alle Ekstase gewichen war", schrieb George Gale im *Daily Express;* „wutverzerrte Gesichter, die den Wagen zu berühren und das Gesicht darin zu sehen versuchten; ratlose Gesichter wie bei Panikszenen in russischen Filmen."

Die Fans, schrieb Gale, die den 'Krawall' miterlebten, waren „Kinder, die wie Strandgut in der wogenden Menschenflut hin- und hergeworfen wurden". Gale, den Rock'n'Roll und Haley kalt ließen, bezeichnete die Szene als 'höchst widerlich'. Neben seiner Kolumne brachte das Blatt eine Meldung, in der den Lesern zur 'Ermahnung' mitgeteilt wurde, es seien „Bestrebungen im Gange, einen neuen Trend zu schaffen", der den Rock'n'Roll ablösen würde. Selbst etwas 'höchst Widerliches' sei zu ertragen, wenn abzusehen sei, daß es kurzlebig wäre. Aber die Fans wußten, was sie wollten, und die Ausschreitungen, die von der Presse oft noch aufgebauscht wurden, gingen weiter.

Nach Haley und den fünfziger Jahren kam das Beatlesfieber, eine merkwürdige Mischung aus krawallartigen Versammlungen, politisch anbiederndem Verhalten und modischer überschwenglicher Begeisterung, von der alle erfaßt zu sein schienen, von Premierministern, die einen Stimmenfänger erkannten, wenn sie einen vor sich sahen, bis hin zu Gesellschaftslöwinnen, die wußten, was Stimmung in ein Fest brachte, und zu verkrüppelten Teenagern, deren ernsthafte Betreuerinnen die Beatles überredeten, sich mit ihren Schutzbefohlenen zu so etwas wie einem Hand-Auflegen zu treffen. Pop-Psychologen und -Soziologen erklärten, das Beatlesfieber sei ein natürliches Stadium beim Erwachsenwerden; Journalistinnen schrieben auf den Frauenseiten, daß sie selbst als abgeklärte Dreißigerinnen noch Spaß am Kreischen fänden. Fast alle waren sich darin einig, daß Rock-Krawalle möglicherweise ein Vergnügen waren – sie alle hatten diesen oder jenen Grund, so zu tun, als wären sie Fans.

Selbst Ärzte machten da mit. Einige erklärten, die Beatles seien 'nicht sexy' – vermutlich um die Eltern junger Mädchen zu beruhigen, die von der Hysterie mitgerissen wurden. Ein anderer erklärte, Beatlemania sei wie „die tobsüchtige Raserei und Kreischerei von Voodoo-Gläubigen", wozu er noch gelehrt anfügte, daß „Beatmusik einen rhythmischen Reiz auf das Gehirn ausübt", der ein Verhalten auslöse, das einem epileptischen Anfall nahekomme. Doch selbst so abstruse Vergleiche wurden keineswegs in der Absicht geäußert, zu beweisen, daß die Beatlemania schädlich sei. Der Soziologe J. B. Mays bemerkte im Gegenteil, er könne zwar nicht sagen, ob die Beatlemania die Jugendkriminalität in der Tat verringere, aber „sie lenkt einen Großteil an überschüssiger jugendlicher Energie in Kanäle, die der Gesellschaft nicht schaden". Dem Himmel sei Dank dafür!

Währenddessen bemühte sich die Polizei, bei Konzerten und vor Konzerten riesige Menschenmassen im Zaum zu halten – einmal brauchte sie fast eine Stunde, um wieder Ordnung unter den Fans herzustellen, die in Newcastle-Upon-Tyne wegen Eintrittskarten für ein Beatles-Konzert Schlange standen. Ein (von Paul Johnson geschriebener) Leitartikel im *New Statesman* beschrieb das 'Bedrohliche an der Beatlemania' in ganz ähnlicher Weise, wie ein paar Jahre vorher Bill Haleys Waterloo-'Krawall' dargestellt wurde. Gegen Ende des Jahres 1963 mußten die Beatles selbst mit 35 Leibwächtern im Schlepp auf die Reise gehen. Sie waren so populär, daß sie innerhalb einer Woche, nachdem sie zu erkennen gegeben hatten, daß sie Gummibärchen mochten, mit der Post über hundert Pfund davon erhielten – die Pfunde, die ihnen auf die Bühne geworfen wurden, nicht mitgerechnet. An der Schwelle zum Jahresbeginn 1964 verkündete der Besitzer des Cavern-Club, er habe die Absicht, die Clubbühne abzureißen und sie stückchenweise für wohltätige Zwecke zu verkaufen. „Das ist das begehrteste Holz in der Welt", sagte er anläßlich des Ereignisses, und Ende der siebziger Jahre machte Bill Graham, der Besitzer des Fillmore West, es ihm nach und tat genau das gleiche, nur mit dem erheblich größeren Tanzboden des Saals.

Mochten die Beatles bei manchen Leuten auch noch so viel Ekel hervorrufen, man schätzte und ehrte sie als ziemlich harmlose Symbole des neuen *'jolly, swinging England'*. Die Rolling Stones, die ihnen folgten, waren etwas weniger höflich, und ihre Fans wurden folglich als gefährlicher angesehen. Die Stones riefen überall in der Welt, von Warschau bis Los Angeles, Krawalle hervor und Schock, der sich jedesmal neu in den Schlagzeilen niederschlug. Anfangs erklärten die Stones sich zur Rhythm & Blues-Szene gehörig, und Mick Jagger machte im Hinblick auf potentielle Fans seine unsterbliche Bemerkung: „Ich hoffe, sie halten uns nicht für eine Rock'n'Roll-Band." Aber die Liebe der Stones zu schwarzer Musik war schon an sich ziemlich schockierend, doch als die Band dann sehr bald auch noch auf jede Gruppenuniform verzichtete, sich darüber hinaus die Haare merklich länger wachsen ließ als die Beatles und bei ihrem Auftritt ein gewisses Maß an lasziven Bewegungen brachte, vor allem Mick Jagger, zogen sich die Stones schnell die unsterbliche Feindschaft vieler Presseleute zu. Selbst die Musikpresse war unsicher, ob sie nun ein Loblied auf sie anstimmen sollte oder sie totschweigen. Schon im Sommer 1963 verglich ein Kritiker die Band im *New Musical Express* mit 'langhaarigen Derwischen' und im März 1964 brachte der *Melody Maker* einen Artikel unter der reißerischen Überschrift: 'Würden Sie Ihre Tochter mit einem Rolling Stone gehen lassen?'

Die allgemeine Presse walzte genußvoll alle schlechten Nachrichten über die Rolling Stones aus – sie wären die häßlichste Band der Welt, sie wüschen sich nicht die Haare, in Hetzbriefen warf man ihnen unsittliches Verhalten vor, und Pfarrer und Amtsrichter beklagten den Niedergang der öffentlichen Moral in England, als wären die Rolling Stones an allem schuld. Man muß dazu sagen, daß die Stones oftmals zu so etwas ermunterten und nicht einmal die spöttische Hochachtung erkennen ließen, die anfangs für die Beziehung der Beatles zur Presse und zu den Behörden kennzeichnend war. Der Manager Andrew Oldham drückte es mal so aus: „Für die Stones ist eine schlechte Presse eine gute Presse."

Als die Stones 1964 eine Amerikatournee machten, sahen sie sich bei ihren Auftritten wegen der vorausgegangenen Beatlemania oftmals von einem Polizeikordon abgeschirmt. Die Publicity für die Amerikatournee war größtenteils durch genau vorausgeplante Fototermine und Fernsehauftritte vorbereitet worden, die den Stones nicht zum Nachteil gerieten. Dean Martin, der als Gastgeber einer Show auftrat, in deren Mittelpunkt die Stones standen, stellte sie mit einer langweiligen Folge einstudierter Beleidigungen vor: „Ihr Haar ist gar nicht so lang", sagte er, „ihre Stirn ist nur kleiner, und die Augenbrauen sitzen höher." Er witzelte über einen 'Wettkampf im Haare-Ziehen mit den Beatles' und bemerkte, als er einen Akrobaten der Show ankündigte, er sei der Vater der Gruppe. „Deshalb versucht er sich dauernd umzubringen." Während Dino so das von der englischen Presse geliebte Neandertaler-Image hochspielte, bemerkten andere ihren Sex-Appeal. 'Nach Ansicht der Frauen sieht Jagger faszinierend aus, nach Ansicht der Männer zum Fürchten', schrieb *Vogue*.

Diese Mischung sollte sich positiv auf den Plattenabsatz auswirken und ihnen die Verehrung der Fans einbringen. Gegen Ende der US-Tournee (die ziemlich ruhig angelaufen war) wurde die Band in der Carnegie Hall mit einem Krawall empfangen. Einen Monat nach ihrer Rückkehr nach England mußten bei einer Show in Blackpool fünfzig Fans ins Krankenhaus gebracht werden. Ein Konzertflügel wurde von der Bühne heruntergestürzt und zertrümmert, und von der Decke wurden die Kronleuchter heruntergerissen. Es waren hundert Leute nötig, um die Menge zu beruhigen. „Es waren nicht mehr als zwanzig, die das Ganze eigentlich angezettelt haben", sagte Jagger tags darauf. „Sie drängelten sich irgendwie nach vorne. Ich habe gesehen, wie sie einem Mädchen einen Hieb in den Bauch verpaßt haben. Es war wirklich brutal und entsetzlich." Die Show mußte abgebrochen werden, und den Stones blieb nichts anderes übrig, als bei ihrem Abgang ihre Instrumente und Verstärker auf Gnade und Ungnade der tobenden Menge zu überlassen. Weitere Krawalle gab es in Belfast und Den Haag, und fast wäre es auch in Manchester und Jersey zu Krawallen gekommen. Im Oktober 1964 wurden bei einem Stones-Konzert im Pariser Olympia hundertfünfzig Fans verhaftet, als das Publikum im Foyer der Konzerthalle und auf der Straße Randale machte. Im Jahr darauf kam es zu Tumulten, als die Stones nach Sydney in Australien flogen. Zwanzig Mädchen erlitten Ouetschungen, zwei davon schwere, als die Menge die Flughafenzäune durchbrach, um näher an 'ihre' Gruppe heranzukommen. Als Jagger, Wyman und Brian Jones im Juli 1965 wegen ungebührlichen Verhaltens vor Gericht erscheinen mußten, weil sie auf dem Heimweg nach einem Auftritt gegen eine Garagenwand gepißt hatten, waren die Stones auf dem besten Wege, eine 'Gefahr für die Öffentlichkeit' zu werden.

Die Beatlemania und die Stonesmania hatten bald zur Folge, daß die Rockmusik unter ausgeklügelten Sicherheitsvorkehrungen stattfand – hohe Bühnen, Sicherheitsbewachung, Absperrungen für die Menge. Diese waren den Fans verhaßt, und eben sie führten oft erst dazu, daß das Gedrängele zur Bühne in Krawallen endete, die diese Schutzmaßnahmen eigentlich verhindern sollten. Die Beatles hörten 1966 mit öffentlichen Auftritten auf, aber die Schutzvorkehrungen an ihren großen Wirkungsstätten blieben. Ebenso die Krawalle, die seither zum normalen Erscheinungsbild von Rock-

Ameisen sind besser organisiert. Eine Luftaufnahme des Konzerts bei Altamont am 6. Dezember 1969, das den Rock-Festivals die Unschuld nahm.

veranstaltungen gehören, wo immer diese auch stattfinden.

Zwischen fünfhundert und tausend Led-Zeppelin-Fans – die für ihr ordnungswidriges Verhalten berüchtigt waren – machten in den frühen Morgenstunden des 17. April 1977 am Orange Bowl in Miami Randale. In diesem Fall kam es dazu, weil die Fans befürchteten, daß die Eintrittskarten für eine Zep-Show in Tampa bereits vor dem offiziellen Verkaufsbeginn ausverkauft wären. Die

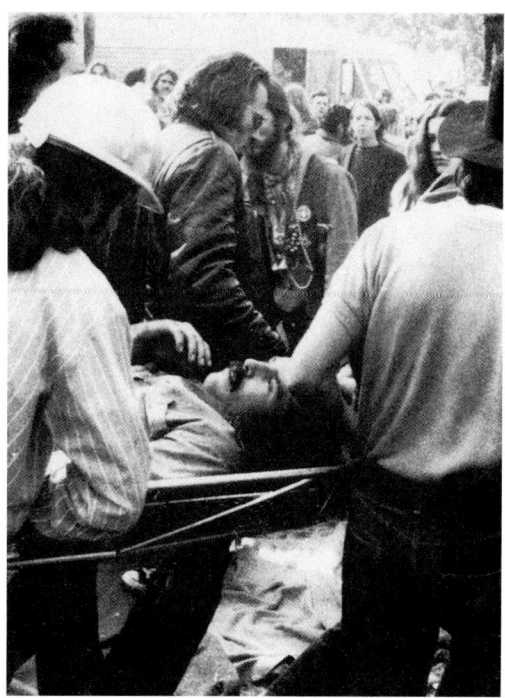

Das Altamont-Festival, das als Weihnachts- und Chanukkageschenk gedacht war, zog einen Schlußstrich unter den Sommer der Liebe. Vier Todesfälle, drei Geburten und zahllose Verletzungen, Überdosen und schlechte Trips führten dazu, daß den Erste-Hilfe-Teams die Medikamente ausgingen.

tobende Meute demolierte Gestühl, Fenster und Lautsprecher, wütete in den Büros und ließ eine Spur von Trümmern hinter sich. Kurz nach vier Uhr morgens traf die Polizei ein, gefolgt von einem besonderen Einsatzkommando mit Spezialausrüstung. Über zweihundert Menschen empfingen die Polizei mit einem Gesteinshagel, die daraufhin mit Tränengas gegen sie vorging. Ein Krawaller wurde festgenommen, weil er angeblich einen 357er Revolver auf einen Polizisten gerichtet hatte.

Im Mai 1979 spielte Elton John zum ersten Mal in Leningrad. Etwa 2.500 russische Fans, die es nach Rockmusik dürstete, kauften ihre Karten auf dem schwarzen Markt und zahlten stark überhöhte Preise. Nach 2 1/2 Stunden Show waren viele von ihnen so in Fahrt, daß sie nach vorne zur Bühne strömten. Wäre das Publikum nicht mit besonders verläßlichen Staatsdienern durchsetzt gewesen, wäre der Ansturm zweifellos noch erheblich größer gewesen. Immerhin füllten sich doch die Gänge mit Beifall klatschenden, trampelnden Fans, die von Elton eine Zugabe verlangten. Der Star tat ihnen den Gefallen und sang *Back In The USSR*. „Ich hatte gar nicht die Absicht gehabt, diesen Song zu bringen", sagte er, „er fiel mir nur gerade ein."

In den letzten Jahren ist es leider allzu häufig vorgekommen, daß die Menge wie beim Orange Bowl in Miami außer Kontrolle geriet, bevor die Fans überhaupt in den

Zuhörerraum gelangten. Bei Konzerten, die wie militärische Operationen abgewickelt werden, ist die Zahl der Verletzten bisweilen so groß wie bei einem kleineren Krieg. Der schlimmste Vorfall dieser Art ereignete sich am Abend des 3. Dezember 1979, kurz vor einem Auftritt der Who im Riverfront Coliseum in Cincinnati. Neunzig Minuten nach Eröffnung des Kartenverkaufs waren über 18.000 Tickets verkauft, die meisten davon ohne festen Sitzplatz; das hieß, je früher man kam, desto bessere Aussicht hatte man auf einen Platz weiter vorne. Früh am Abend des Konzerttages warteten schon an die 8.000 Fans darauf, eingelassen zu werden. Die Show sollte um acht Uhr abends beginnen, aber um sieben waren die Einlaßtüren

immer noch geschlossen. Wahrscheinlich hatte jemand gehört, wie die Band drinnen einen *Sound Check* machte, und gedacht, die Veranstaltung hätte bereits begonnen, und wahrscheinlich war die Ungeduld der bis dahin friedlichen Riesenmenge auch so groß, daß eine Glastür in Scherben ging und die Fans den Saal stürmten. Bevor das Konzert überhaupt anfing, waren elf Leute tot und acht verletzt.

Die Schuld sucht man seitdem bei der Vergabe von nicht numerierten Sitzen bei den Festivals (wodurch sich gleichzeitig die Kasseneinnahmen erhöhen und man Platzanweiser spart), darin, daß nicht genug und ausreichend befugte Sicherheitskräfte oder Polizisten zur Verfügung stehen, bei der Unpünktlichkeit der Veranstalter oder der Band und sogar bei den Fans selbst, die ein Kritiker mal als 'Tiere' bezeichnete. In einem schwachen Abklatsch der Behördenkritik am Rock'n'Roll seit den fünfziger Jahren warf der stellvertretende Polizeichef von New York, Gerald Kevins, den Who – sowie

„No Shelter" für Meredith Hunter, als ihn ein paar Hell's Angels mit Billardstöcken zu Tode prügelten. Diese Szene wurde auf einem Dokumentarfilm über Altamont festgehalten. Mick Jagger war gleich bei seiner Ankunft von einem Fan bedroht worden, und die Hell's Angels behaupteten später, Hunter hätte vor der Bühne eine Pistole gezogen.

den Kiss, Led Zeppelin und Earth, Wind and Fire – vor, daß sie 'die Kids zur Raserei treiben'.

Was immer die wahre Ursache der Tragödie gewesen sein mag, eigentlich ist es verwunderlich, daß sich nicht schon vor Cincinnati ähnliche Tragödien ereignet haben. Tatsächlich war eben das Riverfront Coliseum schon zweimal vorher Schauplatz 'schwerer Massenzwischenfälle' gewesen, wie das Magazin *Time* schrieb, und zwar einmal 1976 bei einem Elton-John-Konzert und das andere Mal 1977 bei Led Zeppelin. Pete Townshend meinte, das Problem liege darin, daß die Art der Kontrolle falsch sei. „Menschenmassen muß man im Zaum halten", gab er zu. „Wie Viehherden." Bleibt nur die Frage, wie Townshend selbst schrieb, ob die Fans willens sind, sich im Zaum halten zu lassen.

Jagger beobachtet mit Entsetzen, wie die Hell's Angels die Leiche von Meredith Hunter auf die Bühne schleppen.

Damals, in den sechziger Jahren, war das Gefühl, einer großen Rockgemeinde anzugehören, an der Westküste mythenhaft mächtig. Andererseits mußte die Geschichte von Haight-Ashbury inzwischen neu geschrieben werden, um den Sommer der Liebe aufzuwiegen mit dem Zustrom der Wochenend-Hippies, mit den harten Drogen und mit den *bad vibes*. Die Dinge waren nie so rosig gewesen, wie sie aussahen, die Liebe nie so allmächtig und allgegenwärtig, wie man es sich vorstellte. Das berühmte Woodstock-Festival im August 1969, bei dem sich eine halbe Million Fans auf einem Feld im ländlichen Teil des Staates New York versammelte, war weniger ein Fest der Liebe und des Friedens, wie die meisten Leute damals glaubten, als, genauso wie Monterey, eine schmutzige Geschichte voll über Geschäftemacherei, Beinahe-Katastrophen, Fehlmanagement und schlechtem Acid. Aber ob sie nun irregeführt waren oder nicht, die Menschen sprachen voller Über-

zeugung von der 'Woodstock Nation' – sie wollten daran glauben, daß die Menschen sich ein neues Leben aufbauen konnten, wollten an eine Gemeinde der Rockmusik glauben und ein gemeinsames Engagement von Künstlern und Fans. Selbst die etablierte Presse gab voller Überraschung über das generell friedliche Verhalten der 500.000 Fans zu, daß hier, wie Grace Slick auf der Bühne sagte, vielleicht tatsächlich 'eine neue Zeit anbrach'.

Das entsetzliche Erwachen kam mit Altamont, dem Free-Festival auf einer verlassenen Rennbahn in Kalifornien, das am 6. Dezember 1969 stattfand und von den Grateful Dead und den Rolling Stones als eine Art Westküsten-Woodstock organisiert wurde. John Ellsworth Jaymes, der Promoter der großen Amerikatournee der Stones 1969, erklärte: „Das ist ein Weihnachts-Geschenk der Stones und anderer Bands an die amerikanische Jugend." Angesichts der späteren Ereignisse war Mr. Jaymes ziemlich blauäugig. Auch die ersten Berichte über Altamont waren unrealistisch. 'Die Szene war sehr friedlich', hieß es im *San Francisco Examiner* und im *Chronicle,* als das Ereignis gerade zu Ende ging. 'Die jugendlichen Zuhörer saßen auf der Erde, rauchten Hasch oder tranken Wein, unterhielten sich oder schliefen – und hörten zu.' Aber die Zeitung war nicht gut informiert. Von Anfang an ging einiges schief. Die Show, die ursprünglich im Golden Gate Park abgehalten werden sollte, mußte in letzter Minute nach Altamont verlegt werden, weil es Unstimmigkeiten wegen der Filmrechte gab. Die Folge davon war, daß viele tausend Fans sich verfuhren und die Straßen meilenweit verstopft waren. Als die Musik begann (mit Santana), kam es unter den dreihunderttausend Menschen zu den ersten Unruhen.

Die Hell's Angels prügelten sich mit Fans, die auf die Bühne zu klettern versuchten. Die Angels waren angeheuert worden, um für Ruhe und Ordnung zu sorgen, und als Bezahlung hatten sie Bier im Werte von einigen hundert Dollar bekommen. Das hatte zur Folge, daß sie immer aggressiver wurden – vielleicht auch als Reaktion darauf, daß das Publikum immer aufgebrachter reagierte. Sie schlugen Marty Balin, den Sänger der Jefferson Airplane, während eines Auftritts bewußtlos, doch als die Band zu spielen aufhörte, reagierte das Publikum noch gereizter, und ein anderer Angel drohte Paul Kantner an, ihn zusammenzuschlagen. Vier von dieser 'Sicherheitsgruppe' schlugen einen Betrunkenen zusammen, der gegen einen ihrer wertvollen Feuerstühle getreten war; einige andere Angels beschlossen, einem ungeheuer fetten jungen Mann, der sich aller Kleider entledigt hatte, eine Abreibung zu verpassen, da sein Anblick sie beleidigte, und knüppelten ihn nieder. Das Ganze nahm so schlimme Formen an, daß die Grateful Dead beschlossen, nicht zu spielen, aber die Stones befürchteten, daß es noch mehr Ärger gäbe, wenn sie der Bühne fernblieben.

Jagger sah sich mit der gärenden Gewalttätigkeit konfrontiert, kaum daß er aus dem Stones-Hubschrauber stieg. Ein junger Mann sprang ihm aus der Menge entgegen und schlug ihm ins Gesicht. „Ich hasse dich!" schrie er. „Ich werde dich umbringen!" Erst einmal auf der Bühne, verfiel Jagger gleich in seine übliche satanische Routine und tänzelte herum zu *Jumping Jack Flash* und *Sympathy For The Devil.* Währenddessen beobachtete einer der Angels, wie ein junger Schwarzer, Meredith Hunter, einen Revolver zog und auf die Bühne richtete (so sagten sie jedenfalls im späteren Verfahren aus). Sie schlugen mit Billardstöcken auf ihn ein, mit den Fäusten und mit Ketten und verpaßten ihm fünf Stichwunden im Rücken und eine unterm Ohr, so daß er verblutete. Hunters Revolver wurde nie gefunden, dennoch erkannte ein Gericht auf 'Tötung in Notwehr'. Notwehr oder nicht, niemand schien in der Lage oder willens, dem Wahnsinn ein Ende zu bereiten, der sich in Altamont breitzumachen begann.

In einem Buch über Rockfestivals weist Robert Santelli darauf hin, daß in Woodstock trotz allem, was dort im Argen lag, die Bühne auch für Durchsagen, Ermahnungen und Warnungen, Informationen und beruhigende Worte zur Verfügung stand. In Altamont war sie nichts weiter als Bühne. Weil sie Angst hatten, weiterzuspielen, richteten die Stones erst einmal einen Appell an die Menge. Als das nicht half, hatten sie noch mehr Angst, ihren Auftritt abzubrechen, und spielten um ihr Leben, während die Rock-'Gemeinde' um sie herum wütete. Sie waren die Stars, und die Fans waren die Fans – und damit hatte es sich.

Zwei Tage später änderte die Presse den Tenor ihrer Berichterstattung über Altamont. Die meisten Fans hatten da ihre Ansichten über das Festival schon geändert. Der *San Francisco Chronicle* brachte auf der ersten Seite einen Bericht unter der Schlagzeile 'Die schwarze Nachlese von Altamont'. Während der Veranstaltung waren drei Babies geboren worden, außer Hunter noch drei weitere Menschen zu Tode gekommen und viele schwer verletzt worden. Zwei Menschen waren gestorben, als in der Nacht nach dem Konzert gegen Mitternacht ein Auto in ihr Lagerfeuer fuhr, und ein weiterer Mann ertrank, als er bei einem LSD-Trip in einen Kanal fiel. Ein Mann und eine Frau wurden mit schweren Kopf- und inneren Verletzungen ins Krankenhaus eingeliefert. Vier Sanitäterteams, die auf dem Festivalgelände Dienst taten, berichteten, sie hätten zahllose Überdosis- und *bad trips*-Fälle zu versorgen gehabt – und als ihnen die Beruhigungsmittel ausgingen, mußte in einem Noteinsatz eine neue Lieferung eingeflogen werden. 'Das ganze Gelände war übersät mit leeren Weinflaschen und anderem Unrat...', schrieb der *Chronicle*. 'Die Polizei meldete, mehrere hundert Wagen seien auf dem Schauplatz zurückgeblieben, weil sie defekt sind, ohne Benzin oder weil die Besitzer sie bei dem Massenexodus stehengelassen haben...' Man würde wohl eine ganze Woche brauchen, um die Überreste dieses besonderen Weihnachts-Geschenks zu beseitigen.

Was die Hell's Angels und ihre Sicherheitsbewachung anging, sagte Melvin Belli, der die Stones als Anwalt vertrat: „Sie waren vielleicht ein wenig zuviel animiert." „Wenn Jesus dagewesen wäre", meinte Jagger, „hätte man ihn gekreuzigt." Keith Richard bemerkte lahm: „Viele waren müde, und manche waren mit ihrer Geduld am Ende." Die Angels selbst verteidigten ihr Verhalten damit, daß man sie engagiert hätte, um 'die Leute von der Bühne fernzuhalten'. Und Sonny Barger, Präsident der Oakland-Angels, die die Ordnungskräfte gestellt hatten, sagte: „Ich bin kein Friedens-Freak, in keinem Sinne der Welt. Wenn jemand nicht mein Freund sein will, kriegt er von mir eine Abreibung, und ich bekomme von ihm eine verpaßt."

Die Gewalttätigkeiten und die Toten von Altamont haben bewirkt, daß man sich im Rock'n'Roll immer wieder im Vergleich auf dieses Festival bezieht, während Cincinnati, obwohl das in jüngerer Zeit geschah, so gut wie vergessen ist. Der Grund dafür liegt natürlich darin, daß niemand von dem Cincinnati-Vorfall überrascht war, schockiert, das gewiß, aber nicht überrascht. Der Tod dieser elf unglücklichen Fans hat die Rock-Kultur nicht tiefer erschüttert, weil es in den siebziger Jahren an der Tagesordnung war, daß es Opfer gab, entweder vorsätzlicher Gewalttätigkeiten oder von Unfällen. Die Todesfälle von Altamont, zehn Jahre früher, waren unerwartet, brutal und keine Unfälle, riefen allgemein Abscheu hervor und prägten sich so als Willkürakte ein, so daß ihr Nachhall über zwei Jahrzehnte Rockmusik anhielt.

Das Gefühl, versagt zu haben, das die Rockwelt ergriff, wirkte sich vor allem auf die Fans aus. Es kam die Blütezeit der *lookalikes*. Früher hatten wohl schon viele Fans versucht, wie Elvis oder die Beatles, Bob Dylan oder Janis Joplin auszusehen und ihre Aufmachung entsprechend gestaltet. Sie betrachteten sich dennoch nicht als *lookalikes*, da die Aufmachung meist mehr oder weniger normal und nicht sonderlich ausgefallen war. Um aber wie die Glitzer- und Glamour-

Stars der frühen siebziger Jahre auszusehen, waren besondere Anstrengungen, sorgsames Vorgehen und Geld nötig. Unter den Fans von Marc Bolan, David Bowie und Brian Ferry gab es Kreise, die ihre Idole in bezug auf Kleidung, Make-up, Haartracht und Gehabe genau zu kopieren versuchten. Das Aussehen war oft zum Schlüssel für den ganzen Stil geworden, und Rock-Konzerte wurden zu einer Arena für Fans, die dort als Abbilder ihrer unerreichbaren Idole selbst so etwas wie Star-Ruhm erlangen konnten.

Mit der Zeit wurde das Ganze institutionalisiert. Clubs veranstalteten Bowie-Abende, an denen die Fans ihr Bestes versuchten, um wie ihr Vorbild auszusehen. Das BBC-Fernsehen veranstaltete einen öffentlichen Deborah-Harry-*lookalike*-Wettbewerb (den eine Empfangsdame aus Newcastle-upon-Tyne gewann); Alice Cooper veranstaltete sogar selbst einen Alice-*lookalike*-Wettbewerb (den ein Vietnam-Veteran am Tage seiner Entlassung aus der Nervenklinik gewann).

Lookalikes brachten es sogar zu professionellen oder halb-professionellen Bühnen-

Rock'n'Roll Heaven: drei Sänger und zwei Sängerinnen, die sich chirurgischen Operationen unterzogen, um toten Stars ähnlich zu sehen. 1975, jeweils v.l.n.r.: stehend: Elvis Presley (Erin Rhyne) und Elvis Presley (Jesse Bolt). Sitzend: Janis Joplin (Mona Caywood Moore), Jim Croce (Marc Hane Brouck) und Jim Morrison (Duke O'Connell).

auftritten. Heute gibt es Dutzende Elvis-Kopien – manche machen sich nur so zurecht wie Elvis (unter anderen etwa ein Dr. Reco H. Shane, der trotz Straß und pechschwarz pomadisiertem Haar immer noch aussieht und sich anhört, als wäre er Zahnarzt in Beverly Hills, was er auch ist); manche sehen wirklich aus wie Elvis (Malcolm Halsall von Scunthorpe zum Beispiel, der beruflich unter dem Namen Rupert auftritt); einige ändern ihre Namen in Elvis, und andere wiederum begeben sich in die Hände von Schönheitschirurgen, um das Aussehen von Elvis zu erlangen (der professionelle Elvis-Darsteller Dennis Wise sagt, er habe sich über ein Jahr lang Operationen unterzogen; „Ich wollte etwas für Elvis tun"). Es hat wenigstens einen Jimi-Hendrix-Nachahmer gegeben (Randy Hansen, ein alter Freund von

Wer sieht aus wie Deborah Harry? Teilnehmerinnen beim Ähnlichkeitswettbewerb eines britischen Magazins im Oktober 1979. Die Preisrichter waren der Meinung, daß die achtzehnjährige Ruth Merrit (oberste Reihe, zweite von rechts) Debbie zum Verwechseln ähnelte.

ihm) und mehrere Mick-Jagger-Imitatoren (darunter auch Bob Geldof, obwohl er das vielleicht nicht zugeben wird). Ende der siebziger Jahre gab es eine Gruppe von fünf nekrophilen Musikern, die sich selbst als 'Rock'n'Roll Heaven' ankündigten und sich 'Schönheits'-Operationen unterzogen, um wie Janis Joplin, Jim Morrison, Jim Croce und wie eine männliche und eine weibliche Kopie von Elvis auszusehen. Was all diese Leute bemerkenswert macht, ist weniger, daß sie bisweilen erhebliche Anstrengungen unternommen haben, um toten oder lebenden Stars zu gleichen, als die Tatsache, daß das Publikum oft bereit ist, in ihnen einen akzeptablen Ersatz zu sehen.

Während einige Fans noch die Kluft zwischen sich und ihren Helden zu überbrücken versuchen, indem sie sie äußerlich kopieren, wird die Möglichkeit einer echt freundschaftlichen Basis zwischen Rockstars und ihren Fans immer geringer. Das hat dazu geführt, daß Fans gegenüber Musikern, die sich auf der Bühne distanziert geben, schon gewalttätig geworden sind. In Deutschland haben Fans damit angefangen, Bands, auf die sie sauer waren, mit Dosen zu bewerfen. Toledo, Ohio, hat den Beinamen Feuerwerk-Hauptstadt des Rock'n'-Roll erhalten, da Feuerwerkskörper in dieser Stadt zu beliebten Wurfgeschossen bei Rock-Konzerten geworden sind. 1976 wurden in London bei einem Open-Air-Konzert von Queen über fünfzig Leute verletzt, weil Dosen und Flaschen durch die Luft flogen. Ein Jahr davor bewarf ein Fan Elvin Bishop bei einem Auftritt in Florida mit Ketchup und brach anschließend noch einem Roadie mit seiner Gürtelschnalle die Hand. Lou Reed ist auf der Bühne mit einem Messer bedroht worden, und 1979 erlitt Kirk Dyer, der Road Manager der Cheap Trick, Schnittverletzungen an der Brust, an den Rippen, am Arm und am Bein, als er einen Messerstecher daran hindern wollte, während eines Konzerts in Texas auf die Bühne zu stürmen. Im selben Jahr fing ein australischer Fan auf der Bühne eine Schlägerei mit Jerry Lee Lewis an. Die beiden Männer stürzten gegen einen Monitor, und Lewis brach sich mehrere Rippen, so daß er gezwungen war, den Rest der Tournee abzublasen. Die amerikanische Gruppe Wild Cherry wurde einmal, als sie zu einem Konzert eintraf, bedroht – nicht, um sie davon abzubringen, aufzutreten, sondern um sie dazu zu *ermuntern*. Am Ende ihres Auftritts wurden einige Mitglieder der Band und ihres Begleitpersonals dann trotzdem, einfach so, angegriffen.

In Ablehnung der üblichen Starauftritte begannen britische Punk-Gruppen (und auch einige amerikanische), in ihren Shows Darbietungen von kränkendem, gewalttätigem Verhalten zu kultivieren. Aber Punk war zunächst einmal ein Modestil und eine Verhaltensweise, bevor es ein Rock'n'Roll-Stil wurde, und mehr als bei allen anderen Stilen waren die Punkanhänger ursächlich am Entstehen dieser Musikform beteiligt.

Die Anhängerschaft setzte sich aus grundverschiedenen Elementen zusammen: aus arbeitslosen East-End-Kids, deren Unzufriedenheit nichts im besonderen galt und die nur die Obrigkeit und den Reichtum anderer Leute als störend und bedrückend empfanden; Kunststudenten, denen Konventionen zuwider waren und die es nach einem neuen, eigenen Stil verlangte; Fans, deren Träume von einer begeisterungsgetragenen Musikdemokratie von dem schwerfälligen Mittsiebziger-Mammut-Rock zerstört waren; Experimentalisten, Anarchisten und die unbequemen Rebellen einer Gesellschaft, die im Zusammenbruch begriffen ist; Kids, die an nichts Spaß hatten und nicht einmal ein Ventil für ihre Wut fanden. 'Gelangweilt, abgelehnt, benutzt, geleimt, ausgetrickst, manipuliert, ignoriert – so sieht das Los der Jugend aus', das schrieb ein Londoner Punk in einem der unzähligen Fan-Magazine, die als Teil der Punk-Szene entstanden. „Ich bin siebzehn und verfüge über keinerlei besondere Qualifikationen", erklärte einer – stolz,'das Wichtigste überhaupt zu besitzen, gesunden Menschenverstand'. „Im Juli 1976 hing ich mit ein paar Bowie/Roxy-Freaks herum", erzählte ein Dritter. „Si wollten sich Slaughter and the Dogs ansehen gehen… im selben Programm traten die Buzzocks und die Sex Pistols auf. Es war irre, heiß, geil. Ich wußte sofort, das war meine Sache. Das war das erste Mal, daß ich auf etwas abgefahren bin." Die Punks redeten über Power, Spontaneität, ein Leben ohne Regeln, ein Leben, in dem man 'niemandem gegenüber verantwortlich ist, es niemandem recht machen muß, niemanden mit *Sir* anreden muß', wie Danny Baker, Mitbegründer des *Sniffin' Glue*, des bekanntesten aller Punk-Magazine, es ausdrückte. Irgend je-

mand schlitzte sein T-Shirt auf und hielt sein Geld mit einer Sicherheitsnadel zusammen – eine Mode war geboren. Ein anderer mochte eine bestimmte Band besonders gern und hatte ein Fotokopiergerät zur Hand – und schon war ein Magazin geboren. So einfach war das.

In der New Yorker Szene griffen das einige Leute auf und machten sich eine Musik zu eigen, die schon lange als *'punk'* bezeichnet wurde, weil in ihr die gleiche ablehnende Haltung der Jugend gegenüber Konvention, Erfahrung und Moralität zum Ausdruck kam, die mit des Wortes früherer Bedeutung verbunden war – dem jungen homosexuellen Gefährten eines Landstreichers oder Gelegenheitsarbeiters. Die fetischistische Art sich zu kleiden, die sich zunehmend deutlich an sexuellen Randerscheinungen orientierte, nahm man auf, weil auch das auf Experimentierfreudigkeit hinwies, auf jugendliche sexuelle Ausschweifungen und weil es den Drang zu schockieren deutlich machte.

Das alles verband sich unlöslich mit der Musik: Wut, Frust, Rebellion, Experimentierfreudigkeit und Begeisterung für den Klang und Anblick von Gruppen mit oft unbegabten Musikern, die so spielten, als ginge es um ihr Leben, aber als machte ihnen das eigentlich nichts aus. Es spielte keine Rolle, wie die Musik war – weil die Musik, laut Johnny Rotten, 'das ganze Superband-System' geschaffen hatte und folglich daran schuld war, daß der Rock'n'Roll keinen Kontakt zu seinem Publikum hatte. Wenn man ein Punk-Fan war, hatte man das Gefühl, auch ein Punk-Musiker werden zu können.

Spucken, beleidigende Bemerkungen ausstoßen und mit scharfen Gegenständen um sich werfen oder auch nur spöttisch brummiges Gehabe waren bei den Punk-Auftritten Ende der siebziger Jahre fast ebenso wichtig wie die Musik. Wie um ihre Ablehnung des Starkults zu beweisen, beschimpften Gruppen wie die Sex Pistols oder die Damned ihr Publikum und griffen es so-

Ehret sein Angedenken: Die Sid-Vicious-Gedenk-demonstration an seinem ersten Todestag 1980. Stars haben die Fans, die sie verdienen – oder ist es umge-kehrt?

gar gewalttätig an, und die Punk-Fans, die verstanden, was da für eine Show abgezogen wurde, reagierten darauf und prügelten sich oder fügten einander Schrammen und Kratzwunden zu oder warfen mit Dosen und Flaschen.

Öfter, als ihnen lieb war, mußten Punk-Gruppen feststellen, daß sie gegen den Wind spuckten. Stiegen sie zu Stars auf (wenn auch zu kleinkalibrigen), sahen sie sich oft mit einem Publikum konfrontiert, das extra gekommen war, um Zeuge ihres Gewalt-Spektakels zu werden. Der Kritiker Richard Cromelin von der *Los Angeles Times* schrieb 1977 in einem Verriß über die Damned, als diese auf Amerikatoumee waren, sie benähmen sich 'nicht so rüde und abscheulich wie angekündigt'. Am Tag nach Erscheinen der Cromelin-Kritik begann der Bühnenauftritt der Damned damit, daß es Eiswürfel, Fla-schen und Münzen hagelte. Der Schlagzeu-ger Rat Scabies schleuderte seine Stöcke ins

Publikum und provozierte damit eine Prüge-lei. Der Bassist Captain Sensible entledigte sich aller seiner Kleider (einer Kranken-schwesterntracht und einer Strumpfhose) und schritt so auf der Bühne auf und ab. „Ich habe euch *Scheiß*-Kalifornier mit euren *Scheiß*-Cadillacs satt! Ihr seid so verdammt trübe Tassen, daß mit euch einfach nichts los ist!" Anstatt auf jegliche Art von Star-Da-sein zu verzichten, war die Band zu Anti-Stars mit einer großen Anti-Gefolgschaft von Anti-Fans geworden. Sie waren aus ih-rer Umgebung herausgerissen, und ihre Ge-walttätigkeit war fauler Zauber.

Eine Möglichkeit, problematischen Büh-nenbegegnungen mit Fans aus dem Wege zu gehen, besteht natürlich darin, daß man überhaupt nicht mehr auftritt. Auf diese Lö-sung verfielen die Beatles 1966, als sie ihre Bühnenauftritte immer mehr als belanglos empfanden und als rituelle Veranstaltungen, die möglicherweise mit Gefahren verbunden waren. Sie zogen sich ins Studio zurück und traten nie mehr live auf. Seit der Zeit sind viele Rock-Stargruppen oft längerfristig nicht live aufgetreten. Aber als die Beatles sich zurückzogen, war das ein so riskanter Schritt, daß viele Leute überzeugt waren, er bedeute, die Gruppe sei am Ende. Etwa zur gleichen Zeit legte Bob Dylan nach seinem beinahe tödlichen Motorradunfall gezwun-genermaßen eine Pause von achtzehn Mona-ten ein, in der er weder auftrat noch Platten-aufnahmen machte. Die meisten Menschen nahmen an, daß es unmöglich war, ein Comeback zu schaffen, wenn man erst ein-mal achtzehn Monate lang aus dem Blick-punkt des öffentlichen Interesses ver-schwunden war. Der Rückzug aus der Öf-fentlichkeit bewirkte hier jedoch genau das Gegenteil dessen, was allgemein vorausge-sagt wurde. Bob Dylan und die Beatles konnten ihren Erfolg danach sogar noch steigern.

Als Dylan in den siebziger Jahren wieder live aufzutreten begann, überstieg seine Popularität alle bekannten Maße. Für seine

Teuflischer Hexer, Proto-Punk oder gewöhnlicher Mörder? Charles Manson glaubte, die Beatles schickten ihm in ihren Songs Botschaften. Im Prozeß versuchten seine Anwälte, John Lennon als Zeugen der Verteidigung vorzuladen (23. April 1971).

erste 'Comeback'-Tournee acht Jahre nach seinem Unfall gab es sechs Millionen Kartenbestellungen, allein von seinen amerikanischen Fans – zehn Bestellungen pro Sitzplatz. Ähnlich war es mit Bruce Springsteen, dessen Europatournee 1981 völlig ausverkauft war, und das nachdem er fast fünf Jahre lang pausiert hatte und seine letzte Tournee 1975 – nach einem absurden, überzogenen Medienrummel – ein gräßlicher Reinfall war. Aber Springsteen ist auch einer der wenigen heutigen Superstars, die sich darüber im klaren zu sein scheinen, wie wichtig der Kontakt zwischen Star und Fans ist.

Ein solches Bewußtsein war von 1966 an so gut wie verschwunden, bis die Punks es zehn Jahre später wiederherbeizwangen. In der Dekade dazwischen, in der die Stars ein zurückgezogenes Dasein führten und ihre Songs, da sie nicht für Live-Auftritte bestimmt waren, geheimnisvoll bedeutungsschwer wurden, entwickelten die Fans oft eine Art Code-Knacker-Mentalität. Ihre Bemühungen, die Texte von Bob Dylan und der Beatles verstehen zu lernen, kompensierten sie irgendwie dafür, daß sie ihre Idole nicht in Konzerten erleben konnten. Wenigstens waren ihre *echten* Stimmen zu hören. Angefeuert von künstlerischen Ambitionen und zweifelsohne auch einem erheblichen Konsum von halluzinogenen Drogen, kamen Superstars wie die Beatles und Bob Dylan diesen Bemühungen nur zu gerne entgegen.

Geheime Botschaften – die in verschiedenen Stereospuren oder Auslauf-Rillen versteckt waren oder in der Plattenhüllengestaltung – waren eine Zeitlang regelrecht Mode. Gegen Ende 1969 war es sogar so weit, daß ein raffiniert ausgetüftelter Jux über versteckte Geheimbotschaften in der ganzen Welt auf Glauben stieß. Die amerikanische Studentenzeitschrift *Rat Magazine* brachte in ihrer Ausgabe vom 29. Oktober einen aufsehenerregenden Artikel, in dem 'bewiesen' wurde, daß Paul McCartney gestorben und sein Tod vertuscht worden wäre. 'In dem Wissen, daß sie mit dieser List wohl nicht auf die Dauer durchkommen, haben die Beatles seither in jedem Album die Wahrheit anspielungsweise zu erkennen gegeben', hieß es in dem Bericht. 'Auf der Innenseite der Plattenhülle des *Sgt. Pepper*-Albums (Sic! – In Wirklichkeit auf der Hüllen-Rückseite) blickt nur Paul von der Kamera fort... Auf der Beilage zur *Magical Mystery Tour* trägt nur Paul eine schwarze Rose... *Revolution No. 9* auf dem Doppelalbum enthält den Satz 'I buried Paul', wenn man es rückwärts abspielt. . . *Abbey Road* zeigt die Beatles im Gänsemarsch; die beiden ersten, John und Ringo, tragen Trauerkleidung,

'Paul' ist barfuß und wie für ein Begräbnis gekleidet, und George geht in der Arbeitskleidung eines englischen Totengräbers hinter ihm her.'

In Nullkommanichts mehrten sich die Hinweise: Die Endrillen von *Revolver, Got To Get You Into My Life* und *Tomorrow Never Knows* wiesen, wenn man sie kombinierte, eindeutig darauf hin, daß McCartney bei einem Autounfall ums Leben gekommen wäre *(Tomorrow* bezog sich in vager Form auf Tim Learys Interpretation des *Tibetanischen Totenbuchs)*. Auf dem *Sgt. Pepper*-Album war ein dicker Mann abgebildet, der winkte (nach Aussage der Geheimforscher im Osten ein Todessymbol), eine viersaitige Gitarre (ohne Zweifel eine elektrische Baßgitarre), die mit Blumen umkränzt war, und Paul, wie er einem den Rücken zukehrte. Außerdem trage Paul auf dem *Sgt. Pepper*-Album in einer Abbildung eine Armbinde mit den Initialen O. P. D. – was in der Terminologie der Londoner Polizei 'officially pronounced dead' (offiziell für tot erklärt) heiße; in Wirklichkeit stand das für Ontario Police Department, für nichts Schlimmeres. Das Walroß aus der *Magical Mystery Tour* habe, so hieß es, bei den Wikingern als Todessymbol gegolten. Im Beiheft sitze McCartney auf einem Foto unter dem Zeichen 'I Was'. In den Rillen des *White Album* seien überall geheime Botschaften verstreut – Dinge wie 'Miss him, miss him' und 'Turn me on dead, man'. Und dann gab es da auf der Hülle von *Abbey Road* natürlich auch noch dieses Bild von einem Volkswagen, auf dessen Nummernschild u. a. 281 F stand, was man nach Ansicht seiner Anhänger auch als 28 IF lesen konnte, d. h., er wäre 28, *wenn* er noch am Leben wäre.

Selbst ein Klanganalytiker von der University of Miami ließ sich anstecken und erklärte, es gäbe wissenschaftliche Beweise dafür, daß sich Pauls Stimme seit den ersten Beatles-Platten mehr verändert hätte, als es bei Menschen möglich wäre. Andere entdeckten einen noch direkteren Weg zur 'Wahrheit'. Auf dem Cover der *Magical Mystery Tour* konnten Fans, wenn sie genug angetörnt waren, in den Sternen, aus denen sich das 'Beatles' zusammensetzte, eine siebenstellige Telefonnummer entdecken (bei mir kam 832 – 7135 heraus). Die meisten, die sich dieser Mühe unterzogen (und viele taten es und läuteten an, um mit dem Geist von Paul McCartney Kontakt aufzunehmen), sahen sich dann mit dem unglücklichen Wirtschaftsredakteur einer großen englischen Zeitung verbunden. Es dauerte lange, bis die 'Paul-ist-tot'-Story endgültig gestorben war. McCartneys einzige Bemerkung dazu lautete, ihm sei nichts davon zu Ohren gekommen, daß er gestorben sei, aber er 'erfahre immer als letzter, was es bei den Beatles Neues gibt'.

Daß dieser Jux so erfolgreich war, bewies nur, wie verrückt Fans sein können. Aber für die Verrücktheit hat es schlimmere Beispiele gegeben. Besonders tragisch waren die Umstände der Sharon Tate/La Bianca-Morde 1969, als der psychisch kranke Charles Manson, der als Songschreiber ein Versager war, sich und seine Anhängerschaft überzeugte, daß das *White Album* der Beatles seine verrückten Neo-Nazi-Theorien bestätigte. Manson, der schon früher einen blutigen Rassenkrieg vorausgesagt hatte, bei dem er und seine Gefolgschaft ('The Family') überleben und aus dem sie als Führer hervorgehen würden, interpretierte einige Songs auf dem White Album *(Blackbird, Piggies, Revolution 1, Revolution 9* und vor allem *Helter Skelter)* so, daß sie seine irren Vorstellungen unterstützten. „Die Beatles sagen es so, wie es ist", erklärte er der 'Family' immer wieder. 'Helter Skelter', das wurde für Manson fortan die Bezeichnung für den Rassenkrieg. In der Überzeugung, daß man dem Ganzen ein bißchen nachhelfen sollte (und in vermeintlich stillschweigendem Einverständnis mit den Beatles), befahl er Mitgliedern seiner 'Family', eine Serie brutaler Morde zu begehen (unter anderem an der Filmschauspielerin Sharon Tate und ihren Partygästen). Um die Schuld daran den militanten Schwarzen in die Schuhe zu schieben, gab Manson seinen Mordgesellen Anweisungen, an den Schauplätzen der Verbrechen mit dem Blut der Opfer 'Tod den Schweinen', 'Sau', 'Helter Skelter' und dergleichen hinzuschmieren.

Selbst daß man sie mit so überaus grausamen Dingen in Verbindung brachte, war für die Beatles nur lästig und zahlte sich für sie nicht negativ aus. Obwohl ein etwas halbherziger Versuch, John Lennon als Entlastungszeugen zum Manson-Prozeß einzuladen, von der Presse sehr hochgespielt wurde, hatte das alles doch kaum Auswirkungen auf ihr Leben.

Auch wenn Fans ihren Stars selbst im Privatleben auflauern und nachstellen, ist meist nicht mehr als eine leichte Verärgerung die Folge. Sie hängen um die Häuser der Stars herum oder vor Schallplattenstudios, Hotels und Bühnenausgängen, aber meist sind sie damit zufrieden, einen Blick zu erhaschen oder ein Autogramm zu bekommen. Für manche Stars sind selbst so relativ harmlose Bekundungen von Interesse oder Schwärmerei mehr, als ihnen lieb ist. „Stell dir vor, du sitzt in einem Haus wie diesem hier, so nett wie es ist, und du kannst nicht hinausgehen, weil da dauernd all diese Leute hin und her gehen", sagte Barry Gibb von den Bee Gees auf dem Höhepunkt ihrer Beliebtheit. „Es ist, als lebte man in einem Goldfischbekken", ergänzte er im ewig selben Lamento der Stars.

Ist die Schwärmerei erst einmal wie eine Ware unter die Leute gebracht, ist es schwer, sie wieder aus dem Angebot zurückzuziehen. Sowohl für den Star als auch für den Fan sind die schwärmerischen Vorstellungen oft der kostbarste Besitz – für den einen als Mittel und Weg zu Leistung und Erfolg, für den anderen als Traumvorstellung davon. Als Mark Chapman John Lennon tötete, war der gerade nach fünf Jahren Zurückgezogenheit wieder aufgetreten. Er hatte versucht, als ganz normaler Bürger in New York City zu leben, hatte es als wichtig angesehen,

einfach zum normalen Straßenbild zu gehören, sich in der Öffentlichkeit mit den Menschen zu unterhalten und sogar einem Mann sein Autogramm in ein Album zu schreiben, der ihn einige Tage später erschießen sollte. Unter anderen Umständen hätte er es vielleicht geschafft, als normaler Mitbürger angesehen zu werden, aber nicht mit einem neuen Album in den Charts. Das machte ihn wieder zum Star und rief den Leuten in Erinnerung, daß er ja mal einer der Beatles war. Der Versuch, gleichzeitig ein gewöhnlicher, seine Familie liebender, Brot backender Ehemann und Vater *und* ein Ex-Beatle zu sein, glich dem überaus schwierigen Unterfangen, den Kuchen gleichzeitig aufzuessen und zu behalten. Das Ganze auch noch öffentlich zu tun, in Presse-, Rundfunk- und Fernsehinterviews, Platten herauszugeben und ein Loblied anzustimmen auf die eigene Normalität und die erfolgreich überstandene Reise durch die Dunkelheit der Beatlezugehörigkeit, war für einen Fan wie Chapman, der Lennon echt verehrte, ein Affront.

Viele Kommentatoren, die sich zu den Umständen der Lennon-Erschießung äußerten, waren sich darin einig, daß Chapman glaubte, damit ein Symbol zu zerstören, nicht ein menschliches Wesen zu töten. Das ist, vielleicht, ein beruhigender Gedanke, aber er ist völlig falsch. Chapman war sich dessen bewußt, daß er einen Menschen tötete – den Menschen, der er nicht war. Aber er tötete sich auch selbst, zumindest den Teil seiner selbst, der Lennon auf seiner Reise vom Star zur versuchten Normalität begleitet hatte. 'Ich glaube nicht an Gott... Ich glaube nicht an die Beatles', hatte Lennon gesungen. In den zehn Jahren danach schliffen sich die rauhen Kanten bei Lennon ab, und als er zusammen mit Yoko mit dem Album *Double Fantasy* wieder an die Öffentlichkeit trat, war er ein zufriedener häuslicher Mensch, aber immer noch ein Star. Hätte er noch sein altes Feuer gehabt oder seine Popularität eingebüßt, wäre es vielleicht etwas anderes gewesen.

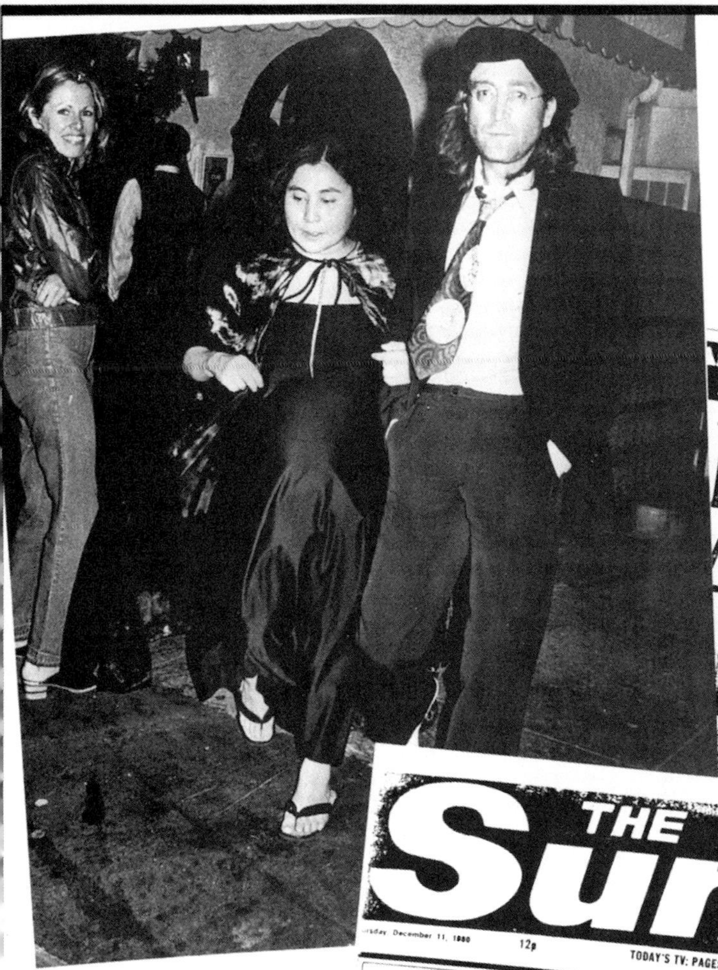

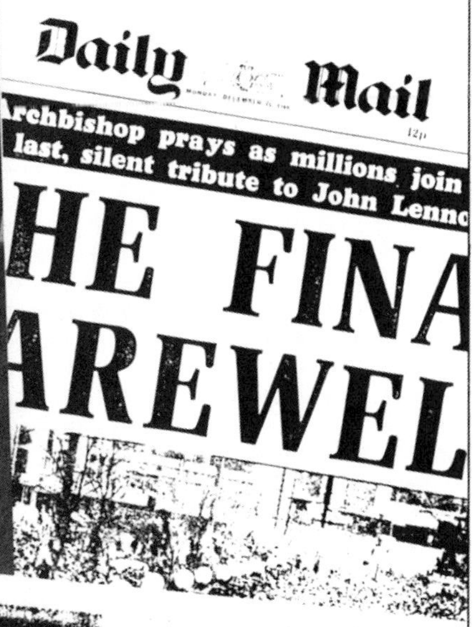

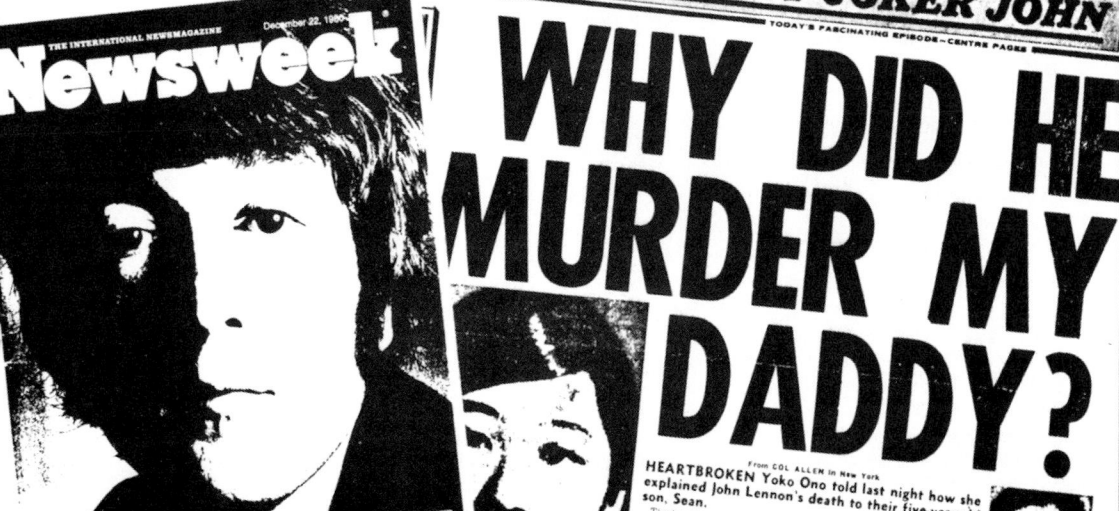

Daily Mail

12p

Archbishop prays as millions join last, silent tribute to John Lennon

HE FINA AREWEL

THE Sun

Thursday, December 11, 1980 12p TODAY'S TV: PAGES 14 and 15

STARTS TODAY

A super Sun exclusive on superstar Lennon

THE WILD WAYS OF JOKER JOHN

TODAY'S FASCINATING EPISODE—CENTRE PAGES

WHY DID HE MURDER MY DADDY?

From COL ALLEN in New York

HEARTBROKEN Yoko Ono told last night how she explained John Lennon's death to their five-year-old son, Sean.

The bewildered little boy had asked her: Why was my daddy killed?

She spoke out only minutes before the former Beatle was secretly cremated.

Lennon was gunned down by 25-year-old Mark Chapman in New York on Tuesday.

Yoko's sad talk

THE INTERNATIONAL NEWSMAGAZINE

December 22, 1980

Newsweek

John Lennon
1940-1980

Number 51

Links: Die erste Polizeimeldung der Schüsse auf der 72. Straße von New York. Das Opfer stellte sich als John Lennon heraus.

Unten: Das letzte Mal im Sack. Während ihrer „politischen" Phase in den frühen Siebzigern hatten sich John und Yoko der Öffentlichkeit „in the bag" präsentiert. Die Ironie des Schicksals wollte es so, daß Lennons Leiche am 10. Dezember 1980 in einem Sack ins Krematorium transportiert wurde.

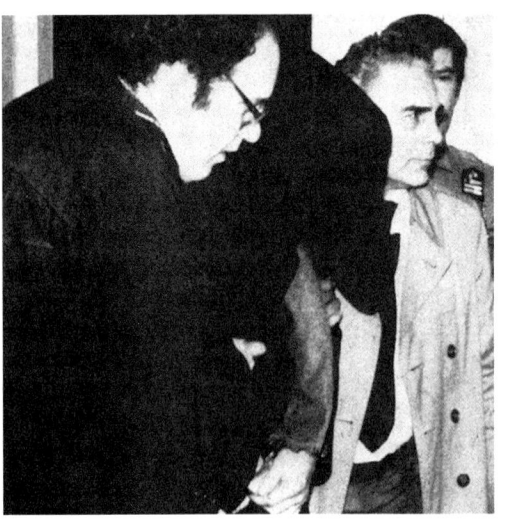

Aber so konnte Mark Chapman an John Lennon, wie er 1980 war, das ganze Maß seines eigenen Versagens ablesen. Lennon war so privilegiert, daß er gewöhnlich sein *wollte*. Daß sein Idol ein solches Ziel anstrebte, damit konnte Chapman sich einfach nicht abfinden, genausowenig wie damit, daß er es selbst nicht schaffte, irgendwie außergewöhnlich zu sein.

Nach dem Attentat interviewten BBC-Reporter in Liverpool einige Leute auf der Straße. Und jemand sagte, John hätte niemals seine Heimatstadt verlassen dürfen.

Links: Mark Chapman wird in Handschellen und mit einem Tuch verhüllt abgeführt, um sich der Mordanklage zu stellen.

Das wäre eine Art Verrat gewesen und sein Tod sei so etwas wie die Strafe dafür. Als die Beatles in den sechziger Jahren nach London zogen, veranstalteten ihre Fans in ihrer Heimat im Nordwesten eine Demonstration gegen sie. London hieß Star-Rummel, hieß Trennung, Absonderung, und die Kids in der Heimat, die der Szene am Mersey Leben eingehaucht hatten, wußten, sie würden dabei auf der Strecke bleiben. Einer der ersten Fans der Band berichtete dem Liverpooler Schriftsteller Mike Evans später, wie ihnen in der Nacht zumute war, als Bob Wooler, der Discjockey des Cavern, ihnen bekanntgab, daß *Please, Please Me* auf Platz eins gelangt war. „Es war gräßlich, weil die Reaktion genau gegenteilig war, wie erwartet. Alle waren wie gelähmt. Das war das Ende, jedenfalls was uns anbelangte."

Es gibt einen ironischen Nachtrag zur Chapman-Story. Das signierte *Double-Fantasy*-Exemplar, das dem Mörder gehörte, war nach Lennons Ermordung draußen vor dem Dakota Building übersehen und zurückgelassen worden. Es stand gegen die Wand gelehnt, genau an der Stelle, wo Chapman in der Nacht des 8. Dezember 1980 auf die Heimkehr von John und Yoko gewartet und sich die Wartezeit mit der Lektüre von *Der Fänger im Roggen* vertrieben hatte. Ein Fan entdeckte das Album und händigte es der Polizei aus. Diese gab es dem ehrlichen Finder zurück, der damit plötzlich Besitzer einer der begehrtesten Reliquien der Rockgeschichte war. Aus seiner Gefängniszelle, in der er seine zwanzigjährige Strafe verbüßt, ließ Chapman verlauten, er beabsichtige, einen Prozeß anzustrengen, um das Album wiederzuerlangen. Sein Ziel sei es, sagte sein Anwalt, das Album zu versteigern und den Versteigerungserlös einer Gesellschaft zu übergeben, die für ein amerikanisches Schußwaffengesetz eintritt.

Ich weiß, wie es ist, tot zu sein. Fans trauern vor dem Dakota Building um John Lennon. Hier hatte er gelebt und hier war er von einem aus ihrer Mitte erschossen worden.

GEBLENDET VOM LICHT

1956 verurteilte ein amerikanischer Erweckungsprediger namens Albert Carter den Rock'n'Roll als gottlos. „Rock'n'Roll hat auf junge Leute die Wirkung", sagte der Prediger, „daß er sie zu Teufelsanbetern macht; daß er sie zu sexueller Triebentfaltung anregt; daß er sie zu zügellosen, gesetzwidrigen Handlungen provoziert; daß er nervlich labil macht und zu Ehebruch animiert. Rock'n'Roll hat einen schlechten Einfluß auf die Jugend unseres Landes." Während die meisten Teenager darauf wohl mit einem „Nur zu!" reagiert hätten, zog die erste Blüte des Rock'n'Roll eine Welle moralischer Entrüstung nach sich – einen Ausbruch leidenschaftlicher Verdammungen, von der Schmährede des Reverend Carter über Zensur bei Songs und auftretenden Künstlern bis hin zur amerikanischen Untersuchung von Bestechungsaffären 1959 und zur Erklärung einer nationalen Krise.

Den Rockmusikern selbst machte das alles schwer zu schaffen. Viele von ihnen stammten aus religiösen schwarzen oder armen weißen Familien; Elvis zum Beispiel konnte sich nie von dem Glaubensjoch befreien, auf dem der christliche Fundamentalismus im Süden beruht. Es war für ihn selbstverständlich, sich Gott gegenüber schuldig zu fühlen und zu bekennen; und da er es einfach so hinnahm, war es für ihn mehr von Gewicht als jede Verpflichtung gegenüber den Menschen, seinen Fans oder der Gesellschaft. Warf man ihm unzüchtiges Verhalten bei seinen Auftritten vor, präsentierte sich Elvis anschließend der Öffentlichkeit als demutsvoller, gottesfürchtiger Bursche. Er überstand die moralische Entrüstung seiner Zeit, weil er es mit Gott auf Seinem eigenen Gebiet aufnehmen zu können glaubte. Andere hingegen waren nicht so sicher wie er, zu den Gerechten zu zählen.

Jerry Lee Lewis, der es verwirrend fand, daß das, was er tat, so bedeutend sein sollte, wurde öffentlich verdammt, weil er seine dreizehnjährige Cousine heiratete, und mußte gezwungenermaßen eine Zeitlang pausieren. Rock'n'Roll, sagte er immer, werde ihn in die Hölle bringen. „Ich *kenne* den rechten Weg", erklärte er. „Ich bin zu einem guten Christen erzogen worden. Aber ich bin dabei gescheitert." Obwohl er davon überzeugt ist, daß Jesus Christus eine Abneigung gegen „a whole lotta shakin'" hat, ist Jerry (ebenso wie Elvis Mitglied der Evangelical Assembly of God) unfähig, mit seiner Sucht zu brechen. Das Leben mit diesem Konflikt führte zu hohem Alkoholkonsum („Ich brauchte immer mein Quantum Tequila, um wieder zu mir zu kommen und meine Shows zu machen") und verschiedentlichem Drogengenuß. Die Folge davon war, daß Lewis' Karriere von gewaltigen Stimmungsumschwüngen geprägt war und es einmal zu einem katastrophalen Zwischenfall kam. 1979 wurde er 'von Drogen rasend ... wie ein wilder Komantsche' von seinem Vetter, dem Fernseh- und Radioprediger Reverend Jimmy Swaggart im Baton Rouge von der Bühne geholt. Jimmy brachte ihn nach Hause, schüttete allen Whisky und alle Pillen fort und kümmerte sich eine Woche lang um ihn. „Ich glaube, das hat mir das Leben gerettet", sagte der alte Sünder – geläutert und bekehrt, wenigstens bis zum nächsten Mal.

Jesus, ist das hart. Johnny Rotten ließ sich für die Osterausgabe des Melody Maker am 1. April 1977 kreuzigen. Das Foto wurde verboten.

Schinken mit Käse: Im Rahmen einer Benefizveranstaltung überreicht die Miss Teenager des australischen Staates Victoria dem gottesfürchtigen Cliff Richard am 19. Juli 1960 eine Ladung Milchprodukte.

Little Richard Penniman begann nach einer ‘Vision’, die er 1958 während eines Flugs über Australien hatte, Theologie zu studieren. („Es war um die Zeit, als sie den Satelliten hochgeschossen hatten", sagte er, „und ich war auf Tournee mit Eddie Cochran und Gene Vincent, es war eine phantastische, riesige Tournee." *They couldn't get much higher* – viel höher konnten sie nicht mehr hinaus -, wie es im Lied heißt.) Prediger zu werden hieß für ihn vielleicht nur, sich in eine andere Sparte des Showbusiness zu begeben; aber die Verlockungen des Rock'n'-Roll waren für diesen fabelhaften schwarzen Rockmusiker doch allzu groß. Er fand die beste Entschuldigung überhaupt für eine Rückkehr – der Rock'n'Roll sollte ihm helfen, ‘die Liebesbotschaft zu verbreiten, denn Musik ist eine Sprache, die alle verstehen’. Reverend Carter hat das mit Sicherheit nicht gebilligt, aber Little Richard war nicht der

einzige Rockmusiker, der die Quadratur des Kreises zu finden versuchte.

Auch die englischen Rockmusiker waren in jenen frühen Tagen für den Ruf Gottes empfänglich, meist geschah so etwas jedoch mehr im stillen. Brian Locking, der, bevor er Jet Harris bei den Shadows ablöste, Terry Dene begleitet hatte, trat 1963 den Zeugen Jehovas bei, ebenso wie Dene. Hank Marvin, ebenfalls einer der Shadows, wartete mit seinem Beitritt zur selben Sekte bis 1973. Marvin mit seinen sechs Kindern scheint dennoch eine gewisse Ausnahmeerscheinung gewesen zu sein – ein erfolgreicher Musiker, der aus staunender Verwunderung zur Religion kam.

„Ich begann mir über diese wunderbaren Dinge in der Natur Gedanken zu machen und darüber, daß sie nicht durch Zufall entstanden sein konnten", erklärte er. „Ich kam zu dem Schluß, daß es wirklich einen Schöpfer geben muß, und beschloß deshalb, mich mehr damit zu befassen."

Welcher davon ist Cliff? Bei einer Veranstaltung in London am 19. Juli 1960 unterstützt Richard den Prediger Billy Graham bei dessen Mission.

Der bekannteste Konvertit aus der Frühzeit des englischen Rock'n'Roll ist nach wie vor Cliff Richard, der Anfang der sechziger Jahre überzeugter Baptist wurde. Ironischerweise spielte Cliff in seinem zweiten Film – *Expresso Bongo* (1959) – einen naiven Popstar, dessen Manager die listige Strategie entwickelte, er solle sich als gottesfürchtiger, seine *Mom* liebender braver Bursche geben, um den Übergang vom Teen-

Heuler zum Starmusiker zu schaffen. Diese Strategie war damals natürlich von Elvis Presley schon echt vorgelebt worden. Cliff Richard jedoch hat eine Quelle der Wahrheit entdeckt, die es ihm erlaubt, sich aktiv als Evangelist zu betätigen und dennoch von Zeit zu Zeit seinen alten Ruf als rauher Rockmusiker neu zu beleben. Dazu befragt, wie er es fertigbringt, Rock'n'Roll zu singen und gleichzeitig moralistische und erzkonservative Organisationen wie das Festival of Light zu unterstützen (das gegen Abtreibung, gegen unschickliches Verhalten, für die Todesstrafe usw. ist), flüchtet er sich in eine Pop-Philosophie mit Werten wie un-

„Happiness,..is a hot disc": Nach Lennons Bemerkung, daß die Beatles populärer seien als Jesus, finden im Sommer 1967 in ganz Amerika Plattenverbrennungen statt. Diese hier wurde von der Radiostation WAYX in Georgia organisiert.

MAHARISHI'S FLYING CIRCUS

schuldige Liebe und gute, saubere Vergnügungen. Cliff, der behauptet, seit 1965 im Zölibat zu leben, hat eines der größten, zentralen Probleme des Rock'n'Roll perfekt gemeistert und gelernt, mit zwei Seelen in seiner Brust zu leben.

Der Konflikt beim Rock'n'Roll ergibt sich natürlich aus seiner aufmunternden, belebenden Wirkung einerseits und seiner Wildheit und sexuellen Symbolhaftigkeit andererseits. Rock'n'Roll bewirkt keinen Geschlechtsverkehr, aber er könnte einem vielleicht Lust darauf machen oder einem sogar das Gefühl geben, als ob man ihn schon genossen hätte. Eine repressive religiöse Moral kann nichts dulden, das darauf hindeutet, daß seelisches Glück eine Folge körperstimulierender Reize sein kann.

Die Verketzerung des Rock'n'Roll als gottlos und angeblich unmoralisch ist all die Jahre hindurch fortgesetzt worden. 1966 sagte John Lennon zu der Journalistin Maureen Cleave vom Londoner *Evening Standard:* „Das Christentum wird sterben. Es wird immer mehr dahinschwinden. Das ist für mich keine Streitfrage. Ich habe recht, und es wird sich zeigen, daß ich recht habe. Wir sind jetzt populärer als Jesus. Jesus war in Ordnung, aber seine Anhängerschaft war dick und ordinär." Zu diesen prahlerisch herausfordernden Bemerkungen hatte sich Lennon wahrscheinlich nur hinreißen lassen, weil ihm das 'Pilzkopf'-Image der Beatles in zunehmendem Maße auf die Nerven ging. Spätere Kommentatoren haben darauf hingewiesen, daß seine Aussage zum Teil stimmte – auf der Beliebtheitsskala jener Zeit rangierte Jesus wahrscheinlich an vierter oder fünfter Stelle hinter Karl Marx, Mao Tse Tung und den Beatles (auch Mohammed, Buddha

oder Elvis hätten Ihm vielleicht den Rang ablaufen können). Aber Lennon hatte das in einem christlichen Land gesagt, und seine dumme Bemerkung über die christliche Anhängerschaft schadete ihm nur. Das Ganze wurde natürlich ungeheuer hochgespielt. Am schlimmsten war es in Amerika, wo die politisch extrem Rechten ohnehin schon zu dem Schluß gekommen waren, daß die Beatles kommunistische Atheisten sein müßten. Es wurde vielen Leuten einfach zu leicht gemacht, zu glauben, Lennon sei dafür eingetreten, die 'Beatles' zur Staatsreligion zu erheben, oder habe behauptet, Ringo Starr sei der Sohn Gottes.

Für Männer wie Reverend David Noebel von Billy Hargis' *Christian Crusade*-Sekte war das, als gieße man ihnen noch Öl ins Feuer. „In dem erregten Zustand, in den die Beatles diese jungen Leute versetzen", drückte sich Reverend David etwas unvornehm aus, „würden diese jungen Menschen alles tun, was man ihnen sagt... Eines Tages, wenn die Zeit reif für die Revolution ist, könnten die Kommunisten die Beatles im Fernsehen bringen und die amerikanische Jugend in eine Massenhypnose versetzen. Das raubt mir vor Angst noch den Verstand." Die Gefolgsleute von David Noebel und seinesgleichen schienen diesen Tag ständig näherrücken zu sehen. Überall in den Südstaaten organisierten Radiostationen 'Beatles bonfires', wo auf Scheiterhaufen Platten und andere Dinge der Band verbrannt wurden. Als erstes sah sich Brian Epstein gezwungen, eine Entschuldigung hervorzubringen, dann auch John Lennon selber. Die Aufregung legte sich allmählich, aber das Image der Gruppe erreichte in den Südstaaten nie wieder seinen alten Glanz.

Einige Evangelisten haben ihre Anti-Rock-Haltung nie aufgegeben. Ende der siebziger Jahre begannen zwei Brüder aus Minneapolis, die der 'born again'-Bewegung angehörten, in ihrer Heimat Karriere zu machen. Die beiden Brüder (die Mitte zwanzig waren, als sie mit ihrem Kreuzzug begannen) verkündeten warnend, „daß es die geistige und seelische Gesundheit schädigen kann, wenn man Rockmusik hört". Die Brüder schätzten, in gut einem Jahr Schallplatten, Tonbänder und Andenken im Wert von mehr als einer halben Million Dollar verbrannt zu haben, und das von so unterschiedlichen Musikern wie Led Zeppelin und John Denver, Kiss und Linda Ronstadt (und, nicht zu vergessen, den lieben alten Beatles). Im Mittelpunkt des Auftritts der beiden Brüder steht ein Vortrag unter dem listigen Motto 'Was, zum Teufel, ist mit der Rockmusik los?' Und in diesem Vortrag stellen sie einige absurde Behauptungen auf, unter anderem, daß Mick Jagger 'stolz und ein praktizierender' Homosexueller sei; Barry Manilow sei ein schlechter Mensch; Janis Joplin wäre an einer Geschlechtskrankheit gestorben, wenn sie nicht vorher ein Opfer der Drogen geworden wäre; auf dem Cover eines Albums der Alan Parsons Project seien Mädchengesichter mit syphilitischen Entzündungen verschleiert abgebildet; John Denver wollte Gott werden; Kiss sei ein Kurzwort für 'Kids In The Service of Satan'; und *Hotel California* von den Eagles sei vom Teufelskult beeinflußt. Das meiste davon bewegt sich auf dem gleichen Niveau wie in früheren Zeiten die Behauptungen der Rechtsextremisten über die Beatles. („Norwegian *wood* ist ein englischer Teenager-Slangausdruck für Marihuana", sagte Gary Allen von der John Birch Society über einen Songtitel; *Strawberry Fields* wäre eine Anspielung darauf, daß häufig in Erdbeerbeeten Marihuana angepflanzt würde, weil die Pflanzen, laut Allen, so ähnlich aussähen.)

Wie nicht anders zu erwarten, steckt die Rockmusik nach Darstellung der Peters-Brüder voller geheimer Botschaften. Die Mutter der beiden, Josephine, entdeckte solche Botschaften zuerst in einem Album der Beach Boys, das ein dritter Bruder mit nach Hause brachte. „Ich merkte, daß es unchristlich war", erzählte sie und berichtete dann, wie die Familie solche Instrumente des Teu-

fels wie den Fernseher abgeschafft habe. Vor jeder Verbrennung erklärte Steve Peters: „Die Lebensstile, Texte, Absichten und Plattencovers vieler Rockstars sind pervers, unmoralisch, profan und gegen die Bibel."

Fairerweise sollte man sagen, daß der Rock'n'Roll immer die Grenzen der etablierten christlichen Kirchen übertreten hat. Schließlich ist er eine Musik, die für Aufbegehren, Rebellieren eintritt und die Ordnung ignoriert, die für die großen anerkannten Religionen so wichtig ist. Aber sie hat die Energie, den Glauben und die Ungezwungenheit weniger orthodoxer religiöser Erfahrungen. Bekehrungsapostel, die auf die Gefahren einer Massenhysterie bei Rock-Konzerten hinweisen, betrachten die starken Gefühle, die da ausgelöst werden, nur vom Standpunkt des äußeren Beobachters. Rock'n'Roll ist, in seiner besten Form, immer sowohl eine geistliche Musik gewesen (wie der Gospelmusik der Schwarzen zum Beispiel), als auch eine Musik weltlicher Ekstase.

In den sechziger Jahren geschahen zwei Dinge, welche die spirituelle Seite der Musik veränderten. Zum einen stellte eine ganze Anzahl ungeheuer erfolgreicher Musiker fest, daß ihre Macht auf der Bühne nicht damit einherging, daß sie auch sonst mit dem Leben fertigzuwerden verstanden. Und als nächstes wurde eine ganze Generation zu einer Philosophie der 'Liebe' bekehrt, die anfangs einer verblendeten westlichen Vernarrtheit in freie Liebe und Liberalität entsprang und von den LSD-Erfahrungen genährt wurde.

1967 gingen die Beatles nicht mehr auf Tournee; bei ihnen machte sich in zunehmendem Maße eine destruktive Übersättigung breit; Brian Epstein schien immer mehr selbstmordgefährdet (seinen ersten mißglückten Selbstmordversuch hatte er im September 1966 unternommen); die Band schien wirklich im Begriff zu sein, auseinanderzubrechen. George Harrison reagierte besonders stark auf das Versagen der Gruppe im persönlichen Bereich. Gegen Ende des Jahres 1966 reiste George mit seiner Frau Patti nach Indien, um bei dem indischen Musiker Ravi Shankar die Sitar spielen zu lernen, einem Meisterinterpreten dieses Instruments. George hatte schon 1965 aus musikalischem Ehrgeiz Experimente mit der Sitar gemacht. In den sechziger Jahren übte der scheinbar idyllische und geheimnisvolle Orient auf viele junge Leute im Westen eine starke Anziehungskraft aus, und für George Harrison, der in dem Sumpf des Durcheinanders bei den Beatles unterzugehen drohte, war die Sitar mehr als ein neues, fremdartiges Instrument mit einem ungewöhnlichen Klang – sie war eine Quelle religiöser und geistiger Erbauung und der Schönheit. Sie zeigte ihm einen Ausweg: Ravi Shankar machte Patti und George mit seinem Guru bekannt, und das Paar – das schon unter dem Einfluß von LSD eine Neigung zum Mystizismus entwickelt hatte – fand immer mehr Gefallen an den Lebensanschauungen des Ostens.

Nach ihrer Rückkehr nach England hörte Patti von Maharishi Mahesh Yogi, einem indischen Guru mit einer vermarktungsfähigen Meditationsweise – einer auf Mantras basierenden Technik, die sich auf eine etwas vereinfachte und leicht zu interpretierende Hinduphilosophie stützte. Das System des Maharishi war als Transzendentale Meditation (TM) bekannt. Der Guru selbst kicherte viel und gerne, hielt ständig Blumen in den Händen und behauptete, dem Westen eine tiefsinnige geistige Botschaft zu bringen, die unsere materialistisch und militaristisch ausgerichtete Kultur bisher nicht vernommen habe. (TM erwies sich als so tief geistig und pazifistisch, daß sie später von der US-Marine ins Basistrainingsprogramm aufgenommen wurde, während der Maharishi schließlich eine Investmentfirma mit dem Namen The Age of Enlightenment Company gründete.)

Patti Harrison schloß sich 1967 der Spiritual Regeneration Movement des Maharishi an, die Beatles hingegen waren zu der Zeit zu sehr mit *Sgt. Pepper* beschäftigt, um viel zu meditieren. Die Saat war jedoch gesät, und als bekannt wurde, daß der Maharishi im Sommer England besuchen sollte, beschlossen alle vier Pilzköpfe, es mit ihm zu versuchen. Die Beatles lernten den Yogi bei einem Vortrag im Londoner Hilton Hotel kennen und erklärten sich einverstanden, ihn nach Bangor in North Wales auf einen Wochenendwohnsitz zu begleiten, um von ihm eine weitere Ration Schmieröl für den Geist zu empfangen. In Begleitung ihrer Frauen und Freundinnen und zusammen mit Mick Jagger und Marianne Faithfull reisten

Der Sufi Meher Baba wendet seinen Blick von seinem Schüler Pete Townshend ab. Babas Leitspruch war: „Sei glücklich und sorge dich nicht." Townshend scheint zu zweifeln.

die *Fab Four* mit einem Sonderzug von London nach Bangor. Die Presse und die Fans erwarteten sie bereits in voller Stärke. Die Stars wurden unter Gekreische und Blitzlichtgewitter auf den Weg gebracht, die ganze Gegend schien blumenübersät. Jagger bemerkte höhnisch, das Ganze wirke „mehr wie ein Zirkus als wie der Beginn einer religiösen Veranstaltung", und Cynthia Lennon wurde versehentlich auf dem Bahnsteig zurückgelassen.

Während sie noch zusammen mit weiteren dreihundert Schülern beim Maharishi in Bangor waren, überbrachten Pressereporter den Beatles die Nachricht von Brian Epsteins Tod. Das war zweifellos ein Schock. Aber ob es nun Unfall, Selbstmord oder Mord war, überraschend konnte das eigentlich nicht kommen. Mehr Trost als den Ratschlag, 'glücklich zu sein', den der Maharishi

Man muß sich alle Optionen offen halten: Jesus blickt milde auf Carlos Santana, während dieser eine Kerze für seinen Guru Sri Chinmoy entzündet.

ihnen (zweifellos unter Gekichere) gab, konnten die Beatles unter den gegebenen Umständen von niemandem erwarten, aber die Gegenwart des Maharishi hatte eine Art Pufferwirkung. Die Medienberichterstattung sorgte bald dafür, daß der Maharishi in den soliden Ruf gelangte, jemand zu sein, der den Beatles etwas bedeute, und die Bandmitglieder sangen ein Loblied auf ihn und hoben Meditation in den Himmel.

Der nächste berühmte Rockstar, der den Maharishi entdeckte, als dieser etwas später im Jahr 1967 mit seiner Botschaft auf Welt-Tournee ging, war Dennis Wilson von den Beach Boys. „Ich schüttelte ihm die Hand und spürte auf einmal diese überirdische, gewaltige Kraft, die von diesem Kerl ausging", erklärte Dennis, der später so ziemlich das gleiche über Charles Manson sagte, bevor dieser als psychopathischer Mörder entlarvt wurde. (Dennis sah in Manson einen wundervollbringenden, weisen Magier und nahm ihn zusammen mit der 'Family' für eine ganze Weile in seinem Haus auf; in dieser Zeit soll die 'Family' eine unglaubliche hohe Arztrechnung für Tripperbehandlung erhalten haben – und Dennis sie bezahlt haben.) Die Beach Boys (vor allem Mike Love) waren jedenfalls so von dem Maharishi angetan, daß sie in die TM einstiegen. Können sie wirklich so fasziniert von ihm gewesen sein, wo er sich doch schon bei seiner ersten Begegnung mit Dennis Wilson als ziemlich einfallslos zeigte: „'Schöpfe dein Leben voll aus', war das erste, was er zu mir sagte", erinnerte sich Dennis.

Die Beach Boys befanden sich, ebenso wie die Beatles, in einer Krise. 1964 hatte Brian Wilson, der Kopf der Gruppe, während eines Fluges einen Nervenzusammenbruch erlitten. „Ich war geistig und psychisch am Ende, weil ich ständig auf Achse war, mit dem Flieger für einen Auftritt pro Abend dauernd von Stadt zu Stadt brauste", sagte Brian. Nebenbei war er noch als Produzent tätig, komponierte, schrieb Arrangements, sang, plante und erteilte Anweisungen; sein

Terminplan war so gedrängt voll, daß ihm gar keine Zeit zur Erholung blieb. Als er seinen Zusammenbruch hatte und zu Al Jardine sagte, er könne nicht mehr, war das Flugzeug gerade erst fünf Minuten in der Luft. „Ich fing an zu heulen", erinnerte sich Wilson. „Ich vergrub mein Gesicht in einem Kissen, weinte und schrie und erklärte den Leuten, daß ich aus diesem Flugzeug nicht mehr aussteigen würde... Ich hatte das Band bis zum Zerreißen gespannt."

Brian Wilson zog sich zurück in sein Haus, war aber weiter als Komponist und Produzent tätig und wurde im Laufe der nächsten Jahre immer exzentrischer. Er ließ in seinem Eßzimmer einen Sandkasten einbauen, in den elf Tonnen Sand paßten, damit er beim Klavierspielen die Füße in den Sand stecken konnte. Er experimentierte mit LSD und anderen Drogen und versuchte 'die bewußtseinserweiternden Möglichkeiten von Musik und von Drogen' zu erforschen. Er stürzte sich auf die Astrologie und auf Reformkost (und eröffnete sogar mal einen Laden, der 'The Radiant Radish' hieß, auf Numerologie und auf das I Ging. Er schränkte sein Sexleben radikal ein ('beherrscht sich, zu kommen', wie seine Frau es ausdrückte). Er brachte es sogar fertig (wie er inzwischen behauptet), die Bänder eines ganzen Beach-Boys-Album zu zerstören, das unter dem Titel *Smile* erscheinen sollte, weil es 'mich kaputt machte ... Die Musik gefiel mir nicht'. Es gab das Gerücht, in Wirklichkeit habe er die Bänder verbrannt, weil er die Wahnvorstellung hatte, einige Tonbandpassagen zum Thema Feuer wären schuld daran gewesen, daß in Los Angeles mehrere Gebäude abbrannten. Der wirkliche Grund dafür, daß Brian *Smile* vernichtete, ist vielleicht darin zu sehen, daß 1967 *Sgt. Pepper* herauskam. Das Beatles-Album raubte ihm bestimmt sein Selbstvertrauen, und obwohl viele *Smile*-Stücke schließlich, neu aufpoliert und auf mehrere Platten verteilt, doch noch herauskamen, bewies Brian nie mehr dieselbe sichere Hand wie zu Beginn seiner Karriere.

Die übrigen Mitglieder der Band rückten immer weiter von ihrem schöpferischen Talent ab. Brian hat selbst zugegeben, daß sein Drogenkonsum Mitte der sechziger Jahre phänomenal war. „Ich hatte eine Menge Haschisch gekauft", erzählte er einmal. „Es war wirklich eine größere Menge, vielleicht im Wert von $ 2.000 ... und das hat sich sehr auf die Musik ausgewirkt ... Ich meine, wir lagen auf dem Boden und mußten das Mikrophon für die Gesangsaufnahmen zum Mund herunterholen." 1967 hatte die Gruppe immense Schwierigkeiten geschäftlicher und rechtlicher Art mit ihrer Plattenfirma Capitol und focht überdies intern bitterböse Dispute aus. Meistens drehten sie sich um die künstlerischen Vorstellungen von Brian Wilson und darum, inwieweit die anderen mit ihm einig waren; die Brüder Dennis und Carl Wilson bezogen dabei meist Stellung gegen Brians Cousin Mike Love und seinen alten Schulfreund Al Jardine.

TM schien 1967 das Bindemittel zu sein, mit dem sich das drohende Auseinanderbrechen der Band verhindern ließ. Sie griffen TM bereitwillig auf und glaubten nach Dennis Wilsons Bekehrung, wenigstens für eine Weile, ernstlich an sie. Mike Love und Al Jardine erteilten später sogar Unterricht in TM ('Liebe' spielte dabei auch weiterhin eine große Rolle), und selbst Carl Wilson schwor auf die Methode des Maharishi. „Ich meditiere regelmäßig", erklärte er. „Seither macht es mir weniger zu schaffen, wenn etwas schlecht läuft oder ziemlich schwierig. Ich finde, daß es mich zutiefst entspannt und mir neue Energie schenkt. Ich kann es nur sehr empfehlen." Wenn TM eine Art neuer Superdroge zu sein schien – eine, die beruhigt, anregt, nicht süchtig macht, billig und zudem auch noch sicher ist –, war das den Rockstars selbstverständlich in höchstem Maße recht, da sie, wissentlich oder unwissentlich, immer noch nach dem perfekten *High* Ausschau hielten.

Als etliche Stars Anfang 1968 dem Maharishi nach Rishikesh in Indien folgten, ging die Guru-Schwärmerei erst richtig los. Natürlich wollte nicht jeder einen Guru. Mick Jagger hatte den Maharishi schon bei seinem Aufenthalt in Bangor als Schwindler bezeichnet. Das Leben in dem Meditationszentrum war nicht nach jedermanns Geschmack, ermöglichte es einem aber, sich der neugierig lauernden Pressemeute zu entziehen. Die Teilnehmer des 'Kurs der Stars', darunter die Beatles, Mike Love, Donovan und Mia Farrow, hatten für drei Monate fest gebucht; aber Ringo und Maureen fuhren schon nach zehn Tagen wieder ab – das Meditationszentrum, beklagten sie sich, wirke eher wie ein Feriencamp, es gebe viel zu viele Fliegen, es sei zu heiß, und das Essen sei zu stark gewürzt. Paul McCartney und Jane Asher fanden das Ganze langweilig – allerdings fand McCartney dort Zeit, einige neue Songs zu schreiben. Als sie Rishikesh verließen, sagte Paul zu den Presseleuten, der Maharishi sei zwar 'ein netter Kerl', aber sowohl er als auch Jane hätten keine Lust mehr, weiter mit ihm 'auszugehen'.

John und George hielten durch, bis es, wie John später sagte"einen riesigen Tumult gab, weil er mit Mia Farrow und noch ein paar anderen Frauen abzuhauen versuchte'. Selbst George war nicht wohl in seiner Haut, und Lennon schrieb *Sexy Sadie*, das ins White Album aufgenommen wurde (und in dem mit Sadie, der 'alle zum Narren hielt', der Maharishi gemeint war). Die Technik des Yogi, sagte Lennon, sei nur 'gefärbtes Wasser'.Trotzdem stiegen die Religion und der Führungsstil des Yogi in der Publikumsgunst immer höher. „Pop ist das perfekte Vehikel für Religion", sagte Donovan um diese Zeit – in einer Art Flower-Power-Echo auf Little Richards frühere Aussage. „Es ist, als ob Gott auf die Erde herabgestiegen wäre und all das Schreckliche gesehen hätte, das hier geschieht, und Pop zum großen Mittler von Liebe und Schönheit erwählt hätte."

Die Botschaft der Liebe war kaum zu überhören, aber daß Gurus und mystischer

„I Wanna Hold Your Hand": George Harrison und Shiva (1971).

Heilsglaube überhaupt eine so starke Anziehungskraft auf die Rockstars hatten, schien konkretere Gründe zu haben. Sie versprachen so etwas wie Ordnung – und daß man folglich in der chaotischen, aus dem Gleichgewicht geratenen Welt des Rock'n'Roll irgendwie Herr der Lage blieb; und sie versprachen Inspiration und Energie zu bieten, was nicht zu gering zu schätzen war, eine Rechtfertigung für das, was einige Rockstars immer mechanischer, gleichgültiger und ohne Überzeugung taten. Selbst der Zweifler Lennon fand schließlich seinen Guru in Dr. Arthur Janov, einem Psychiater, der die Urschreitherapie entwickelt hatte, eine Behandlung, bei der die Patienten sich durch Herausschreien verdrängter Erfahrungen

Cat und die Moslems: Yusuf Islam – früher Cat Stevens – heiratet am 7. September 1979 in einer Londoner Moschee die Türkin Fawzia.

befreien sollen. In den siebziger Jahren entschied sich auch Brian Wilson für die Psychiatrie, nachdem er sich eigentlich nur vorübergehend in die Hände eines Dr. Eugene Landis begeben hatte; davor hatte er mit verschiedenen Glaubensrichtungen geliebäugelt, unter anderem auch mit dem Gurukult von Subuk, über den er von Jim McGuinn von den Byrds gehört hatte. Dieser Kult wurde von dem indonesischen Mystiker Pak Subuh gegründet und tritt für die Idee einer allumfassenden Religion ein. (Er verlangte von McGuinn auch, daß er seinen Namen änderte und sich fortan Roger nannte – Subuh war, als er noch ein Kind war, auf Anraten eines vorüberziehenden Bettlers umbenannt worden, und die Namensänderung soll bei dem Kind eine wunderbare Besserung seiner Gesundheit bewirkt haben.)

Pete Townshend von The Who entdeckte für sich den persischen Sufi-Mystiker Meher Baba, als er während einer US-Tournee seiner Band 1967 in Kalifornien einige Anhänger des Gurus kennenlernte. Er verwandte viel Energie darauf, neue Rockstrategien zu entwickeln, die ihn als geistig Suchenden offenbarten, und wurde in diesen Bemühungen von Ronnie Lane unterstützt, einem der früheren Mitglieder der Faces. Wie die meisten Gurus, scheint Meher Baba – dessen Motto 'Mach dir keine Sorgen, sei glücklich' lautete – damit zufrieden gewesen zu sein, wenn seine Botschaft auf kaum merkliche Weise wirkte. (Er starb 1969, nach einem selbstauferlegten Schweigen von mehr als vierzig Jahren.)

Townshend versuchte niemanden zu bekehren oder neue Anhänger zu gewinnen, auch wenn seine Werke wie *Tommy* und *The Seeker* die Wertschätzung, die er für die Philosophie des Baba empfindet, erkennen lassen. Anfang des Jahres 1972 reiste er nach Indien, lebte bei der Familie des Baba und seinen Jüngern, suchte das Grab des Baba auf und küßte den heiligen Boden. „Ich kam mir vor wie ein Staubkörnchen", sagte er. „Es war phantastisch." Die Anhänger des Baba standen um das Grab herum und sangen den Lieblingssong des Gurus, *Begin The Beguine,* und Pete Townshend war tief bewegt. Es war 'kein Flirt mit der Maharishi-Masche', erklärte er, aber für ihn haben sich damit auch nicht die Probleme gelöst, die mit dem Rockstar-Dasein verbunden sind. Townshend, der sich selbst mal als 'übersättigt und weltlich orientiert' bezeichnete, meinte 1981, „hier, an dieser Stelle, will mich der Baba haben. Das Rockgeschäft ist eine lausige Welt, aber in ihr habe ich meine Aufgabe zu erfüllen". Nun ja, jeder Vorwand ist einem recht, wie man so sagt.

Die Gitarristen John McLaughlin und Carlos Santana fanden in den siebziger Jahren einen geistigen Mentor in dem Hindu-Guru Sri Chinmoy. McLaughlin (damals als Mahavishnu bekannt) lehnt Chinmoy inzwischen ab, pflegt aber zu sagen: „Meine Musik ist ein Opfer, das ich dem Höchsten Wesen darbringe… Gott ist der Höchste Musiker, die Seele und der Geist der Musik. Ich versuche ihn zu erreichen, indem ich mir erlaube, Sein Instrument zu werden." Devadip (so Santanas geistlicher Name) berichtete 1980 *Rolling Stone*, daß seine innere Einkehr unmittelbar nach seinem rapiden Aufstieg zum Star erfolgte. „Die Wirklichkeit haute mich um", erklärte er. „Platinplatten in meinem Haus, Drogen, gutes Essen, Sex und all das, aber ich empfand eine solche Leere… Ich nahm mir nicht die Zeit, auf mein Inneres zu hören." Heute sagt ihm sein Inneres, 'perfekte Perfektion… ist das, was anzustreben ist. Absolut eins sein mit dem Schöpfer.'

Der frühere Sänger, Keyboarder und Songschreiber der Spooky Tooth, Gary Wright, wurde von George Harrison mit den Lehren seines Gurus Paramahansa Yogananda bekannt gemacht. Die Folge war, so sagte Wright, „daß ich meine Energien in völlig andere Bahnen lenkte" – und daß er Mitte der siebziger Jahre das Album *The Dream Weaver*, aufnahm, das ein Riesen-Verkaufserfolg wurde. Bei den Aufnahmen, berichtete Wright, „hatte ich zum ersten Mal wirklich alles unter Kontrolle"; daß er das als anstrebenswert ansah, ist bei jemandem, der aus einer so unbeständigen und schlecht organisierten Band wie den Spooky Tooth kam, verständlich. Nach seiner Bekehrung äußerte Wright die Ansicht, daß „Bands geistig unreif sind… Idealerweise müßte es bei einer Band nach dem Motto zugehen 'Also los, Kumpels, laßt uns das Ganze wie eine Firma betreiben. Wir sind schließlich hier, um Geld zu verdienen.' Aber so läuft es nie, deshalb muß immer einer die Verantwortung übernehmen." Für seinen Manager ist die Aufgabe sicherlich leichter geworden, seitdem Gary ihm sagte: „Dee, du bist vielleicht mein Business Manager, aber Paramahansa Yogananda ist mein geistiger Berater." Manager Dee Anthony meinte dazu etwas grober, aber auch treffender: „Ich habe

ihm daraufhin gesagt: 'Spiritisiere dich nur nicht aus dem Geschäft heraus.' Wenn Hymnen Hits wären, würde ich doch Moses managen – ist doch wahr, oder nicht?"

Auf seiner unaufhörlichen Suche nach dem Seelenheil, die George Harrison schon für einige Tage und Nächte auf einen Hügel in Cornwall und in die Bergabgeschiedenheit bei Rishikesh geführt hatte, gelangte er schließlich an Seine Göttliche Hoheit, den Guru A.C. Bhakzivedanta Swami, den Gründer der Krishna-Sekte International Society for Krishna Consciousness. George hatte aus Begeisterung für den Hinduismus schon auf fleischliche Nahrung verzichtet und (beinahe) auf Zigaretten, nahm keine Drogen und trank keinen Alkohol mehr. Er meditierte stundenlang und nahm religiöse Lieder auf wie *My Sweet Lord* (das millionenfach verkauft wurde) und Alben mit bedeutungsschweren Titeln wie *All Things Must Pass* und *Living In The Material World*. Im Krishna-Glauben schien der ehemalige Beatle Seelenfrieden zu finden; und wenn er nicht Hymnen zu Hits umarbeitete, brachte er Hits, als wären es Hymnen.

1969 sah man den Swami den Londoner Flughafen in einem Rolls Royce verlassen, den er sich noch von John Lennon geliehen hatte. 1973 konnte er sich bereits selbst einen ganzen Wagenpark leisten. George Harrison produzierte mittlerweile Schallplatten von Swami-Anhängern – safranfarben gekleidete mönchische Wesen beiderlei Geschlechts mit kahlgeschorenen Köpfen, die in den größeren Städten, wo sie ihre Tempel hatten, ständig Glöckchen läutend und 'Hare Krishna, Hare Krishna' singend auf den Hauptverkehrsstraßen auf und ab tanzten. (Daher Georges Spitzname – Harry Georgeson.) 1971 wurde dieser Gesang – von George aufgenommen und produziert und unter dem Titel 'Hare Krishna Temple' herausgebracht – ein Top Ten Hit.

Im Jahr darauf kaufte George etwas außerhalb von London einen Elisabethanischen Herrensitz mit siebzehn Morgen Land als religiöses Hauptquartier für die Sekte. Das 55-Zimmer-Haus, das dreiundsechzig Sektenmitglieder beherbergt, kostete £ 250.000. George half ihnen auch bei der Finanzierung ihres Londoner Tempels. 1973 enthüllte die Presse, daß die Hare-Krishna-Organisation in England allein durch den Verkauf von Räucherstäbchen £ 400.000 umsetzte.

Sein religiöser Eifer wurde George dadurch vergällt, daß sich Patti von ihm trennte und er eine Plagiatsklage bekam, in der ihm vorgeworfen wurde, er habe die Melodie von *My Sweet Lord* aus dem alten Hit der Chiffons, *He's So Fine,* geklaut. Er wurde schließlich eines 'teils unbewußten Plagiats' für schuldig befunden und mußte eine Schadensersatzzahlung von rund £ 250.000 leisten. Mitte der siebziger Jahre fand George, der sich einmal als 'nur der Diener des Dieners des Dieners des Dieners von Krishna' bezeichnet hatte, es schwer, sich damit abzufinden, daß 'Lord Krishna' sich hartnäckig weigerte, sein Leben in die Hand zu nehmen und für ihn zu leben, gleichgültig, wie sehr er sein Leben dem Lord Krishna weihte.

Die armen alten Superstars können ihre Spitzenstellung so belastend finden, daß sie einen Gott oder einen Guru brauchen, der ihnen hilft, die Dinge wieder im richtigen Verhältnis zu sehen. Manchmal ist ihre Last so unerträglich – oder so gefährlich attraktiv, daß ihnen ein wesentlicher Lohn oder Ersatz winken muß, damit ihnen ein 'opfervoller Verzicht' leichter fällt. Eine repressive Religion bietet da vielleicht eine Lösung.

Cat Stevens konvertierte zum Islam, nachdem er eine Weile mit dem Buddhismus geliebäugelt hatte, nahm den Namen 'Yusuf Islam' an und zog sich danach völlig aus dem Mainstream-Musikgeschäft zurück.

Auch Richard und Linda Thompson, führende englische FolkrockMusiker, konvertierten zum Islam, traten aber weiter auf. Mike Heron (der einst der Incredible String Band angehörte) tauchte in der Scientology-Sekte unter. Michael Schenker von den UFO schloß sich der christlichen Sekte der Child-

ren of God an, ebenso Jeremy Spencer von den Fleetwood Mac; das letzte Mal, als man seiner ansichtig wurde, verkaufte er an einer Straßenecke im Londoner West End Traktätchen und gestand öffentlich seine ganzen alten Sünden aus seinen gottlosen Rockmusiker-Tagen.

Einige Künstler zieht es in die entgegengesetzte Richtung. Jimmy Page von den Led Zeppelin entdeckte Aleister Crowley, der zu seiner Zeit der führende Vertreter des Satanskultes war und von sich behauptete, 'Magick' zu praktizieren. Page beteiligte sich an einer auf Okkultes spezialisierten Buchhandlung in London und kaufte sogar Crowleys ehemaligen Wohnsitz, Boleskin House, in der Nähe von Loch Ness, wo sich, wie er sagt, bekanntlich merkwürdige Dinge zugetragen haben. Jimmy Page äußert sich nicht gern näher über seine 'Magick'-Praktiken, sondern spricht nur in dunklen Andeutungen über erlebte und noch nicht selbst erlebte geheimnisvolle Dinge. Er behauptet auch für Crowley keine 'Anhänger gewinnen' zu wollen , und sagt, dessen Gedanken interessierten ihn, weil sie Aspekte 'des Unbekannten' seien. Als weitere Crowley-Anhänger gelten der experimentelle Filme-Macher Kenneth Anger (für den Jimmy Page mal eine Filmmusik schrieb) und Robert Beausoleil, ein ehemaliges Mitglied der Manson-Gang, der wegen Folterung und Ermordung des Musikers Gary Hinman ins Gefängnis kam.

Obwohl Page stets hervorhebt, er gehe bei seiner 'Magick mit Vorsicht zu Werke', gab es zur Zeit seiner Trennung von Led Zeppelin das Gerücht, unter anderem wäre es zur Spaltung gekommen, weil einige das unbehagliche Gefühl hatten, Pages Aktivitäten hätten etwas mit John Bonhams Tod zu tun gehabt. Das ist aber total absurd: Bonzos Tod war eine Folge jahrelanger Ausschweifungen dieser oder jener Art. Andererseits ist es nicht verwunderlich, daß Pages Verbindungen zur Schwarzen Magie so abergläubische Ängste heraufbeschworen. Eines steht allerdings mit Sicherheit fest: daß die Grup-

Der wiedergeborene Christ: Bob Dylan als Beinahe-Heiliger auf seiner Welttournee 1978.

pe Led Zeppelin und ihr Umfeld einen besonderen Rekord an tragischen Ereignissen, frühzeitigen Todesfällen und schweren Unfällen zu verzeichnen hat.

1976 starb Keith Harwood, ein Mitarbeiter der Led Zeppelin, unter mysteriösen Umständen; Keith Relf, ehemals einer der Yardbirds, aus denen der Kern der Zep hervorging, beging Selbstmord; auch die Frau von Zep's Roadmanager Richard Cole kam ums Leben. 1977 starb Robert Plants fünfjähriger Sohn Karac an einer Virusinfektion, während die Band auf Amerikatournee war. Im Jahr darauf blieben sie mehr oder weniger von Unheil verschont, aber 1979 starb in einem Haus von Jimmy Page der mit ihm befreundete Fotograf Philip Hale, nachdem

er zuviel Morphium, Kokain und Alkohol konsumiert hatte, und 1980 kam – ebenfalls in einem Haus von Jimmy Page – John Bonham vorzeitig zu Tode.

Auch Graham Bond, einer der besten R&B-Organisten Englands, war von Aleister Crowley fasziniert. (Er leitete auch einmal eine Band, die sich Magick nannte.) Wohl aus Mangel an Anerkennung gelangte er in den fünfziger Jahren zu der völlig unbegründeten und krankhaften Überzeugung, ein unehelicher Sohn Crowleys zu sein. 1974 warf er sich 'im Zustand geistiger Umnachtung' vor einen Zug. Die Polizei brauchte drei Tage, um ihn zu identifizieren.

Meistens jedoch sind schwarze Magie, Satanskult und Okkultismus für Bands, die keine besseren Ideen haben, um auf sich aufmerksam zu machen, nichts weiter als ein Vorwand für schockierende Darbietungen.

224

Ähnlich wie die Meute jener Gruppen, die Ende der siebziger Jahre Nazi-Symbole und -Uniformen verwendeten, wollen sie schokkieren um des Schockierens willen. Daß in der Rockmusik diabolische Dinge derart bereitwillig als Teil der 'Unterhaltung' akzeptiert, um nicht zu sagen, als normal empfunden werden, ist ein Zeichen dafür, wie tief sie gesunken ist.

Ein weiteres Anzeichen für diesen kreativen Bankrott ist, welche Verbreitung die christliche 'Born-Again'-Bewegung in letzter Zeit innerhalb der Rockgemeinde gefunden hat. Der berühmteste Konvertit unter den Rockmusikern war Bob Dylan – der Mitte der siebziger Jahre während seiner 'Rolling-Thunder'-Tournee durch Amerika zusammen mit einer ganzen Anzahl von Musikern übertrat. Zu den 'Born-Again'-Christen – inzwischen sind es bestürzenderweise an die vierzig Prozent aller Amerikaner – gehören auch Roger McGuinn, Donna Summer, Mitglieder der Gruppe Kansas und viele andere. Als religiöse Bewegung ist die 'Born-Again-Christianity' eine Mischung aus verschiedenen Idealen und Weltanschauungen, die von der Mitte bis zur extrem Rechten das ganze Spektrum moralischer und gesellschaftspolitischer Ansichten umfaßt. Was alle verbindet, ist das Gefühl, einen falschen Weg zu weit gegangen zu sein, der Wunsch, umzukehren und einen neuen Weg zu suchen.

Bob Dylan ist wohl kaum ein Konservativer althergebrachter Art, doch sein Übertritt war auch kein überraschender Anfall geistiger Einkehr. Im Gegenteil, Dylan war immer einer der beseeltesten und engagiertesten Rockmusiker überhaupt. Jetzt hatte er sich lediglich in ein ruhigeres Fahrwasser begeben. Die Lyrik und Intensität seines Schaffens Anfang der sechziger Jahre mögen zwar in erster Linie freidenkerisch und politisch gewesen sein, aber sie waren immer von einem Humanismus durchtränkt, der nicht nur Gestik war. Nach seinem Motorradunfall begann er seinen Wurzeln zu

erforschen, was ihn schließlich dazu führte, sich eingehender mit dem Judentum (der Religion seiner Eltern) zu befassen. Einige Kritiker glauben, in seinem Schaffen die Spur des Tarot entdeckt zu haben, und irgendwann in den siebziger Jahren nahm sich Dylan einen 'seelischen Berater', der ihn auf seiner Suche leiten sollte.

Anders als John Lennon, dessen eindeutige Intellektualität sich in allen möglichen Stellungnahmen äußerte, scheint an Dylan in den siebziger Jahren sowohl die linke Politik als auch der Feminismus spurlos vorübergegangen zu sein. Im Scheitern seiner Ehe und dem ganzen häßlichen Hickhack im Kampf um das Sorgerecht für seine fünf Kinder entpuppte sich Dylan dann natürlich auch als Patriarch alten Stils. In diesem Licht gesehen, ergibt Dylans Übertritt einigen Sinn – vor allem in Anbetracht dessen, daß ein Freund von ihm 1979 verkündete 'er hat den Judaismus nicht aufgegeben, er hat nur Jesus entdeckt'. Als Dylan mit einer Gospel-Show auf die Bühne zurückkehrte, erhoben seine Fans lautstark Protest; eine Organisation hingegen, die sich 'Juden für Jesus' nennt, erteilte ihm ihren Segen, und Pat Boone – einer der bekanntesten Popsänger in der Christianity-Bewegung – 'unterstützte den Dylan-Kreuzzug', wie es eine Zeitung damals ausdrückte.

Wenn Dylans Übertritt zum Christentum irgend etwas zu bedeuten hatte dann, daß die Konflikte und Kämpfe, die in den sechziger Jahren ausbrachen und im Rock'n'Roll zum Ausdruck kamen, noch nicht gelöst worden sind. Wieso sollten sie in so wenigen Jahren auch gelöst sein? So hielt auch seine 'Bekehrung' nicht lang an und Dylan kehrte reumütig zum Rock'n'Roll zurück.

In den Sechzigern glaubte Dylan an Rock'n'Roll und machte Furore – aber 1977 sagte er in einem Interview mit Jonathan Scott: „Es gibt keinen Rock'n'Roll mehr, es ist nur etwas Nachgemachtes, das kann man vergessen; der Rock'n'Roll hat sich völlig umgekrempelt – ich habe nie Rock'n'Roll gemacht." Vorher glaubte er an das Hier-und-Heute. Dann nicht mehr: „Ich glaube an das Leben, aber nicht an dieses Leben." Früher einmal, da glaubte er, daß die Macht der Gefühle etwas bewegen könnte und daß die Macht der Musik diese Gefühle wahrmachen könnte. Inzwischen 'glaubt er nicht mehr an Gefühle'. „Das höchste Ziel der Kunst ist, zu inspirieren", sagte Dylan einmal. Aber dann produzierte er selbst ein solches Zerrbild inspirierender Kunst – größtenteils moralisierende Floskeln oder sentimentales Gefasel –, daß selbst (oder vielleicht insbesondere) treue Fans ihn bei jenen Auftritten ausbuhten, die sich im Tonfall göttlicher Lobpreisungen bewegten. Eines aber ist geblieben: „Ich muß vor Publikum spielen, einfach um weiterzumachen", sagt er.

Das einzige herausragende Merkmal bei den meisten Bekehrungen von Rockmusikern ist zweifellos die ihnen eigene Banalität. Ein ermutigendes Lächeln oder ein paar Atemübungen, die man ihnen beibrachte, reichten meist schon, um die letzten Spuren rationalen Denkens zu zerstören, die den verwüsteten Hirnen der Rockstars noch innewohnten. Wenn man ein so unsäglich verwirrendes Leben führt, wie Massenhysterie, übermäßiger Drogengenuß und nächtelanges Aufbleiben es bewirken, ist wahrscheinlich gar nichts anderes zu erwarten, als daß die einfachsten Dinge einem geheimnisvoll erscheinen.

Eric Claptons Bekehrung fand 1969 während der US-Tournee der Blind Faith hinter der Bühne statt. „Zwei Kerle kamen zu mir in meine Garderobe", erzählte er später Steve Turner (einem ebenfalls Bekehrten). „Sie waren von dieser Christianity-Bewegung, und sie fragten mich: 'Können wir mit dir beten?' Ich meine, was soll man da machen?" Clapton kniete nieder und betete. Offenbar war es so, daß er sich danach 'viel besser fühlte' – irgendwie so, als wäre er dem 'strahlenden Licht'. begegnet, sagte er. Aus irgendwelchen ungeklärten Gründen

wollte er den beiden Männern ein Poster von Jimi Hendrix zeigen, aber als er es aufrollte, war es nach seinen Worten ein Bild von Christus. „Ich hatte es noch nie zuvor gesehen." Die Möglichkeit, daß jemand es ohne sein Wissen dorthin gelegt hatte, kam ihm offenbar nicht in den Sinn. Er wurde sofort ein frommer Anhänger der Bewegung.

Daß eine so banale Begebenheit eine Bekehrung bewirken konnte, läßt darauf schließen, daß das Verlangen nach Gläubigkeit schon vorhanden war und nur noch der Auslöser fehlte. Was immer auch sonst Religion für Eric Clapton bedeuten mochte, sie beinhaltete eindeutig etwas, das größer war als er, etwas, das den Lauf der Dinge steuern konnte, was er selbst nicht konnte, wie er festgestellt hatte. Aber Clapton stellte auch fest, daß der Glaube zwar Berge versetzen kann, aber manchmal bei viel kleineren Dingen versagt, wie bei den Menschen. Einer davon war er selbst – dessen Leben viel schicksalhafter von Liebe und Heroin bestimmt werden sollte als vom Glauben. Das gleiche gilt für George und Patti Harrison. Als Clapton erfuhr, daß deren Ehe im Begriff war zu scheitern, wurde er in seinem Glauben schwer erschüttert. „Die Tatsache, daß George schon so lange TM machte, aber nicht seine Frau halten konnte… Ich meine, seine Frau wollte einfach nichts davon wissen", sagte Clapton. „Alles, was sie wollte, war, daß er sagte 'Ich liebe dich', aber er war dauernd nur am Meditieren… Es war schuld daran, daß er sie schlecht behandelte. Es war zwar nicht die Christianity-Bewegung, aber ich könnte mir vorstellen, daß diese bei ihnen unter den gleichen Umständen die gleichen Folgen hätte haben können." Als Clapton seine Heroinsucht überwunden hatte und es mit seiner Karriere wieder aufwärts ging, fanden er und Patti schließlich zusammen. Nun war George verbittert und in *seinem* Glauben erschüttert, Erics Glauben hingegen pendelte sich auf ein pragmatisches Niveau ein. „Ich bete immer noch", sagte er zu Turner, „und ich sehe Gott immer noch mehr in den Menschen als im Himmel oder sonstwo."

Clapton hat wenigstens einen religiösen Hit komponiert und aufgenommen – *Presence Of The Lord.* Für manche ist Gläubigwerden eher ein Anzeichen von Selbstgefälligkeit und beginnenden Alters als dafür, den inneren Kampf weiterzuführen. Die Rockmusik hat nie die althergebrachte Unterscheidung zwischen Seele und Körper akzeptiert, wie die meisten Musikstile, aus denen sie Elemente übernommen hat. Deshalb kann sie für Puritaner (gleich welcher Konfession) nicht annehmbar sein, aber sie kann, im weitesten Sinne des Wortes, religiöse Musik sein. Erst wenn sie an eigener Wirkung verliert, entsteht das Verlangen, Spiritualität von außen in sie hineinzutragen.

Das letzte Wort sei vielleicht Reverend Joel Agnew gestattet, dem Pfarrer der First Church of Rock'n'Roll aus Niles in Kalifornien, der stets in schwarzem Satinornat und mit steifem Kragen auftritt. Seine Lederjacken und Jeans tragenden Gemeindemitglieder zahlen für jeden Gottesdienst zwei Dollar pro Kopf, und ihre Zahl geht in die Hunderte. Die Kirche will ein eigenes Plattenlabel gründen, Behemoth. „Jahrtausendelang hat der Teufel den Samstagabend besessen", sagt Agnew. „Rock'n'Roll ist immer schon eine Religion gewesen – eine Alternative zu all dem anderen Scheiß." Während Bob Dylans 'Born-Again-Christian'-Album *Saved* beim Publikum schlecht ankam und stapelweise in den Geschäften liegen blieb, verkündete Reverend Agnew, *seine* Kirche strebe an, 'die perfekte Samstag-Abend-Party' zu verkünden.

In Gegenwart einer Dame: Eric Clapton 1975 mit seiner früheren Frau Patti Boyd Harrison.

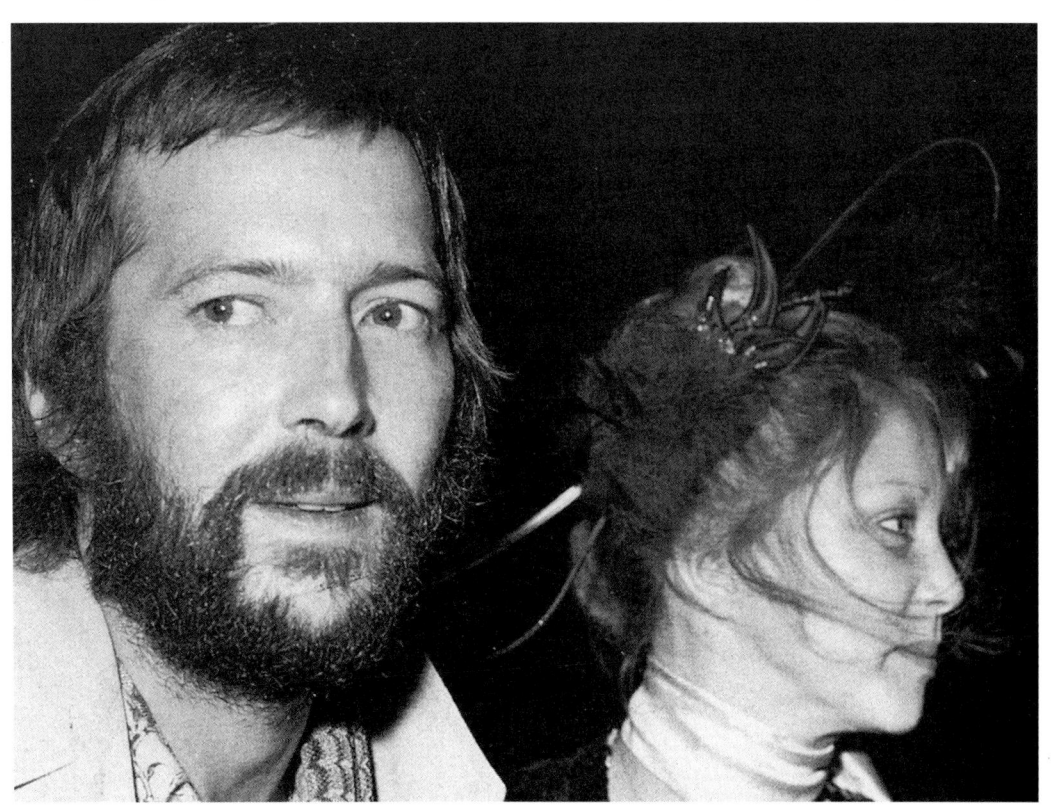

AUS GEHEUCHELTER SORGE UMS GESCHÄFT

Die Rock'n'Roll-Industrie ist wahrscheinlich nicht korrupter als jeder andere Geschäftszweig, aber extrem anfällig dafür, daß man ihr unfaire Praktiken unterstellt. All ihr Handeln dreht sich darum, Talent und Publikumsgeschmack zu verkaufen, und darum sind Behauptungen, daß Platten fälschlich hochgejubelt und oder künstlich hochgepuscht wurden, immer mit Entrüstung aufgenommen, abgestritten oder mit Ausflüchten überspielt worden. „Natürlich gab es *Hype*", sagte der damalige Präsident von Capitol Records, Voyle Gilmour, über die Verbreitung der Beatles in Amerika. „Aber auch mit noch so viel Hype läßt sich kein schlechtes Produkt verkaufen."

Hype kann vielerlei Formen annehmen, aber das Ziel ist immer, Platten oder Künstlern durch kostspielige, raffinierte Werbekampagnen einen übertrieben guten Ruf zu verschaffen. Ende der sechziger Jahre wurde es wichtiger denn je zuvor, daß man das mit viel Gerissenheit und Fingerspitzengefühl anfing; die Schallplattenfirmen unterstützten Zeitschriften wie *Rolling Stone,* auch wenn diese manchmal Kritik an der Industrie übten, weil diese Blätter das nötige 'Vertrauen der Gegenkultur' besaßen. Aus den gleichen Gründen legte sich die Industrie sogenannte 'company freaks' wie Danny Fields bei Elektra oder Billy James bei Columbia zu, weil diese von den Musikern, für die sie kräftig die Werbetrommel rührten, so überzeugt wirkten, daß sie mit

ihrem Charme jeden Verdacht von Korruption beseitigten. Die Plattenindustrie legte sich ein Gegenkultur-Gesicht zu, und die jährlichen Verkaufszahlen schossen über die Milliarden-Dollar-Grenze hinaus. Die Gesellschaften gaben Parties, auf denen sich Journalisten, Discjockeys und Fernsehproduzenten unter die Rock-Elite mischen konnten; die biederen Buchhalter und zynischen Geschäftsleute, die die Firmen leiteten, blieben zu Hause; zu Weihnachten verschenkte man nun kleine geschmackvolle Kunstwerke statt Briefumschläge voller Banknoten. Diese Art von *Hype* erwies sich als besonders wirkungsvoll, sobald der Rock sich als marktbeherrschende Musik etabliert hatte und man Elemente hervorheben konnte wie künstlerische Leistung, Unverfälschtheit und daß die Jugend sich damit identifizierte. In den fünfziger Jahren hatte das alles etwas anders ausgesehen. Da hatte *Hype* meist weniger feine Formen. Damals nannte man das *Payola*.

Payola ist eine besondere Art von Bestechung und Bestechlichkeit, bei der Discjockeys und Rundfunksender direkt oder auf versteckte Weise dafür Geld erhielten, daß sie bestimmte Platten spielten. Das Ganze war nicht nur als Form von Werbung gedacht mit dem Ziel, dadurch noch mehr Platten zu verkaufen, sondern zahlte sich auch direkt in Form von Tantiemen aus. Payola war bereits gegen Ende des neunzehnten Jahrhunderts ein fester Bestandteil des Musikgeschäfts; damals zahlten Komponisten, Musikverleger und Kunstfreunde Musikern Geld dafür, daß sie ihre Lieder spielten, engagierten sie dafür als 'Berater' oder führten sie als Komponisten oder Arrangeure an. Aber mit dem Jahr 1959 verän-

---

Wer macht hier Witze? Elvis hat eine neue Methode entdeckt, um Colonel Parkers Anteile zu verringern. Als der falsche Colonel Elvis Mitte der Fünfziger unter seine Fittiche nahm, setzte er die Maßstäbe für das künftige Rock'n'Roll-Management.

Alan Freed organisierte seit Anfang der fünfziger Jahre große Rock'n'Roll-Shows mit mehreren Künstlern. Massenschlägereien bei diesen Veranstaltungen brachten ihn bereits zweimal vor dem Payola-Skandal des Jahres 1959 vor Gericht.

derte sich das Musikgeschäft total. In diesem Jahr und im Jahr darauf befaßte sich der Kongreß mit den Manipulationen von populären Fernseh-Quiz-Sendungen. Nicht nur die Quiz-Wettbewerbe waren oftmals ein abgekartetes Spiel, wie sich zeigte, sondern einige Musikverleger hatten auch den Quiz-Show-Produzenten dafür, daß sie ihre Songs-Verlege öffentlich vorstellten, einen Teil ihrer Tantiemeneinnahmen in Form von *Kick-back*-Zahlungen überlassen. Es war schon vorher von einen anderen Kongreß-Ausschuß vermutet worden, daß das Musikboxgeschäft von Gangstern manipuliert würde, und in der Federal Communications Commission (FCC) und in den Branchenblättern der Musikindustrie war auch von Payola selbst die Rede gewesen.

Die meisten Musikverleger, die in den Quiz-Show-Skandal verwickelt waren, gehörten der American Society of Composers, Authors and Publishers (ASCAP) an, einer Musik-Verwertungs- und Tantiemen-Inkasso-Gesellschaft, die das alte Tin-Pan-Alley-Establishment aus Hollywood und vom Broadway (die herkömmliche Schlager- und Filmmusik) vertrat. Aber seit 1940 hatte sich ASCAP in starker Konkurrenz mit einer neuen Organisation befunden, Broadcast Music Incorporated (BMI), die weitgehend das neue Rock'n'Roll-Business vertrat und speziell mit der aufstrebenden Karriere der Radio-Discjockeys Geschäfte machte. 'Die ASCAP-Songschmiede...', schrieb das Branchenblatt *Variety* damals 'können es sich also als Verdienst anrechnen, das öffentliche Interesse an den Manipulationen bei Fernsehquizsendungen ab- und auf Discjockey-Payola umgelenkt zu haben.'

Die größeren Plattengesellschaften und Radiosender kamen dabei ziemlich ungeschoren davon. Die Untersuchungen hatten ihnen einen Dienst erwiesen, indem sie das Interesse auf den Rock'n'Roll lenkten – eine monopolbrechende Musik, die von unabhängigen Plattenfirmen groß gemacht worden war, hauptsächlich auf unabhängigen Radiosendern zu hören war und von unabhängigen Musikverlegern herausge-

Payola-Blues: DJ Alan Freed mit seiner Frau Inga am 30. November 1959 vor dem Büro des New Yorker Bezirksstaatsanwaltes. Freed war in den Payola-Skandal verwickelt, weigerte sich aber, bei einem Vorverfahren auszusagen. Es war das Ende seiner Karriere.

bracht wurde. Der Payola-Skandal erstickte den unternehmerischen Geist, der Elvis Presley, Chuck Berry und Buddy Holly groß gemacht hatte. Rock'n'Roll wurde im Rundfunk ein 'dirty word', ein Schimpfwort. Die *Playlists* der Radioprogramme wurden einer sorgfältigeren Prüfung unterzogen und strenger kontrolliert, so daß alles, was ein bißchen gewagt, rauh oder einfach innovativ war, mit ziemlicher Sicherheit herausflog – zusammen mit den Platten, die man früher zweifellos groß herausgestellt hätte. Um 1959 wandten sich viele der einst wagemutigen Firmen schon von alleine einer sichereren, saubereren Teenagermusik zu, als der Rock'n'Roll von 1955 und '56 es war, aber die Payola-Untersuchungen besiegelten diese Entwicklung sozusagen per Gesetz: Es war das Jahr 1960, Wahljahr, und die, die rechts von der Mitte standen, behaupteten sich wieder einmal.

Die Guten tragen Weiß: Dick Clark, Präsentator der Sendung „American Bandstand", zeigt sich bei seiner Aussage vor dem Rechtskontrollunterausschuß des Repräsentantenhauses am 29. April 1960 durchaus selbstbewußt. Clark verzichtete auf sämtliche Beteiligungen an Plattenfirmen, um seine Sendung zu behalten.

Payola war natürlich keine Erfindung der ASCAP, der großen Gesellschaften oder der Regierungsbehörden. Der Boß eines kleinen Plattenlabels gab zu, jeden Monat $ 2.000 Bestechungsgelder zu zahlen, und die meisten DJs, die ihre Jobs verloren, gestanden, hohe Geldbeträge oder teure Geschenke dafür angenommen zu haben, daß sie bestimmte Platten spielten. Aber für eine kleine Firma, die nicht über so viel Geld verfügte wie die großen, war Payola oft das einzige Mittel, zu erreichen, daß eine Platte gespielt wurde. Und überhaupt war auch bei den Untersuchungen Unlauterkeit im Spiel.

Etliche Untersuchungsbeamte der FCC waren selbst von den großen Radiosendern bestochen worden – was ihre Drohungen, mehr als 5.000 kleineren Rundfunk- und Fernsehgesellschaften, gegen die ermittelt wurde, ihre Sendelizenz wieder zu entziehen, in einem neuen Licht erscheinen ließ. Ein Anwalt des Kongreßkomitees, das sich mit den Payola-Untersuchungen befaßte, äußerte Ansichten, die eindeutig Anti-Rock'n'Roll waren. „Nehmen Sie einmal an, John Smith besitzt eine Plattenfirma", sagte er, „und dann kauft er einen Radiosender. Und nehmen wir einmal an, er kippt dessen Personal und dessen anspruchsvolles Musikprogramm, um sein eigenes Label groß herauszubringen, meist nur Rock'n'-Roll ... Nun ja, das ist nicht im Interesse der Öffentlichkeit."

Das tragischste Opfer der Untersuchungen war der Discjockey Alan Freed, der Mann, der behauptete, bereits 1952 den Begriff Rock'n'Roll geprägt zu haben. Freed förderte immer 'echten', reinen Rock'n'-Roll. Er war bei den Mächtigen seiner Zeit nicht sonderlich beliebt, und zweimal hatte die überschäumende Begeisterung von Fans bei Konzerten, die er veranstaltete, zur Folge, daß er verhaftet wurde. Und obwohl er als Persönlichkeit sehr beliebt und erfolgreich war, blieb er immer eine Randfigur der Unterhaltungsindustrie. Es steht fest, daß er Bestechungsgelder annahm, und das

Rock-DJ-Schock: Alan Freed (erster von rechts), Programmdirektor Mel Leeds (zweiter von rechts) und DJ Peter Tripp (dritter von rechts) werden am 10. Mai 1960 in New York verhaftet, nachdem sie im Vorverfahren zum Payola-Prozeß der Bestechung beschuldigt wurden.

obwohl er ein gutes Gehalt bekam und noch zusätzlich mit öffentlichen Auftritten, Filmrollen und den Konzerten, die er veranstaltete, Geld verdiente. Er ließ zu, daß man ihn als Autor einer ganzen Anzahl Hits angab, und gestand, Geschenke angenommen zu haben, 'wenn ich jemandem geholfen hatte'. „Aber", sagte er, „ich würde nicht einen Dollar annehmen, *damit* ich für eine Platte Reklame mache. Da wäre ich doch schön dumm; denn dann könnte ich nicht mehr über mein Programm bestimmen." Auch mit dieser inzwischen bekannten Art der Argumentation ließ sich nicht verhindern, daß er seine Stellung bei einer New Yorker Rundfunkstation verlor – was er unter Schluchzen im Radio bekanntgab –, und auch nicht, daß man ihn im Fernsehen bei der *Big-Beat*-Show entließ. Er wurde verhaftet, weil er von sechs Plattenfirmen insgesamt $ 30.650 angenommen hatte, und wurde schließlich zu sechs Monaten Haft mit Bewährung und zu einer Geldstrafe von $ 300 verurteilt. 1964 wurde er angeklagt, weil er seine Payola-Einkünfte nicht versteuert hatte, und im Jahr darauf starb er, arm und so gut wie vergessen, mit zweiundvierzig Jahren in einem Krankenhaus in Florida an Trunksucht.

Dick Clark, Moderator von *American Bandstand*, hatte nicht solche Probleme. Clark gehörten teilweise oder zur Gänze sechs Musikverlage, drei Plattenlabels, eine Schallplattenfabrik, eine Plattenvertriebsfirma und ein Managementbüro. Er besaß die Verlagsrechte an sechzehn Songs, die ihm fast alle 'einfach so geschenkt' worden waren. Clarks Fernsehshow war natürlich ein ungeheurer Machtfaktor, was die Durchsetzung sauberer Popidole anbelangte. Die Sendereihe war als Familienprogramm ausgerichtet und speziell darauf abgestimmt, Rock'n'Roll reinzuwaschen von seinem rebellischen, aufsässigen, schwarzen und Sexy-Image. Und sie brachte pro Jahr zwischen 10 und 12 Millionen Dollar an Werbeeinnahmen. Als Clark vor den Payola-Untersuchungsausschuß zitiert wurde, teilte ihm (die Fernsehgesellschaft) ABC mit, er müsse entweder *American Bandstand* aufgeben oder alles andere, was ihn in Interessenkonflikte bringen könnte. Er entschied sich für die Show, und bei der Anhörung, bei der er als Kronzeuge auftrag, sagte der Komiteevorsitzende zu ihm: „Sie haben dieses System weder erfunden noch aufgebaut. Sie sind nur ein Produkt davon." Der Vorsitzende, der sich selbst gezwungen gesehen hatte, seine 25prozentige Beteiligung an einer Fernsehstation aufzugeben, sagte abschließend Clark sei 'ein ordentlicher junger Mann'. Als Alan Freed das letzte Mal unter Tränen in seiner Fernsehshow auftrat, hörte man ein junges Mädchen den Schluß-

kommentar der Teenager schluchzen: „Sie haben uns unseren Vater geraubt."

Wenn der Payola-Skandal von 1959 irgend etwas von Bedeutung bewirkte dann, daß er dafür sorgte, daß die nächste Phase musikalischer Entwicklung nicht aus Amerika, sondern von außerhalb kam. Der Payola selbst vermochte der Skandal hingegen kein Ende zu bereiten. Vielleicht sind Geschenke und Frei-Exemplare von Platten an die Stelle direkter Geldzahlungen getreten, aber wenigstens auf einem Gebiet hat das Geschenke-Verteilen dramatische Formen angenommen. Es hieß 'Drugola'. Mitte der siebziger Jahre konnte man ziemlich sicher sein, daß die Büros und Studios der Plattenfirmen, wenn nötig, in der Lage waren, einen Drogendealer aufzutreiben, und heutzutage ist Drogengenuß fast überall in der Rockmusik üblich. Eine bekannte Plattenfirma wurde in den siebziger Jahren dafür berühmt, daß sie ihre Ausgaben für Drogenkäufe buchhalterisch unter 'Kosten für Gartenpflege' laufen ließ. „In der Werbebranche ist es Martini", sagte ein Plattenproduzent 1973, „in der Musikbranche Kokain."

Die Plattenindustrie in England war lange Zeit weniger anfällig für klassisches Payola als die in Amerika – hauptsächlich deshalb, weil die Charts bestimmen, ob Platten im Rundfunk gespielt werden, und die Charts beruhen ausschließlich auf Verkaufszahlen, wenn auch nicht immer zuverlässig echten. Die britische Plattenindustrie verwendet ihre Energien daher vornehmlich auf *Chart Hyping*: Eine einfache und schwer nachzuweisende Methode dafür zu sorgen, daß eine Platte garantiert über den Äther ertönt, besteht darin, ihr käuflich eine Position in den Charts zu sichern. Mit ein paar hundert Pfund und einer Liste jener 450 Geschäfte, die ihre Verkaufsziffern der Marktforschungsgesellschaft melden, die im Auftrag der BBC die Charts erstellt, ist es eine Sache, die nicht viel mehr als Beinarbeit erfordert, um eine Platte, sagen wir mal, ans

Die Schützlinge von Brian Epstein: v.l.n.r.: vier Beatles, Gerry und drei Pacemakers, Brian Epstein, und zwei Dakotas links und rechts von Billy J. Kramer. Wo sind sie jetzt?

Mit einer Ausgabe von „Queen" in der Hand kommt Brian Epstein am 5. August 1966 zu einer Pressekonferenz, um sich für John Lennons blasphemische Äußerungen über die Beatles und Jesus zu entschuldigen. Ein Jahr später war er tot.

Listenende der Top 40 oder von Platz zwei auf Platz eins zu hieven. Der Effekt ist natürlich noch viel besser als der von Reklame, weil eine Single, sobald sie erst mal in den Charts ist, sich über die dann sichere Ätherausstrahlung von selbst verkauft.

Shopping (wie diese Praxis, Platten käuflich in die Charts zu hieven, genannt wird) wird tatsächlich jedoch oft für ein erfolgreiches *Chart Hyping* als zu unwirksam und zu auffällig angesehen. Seit die Londoner Tageszeitung *Sun* und *Daily Mirror* 1978 Presseermittlungen durchführten, bei denen es um einige sehr bekannte Künstler des A&M-Labels ging, steht außer Zweifel fest, daß eine der beliebtesten Methoden heute darin besteht, den Händlern 'Gefälligkeiten' (unberechnete Platten) als Gegenleistung dafür anzubieten, daß sie diese Platten in die täglichen Verkaufsauflistungen aufnehmen, die für die Charts abgefragt werden. Diese Methode erweist sich als besonders nützlich beim *Album-Hyping*, da hier ein käufliches Hochhieven in die Charts zu teuer werden könnte. Dafür, daß er einen gar nicht stattgefundenen Verkauf eines Titels meldet, bekommt der Plattenhändler umsonst eine andere Scheibe geliefert. Bei

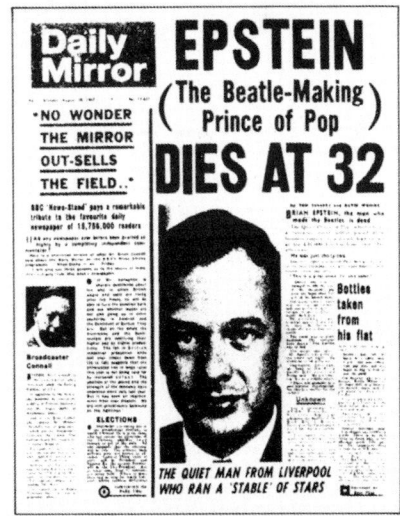

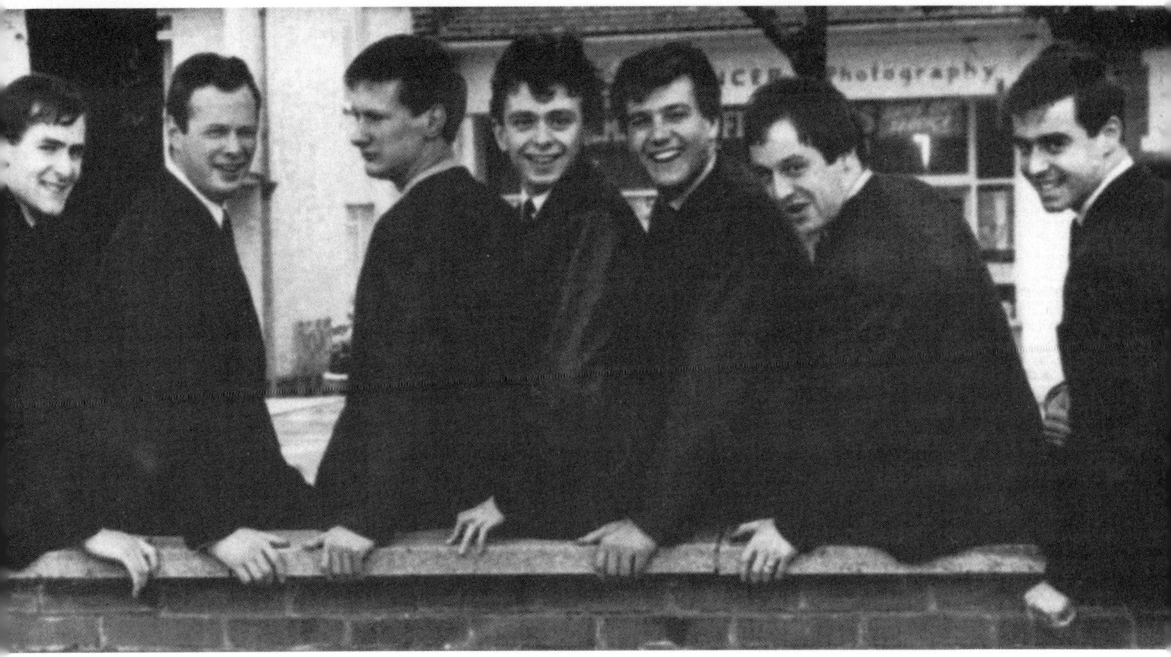

der Plattenfirma laufen diese Alben unter der Kategorie Werbeexemplare, so daß sie keine Tantiemen dafür zahlen muß und das 'Gegengeschäft' für sie billig zu bewerkstelligen ist. Weder ist dazu eine verstohlene Reisetätigkeit nötig, noch ein besonderer Handelsvertreter, und man braucht auch keine kaschierten Vorwände – die normalen Firmenvertreter erweisen die 'Gefälligkeiten', das gehört bei ihrer Arbeit zur Routine. Außerdem kommen auf diese Weise, gleichgültig was sonst dabei herauskommt, mehr Platten ihrer Firma unter die Leute – also sind alle glücklich und zufrieden, bis auf das getäuschte Publikum und die ausgetricksten Musiker, Komponisten und Texter.

Ironischerweise ging es bei dem bisher größten Payola-Skandal in England ausgerechnet um die Musik – sentimentale Stücke herkömmlicher Art –, die fast nie in die Pop-Charts gelangen, aber ungeheuer viel Tan-

Daily Mirror

EPSTEIN
(The Beatle-Making Prince of Pop)
DIES AT 32

•NO WONDER THE MIRROR OUT-SELLS THE FIELD..•

Broadcaster Connell

ELECTIONS

Bottles taken from his flat

Unknown

THE QUIET MAN FROM LIVERPOOL WHO RAN A 'STABLE' OF STARS

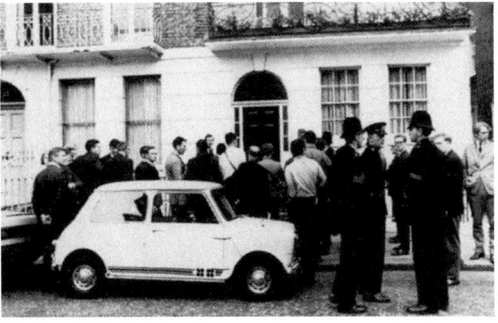

Die internationale Presse wartet am 27. August 1967 vor dem Haus von Brian Epstein auf Neuigkeiten. Epsteins Leiche war am Morgen gefunden worden, aber Einzelheiten über seinen Tod wurden erst im Lauf des Tages verlautbart. Anscheinend starb er an einer Überdosis Tabletten, doch die genaue Todesursache bleibt immer noch ein Geheimnis.

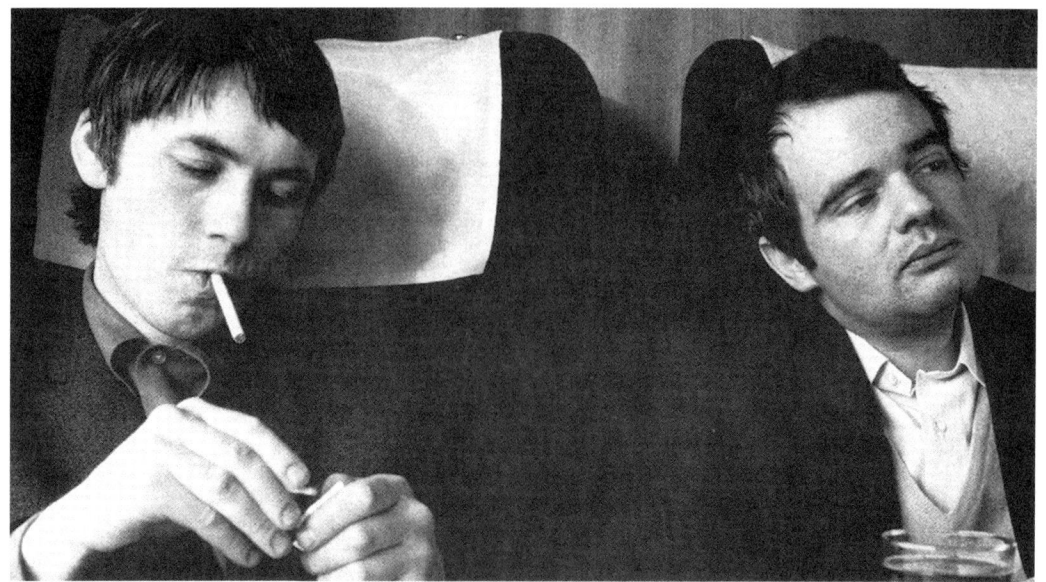

Die Menschen, die in den Sechzigern The Who entdeckten und unter ihre Fittiche nahmen: Chris Stamp (links) war der Sohn eines Matrosen aus dem Londoner East End und der Bruder des Schauspielers Terence Stamp. Kit Lambert (rechts) hingegen hatte als Sohn des Komponisten Constant Lambert ein Privatinternat und die Hochschule von Oxford besucht. Klassenunterschiede gab es zwischen ihnen aber nicht.

tiemen einbringen können, weil sie ständig in den seichten Musikprogrammen dudeln. Nähere Einzelheiten wurden erstmals 1971 von den *News of the World* aufgedeckt.

Die Zeitung berichtete von Orgien, die in einer Wohnung in Mayfair für BBC-Produzenten und Discjockeys veranstaltet worden waren; berichtete ferner, daß die frühere Sängerin Janie Jones als Kupplerin Mädchen zur Verfügung gestellt und auch Orgien für Radioleute arrangiert hatte; berichtete von einer jungen Promotion-Frau, die außer Freiexemplaren der Platte, und verschlossenen Briefumschlägen, die benutzte Banknoten enthielten, auch sich selbst als Zugabe anbot. Lauter aufsehenerregende Sachen, auch wenn kaum einer je zuvor von den in den Skandal verwickelten Leuten gehört hatte. Der Zeitungsartikel zog eine groß angekündigte Untersuchung von Scot-land Yard über Charts-Manipulationen nach sich, bei der aber nichts herauskam. Die Anklage gegen die Sängerin Dorothy Squires mußte fallengelassen werden, weil sich herausstellte, daß sie mit dem ganzen Skandal nichts zu tun hatte. Ein freiberuflicher Fernsehproduzent (der schon vor Erscheinen des Artikels 'reinen Tisch gemacht' hatte) wurde zu einer Geldstrafe von £ 100 verurteilt, weil er von einem Mitarbeiter der Jones £ 25 dafür angenommen hatte, daß er in seiner BBC-Show eine Gruppe vorgestellt hatte, die sich Demon Fuzz nannte. Janie Jones selbst kam für einige Jahre hinter Gitter, weil sie etwas Unmoralisches gemacht hatte – was eine Gemeinheit war, wenn man bedenkt, daß all die Männer, die ganz wild auf das waren, was sie tat, völlig ungestraft davonkamen. Und das war alles, was dabei herauskam.

Der Discjockey Peter Myers meinte, als man ihn 1959 zur Zeit des Skandals in Amerika zur Sache befragte, das Schlimme an Payola sei, daß 'Geld abgezweigt wird, bevor Künstlertantiemen fällig werden'. Bei all dieser Geschäftemacherei gerät tatsächlich allzu leicht in Vergessenheit, daß es ja die Musiker und das Publikum sind, die das ganze Gebäude tragen. Das Publikum hat wenigstens noch die Illusion, daß es bekommt, was es will, aber die Musiker bekommen oft so gut wie gar nichts. Das Standardargument der Industrie lautet, wenn sie nicht nachhelfen würde, hätten die Künstler überhaupt keine Aussichten auf Erfolg. „Verdammt", meinte so ein typischer Musikbusiness-Vertreter, „sie sollten stolz darauf sein, daß ich sie für wert erachte, zum Star aufzubauen." Stolz ist oft auch alles, was für viele bei allem herausspringt.

Musiker übers Ohr zu hauen gehörte sowohl in England als auch in den Vereinigten Staaten einfach zum Geschäft. Die betroffenen Musiker nehmen es oft hin als eine andere Art 'to pay their dues'. In Amerika sind vor allem schwarze Musiker häufig Opfer vertraglich abgesicherter Ausbeu-

tung gewesen. In den fünfziger Jahren konnten kleine Plattenlabels – wie Atlantic und Chess – häufig Künstler an sich binden, weil die größeren Gesellschaften es oft mit Zahlungsterminen und Komponistenangaben nicht so genau nahmen.

Wenn die Plattenerträge nicht gefälscht werden oder die Auszahlung von Tantiemen verweigert oder hinausgezögert wird, berechnen Plattenfirmen (sowohl große als auch kleine) den bei ihnen unter Vertrag stehenden Künstlern oftmals Geld für die Studiobenutzung, für entstandene Hotelkosten, Mietkosten für Instrumente oder Transportwagen – für alles, womit sie durchkommen können. Manchmal können aufgrund von Vertragsklauseln die mit einer Platte erzielten Einnahmen dafür benutzt werden, die nächste Platte oder irgendeine andere Folgeplatte zu finanzieren. Da man sich bei Nachfolgeplatten im allgemeinen mehr Mühe gibt und mehr Aufwand treibt

Ein Bild sagt mehr als tausend Worte: Colonel Parker spart sich lange Reden.

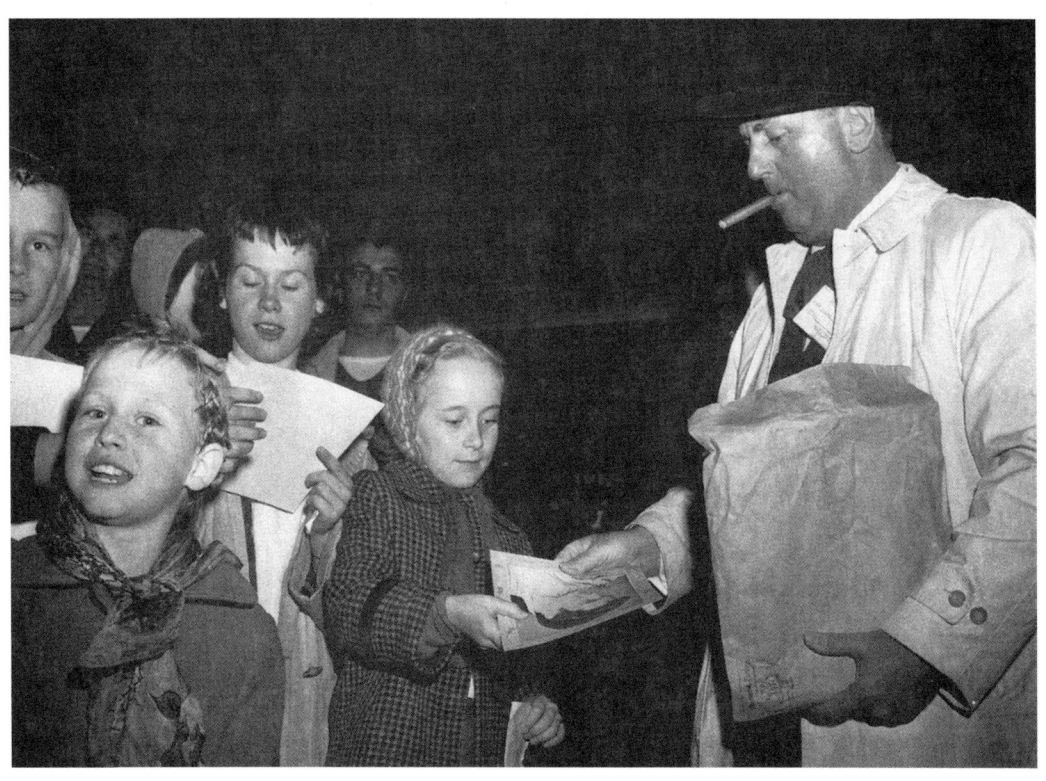

und da erfolgreiche Musiker nach Hit-Singles erwartungsgemäß meist möglichst schnell Alben herausbringen, bringen die entstehenden Kosten die Musiker manchmal in eine Art Schuldknechtschaft.

In den fünfziger Jahren geriet Leonard Chess von Chess Records in Chicago (wo Chuck Berry, Muddy Waters und viele andere R&B-Künstler ihre Platten aufnahmen) in den Ruf, ein besonders ausbeuterischer Firmenboß zu sein. Chess – ein polnischer Immigrant, der damit anfing, daß er zusammen mit seinem Bruder Phil mehrere Nachtlokale in der Stadt führte – hatte unleugbar ein besonderes kaufmännisches Gespür. Sein musikalisches Gehör war eher umstritten. „Er hatte keine blasse Ahnung", sagte Etta James, die 1960 zu Chess kam. Wenn Chess ein gerissener Geschäftsmann war, dann war dies eine Gerissenheit, bei der undurchsichtige Praktiken eine große Rolle spielten. Daß er viele bedeutende Musiker entdeckte und förderte, ist nicht anzuzweifeln, aber seine musikalischen Sentimente durften nie seinem Drang nach Geschäftemacherei in die Quere kommen.

In den fünfziger Jahren hatten viele Gesellschaften das Gefühl, daß ihre Verpflichtungen den Künstlern gegenüber reichlich abgegolten waren, wenn sie ihnen einen Cadillac oder eine schicke neue Garderobe schenkten. Jerry Wexler von Atlantic Records entschuldigte diese Haltung einmal, als er über das Verhältnis von Leonard Chess zu seinen Künstlern sagte: „Er hat sie aufgenommen – das ist das Entscheidende." Natürlich war das entscheidend und ist es noch, aber damit ließen sich keine Rechnungen bezahlen.

In der Frühzeit des Rock'n'Roll waren die Rockmusiker die 'weißen Nigger' des Musikgeschäfts. Die Manager betrachteten sie als kurzlebige Talente und kurzfristige Investitionen. Ein Geschäft, wie es damals ganz typisch war im Rock'n'Roll, machten Ende der fünfziger Jahre und Anfang der sechziger Irving Micahnik und Harry Balk

Peter Grant, die graue Eminenz von Led Zeppelin, trinkt Kaffee (1977).

in Detroit. Diese beiden managten unter anderen erfolgreichen Acts auch Del Shannon und Johnny and the Hurricanes. Von den Einnahmen ihrer Musiker verlangten sie zwanzig Prozent für sich, während sie den Künstlern, die sie für ihre eigene Plattenmarke Twirl unter Vertrag nahmen, nur eine Tantiemenbeteiligung von lächerlichen eineinhalb Prozent zubilligten, die selbst für damalige Verhältnisse extrem niedrig war. (Atlantic bezahlte zwischen drei und fünf Prozent.) Von diesen Tantiemen mußten die Musiker oft noch die Aufnahmekosten bezahlen. Twirl überließ seine Platten unterdessen anderen Firmen zum Vertrieb unter den Bedingungen einer achtprozentigen Ertragsbeteiligung – so daß Irving Micahnik und Harry Balk an jeder verkauften Platte sechseinhalb Prozent verdienten.

Wenn eine Platte zum Hit wurde, konnten die Geschäftsleute damit ein kleines Vermögen verdienen, aber daß sie Musiker förderten und ihnen halfen, eine Karriere aufzubauen, geschah selten. Musiker mit

Hitplatten wiederum gerieten allzu leicht in Schulden, weil die Aufnahmekosten für die Nachfolgeplatten höher waren und sie Geld ausgeben mußten für Hotelunterbringung, neue Geräte und das ganze Drumherum des Star-Daseins. Solche Musiker konnten unter Umständen mit Live-Auftritten gut verdienen (zumindest, bis sie auch auf Konzertreisen geradezu unanständig ausgebeutet und übervorteilt wurden), aber es reichte selten, um die Kosten für die Aufnahmen und die Promotionkampagnen zu bezahlen, die in der ganzen Industrie für nötig erachtet wurden, um eine Karriere in Gang zu halten.

Selbst Musiker, denen man langfristig Erfolgsaussichten einräumte, konnten Grund zu der Annahme haben, daß man ihre Geschäfte nicht ordentlich wahrnahm. Ein bekanntes Beispiel dafür ist, wie Norman Petty Buddy Holly und die Crickets behandelte. 1958 trennte sich Holly von seinem Manager und Produzenten Petty, einerseits, weil er seine Interessen selber wahrnehmen und seine Karriere selbst steuern wollte, und andererseits wohl auch, weil Petty sich per Vertrag Verfügungsgewalt über das Einkommen von Holly und den Crickets verschafft hatte. Mit der Zeit wuchs der Verdacht, daß er Geld zurückhielt, das ihm rechtlich nicht zustand. Nachdem er sich mit Petty entzweit hatte, versuchte Holly sogar per Klage, Geld zurückzubekommen – und schließlich war er aus Geldmangel gezwungen, seine letzte, tödliche Tournee zu unternehmen.

Alles wurde dadurch noch komplizierter, daß sich Holly auch mit den Crickets entzweite – um so mehr, weil offenbar alle Parteien sich auf mündliche Absprachen verlassen haben. Petty streitet jede Art von Veruntreuung ab, und die Crickets, die noch leben, bringen wenig zu seiner Beschuldigung vor und betonen, welch entscheidende Rolle Petty in ihrer Laufbahn gespielt habe. Aber nachdem er mit allen Beteiligten (außer natürlich mit Holly selbst) gesprochen

hatte, kam Hollys Biograph John Goldrosen zu dem Schluß: „Nach meiner Meinung haben Holly und die Crickets längst nicht erhalten, was ihnen rechtmäßig zustand. Sie mögen zwar alles ausgezahlt bekommen haben, was ihnen *gesetzlich* zustand, aber in der Unterhaltungsindustrie besteht oft, mehr noch als in jeder anderen Branche (sic), ein gewaltiger Unterschied zwischen dem, was fair ist, und dem, was legal ist (sic)."

Mit dem Aufstieg der Beatles vollzog sich in der Musikindustrie ein ungeheurer Wandel. Von den Managern und Geschäftsleuten, die nun in der Branche emporkamen, waren zum Beispiel viele mehr oder weniger Amateure. Ihre Motive, ins Rock'n'Roll-Geschäft einzusteigen, waren oft nicht so einfach, etwa weil sie sich zu den Musikern, mit denen sie zu tun hatten, persönlich hingezogen fühlten, oder weil sie Ambitionen hatten, die über das Geldverdienen hinausgingen.

Brian Epstein, ein masochistisch veranlagter Homosexueller, fühlte sich von den Beatles sexuell angezogen (besonders von Lennon). Seine Vorliebe für 'strenge Praktiken' war in mehr als einer Hinsicht schädlich. Nach seinem Tode zirkulierten dunkle Gerüchte über die wahre Todesursache, die, so wurde gemunkelt, mehr mit Gummimasken und Erstickung zu tun hatte als mit einer Überdosis oder mit Selbstmord. Es gab Zeiten in seinem Leben, wo er tagelang verschwunden war, bis er schließlich voller Prellungen und blauer Flecke, die einer seiner anonymen Bekannten ihm zugefügt hatte, wieder auftauchte. Und dann gab es wieder Zeiten, wo er mittels großer Mengen Schlaftabletten dem täglichen inneren Zwiespalt zwischen seiner achtbaren Mittelschichtherkunft und seinem turbulenten, von Schuldgefühlen begleiteten Geschlechtsleben entfloh. Er litt schrecklich, naturgemäß im stillen, und tat fast alles, um seine Phantasien auszuleben und das dann wiederum durch tadellosen Lebenswandel wettzumachen.

Als Eric Burdon, in den er hoffnungslos verliebt war, ihn zurückwies, nahm er LSD, um 'Erics Mentalität näherzukommen'. Zu Hause zog er sich Frauenkleider an und sang – von Lionel Bart am Klavier begleitet. 1966 wurde er mit einer Überdosis mit einem Rettungswagen ins Krankenhaus gebracht, und im Jahr darauf starb er an den Folgen einer weiteren Überdosis.

Bei seinen sexuellen Neigungen hatte Epstein zweifellos eine Vorliebe für die bei Masochisten so beliebten Folterwerkzeuge, und vielleicht gibt es jemanden, der einem genau sagen könnte, wie Brian sein letztes Wochenende verbrachte; aber dieser Jemand wird es nie verraten. Möglich ist, daß einem erneuten Abstieg ins zwielichtige Sado-Maso-Milieu wieder seine bekannten Gewissensqualen folgten, nur diesmal – da die Beatles im Begriff waren, ihm zu entgleiten, und das Wochenende zusammen mit dem Maharishi Mahesh Yogi in Bangor verbrachten, in dem sie, wenn auch nur vorübergehend, eine neue Vaterfigur gefunden hatten – diesmal, am 27. August 1967 nahm er zwei Schlaftabletten zuviel und entfloh für immer.

Im Showbusiness hat es ja schon seit alten Zeiten Homosexuelle gegeben, und vielleicht ist es nichts weiter als diese alte Bindung, aber unter den erfolgreichen Rock-Managern gibt es wirklich auffällig viele Schwule (vor allem in England) – und zwar schon seit der Frühzeit des englischen Rock'n'Roll. Sicherlich hat das sexuell widersprüchliche Image männlicher Rockstars – über das schon bei Elvis viel geschrieben wurde – diesen Trend forciert. In der Managerrolle verbindet sich Macht mit wohlwollender väterlicher Fürsorge auf eine Art und Weise, in der eindeutig männliche Vorstellungen von Sexualität zum Ausdruck kommen.

Kit Lambert, Co-Manager der Who, war ebenso wie Epstein homosexuell. Und ebenso wie Epstein scheint auch ihn eben der Erfolg seiner Schützlinge in ein gefühlsmäßiges Vakuum gestürzt zu haben, das er immer häufiger mit Drogen und zufälligen sexuellen Bekanntschaften füllte.

Lambert begann seine Karriere als Filmemacher. Er hatte vor, zusammen mit dem Regieassistenten Chris Stamp (dem Bruder des Schauspielers Terence) einen Film über eine Popgruppe zu drehen. Während sie sich nach einer geeigneten Band umsahen, stießen sie auf die Who, die im Londoner Vorort Harrow im Railway Hotel auftraten, und übernahmen deren Management.

Lambert fand sehr bald Geschmack an Drogen, und nach einiger Zeit wurde sein Leben ganz von ihnen bestimmt. Er machte in Los Angeles die Bekanntschaft von Kokain und einer ganzen Anzahl anderer mehr oder weniger exotischer Drogen, arbeitete zwar zunächst noch weiter für die Who, hatte aber schließlich nur noch Drogen im Sinn. Es sah so aus, als hätte er es darauf abgesehen, jung zu sterben (sein Vater, der Komponist Constant Lambert, war mit vierzig Jahren am Suff gestorben). Als die Who es dann endlich so weit gebracht hatten, daß ihr Erfolg ihnen Unabhängigkeit und regelmäßige Einnahmen garantierte, war Lambert – der mit seinem ererbten Reichtum, seinem Engagement und seinem motivierenden Verhalten wesentlich dazu beigetragen hatte, daß die Band so weit kam – als Manager gänzlich untauglich geworden. 1972 erwarb er einen kleinen baufälligen Palazzo in Venedig. Wenn er keine Drogen kaufte, gab er viel Geld für die Renovierung seines Besitzes aus. Er nannte sich selbst Baron Lambert, lebte nur in einem Zimmer und verbrachte seine Zeit mit Heroin und damit, daß er mit einer ständig wechselnden Folge hübscher, italienischer Knaben der Liebe frönte.

1976 wurde er von seinen Freunden und von seiner Familie für unzurechnungsfähig erklärt, unter Vormundschaft gestellt und überredet, aus Italien zurückzukehren und bei seiner Mutter zu Hause zu leben, wo sie ein Auge auf ihn haben konnte.

„Einer der letzten richtigen Männer" im Musikgeschäft: Don Arden als er noch Sänger war, inmitten
von Schönheiten.

Am 5.März 1981 kam er gegen halb drei
Uhr morgens nach Hause, nachdem er den
Abend in einem Stammlokal verbracht hatte. Der Besitzer sagte aus, er wäre nur ein
wenig betrunken gewesen, als er das Lokal
verließ, fügte aber hinzu, daß Lambert
drogenabhängig war, ständig Gesellschaft
brauchte und häufig log, um Anteilnahme
zu erhalten. „Ich würde ihn als paranoid bezeichnen", sagte der Mann.

Er kam ohne einen Penny nach Hause
und behauptete seiner Mutter gegenüber, er
wäre überfallen worden, und man hätte ihm
die Brieftasche und die Schlüssel gestohlen.
Doch obwohl er ein blaues Auge hatte, waren später bei seiner Obduktion keine Anzeichen von Gewalteinwirkung festzustellen,
außer denen, 'die mit den Umständen,
unter denen er zu Tode kam, zusammenhin-
gen'. In der Folge war er von einem Stuhl

gefallen, hatte eine Tasse Kaffee umgewor-
fen und war auf dem Weg ins Bad gestürzt.
Als er aus dem Bad wieder herauskam, war
er die Treppe hinuntergefallen und hatte
sich den Schädel gebrochen. Er starb drei
Tage später, als auf Beschluß seiner Familie
die Maschine abgestellt wurde, die ihn
künstlich am Leben hielt. Er war ganze fünf-
undvierzig Jahre alt. Im Krankenhaus entdeckte man in seinem Blut erhebliche Mengen Alkohol, Heroin oder Morphium und
Tuinal.

Wie immer auch die privaten Beweg-
gründe von Epstein und Lambert ausgesehen haben mögen, über ihre beruflichen Beziehungen zu ihren *Acts* glaubten sie, daß
diese jeweils beiden Seiten nützten. Ihr Vorbild war natürlich Presleys Manager Tom
Parker, der sich selbst zum 'Colonel' ernannt
hatte, ursprünglich aus dem Jahrmarktge-
schäft kam und zuvor schon den Country-
sänger Eddy Arnold gemanagt hatte.

Parker setzte sich mit seinem ganzen unternehmerischen Elan für Presley ein – oder

vielmehr für das Presley-Empire. Das Entstehen einer solchen Beziehung zwischen Musiker und Manager läßt sich bei wohlwollendster Betrachtung damit erklären, daß manche Manager eben erkennen, daß ein Talent nur zu voller Blüte gebracht werden kann, wenn man es fördert – eine solche Beziehung beinhaltet, daß so geartete Manager um das Wohl ihrer Schützlinge besorgt sind und für deren Wohlergehen sorgen, daß die Künstler Respekt vor ihren Managern haben und ihnen vertrauen und daß Geld in diesen Beziehungen nichts weiter ist als der Lohn für einzigartigen Einsatz. Tatsächlich liegen solchen Management-Praktiken häufig eher persönliche Interessen zugrunde.

Allen Klein 1966. Er war Experte darin, unbezahlte Tantiemen aufzuspüren und den Plattenfirmen abzuknöpfen. Zu seinen dankbaren Klienten zählten neben den Beatles auch die Rolling Stones und Jeff Beck.

BELL'S Evening News Spells Breakup for Beatles

Hello...goodbye...'share out our millions'

McCartney writ against John, George and Ringo

PAUL ASKS HIGH COURT: BREAK UP THE BEATLES

THE HARD DAYS AND NIGHTS, BY LENNON

McCartney Splits With The Beatles

When Yoko Walked In, McCartney Said 'O No!'

Der Beatles-Split 1970 machte in der ganzen Welt Schlagzeilen. Paul McCartney wurde von einem Rechtsanwalt unterstützt (seinem Schwiegervater Lee Eastman), die restlichen Beatles von einem Finanzexperten (Allen Klein).

Viel von dem Geheimnisvollen um Elvis geht verloren, wenn man sich mit seiner Beziehung zu Colonel Parker befaßt. Wie diese Bindung zu beurteilen ist, läßt sich daraus ersehen, daß Parker aufgrund ihrer ersten Abmachung von Elvis' Einnahmen als Musiker nur fünfundzwanzig Prozent bekam, die beiden aber 1963 dann noch einen Handelsvertrag abschlossen, der Parker mit fünfzig Prozent an den Nettoeinnahmen aus dem Vertrieb des großen Angebots an Elvis-Souvenirs beteiligte, die noch heute den Markt überschwemmen. Seit seinen ersten Studiosessions wurden an die 300 Millionen Presley-Platten verkauft und insgesamt Geschäftserlöse in Höhe von etwa fünf Milliarden Dollar erzielt, die größtenteils aus Handelsgeschäften herrührten, aus den vielen gräßlichen Hollywoodfilmen, die er in den sechziger Jahren drehte, und aus seinen späteren Auftritten in Las Vegas. All diese Aspekte in Elvis' Laufbahn verraten die Handschrift des Colonel Parker – der sich stets darüber den Kopf zerbrach, wie sich mit geringstem Aufwand am meisten Geld machen ließ. Parkers persönlicher Bedarf an Geld nahm in den siebziger Jahren besonders krasse Formen an, als er selbst auf die siebzig zuging und offenbar alles daran setzte, die ihm noch verbleibenden Jahre nach Kräften zu genießen. Parkers größtes Laster war das Spielen. „Colonel Parker ist der beste Kunde, den Sie je in Ihrem Hotel hatten", sagte der Geschäftsführer der Hilton Hotels Las Vegas International 1972 zu den Eigentümern. „Er ist im Jahr wenigstens für eine Million Dollar gut." (Tatsächlich verkaufte Parker, weil er Geld brauchte, 1973 alle Elvis-Plattenrechte an RCA, und zwar für $ 5,4 Millionen plus gegen Tantiemen aufzurechnende $ 500.000 Mindesthonorarzahlungen per anno für die nächsten sieben Jahre.) Bevor Hilton das Hotel übernahm, hatte Parker für Elvis einen Exklusiv-Vertrag über fünf Jahre mit dem International abgeschlossen, obwohl es bloß ein Viertel dessen zahlte, was ein En-

tertainer von Elvis' Format zu der Zeit verlangen konnte. Elvis' Einnahmen waren aufgrund dieser vertraglichen Vereinbarung sehr begrenzt, das Hotel hingegen sah sich in der (für die Verhältnisse in Las Vegas) bemerkenswerten Lage, mit Live-Unterhaltung riesige Profite zu erzielen. Man zeigte sich erkenntlich, indem man den Colonel königlich bewirtete, ihm an den Spieltischen unbegrenzten Kredit einräumte und ihm, zusätzlich zu seinem Anteil aus den Presley-Einnahmen, von seiten der Hilton Hotels jährlich $ 50.000 für 'werbliche Dienstleistungen' zahlte.

Elvis Presley war kein besonders cleverer Mensch, und er war für seine Extravaganzen berüchtigt. Und bei aller Aufregung darüber, daß der Presley-Nachlaß durch die Machenschaften des Colonel Tom geschmälert wurde (was ein langes gerichtliches Nachspiel hatte, ohne daß es bis auf den heutigen Tag etwas gebracht hat), darf man nicht vergessen, daß Parker Elvis zumindest von Anfang an geführt hat, wenn auch bisweilen auf Betätigungsfelder, die dem Talent des *King* nicht angemessen waren.

Auch Brian Epstein glaubte, daß er stets nur die Interessen seiner Schützlinge im Sinn hatte. Aber im Gegensatz zu Colonel Tom hatte Epstein vier eigenwillige und zielbewußte Klienten, die mit dem Selbstbewußtsein aufzutreten verstanden, daß Einigkeit stark macht. Sie entfremdeten sich Epstein, und es zeigte sich dann, daß sie schlecht dafür gerüstet waren, selber ihre geschäftlichen Interessen wahrzunehmen – und schließlich hätten sie sich fast zerstritten, während sie den utopischen Vorstellungen nachjagten, die *Apple* für sie versinnbildlichte, wo sie durch Fehlmanagement, idealistische Ideen und schlicht Dummheit schnell viel Geld verloren.

Ob er nun gute Absichten hatte oder nicht, tatsächlich ließ Epstein als Geschäftsmann viel zu wünschen übrig (vielleicht, weil bis dahin *niemand* Erfahrung hatte, wie man solche Geschäfte führt). Wie Colonel

Parker befaßte er sich immer mehr mit Geschäftemacherei und verlor dabei die künstlerische Entwicklung seiner Schützlinge aus dem Auge. Parker, Epstein und ihresgleichen waren Manager, die ihre Schützlinge als langfristige Geldanlagen betrachteten. Anstatt mit einer schnell wechselnden Folge kurzlebiger Talente im Handumdrehen viel Geld zu verdienen, blieben diese Manager bei ihren *Acts* und 'förderten' sie. Sie waren vielleicht nicht sonderlich gute Geschäftsleute, aber sie wußten (oder erkannten schnell), daß erfolgreiche Rockmusiker eine fast unerschöpfliche Geldquelle darstellen konnten, aber – gerade wenn sie sich dazu entwickelten – unter Umständen künstlerisch verdorrten. Aus dem Bemühen, Kunst und Kommerz miteinander zu vereinbaren, entstand ein neuer Manager-Typus.

„Die Leute sehen jetzt, daß man Millionär werden kann, wenn man das Richtige tut", sagte Elliot Roberts, der es in den sechziger Jahren aufgrund weitverzweigter Freundschaftsbeziehungen schaffte, Crosby, Stills, Nash and Young, Joni Mitchell, Jackson Browne und die Eagles zu managen, und schließlich mit einem jungen Buchungsagenten namens David Geffen die Firma Asylum Records gründete. Roberts' hipper Managementstil – 'das zu tun, was für den Künstler das Richtige ist' – unterschied sich darin von Colonel Tom Parkers Stil, daß er andere Vorstellungen davon hatte, 'was für den Künstler das Richtige ist'. Dennoch bleibt das Hauptziel des Managers, Geld zu verdienen – wenn auch nicht mehr nur für sich selbst. Wenn dieses Ziel verlangt, daß die Musiker glücklich und zufrieden sind, wird eben dafür gesorgt – auch wenn das schwerer ist, als einen Cadillac zu schenken oder für ständigen Nachschub an Heroin zu sorgen; aber dafür erreicht man damit vielleicht, daß sie viel länger Platten machen und Konzerte geben können.

Die langfristigen Verträge, die in den sechziger Jahren im Musikgeschäft üblich wurden, machten aber keineswegs alle Musiker glücklich – auch wenn sie vordergründig Sicherheit boten. Die Beach Boys zum Beispiel nannten Capitol Records – wo sie unter Vertrag standen – häufig 'Captive Records' (captive = Gefangener, Sklave) und versuchten, ein eigenes Label zu gründen, Brother Records. Andere Musiker mußten feststellen, daß eine niedrige Tantiemenbeteiligung zwar angesichts des finanziellen Risikos, das ein Manager oder eine Plattenfirma beim Aufbau einer neuen Karriere trug, angemessen erscheinen mochte, es den Geschäftsleuten aber ermöglichte, sich bei Erfolg unverhältnismäßig zu bereichern.

Einige Manager stehen in dem Ruf, unbeherrscht zu sein, was bei jemandem, der auf einem so konkurrenzträchtigen Gebiet wie dem Rock tätig ist, durchaus begreiflich erscheint. John Reid, der hitzköpfige Glasgower, der Elton John managt, hat in Neuseeland einmal zwei Journalisten zusammengeschlagen, die abschätzige Bemerkungen über Elton Johns sexuelle Vorlieben gemacht hatten. Er mußte dafür drei Wochen ins Gefängnis. Ein anderes Mal hat er in San Francisco dem Türsteher eines Hotels einen Stock über den Schädel geschlagen. Immer bereit, anderen die Schuld zuzuschieben, wenn es ihm paßte, feuerte Reid zwei seiner Angestellten, als Elton mit seiner Platte *Ego* nicht in die Charts kam. Reids Unbeherrschtheit läßt sich vielleicht mit seinem 'workaholism', seiner Arbeitswut, und seinem Mangel an Gefühlsbindungen erklären. („Ich habe Elton, die Familie, Freunde und die Arbeit", sagte er, „ich kann mich nicht auch noch mit einer Frau abgeben.")

Peter Grant, der Manager der Led Zeppelin, ist ein wahrer Hühne; er ist früher mal, nur um sich Geld zu verdienen, als Ringer aufgetreten, wollte ursprünglich Schauspieler werden und hatte den Ehrgeiz, als Double von Robert Morley in Filmen mitzuwirken. In den fünfziger Jahren war er als Kartenkontrolleur im 21 in Soho tätig gewesen und danach Tourneemanager von Gene

Vincent, Little Richard und Jerry Lee Lewis. Später managte er die New Vaudeville Band. Die Band wurde 1967 nach einer Schlägerei um Honorare in Italien des Landes verwiesen – eines ihrer Mitglieder, Mick Wilsher, und ihr Roadmanager Richard Cole (ein langjähriger Mitarbeiter Grants) wurden festgenommen. Grant drohte mit Klage, aber später wurde die Band von den italienischen Behörden wegen 'betrügerischer Zahlungsunfähigkeit' und 'gesetzwidriger Inbesitznahme' angeklagt. 1968 wurde Peter Grant der Manager von Terry Reid und Jeff Beck, und 1969 und 1970 steuerte er aus dem Verborgenen den kometenhaften Aufstieg der Led Zeppelin.

1973 wurden aus dem Safe eines New Yorker Hotels, in dem die Led Zeppelin abgestiegen waren, über $ 200.000 gestohlen. Der Diebstahl wurde nie aufgeklärt, aber im Anschluß daran kam es zu einem Zwischenfall, bei dem Grant einem Pressefotografen, der den Ort des Verbrechens fotografierte, einen Film wegnahm. Grant wurde wegen schädigenden Verhaltens angeklagt und bekannte sich schuldig. Anfang 1978 wurden Grant, Richard Cole, der Zeppelin-Drummer John Bonham und einer ihrer 'Aufpasser' (John Bindon) für schuldig gesprochen, weil sie während eines Led-Zep-Konzerts in Oakland, Kalifornien, bei einem Streit hinter der Bühne Sicherheitsbeamte verprügelt hatten. Sie wurden in Abwesenheit zu einer Strafe mit Bewährung verurteilt. „Ich lasse nicht zu, daß jemand mit der Gruppe übel umspringt", sagte Grant häufiger über die Led Zeppelin – und damit war es ihm zweifellos ernst.

Don Arden war ein Sänger, der bei den frühen Rock'n'Roll-Package-Shows in England als Conférencier auftrat. Nachdem er Gene Vincent auf einer seiner früheren Tourneen begleitet hatte, entschloß sich Arden, ihn zu managen. In den siebziger Jahren überwachte er die Karriere einer der bestverkäuflichsten Gruppen der Welt, des Electric Light Orchestra. Als Geschäftsmann steht er in dem Ruf, zu keinerlei Kompromiß bereit zu sein; er selbst erklärt dazu: „Das ist bloß ein Gerücht, und alle sind darauf reingefallen… In dieser Branche muß man hart sein, und ein solches Image kommt mir da gerade recht."

Tatsächlich hat sich Arden einmal selbst gerühmt, einer der letzten richtigen Männer zu sein in einer Industrie, die unterwandert ist von 'Drogensüchtigen, Homosexuellen und Schmarotzern'. Heutzutage bezeichnet er sich selbst als 'pussycat', Miezekätzchen, er, ein Mann, dessen Motto gut ein Ausspruch von ihm selbst sein könnte: „Man kann es nicht zu etwas bringen, wenn man ein Softi ist."

Gerüchte sind in der Welt der Rockmusik an der Tagesordnung und die absurdesten Geschichten kursieren, wie z.B., daß man Feinden Rollstuhlkataloge schickt oder widerspenstigen Promotern androht, sie mit den Füßen am Boden festzunageln. Für die immer wieder auftauchenden Meldungen, daß bestimmte Rock'n'Roller von angeheuerten Berufskillern umgebracht wurden, gibt es jedoch kaum oder gar keine Beweise. Todesdrohungen aber gibt es wirklich – und nicht nur von übergeschnappten Fans. Elton John erhielt mehrere, bevor er sich 1976 vorübergehend zurückzog. Er überlegte sogar, deswegen ganz aus dem Geschäft auszusteigen; hinzu kam allerdings, daß er auch die blinde Verehrung des Publikums leid war. („Ich hätte die Cricketergebnisse vorlesen können", sagte er, „und hätte immer noch ein volles Haus gehabt.")

Tatsächlich haben Rockstars wahrscheinlich genauso unter legitimen Geschäftspraktiken zu leiden wie unter eindeutig kriminellen Machenschaften. Sogar die Beatles mußten zu ihren Glanzzeiten feststellen, daß man in dem labyrinthischen Gewirr der Rockwelt leicht Geld verlieren konnte. „Wir hatten praktisch nichts auf der Bank", sagte John Lennon über die Zeit nach Brian Epsteins Tod. „Keiner von uns… Als Klein mich das sagen hörte, kam er gleich rüber. Jetzt habe ich viel mehr Geld als je zuvor. Allen hat dafür gesorgt, daß ich mehr Geld auf der Bank habe als je zuvor."

Mit Allen Klein unternahmen die Beatles den Versuch, das Problem zu lösen, nicht übervorteilt zu werden. Klein war ein gerissener New Yorker Buchhalter, der den Beatles in den zwei Jahren, in denen er sich um ihre Geschäfte kümmerte, Millionen einbrachte. Er war darauf spezialisiert, mit den Plattenfirmen bessere Verträge auszuhandeln und durch eingehende Prüfungen der Firmengeschäftsbücher Gelder lockerzumachen, welche die Firmen den Musikern schuldeten. 1965 gelang es ihm, für die Rolling Stones Vorauszahlungen in Höhe von $ 1,25 Millionen zu erwirken. Er wurde eine Zeitlang ihr Manager. Klein, der im Laufe der Zeit die geschäftlichen Interessen von Sam Cooke, Bobby Vinton, den Dave Clark Five und Jeff Beck sowie von den Beatles und den Stones wahrnahm, versuchte schon früh, einen Coup zu landen: Er kaufte einen maßgeblichen Anteil am Cameo-Parkway-Label und verkündete ehrgeizige Expansionspläne, bei denen jedoch nichts weiter herauskam, als daß im Gegenzug seine eigene Managementfirma übernommen wurde und die Cameo-Parkway-Aktien um das Zehnfache im Wert stiegen, bis die amerikanische Börse den Handel mit ihnen aufgab. 1971 geriet Klein in dem von Paul McCartney angestrengten Verfahren zwecks Auflösung der Beatles-Partnerschaft in den Mittelpunkt des Interesses. Der Richter stellte fest, daß Kleins Firma ABKCO, 'übertrieben hohe Provisionen verlangt und ... Provisionen erhalten hat, die weit über das hinausgingen, was vertraglich vereinbart war' (Vereinbart war eine Beteiligung von zwanzig Prozent an allen Beatleseinnahmen, die Kleins Management ihnen einbrachte). Etwa um die gleiche Zeit befand ein Gericht ihn für schuldig, Lohnsteuern für seine Angestellten hinterzogen zu haben, und 1979 wurde er für schuldig befunden, für 1970 eine falsche Steuererklä-

rung abgegeben zu haben, und zwar im Zusammenhang mit dem Verkauf von Werbeschallplatten von *Apple* im Wert von $ 170.000. Er wurde zu einer Geldstrafe von $ 5.000 verurteilt und mußte zwei Monate von einer ansonsten zur Bewährung ausgesetzten Haftstrafe absitzen. Womit schon erwiesen ist, daß Klein keineswegs der Ritter ohne Furcht und Tadel ist, als der er einst erschienen war.

Als George Harrison nach dem Erfolg von *My Sweet Lord* eine Plagiatsklage bekam, kaufte Allen Klein, von dem sich die Beatles sechs Jahre vorher getrennt hatten, sobald wie möglich die Rechte an *He's So Fine* (dem Song, den Harrison angeblich plagiiert hatte). Drei Jahre später wurde, wie zu erwarten war, das Urteil gefällt, daß Harrison wirklich Plagiat begangen habe, wenn auch ohne Absicht. Dem Richter fiel auf, daß Klein die Rechte an *He's So Fine* besaß, und er bezifferte die von George zu zahlende Entschädigungssumme auf etwas über eine halbe Million Dollar – exakt den Betrag, den Klein selbst für den Erwerb der Rechte hatte zahlen müssen.

Kennzeichnend für die von giftigen Disputen zwischen Lennon und McCartney geprägten letzten Tage der Beatles, als die Vermögensmasse der Gruppe aufgelöst wurde und einzelne Beatles einander beschimpften und Klagen androhten, war auch die Wahl ihrer Interessenvertreter. John, Ringo und George entschieden sich gemeinsam für einen Buchhalter – den allezeit bereiten Klein. Paul McCartneys Wahl hingegen fiel auf Linda McCartneys Vater Lee Eastman, einen angesehenen New Yorker Anwalt. Der Anwalt und der Buchhalter, sie sind – zusammen oder auch jeder für sich – typisch für den Rock'n'Roll von heute.

Überleben und Erfolg sind Schlüsselworte im Rock'n'Roll geworden – und obwohl niemand die Klugheit der Musiker anzweifeln kann, die ihre Geschicke selbst in die Hand nehmen wollen, erscheint einem das, was dabei herauskommt, oftmals wie ein

„Unterschreib' hier, und du bist ein gemachter Mann." John Lennon engagierte Allen Klein zwecks Unterstützung bei der Auflösung der Beatles. Die geschäftliche Verbindung mit John und Yoko hielt bis in die späten Siebziger.

Zerrbild dessen, was der Rock'n'Roll einst zu sein hoffte. Heutzutage können erfolgreiche Bands wahrscheinlich mehr denn je über ihr Berufsleben bestimmen. Aber da Erfolg in Millionen gemessen wird, werden sie manchmal so seelenlos wie eine beliebige andere Firma, die vergleichbare Gewinne erzielt. Auf dem Gipfel ihrer Popularität nahmen die Kiss 130 Millionen Dollar pro Jahr ein. Der Löwenanteil kam aus der Vermarktung von Kiss-Comics, -T-Shirts, -Abzeichen etc., die alle das typische SS-Symbol trugen. Der Leadsänger Gene Simmons (der eigentlich Klein heißt, aber nicht mit dem anderen verwandt ist) erklärte stolz: „Natürlich, wir treffen uns regelmäßig zu Verkaufsberatungen. Ich bin ein guter jüdischer Junge aus Brooklyn, und wir sind alle vier im Vorstand. Vor Bands, die sich ausnehmen lassen, habe ich keine Achtung. Was Vermarktung angeht, sind uns die christlichen Religionen und Disney in nichts voraus."

Andere Einkommensquellen setzen größere Investitionen voraus. Abba (zweitgrößter Umsatzträger Schwedens) stieg 1977 ins Ölgeschäft ein, als sie Rumänien im Tausch gegen ratenweise geliefertes Rohöl im Wert von mehreren Millionen Dollar Platten lieferten. 1981 kamen Paul McCartney und Yoko Ono hinter geschlossenen Türen überein, 25 Millionen anzubieten, um die Rechte an allen früheren Beatles-Songs zurückzuerwerben, die 1969 an die ATV Company verkauft wurden.

„Es ist wie ein Job", sagte Freddie Mercury über sein Leben als Frontmann der Queen. Queen war von Anfang an eine genau geplante Operation, weil sie, wie Freddie sagt, nicht bereit waren, je 'arbeitslose Musiker' zu sein. Wenn man ihm zuhört, wie er über die Südamerikatournee der Queen von 1980 sprach, hätte man leicht auf die Idee kommen können, hier erstatte ein Aufsichtsratsvorsitzender einer Aktionärsversammlung Bericht, da es von Ausdrücken wie 'neue Gebiete erschließen' und 'Märkte erobern' nur so wimmelt.

Freddie Mercury war überzeugt, daß Bands heutzutage dafür gerüstet sind, in diesem Geschäft zu überleben. „Es ist ein Entwicklungsprozeß. Ich kann nicht jede Band analysieren, aber nehmen wir Police – sie waren besser darauf vorbereitet, sich Schritt für Schritt im Geschäft vorzuarbeiten und sich darin zurechtzufinden, als wir es zehn Jahre zuvor waren." Police waren die perfekte Verkörperung einer modernen Rockgruppe, von den Spitzen ihrer strandblond gefärbten Haare bis hin zu den in die Füße gehenden Rhythmen, die sie beim modischen Reggae geklaut hatten. Ein wenig zu alt, um Punks zu sein, und entschieden zu routiniert, um eine Dummheit zu begehen, haben sie nur die weitgehend unanstößigen Aspekte des Punk in unterhaltsamer Form integriert. „Musikalisch entwickelt sich die Band mit der ihr eigenen Geschwindigkeit weiter, und wir haben das im Griff", sagte Sting (in Wirklichkeit heißt er Gordon Sumner), der Bassist, Sänger und Hauptsprecher der Band; um die gleiche Zeit (1980) erklärte er, daß sie 'eine Menge Geld' machten und deswegen notgedrungen auf Image-Berater hören müßten, die der Meinung wären, 'die Gruppe sollte sanfter zu werden versuchen, damit sie bei noch mehr Leuten ankäme'. Vielleicht war da ein wenig Verschlagenheit im Spiel, wenn man bedenkt, was für Ansichten die Gruppe vertritt. Der Schlagzeuger Stewart Copeland bezog Stellung gegen die 'politisch orientierte' Punkmusik, indem er sagte: „Ich fühle mich nicht für die Übel in der Welt verantwortlich, und das einzige, wofür ich zu kämpfen bereit bin, ist meine Musik."

Die Folge davon ist eine Band, die nach den gleichen Richtlinien geleitet wird wie eine Firma, die neue Wege zu beschreiten versucht. „Wir sind ehrgeizig", sagte Sting während einer Tournee 1980, zu der sie aufgebrochen waren, um in Mexiko, Ägypten, Indien, Thailand und Griechenland 'neue Gebiete zu erobern'. „Wir wollen Macht, und ich glaube manchmal, man muß dafür zu Zugeständnissen bereit sein. Uns haben sich Gelegenheiten dazu geboten, und wir haben sie wahrgenommen. Das äußere Erscheinungsbild von Police ist ganz klar, ganz einfach. Da sind drei Blondschöpfe, und damit hat es sich. Das verkauft sich."

Bei all dieser erhöhten Aufmerksamkeit für Rock als Geschäft ist es auch zu einigen Dinosaurierkämpfen zwischen den Musikern und dem 'Business' gekommen. Am aufsehenerregendsten war bislang die Auseinandersetzung zwischen Robert Stigwood und den Bee Gees. Es war der größte Prozeß aller Zeiten im Showbusiness, den die Bee Gees 1980 gegen ihren Manager und Inhaber ihrer Plattenfirma, Robert Stigwood, anstrengten. Sie warfen ihm Unterschlagung vor, Interessenüberschneidung und unfaire Bereicherung auf ihre Kosten. Die Schadensersatzklage belief sich auf $ 125 Millionen bei Stigwood und seinen Firmen und auf $ 75 Millionen bei Polygram (dem multinationalen Konzern, dem Stigwoods Label RSO gehört). In der Anklageschrift hieß es, die Verträge, die Stigwood

offenbar mit einer erheblich unter der üblichen Norm liegenden Tantiemenrate abgeschlossen hatte, seien 'sittenwidrig'; außerdem wurde ihm unterstellt, er habe Copyrights für Songs unter seinem Namen eingetragen und sich unrechtmäßig Gelder angeeignet, die ihm nicht zustanden. Die Bee Gees hatten das bestverkaufte Album aller Zeiten: *Saturday Night Fever*. Stigwood wiederum war schon Kummer gewöhnt.

Stigwood war 1961 in England ins Entertainment-Business eingestiegen, indem er unter anderen den Sänger und Schauspieler John Leyton und den Sänger und Filmregisseur Mike Sarne managte, und war binnen kurzem als Konzert-Promoter sehr gefragt. 1965 löste der damals 29jährige Australier seine Firma auf, weil er bei einer Chuck-Berry-Tournee, die abgesagt werden mußte, £ 15.000 verloren hatte und durch eine ebenfalls abgesagte P. J. Proby-Tournee weitere £ 10.000. Laut Aussage von Stigwood mußte die Proby-Tournee abgeblasen werden, weil Proby darauf bestand, seinen persönlichen Conferencier Kim Fowley mitzubringen, der jedoch eine Woche vor Tourneebeginn immer noch keine Arbeitserlaubnis hatte. Der Promoter ersetzte Proby durch Chuck Berry und mußte dann feststellen, daß Berry wegen anderweitiger 'vertraglicher Verpflichtungen' nicht auftreten konnte. Die Schulden der Robert Stigwood Associates beliefen sich bei der Liquidierung auf £ 39.000.

Stigwood war dann eine Zeitlang für Brian Epstein tätig und machte sich schließlich wieder mit der Robert Stigwood Organization (RSO) und einem eigenen Label, Reaction, selbständig. Durch die Vereinbarungen, die er mit bedeutenderen Acts wie den Cream und den Bee Gees traf, festigte sich sein Ruf, ein vorsichtiger Geschäftsmann zu sein. Seine Reaktion auf die Bee-Gees-Klage war, daß er sie öffentlich als 'billigen Kraftakt' bezeichnete. Doch binnen einer Woche nach diesem Kommentar waren alle Streitigkeiten beigelegt, und die Versöhnung zwischen der Band und ihrem Manager war offenbar ebenso süß, wie die Entzweiung bitter war.

Wenn der enorme Erfolg, den Rock'n'-Roll weltweit erzielt hat, Anlaß zum Feiern gibt, dann wegen der milden Ironie, daß nun Gesetzeshüter und buchhalterische Ordnung in eine Musik verwoben sind, die vor fünfundzwanzig Jahren noch als gesetzlos, anarchisch und unmoralisch bezeichnet wurde. 'Money doesn't talk', wie Bob Dylan einst sang, 'it swears'.

AUS DER SICHT DER SCHLAGZEILEN

Die Rock'n'Roll-Industrie ist ganz darauf ausgerichtet, den Massen Illusionen zu verkaufen – und dazu braucht man die Massenmedien. Die wirkungsvollsten Hype-Aktionen waren solche, die den Rock'n'Roll in die Nachrichten brachten, nicht nur als Unterhaltung für ein bestimmtes Publikum, sondern dergestalt, daß die ganze Öffentlichkeit davon erfuhr. In einigen Fällen sind solche Ereignisse bewußt herbeigeführt und wahre Begebenheiten durch Erfundenes ausgeschmückt und aufgebauscht worden. Das soll jedoch nicht heißen, daß alle Vorfälle, die den Rock'n'Roll in die Schlagzeilen bringen, inszeniert oder alle Geschichten erlogen sind. Hype kann genauso gut auf Wahrheit beruhen, es geht im Grunde immer nur darum, ein Image aufzubauen. Gleichgültig was sich dazu anbietet, es kommt alles gelegen. Das richtige Image und der richtige Aufhänger sind die Schlüssel für das Interesse der Medien. Doch ist die Bestie erst einmal geweckt, entwickelt sie oft einen gefährlichen Hunger. Bietet man der Tages-Presse Krawalle und aufrührerisches Verhalten, verlangt sie nach mehr. Die Rolling Stones machten die Erfahrung, daß das Interesse schnell in Feindseligkeit umschlagen konnte.

Die Stones waren eine der ersten Rockgruppen, die von der Presse richtig aufs Korn genommen wurden – obwohl sie zu Interviews weder betrunken noch drogenberauscht erschienen und ihr krawallreiches

Leben in der Öffentlichkeit meist klug von ihrem ruhigeren (wenn auch bisweilen skandalösen) Privatleben zu trennen verstanden. Jedenfalls solange, bis Brian Jones zwei Unbekannten, die er in einem Nachtklub kennenlernte, von seiner Drogensucht erzählte. Immer ganz wild auf Skandalgeschichten für seine sensationslüsternen Leser brachte *News of the World* die Geschichte ihrer Unterhaltung im Februar '67 im zweiten Teil ihrer Sonderserie 'Pop-Stars und Drogen' und handelte sich damit eine Verleumdungsklage von Mick Jagger ein.

Im selben Jahr behauptete Jagger im Redlands-Prozeß, das Blatt habe es absichtlich darauf abgesehen gehabt, ihn in Mißkredit zu bringen, um auf diese Weise seine Verleumdungsklage zu Fall zu bringen. Das Blatt gab zu, in der Nacht der Redlands-Razzia die Polizei informiert zu haben, daß in dem Haus *vielleicht* Rauschgift zu finden wäre. Das allein reichte schon, um – nicht zuletzt bei der 'gehobenen' englischen Presse – wütende Kritik hervorzurufen. Das verstieß gegen die journalistische Ethik – eine Zeitung sollte der Polizei nicht als Informant dienen, schon gar nicht, ohne vorher die Informationsquellen überprüft und ohne die Absicht zu haben, über die Sache zu berichten. Daß die Zeitungen im allgemeinen nach den ethischen Grundsätzen ihrer Branche über den Rock'n'Roll berichteten, ist eigentlich nie angezweifelt worden, und die traditionellen Einstellungen sind heute so stark wie eh und je: mal wird die unschuldige Fröhlichkeit der Teenagermusik gefeiert und dann wieder der Rock'n'Roll als 'gefährlich' und 'unmoralisch' verdammt.

Die nicht auf den Rock spezialisierten Medien können extrem launisch sein – im

Die Medien lernen dazu: Andy Warhol (im Vordergrund) lächelt wohlwollend, als sich Debbie Harry und Truman Capote bei seiner „Interview Magazine Party" gehen lassen. „Jeder hat ein Recht auf fünfzehn Minuten Berühmtheit", meinte Warhol und gründete eine Zeitschrift für Menschen, die rund um die Uhr berühmt sind.

einen Moment wird man von ihnen umworben, im nächsten verdammt und wieder im nächsten ignoriert, gerade so, wie es angeblich den Wünschen ihrer Leser, Hörer oder Zuschauer entspricht. Die Beatles schafften den Sprung in die nationale Presse zum ersten Mal beim *Daily Mirror,* und zwar mit einem Bericht darüber, wie John Lennon auf einer Party anläßlich von McCartneys einundzwanzigsten Geburtstag am 20. Juni 1963 Bob Wooler verprügelte. Wooler war DJ im Cavern Club und nahm, ebenso wie die meisten anderen Persönlichkeiten der Merseyside-Musikszene an der Party in Liverpool teil. Lennon – der Wooler später vielleicht etwas übertrieben als 'besten Freund' bezeichnete – war wie üblich stinkbesoffen. Als Wooler dann Andeutungen machte, daß John und Brian (wie damals allgemein im Ort geklatscht wurde) ein Verhältnis miteinander hätten, ging seine Arbeiterklassen-Macho-Erziehung mit Lennon durch.

„Ich war so blau, mir war gar nicht klar, was ich tat", sagte Lennon später gegenüber der Presse und fügte noch hinzu: „Bob ist der letzte Mensch auf der Welt, mit dem ich mich prügeln wollte." Schließlich griff Epstein ein, fuhr den DJ ins Krankenhaus und bot ihm in Johns Namen Geld und eine Entschuldigung an – Wooler nahm beides an. Die Presse berichtete über den Vorfall, als wäre ein Betrunkener aus der Rolle gefallen, und verschwieg sowohl, daß Lennon gewohnheitsmäßig Rauschgift nahm und trank, als auch, welche Bemerkungen die Schlägerei hervorgerufen hatten. Trotzdem war Lennons Gewalttätigkeit skandalös genug, um das Interesse der Presse zu erregen.

Den Skandalberichten folgten jedoch schon bald Lobeshymnen: Der Ballettkritiker Richard Buckle bezeichnete die Beatles

Harry Nilsson (links) und John Lennon werden im März 1974 aus dem Troubadour-Club in Los Angeles geworfen. „Wissen Sie, wer ich bin?" fragte Lennon die Kellnerin, als er mit einem Reinigungstuch auf dem Kopf durch den Club spazierte. „Ja", sagte sie, „du bist ein Arschloch mit einem Kleenex auf dem Kopf."

als 'die besten Liederkomponisten seit Schubert', und der Musikkritiker Tony Palmer ging noch weiter und bezeichnete sie als die größten Komponisten 'seit Beethoven'. Wie Lennon selbst angedeutet hat, standen damals für jeden viel zu viel Annehmlichkeiten, Genüsse und Vergnügungen verschiedenster Art auf dem Spiel, als daß jemand riskiert hätte, den Zorn der Beatles auf sich zu ziehen, indem er im Schmutz herumwühlte. *Swinging London* war zu einer Quelle fröhlicher Zerstreuungen und leichter Einnahmen geworden.

Nach und nach kam es dazu, daß es mit dem *Swinging* vorbei war, und die Beatles, die durch Drogen, Politik, religiöse Irrgläubigkeit und sexuelle Entwicklungen immer mehr an Glanz verloren, gerieten zur Freak Show. Man weidete sich an den gerichtlichen Auseinandersetzungen zwischen McCartney und Lennon; die Medien verfolgten Johns und Yokos 'politische' Aktivitäten – 'bed-ins', die Eichel-Pflanz-Zeremonien und die 'Der-Krieg ist-vorbei'-Kampagne – mit dem gleichen Amüsement, mit dem man ein unartiges Kind beobachtet, das eine lohnende, wenn auch auf naiven Vorstellungen beruhende Beschäftigung gefunden hat. Als John und Yoko sich 1974 zerstritten und er sich mit seiner chinesischen Sekretärin May Pang nach Los Angeles absetzte, waren die Zeitungen wiederum nur an seinen Entgleisungen interessiert. Bei einem Besuch mit Harry Nilsson im Troubadour Club betrank er sich abscheulich, störte die Smothers Brothers bei ihrem Auftritt und stolzierte mit einer Damenbinde auf dem Kopf auf und ab. Lennon und Nilsson wurden schließlich hinausgeworfen, und Lennon ging auf eine Fotografin los, die die Szene aufnehmen wollte. Die Presse stürzte sich gierig darauf – vielleicht aus Wut über ihre eigene Unterwürfigkeit zur Zeit des Beatlesfiebers – und weidete sich an der Vorstellung, daß die Idole, wie sich beim Ausziehen der Schuhe zeigte, auch nur auf tönernen Füßen standen. Die verrückten, lauten, glücklichen, schönen, un-

Die wirklichen Stars der Sex Pistols: Malcolm McLaren in Winston-Churchill-Pose gemeinsam mit Vivienne Westwood (20. Dezember 1977).

Dieser Ausbruch gegenüber dem *Melody Maker* wirkte vielleicht ein wenig übertrieben, da sowohl Paula als auch ihr Liebhaber sich weder einzeln noch gemeinsam je besonders öffentlichkeitsscheu verhalten hatten. Fast das ganze Jahr 1978 hindurch wurde die englische Öffentlichkeit mit Geschichten über die Geldof-Yates-Affaire bombardiert. Im April 1978 machte Geldof Schlagzeilen, als er mit ernster Miene erklärte, er sei zwar 'sehr glücklich' mit Paula, habe jedoch nicht die Absicht, sie zu heiraten. Geldof, so wurde weit und breit berichtet, wolle nach eigenem Bekunden nur dreierlei: 'reich werden, berühmt werden und gefickt werden'. Im Juni bezeichnete Paula ihr acht Monate währendes Verhältnis mit Bob als 'wahnsinnig leidenschaftliche Liebe'. „Wenn er mich nicht bald heiratet, werde ich noch bis Ende des Jahres verrückt." Nicht einmal zwei Wochen später verkünde-

glaublich brillanten, unsagbar attraktiven, wunderbaren, wunderbaren Beatles waren tot, tönten die hochnäsigen Medienleute; lang lebe das nächste Idol!

Eines Tages war dann Bob Geldof von den Boomtown Rats, der häufig als der redegewandteste Rockstar der New Wave bezeichnet wurde, das nächste Idol. Als er, der frühere Journalist, sich auf der anderen Seite den Medien gegenüberfand, begann er sich lauthals über die falsche Berichterstattung aufzuregen. Besonders empörend fand er, wie die Rockpresse über seine Beziehung zu Paula Yates berichtete. „Sie waren Paula gegenüber richtig gehässig", erklärte er. „Sie schrieben zum Beispiel: 'Geldof zeigte sich mit dieser häßlichen Kuh, die er als seine Freundin bezeichnet…' oder 'Sie sind so zum Gähnen, was glauben sie eigentlich, wer sie sind? Der Rod und die Britt der New Wave?' Mein Gott! Da geht man mit seiner Freundin irgendwohin, und das kommt dabei heraus."

ten Bob und Paula, daß sie vorhätten, zu heiraten – und so weiter. Wenn das kein Buhlen um Aufmerksamkeit ist…

Am Ende behauptete Geldof, er wäre durch all den Medienrummel in seinem Selbstvertrauen erschüttert. Er stellte fest, daß er negative Besprechungen nicht verkraften konnte, und die wurden immer häufiger. Die Boomtown-Rats wurden, wahrscheinlich zu Unrecht, mit der allgemeinen negativen Einstellung der Punks zum Starkult in Verbindung gebracht, aber Geldof hatte sich selber als eine Art Sprecher der neuen Richtung in den Vordergrund gedrängt, ohne sich bewußt zu machen, daß diese Richtung und sein Rollenverhalten nicht miteinander zu vereinbaren waren Es ist eigentlich nicht überraschend, daß Presseleute ihm wegen seiner (wie er selbst zugibt) arroganten, selbstgefälligen Art einen Dämpfer aufsetzen wollten. Geldof hat inzwischen gelernt, seine Profilsucht zu mäßigen. „Ich gebe nur noch Interviews, wenn ich wirklich etwas zu sagen habe", erklärte er später.

Geldof wußte wenigstens ziemlich genau, was er tat und warum. Er war sich dessen bewußt, wie wichtig und wirkungsvoll ein Image ist, aber auch, wie sehr es einem schaden kann. Daß die Sex Pistols dem auch bewußt waren, als sie sich der Führung Malcolm McLarens anvertrauten, kann man nicht gerade behaupten. McLarens Entscheidungen, Johnny Rotten an die Spitze der Sex Pistols zu stellen und Glen Matlock durch Sid Vicious zu ersetzen, wurden allein von deren Aussehen und Verhalten bestimmt, musikalisches Können spielte da nicht einmal eine Nebenrolle. Die Stones, die Beatles, Bob Geldof und sogar Bill Haley hatten, abgesehen von allem medienbedingten Rummel, auch musikalisch Substantielles zu bieten; die Pistols hatten nur Spektakel zu bieten.

Ebenso wie die Stones begriffen die Pistols rasch, daß die Presse von ihnen erwartete, daß sie sich als Ungeheuer gebärdeten, und diesen Erwartungen wurde die Gruppe gerecht. Jede sorglos formulierte Unmutsäußerung oder ärgerliche Reaktion wurde in der Presse zu einer 'Flut von Schimpfworten' oder einem Akt von 'Vandalismus'. Für die seit jeher zu Übertreibungen neigenden Massenblätter waren die Pistols 'Rowdys', 'zerstörerisch' und 'degeneriert'. Aus einem kleinen aufsehenerregenden Zwischenfall auf dem Flughafen Heathrow, wo einem aus der Gruppe vielleicht – oder vielleicht auch nicht – schlecht war, wurde in den Londoner *Evening News* ein 'Aufruhr'. 'Passagiere und Flugpersonal reagierten mit Entsetzen und Ekel, als sie sich kotzend und spuckend zu einer Maschine nach Amsterdam begaben', hieß es da weiter. Ein anderer Brechanfall – im Londoner Büro der A&M Records (des zweiten Labels der Pistols) – war laut Auskunft des Angestellten, der die Gruppe unter Vertrag nahm, nur um sie eine

Woche später wieder daraus zu entlassen, nur simuliert.

Wenn der Manager der Pistols, Malcolm McLaren, zu dem Schluß gekommen war, daß es seiner Gruppe gut anstünde, neue Grenzen des Anstands zu verletzen, dann hatte er dabei übersehen, daß die Medien Verstöße gegen die guten Sitten nur gefallen, solange sie gemäßigt und kontrollierbar sind: nur symbolisch, um genau zu sein. Wenn Rotten auf der Bühne spuckte und fauchte, Stühle gegen Verstärker schleuderte oder – wie er es einmal tat – eine Show damit beendete, daß er den Punk-Fan Jordan entkleidete, dann waren das alles streng auf die Bühne beschränkte Schandtaten. Im Oktober 1976 hatte EMI – einer der Platten-Giganten – keine Bedenken, mit der Gruppe einen Zweijahresvertrag mit einer Vorauszahlung von £ 40.000 abzuschließen. (Tatsächlich kamen sie dabei sogar ihrer Konkurrenz zuvor, indem sie den Vertrag innerhalb der kürzesten Frist seit Bestehen der Firma abschlossen – sie brauchten dazu nur einen Tag.) „Für mich sind die Sex Pistols eine Reaktion auf das ‘Nette kleine Band’-Syndrom und die allgemeine Stagnation in der Musikindustrie", meinte der zuständige Manager bei EMI, Nick Mobbs. Aber die Reaktion ließ sich nicht steuern. Die Aufregung in der Öffentlichkeit über die erste Platte der Pistols, *Anarchy In The UK*, nahm nach dem berüchtigten Auftritt der Gruppe im *Today*-Programm von Thames Television im Dezember unkontrollierbare Ausmaße an.

Der Verlauf des Interviews mit den Sex Pistols war mit Sicherheit so nicht vorausgeplant. Die Pistols sprangen in letzter Minute während der Spitzen-Sendezeit in einer Unterhaltungssendung für die ganze Familie für eine andere Gruppe ein und zeigten sich von ihrer üblichen publikumswirksamen abstoßenden Seite. Und Bill Grundy, ihr Gastgeber, tat sein Bestes, um sie ebenfalls von ihrer schlechtesten Seite zu zeigen. Während des Gesprächs machte Grundy einem Punk-mädchen im Publikum gegenüber eine Nebenbemerkung. „Ich wollte Sie immer schon mal kennenlernen", himmelte das Mädchen ihn an, worauf Bill Grundy erwiderte: „Gut, treffen wir uns später, ja?" Einer aus der Band bemerkte, Grundy sei für ihn ‘a *dirty old man*’, was Grundy angesichts seines Live-Publikums wohl peinlich war. Nach einem Blick zur Studio-Uhr reizte er sie zum Äußersten. „Ihr habt noch fünf Sekunden", meinte er höhnisch. „Sagt noch etwas Unverschämtes." Woraufhin einer aus der Gruppe etwas sagte wie: „Sie Mistkerl. Sie dreckiges Schwein."

Natürlich schäumte man in den Schlagzeilen vor Empörung. Grundy wurde, weil er an dem blamablen Vorfall nicht ganz schuldlos war, für zwei Wochen beurlaubt und dann auf einen ruhigeren Posten versetzt, erlitt beruflich aber nicht Schiffbruch. Die ganze Geschichte war jedoch für alle Beteiligten unangenehm und wirkte sich auf die Karriere einiger Leute direkt oder indirekt nachteilig aus. Sie hatte mit Sicherheit zur Folge, daß einige Auftritte der Pistols abgesagt wurden und daß es zwischen der Band und EMI schließlich zum Bruch kam (allerdings wurde der Band der Abschied ‘vergoldet’). Daß Malcolm McLaren für die Pistols das Image schockierenden Verhaltens sorgsam aufgebaut hatte, daß Grundy die Pistols dann zu solchem Verhalten provozierte und sie zu feindseligen Äußerungen ermunterte und daß der Vorschlag, die Pistols in dem Programm vorzustellen, ursprünglich von EMI kam – all das läßt darauf schließen, daß der Auftritt in der Sendung werblichen Zwecken dienen und das Image der Gruppe besiegeln sollte, die neueste Gruppe ‘die zu hassen Spaß macht’ zu sein. Aber die Medien mußten nach und nach feststellen, daß die Pistols sich nicht an die Platzvorschriften anderer hielten. Und ihre Reaktion darauf war, daß sie die Gruppe als noch monströser hinstellten, als diese zu sein beabsichtigte. Eine geplante Tournee wurde abgesagt, und die EMI-Packer weigerten sich, die Pistols-

Single *Anarchy In The UK* in die Hand zu nehmen. Einige Wochen später sah sich der Vorsitzende von EMI, John Read, dazu gezwungen, vor der Generalversammlung eine Erklärung abzugeben, um wutschnaubende Aktionäre zu beschwichtigen. Anfang Januar war die Gruppe bereits aus dem EMI-Vertrag entlassen vorher hatte sie aber noch von der Firma insgesamt £ 50.000 Abfindung kassiert.

Obwohl die Schlagzeilen die weniger appetitlichen persönlichen Gewohnheiten der Pistols herausstellten, verkaufte sich *Anarchy In The UK* weiterhin gut (55.000 Exemplare, nachdem es nur fünfmal im Radio gespielt worden war). Im März sprang A&M ein und nahm die Band mit einer vor den Toren des Buckingham-Palastes feierlich inszenierten Zeremonie unter Vertrag (es war das Jahr, in dem die Queen ihr silbernes Jubiläum hatte). Aber nicht einmal eine Woche, nachdem die Gruppe eine Vorauszahlung von £ 75.000 erhalten hatte und ihre zweite Single, *God Save The Queen,* fertig gepreßt vorlag, aber noch nicht ausgeliefert war, trennte sich A&M schon wieder von den Pistols. Man betrachtete diese binnen kurzem als so etwas Ähnliches wie eine ansteckende Krankheit. Im April gab die Gruppe in einem Kino in Islington, London, vor geladenen Gästen ihr erstes Live-Konzert nach dem *Today*-Fiasko. „Die erste Nummer ist Bill Grundy und der Queen gewidmet", eröffnete Rotten ihren Auftritt. „Sie heißt: 'Fuck You!'" Die Presse reagierte wieder – wie nicht anders zu erwarten – empört.

Der Auftrittsmöglichkeiten praktisch beraubt und daher auch nicht in der Lage, ihre Platten abzusetzen, wären die Pistols wohl auseinandergegangen – wäre nicht Virgin Records auf den Plan getreten, was die Firma gewiß mit der Absicht tat, ihr verbrauchtes Hippie-Image aufzufrischen. *God Save The Queen* kam Ende Mai 1977 heraus und kletterte schnell an die Spitze der Charts – obwohl die BBC sich weigerte, den Titel namentlich zu nennen, geschweige denn ihn zu

Wer ist eigentlich mit dem Zahlen dran? Johnny Rotten (links) und Sid Vicious geben in Begleitung des ständigen Fotografen ihre Getränkebestellung bei einem Polizisten auf. So wie hier im Londoner Stadtteil Kensington im Oktober 1977 zogen die Pistols überall sofort alle Aufmerksamkeit auf sich.

spielen. Die Aufregung hielt an – und die Pistols mußten, um sich kein Auftrittsverbot einzuhandeln, unter anderen Namen auftreten. Johnny Rotten der wiederholt körperlich und verbal bedroht und angegriffen wurde engagierte einen Leibwächter. Sid Vicious, der im Februar 1977 zu ihnen gestoßen war, wurde immer stärker heroinabhängig. Die Band schrieb keine neuen Stücke mehr und verheddelte sich in McLarens grandioser Idee zu einem Feature-Film, der ursprünglich *Who Killed Bambi?* heißen und unter der Leitung des Porno-Kult-Regisseurs Russ Meyer gedreht werden sollte. Interne Reibereien und die schlechte Presse sorgten dafür, daß die Geldgeber für das

Projekt wieder ausstiegen – im November 1977. Die Streitigkeiten zwischen den Gruppenmitgliedern einerseits und zwischen Johnny Rotten und McLaren andererseits hielten weiter an. Die Amerika-Tournee Anfang 1978 begann mit Presseverrissen, vor einem feindseligen Publikum und in der bedrohlichen Atmosphäre schwelender Gewalttätigkeit. Nach einem Auftritt in San Francisco stieg Rotten aus; er erklärte in New York, es habe ihm 'bei den Sex Pistols von Anfang an gestunken'. McLaren und die drei anderen machten unverzagt weiter, aber 1978 wurden ihre sinnlosen bizarren Possen selbst für die Presse allmählich langweilig. Die ganzen Pistols-Unternehmungen kamen allmählich zum Erliegen, wahrscheinlich aus dem Grund, über den Oscar Wilde einst schrieb: „Nur eines ist schlimmer, als daß über einen geredet wird: daß nicht über einen geredet wird."

Die Medien möchten natürlich alles selber bestimmen können. Wenn sie als Teil der Werbung fungieren, dann möchten sie es zu ihren Bedingungen tun. Die immer wieder vorkommenden Untersuchungen von Bestechungsaffären sind oft wohl eher so etwas sie 'saure Trauben', als daß sie wirklichem Interesse entspringen. Aber man muß es schon sehr geschickt anstellen oder viel Geld springen lassen, um zu erreichen, daß die Medien so spuren, wie man will. Die meisten Bands beschränken ihre Kontakte zu Reportern heute auf Mitteilungen, die hinter den Kulissen in ihrem Namen von Werbeleuten, Presseagenten oder Public Relations-Managern herausgegeben werden.

Werbe- und Presseagenten sind die Quelle all jener Basis-Informationen, die täglich in den Büros von Zeitungen, Magazinen, Rundfunk- und Fernsehstationen eingehen. Sie liefern Fotos und signieren sie manchmal mit dem Namen des Stars, und sie fungieren als 'Türöffner', indem sie Interviews und Werbeveranstaltungen verabreden und darüber bestimmen, welche Journalisten zu den Stars vorgelassen werden.

Public Relations-Manager schaffen ein Image und pflegen es und haben folglich ein etwas merkwürdiges Verhältnis zur Wahrheit und Realität. Das Schaffen eines Images ist eine Art Frankensteinprozeß, bei dem der Musiker ziemlich schnell zu einem Monster geraten kann, das in einem nebeligen Niemandsland irgendwo zwischen Wahrheit und Fiktion lebt. Eltons Johns Bisexualität blieb (obwohl unter Mitarbeitern der Plattenindustrie und unter Medienleuten viel darüber getratscht wurde) ein Gerücht, über das nur leise gemunkelt wurde, bis Elton John 1976, als er sich das erste Mal von der Bühne zurückzog, offen darüber sprach. „Ich hätte längst darüber geredet, wenn man mich darauf angesprochen hätte", sagte er in einem Interview zu einem Journalisten, der dann auch noch die Tollkühnheit besaß, das Ganze an die Öffentlichkeit zu bringen. Das beweist, daß das PR- Image nicht von der Person geprägt war, die es der Öffentlichkeit zu präsentieren galt.

Es gibt verschiedene Methoden, ein Image aufzubauen. Die einfachste ist die, Unwahrheiten zu verbreiten, indem die Künstler oder ihre Manager oder beide vereint den Medien schlicht erfundene Geschichten auftischen. „Kit Lambert hat uns vor Interviews immer Anweisungen gegeben, was wir sagen sollten", erinnerte sich Pete Townshend, „manchmal wollte er, daß wir uns den Reportern gegenüber möglichst widerwärtig, arrogant und scheußlich benahmen. Und, ach, was haben wir ihnen für unverschämte Lügenmärchen erzählt! Ich weiß noch, wie ich Jonathan Aitken weisgemacht habe: 'Ich habe vier Autos, einen Lincoln Continental, einen Jaguar XK 150, einen Cortina und ein London-Taxi', und dabei hatte ich nur eine alte Klapperkiste." Den ersten PR-Übertreibungen zufolge waren die Who 'eine Band mit eingebautem Haß', 'eine neue Art von Kriminalität'. „Wir wollten für sie kein 'boy-next-door' Image", erklärte der Co-Manager der Band, Christ Stamp.

Manchmal kann sich im Rock die Publicity-Arbeit auch negativ auswirken. Als MGM Ende 1967 einige Bostoner Gruppen zu Nachfolgern der Liverpooler und San Franciscoer Bands hochzustilisieren versuchten, ging das ziemlich daneben. Nur wenige Wochen, nachdem MGM – nach der einen Seite mit Verträgen wedelnd, nach der anderen mit Presseverlautbarungen – in Boston eingetroffen war, brachte *Newsweek* einen längeren Artikel über den *'Bosstown Sound'*. Angeblich soll die Bemerkung eines Bostoner Fans den Ton des Hype-Feldzugs bestimmt haben: 'Sie sind Sound gewordener Thomas Wolfe', soll ein Mädchen über eine der Gruppen gesagt haben, 'mit Worten, die einen schwermütig und doch immer glücklicher machen'.

Mitte 1968 wurden jedoch in *Vogue, The Village Voice, Time, Jazz and Pop, Rolling Stone* und *The Wall Street Journal* (hier unter der treffenden Schlagzeile *'Selling a New Sound'*) ziemlich kritische Stimmen laut. Jon Landau stellte in *Rolling Stone* die Frage, ob 'die Werbung auch nur entfernt auf Wahrheit' beruhe und beantwortete sie selbst mit Nein. *The Wall Street Journal* empfand es offenbar als ausreichend, die werblichen Übertreibungen für sich selbst sprechen zu lassen. Zu Ultimate Spinach, der Bostoner Gruppe, die am größten herausgestellt worden war, zitierte das Blatt einen Ausspruch des damaligen Leiters von MGM Records, Mort Nasatir: „Ihre Musik ist zum Teil so intellektuell, daß sie ein wenig an den Dichter T.S. Eliot mit seiner anspielungsreichen Vielschichtigkeit in jedem Vers erinnert."

Den Erwartungen, die mit solchen Übertreibungen geweckt werden, kann keine Gruppe gerecht werden, und Ultimate Spinach bildete da keine Ausnahme von der Regel. Und obwohl die Branchenblätter den Erfolg des Boston Sound weiter herbeizujubeln versuchten, war er von Anfang an ein ziemlicher Reinfall. Die Gruppen waren einfach nicht gut genug, wurden zu früh in ihrer Laufbahn unter Vertrag genommen und

konnten daher nie die örtlichen Fan-Gefolgschaften aufbauen, die sie gebraucht hätten. All das spielte eine große Rolle zu einer Zeit, als Live-Auftritte, musikalisches Können, gute Texte und der Eindruck von Seriosität auf dem Marktgebiet, in das MGM und seine Konkurrenten drängten, sehr gefragt waren. Man konnte eine Band wie die Monkees nachahmen, wie Don Kirshner es mit den Archies gemacht hatte – einer Gruppe von Witzfiguren –, aber nicht die Grateful Dead.

Jon Landau, dessen Stellung als Rock-Kritiker des *Rolling Stone* so einflußreich war, daß sie ihm den Titel 'Dekan der Rock-Kritik' einbrachte, war selbst indirekt an einem anderen klassischen Fall von Hype beteiligt. Nachdem er 1974 Bruce Springsteen erlebt hatte, schrieb er für das Bostoner *Real Paper* einen Artikel über diesen Künstler, in dem er hochtrabend und euphorisch behauptete: „Ich habe die Zukunft des Rock'n'Roll gesehen, und ihr Name ist Bruce Springsteen." Columbia Records (Springsteens Plattenfirma) kam diese unverschämte Übertreibung zeitlich sehr gelegen. Bis zum Zeitpunkt von Landaus Besprechung hatte CBS daran gedacht, Springsteen fallenzulassen – seine ersten beiden Alben hatten sich trotz guter Kritiken nicht gut genug verkauft, um ihnen die riesigen Investitionen wieder einzuspielen. Nun beschloß man, den Musiker weiter aufzubauen. Man führte Landau an, um Springsteens neues Album zu retten, bei dem es Produktionsschwierigkeiten gab, und plante eine Werbekampagne. Diese wurde mit einer ganzen Anzahl ganzseitiger Anzeigen in Zeitschriften eröffnet, in denen Landaus Besprechung ungekürzt und so, daß sie unbedingt ins Auge fiel, abgedruckt wurde. 'Die Zukunft des Rock'n'Roll' wurde das berühmteste mißbrauchte Zitat in der Rockmusik.

In einer offiziellen Biographie Bruce Springsteens vertrat Dave Marsh den Standpunkt, daß der Reklamerummel, der darauf-

Roma, Roma ... Die Stimmung erhitzt sich bei einem Konflikt zwischen Elton John (zweiter von rechts), einem seiner Helfer und einem unerwünschten italienischen Fotografen am 13. April 1973.

hin einsetzte, weniger ein Hype-Feldzug war als *'auto-hype'* – eine von seinen Verehrern in führenden Positionen bei führenden Zeitschriften selbst ausgelöste Publicity. Diese Bemerkung scheint mir ziemlich naiv zu sein, selbst wenn man bereit ist zuzugestehen, daß die Bewunderung unter den Kritikern schnell durch Mundpropaganda wuchs. Daß gleichzeitig mit dem Erscheinen von *Born To Run* 1975 größere Berichte über Springsteen in der *New York Times* sowie in *Time* und *Newsweek* herauskamen, läßt sich nicht einfach mit einem so naiven Glauben an Kritikerbegeisterung erklären.

Tatsächlich scheint das Interesse an Springsteen eine natürliche Folge davon gewesen zu sein, daß man zunächst über den Werbeaufwand von Columbia erstaunt war. Die Firma gab an, die $ 250.000 aus, um *Born To Run* groß herauszustellen. Hätten Landau und seine Rockjournalisten-Kollegen nicht schon vorher ihre Wertschätzung zum Ausdruck gebracht, hätte Columbia diese Ausgaben sicherlich als nicht lohnens-

wert empfunden. Nicht die tollen Besprechungen der Kritiker machten Springsteen zu jemandem, über den zu berichten lohnte, sondern der finanzielle Aufwand, den man seinetwegen betrieb. Besonders beeindruckt war man bei *Newsweek,* und man beschloß, einen Bericht über 'The making of a rock star' zu bringen. Springsteens Manager Mike Appel lehnte unterdessen alle Interviews mit Zeitschriften ab, sofern diese nicht auch einen großen Bericht über ihn machen wollten. Das Ganze war also echter Hype.

In England nahm der Hype-Feldzug fast fieberhafte Formen an. Springsteens erster Auftritt dort (1975) wurde mit über ganz London verteilten, krass schwarz-weiß gehaltenen, dramatischen Plakaten angekündigt, die klotzig vermeldeten: 'At last London is ready for Bruce Springsteen'. Jeder,

der irgendwie von Bedeutung war, wurde zu seiner Eröffnungs-Show eingeladen, und viele nahmen die Einladung an. Schließlich sollte die Zukunft des Rock'n'Roll nicht nur mal schnell herangedüst kommen, um drei Akkorde zu spielen und wieder abzuschwirren. Die übertriebene Werbung rief so hohe Erwartungen hervor, daß man enttäuscht sein mußte – selbst von einem so hervorragenden Rockmusiker wie Springsteen. Springsteen und seine Band hatten unter diesen Hype-Exzessen ziemlich zu leiden, und die kleine Tournee verlief in getrübter Stimmung. Es machte Bruce unglücklich, daß er einem Ruf gerecht zu werden versuchen mußte, dem unmöglich gerecht zu werden war (aus lauter Verzweiflung riß er in London sogar Springsteen-Plakate ab).

Trotzdem schien der Reklamerummel zu wirken. Bruce Springsteen wurde, zumindest theoretisch, schnell ein reicher Mann. Unglücklicherweise zeigte sich sehr bald, daß seine Absprache mit Appel immer mehr zu Streitereien Anlaß gab (Springsteen gab zu, den Vertrag nicht aufmerksam genug gelesen zu haben). Im Juli 1976 begann der Schriftverkehr zwischen den Anwälten, und Bruce war fast ein ganzes Jahr lang außerstande, Plattenaufnahmen zu machen (trat allerdings weiterhin live auf). Seiner Karriere konnte das jedoch kaum etwas anhaben, und der Bruch mit Appel festigte schließlich noch Springsteens geschäftliche Beziehungen zu dem Mann, der das Ganze angerührt hatte – Jon Landau.

Ein anderer klassischer Fall von Hype war britischer Herkunft, wurde aber ein schrecklicher Reinfall. 1970 gründeten einige ehemalige Mitglieder der Kippington Lodge, eines Rundfunkorchesters der BBC, die Band Brinsley Schwarz. Sie schlossen einen Management-Vertrag mit einer Firma, die sich Famepushers nannte und die der Band einen guten Einstieg verschaffen sollte, und zwar mit einer Platte, bei Liberty/UA, einem Konzert im Fillmore East und einem Film über dieses Konzert. Die Pläne beruhten auf der Vorstellung, daß jedes dieser Vorhaben die anderen finanziell absichern und werblich unterstützen sollte. Es war ein kompliziertes finanzielles Manöver, das nur gut gehen konnte, wenn man genügend Wirbel verursachte.

Die Famepushers charterten ein Flugzeug, das Rockjournalisten und andere Reporter zu dem Auftritt nach New York bringen sollte. Aber vieles ging schief. Die drei englischen Mitglieder der Band (Brinsley Schwarz, Nick Lowe und Bob Andrews) hatten Schwierigkeiten, für Amerika ein Einreisevisum zu bekommen, und als sie schließlich dort ankamen, waren sie müde, mißgelaunt und nicht in Form. Die Maschine der Presseleute wiederum traf mit zehn Stunden Verspätung ein, da der Abflug in London sich verzögert hatte und eine Zwischenlandung in Shannon nötig wurde. Die Journalisten eilten schnurstracks und ziemlich betrunken ins Fillmore und mußten dort feststellen, daß das Haus fast ausverkauft war und man ihnen keine Plätze reserviert hatte. Die wenigen, die eingelassen wurden, bekamen den jämmerlich schlechten Auftritt der Band zum größten Teil nicht mit. Reporter aus dem Lande entdeckten in der Menge einige Berühmtheiten, die sie mehr interessierten als eine unbekannte Rockgruppe. Und zu allem Überfluß wurde der Filmcrew der Famepushers auch noch der Zutritt zur Halle verwehrt.

Als alles vorbei war, beliefen sich die Kosten der Famepushers auf £ 20.000 plus Zimmerservice – die Getränkerechnung für ein Zimmer allein belief sich auf £ 300. Sofern sie das Ereignis nicht einfach übergingen, schrieben die Journalisten bissige Kritiken, in denen von Roßtäuscherei die Rede war, oder Verrisse über die Band. Obwohl das werblich groß angekündigte Album sich von allen Platten der Band am besten verkaufte, zogen sich die Brinsleys für einige Monate zurück, um ihre Lage zu überdenken, und traten schließlich als 'Kings des Pub-Rock' wieder hervor. Sechs Jahre später ging die

Gruppe auseinander; Nick Lowe wurde ein erfolgreicher New-Wave-Produzent und -Solist, und Brinsley Schwarz und Bob Andrews gewannen als Mitglieder von Graham Parkers Begleitband Rumour Anerkennung. Doch zwei Mitarbeiter von den Famepushers brachten es noch zu größeren Ehren – Dai Davies als Public-Relations-Mann, Agent und erster Manager der Stranglers; und Dave Robinson als einer der Gründer von Stiff Records.

Wenn es um die Kontrolle von Rundfunkstationen geht, sind die Regierungen meist sehr empfindlich. In den sechziger Jahren zum Beispiel verbot die britische Regierung die 'Piraten'-Sender, die sich knapp außerhalb der Dreimeilenzone aufhielten, obwohl diese aufgrund ihrer Abhängigkeit von Payola und Rundfunkwerbung der Plattenfirmen nicht zu anstößigem Verhalten neigten. Gegen die 'alternativen' FM-Stationen in Amerika ging man in den siebziger Jahren diplomatischer vor.

Aus Sorge, ihre Werbekundschaft und ihre Sendeerlaubnis von der FCC zu verlieren, zeigten sich die FM-Stationen schnell bereit, Discjockeys mit allzu radikalen oder kämpferisch progressiver Einstellung zu disziplinieren oder zu entlassen. Die FCC setzte die FM-Stationen vor allem mit einer Warnung gegen Songtexte unter Druck, die Anspielungen auf Drogen enthielten oder angeblich obszön waren. Das waren Auswirkungen einer von Nixon geprägten Tendenz, an der auch Vizepräsident Spiro Agnew, der damalige Vorsitzende der FCC, seinen Anteil hatte; ebenso Mike Curb, der damalige Leiter von MGM Records, der 1970 öffentlich verkündete, daß sein Label 'achtzehn Gruppen ... die mit harten Drogen in Verbindung gebracht werden' die Verträge gekündigt habe; und auch eine ganze Anzahl unangenehmer rechtskonservativer Vereinigungen wie u. a. die John Birch Society und der Ku Klux Klan (der 1970 einen Bombenanschlag auf einen örtlichen Sender in Houston verübte).

Die BBC in England behauptet, nie Platten wirklich zu *verbieten,* sie lehne es nur ab, sie zu spielen. Der Unterschied ist zu fein, als daß er zu bemerken wäre. Die BBC (und die Rundfunkbehörde IBA) haben 'es abgelehnt', eine beträchtliche Anzahl von Songs zu spielen, die Anspielungen auf Drogen oder Sex oder politisch Mißliebiges enthielten. Dazu gehören *Sgt. Pepper* und *A Day In The Life* von den Beatles, *O Bondage, Up Yours!* von den X-Ray Spex und Paul McCartneys *Give Ireland Back To The Irish.* Und obwohl sie sonst in den wildesten sexuellen Phantasien schwelgen, haben einige Plattenfirmen 'anstößige' Plattenhüllen schnell zurückgewiesen. Ein Entwurf für eine Plattenhülle eines Beatles-Albums zeigte die Musiker als blutbeschmierte Metzger. Er wurde abgelehnt. Auf dem ursprünglich vorgesehenen Cover für *Beggars Banquet* von den Rolling Stones war eine Klowand voller Graffiti zu sehen. Es wurde verworfen. EMI weigerte sich, John und Yokos *Two Virgins* zu vertreiben, weil das Paar auf dem Cover der Plattenhülle nackt zu sehen war. Andere Alben, auf denen zuviel nackte Haut zu sehen war (Hendrix' *Electric Ladyland* zum Beispiel und *Below The Belt* von der Gruppe, die sich Boxer nannte) wurden von prüden Ladenbesitzern entweder nicht ins Schaufenster gestellt oder 'zensiert'. Virgin Records mußte nach einer Beschwerde über ein Reklameposter für das Pistols-Album *Never Mind The Bollocks ... Here's The Sex Pistols,* das in einem Laden in Nottingham im Schaufenster war, im Dezember 1977 vor Gericht. Das Verfahren wurde eingestellt, aber viele Plattenhändler versteckten die Platte dennoch.

Zu den berühmtesten Fällen von Medienzensur kam es anläßlich der Auftritte von Elvis, den Stones und den Doors in der Ed Sullivan Show im Fernsehen. Elvis wurde bekanntlich nur von der Taille an aufwärts gezeigt. Von den Stones verlangte man, daß sie die Worte *Let's Spend The Night Together* abänderten in 'Let's spend some time together' – und sie stimmten zu. Jim Morrison, den man gebeten hatte, die Textzeile 'Baby, we can't get much higher' in seinem Song *Light My Fire* abzuändern, sorgte für einige Unruhe, weil er sich in der Probe zwar mit der Selbstzensur einverstanden erklärt hatte, in der Show aber dann doch den Originaltext sang.

Man könnte meinen, in der Rockpresse schon eher auf radikale Vorstellungen in der Rockmusik stoßen zu können, aber die Presse ist nicht weniger als das Radio oder das Fernsehen auf die Unterstützung der Plattenfirmen und Konzertpromoter angewiesen – Unterstützung in Form von Anzeigen, Besprechungsexemplaren von Platten, Konzertkarten und Informationen über Musiker sowie Begegnungen mit diesen. Meist veran-

Ein Küßchen in Ehren … Pete Townshend und Binkie Baker, der Ehemann der bekannten Rockjournalistin Anne Nightingale, kommen einander bei einer Promotion-Party für Ian Hunter näher.

laßt diese raffinierte Art von Unterstützung die Rockpresse dazu, Selbstzensur zu üben. Da sie die Industrie nicht vor den Kopf stoßen will, werden Kritiken abgeschwächt und heikle Themen oft völlig übergangen. Aber es kommt auch durchaus vor, daß einem Blatt angedroht wird, daß man ihm die 'Unterstützung' entzieht, auch, daß dies tatsächlich passiert; die Bereitwilligkeit, 'Informationen' zu geben, kann wiederum so deutlich hervorgehoben werden, daß es an Bestechung grenzt. Einem Magazin kann zum Beispiel als Gegenleistung für eine gute Besprechung ein Exklusiv-Interview angeboten werden, oder Anzeigen werden nur unter der Bedingung geschaltet, daß auch ein Artikel erscheint. Viele Rockjournalisten arbeiten nebenher als Discjockeys oder bei Plattenfirmen als Publicity-Leute oder Programmgestalter. Bestechung kann vielerlei Formen annehmen – günstige berufliche Gelegenheiten, Exklusivberichte, Freiexemplare von Platten – und kann auch Angebote von Barem beinhalten. Der Kritiker Richard Goldstein schrieb im Magazin *New York*: „Ich bewahrte mir meine Illusionen über die moralische Sauberkeit im Rockgeschäft, bis mir mein Agent 1969 eines Tages mitteilte, daß ein großer Musikverlag mir $ 25.000 bezahlen würde, wenn ich drei Folgen über die derzeitige Lage in der Rockmusik schriebe. Es verstand sich natürlich von selbst, daß die Künstler dieser Firma in meinen Besprechungen gut abschneiden würden."

Aber jenseits dieser konventionellen Art von Bestechung gibt es noch andere, heimtückischere Mittel und Wege, die kritische Einstellung von Rockjournalisten zu verändern, indem man sie nämlich durch den branchenüblichen Glamour verführt. Am meisten färbt der *Stardust,* der Star-Glanz, auf Presseleute bei Promotion-Parties ab. Gewöhnlich sind das mehr oder weniger Routine-Veranstaltungen, bei denen sich die versammelten Lohnschreiber, Journalisten und das übliche Parasitenvolk meist ziemlich betrinken. Auf einer Party, die Rod Stewart am Ende einer Tournee im Londoner Embassy Club gab, hatte der Rock-Kritiker des *Daily Mail* das Pech, von zwei Gefolgsleuten von Stewart öffentlich blamiert zu werden. Der Journalist Simon Kinnersley wurde wie im Spaß in eine Ecke gedrängt und dann ganz unfeierlich seiner Hosen beraubt. Er hatte in einem Artikel über Stewarts Auftritte nicht eben Schmeichelhaftes geschrieben – und so setzten Rods übereifrige Kumpane den unglückseligen Mann in Unterhosen auf die Straße. Von Glamour war da wohl kaum zu reden – außer daß es in Mayfair passierte.

Auf den schwindelnden Höhen des Ruhms, wo Superstars sich selber feiern, ist Glamour oft gleichzusetzen mit übertriebenem Aufwand. 1976 wurde das Ende der Amerikatournee der Wings mit einer Party auf dem Anwesen des Stummfilm-Stars Harold Lloyd gefeiert. Um einen Tanzboden zu haben, hatte man das Wasser aus dem Swimmingpool abgelassen. Für Unterhaltung sorgten ein Orchester, das Beatles-Songs spielte, das Ensemble des Broadway-Musicals *The Wiz,* das Los Angeles Ballett und der Komiker John Belushi (dessen Vorstellung in einer beleidigenden Parodie auf Joe Cocker gipfelte). An die vierhundert Gäste vergnügten sich da in dieser Nacht – darunter Bob Dylan, Elton John, Cher und Natalie Cole –, und für jeden einzelnen waren im Budget der Wings Kosten in Höhe von $ 200 veranschlagt.

1981 gab Deborah Harrys Plattenfirma anläßlich des Erscheinens ihres Soloalbums *Koo Koo* eine Party in einem überaus vornehmen Gesundheitszentrum für Frauen, dem Sanctuary. Die vierhundert Gäste amüsierten sich ganz unsportlich inmitten exotischer Grünpflanzen, fraßen sich durch Berge von Meeresfrüchten und betranken sich bis zum Stumpfsinn. Als der Abend zu Ende ging, war noch so viel zu essen übrig, daß die Gäste (von denen sich viele ein eigenes Fischgeschäft hätten leisten können) sich Krabben, Hummer und Garnelen einpackten und mit nach Hause nahmen. Zu einer

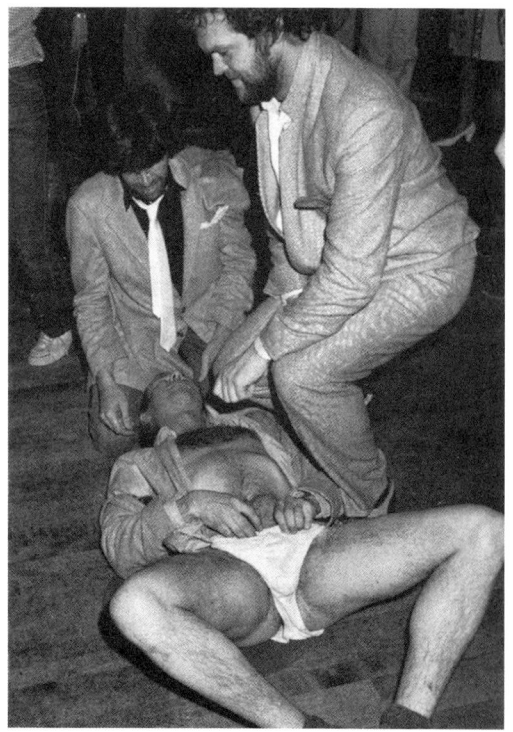

Die Pressefreiheit in Bedrängnis: Auf einer von Rod Stewarts Parties in London im Dezember 1980 erleichtern zwei seiner Mitarbeiter den Journalisten Simon Kinnersley um seine Hosen.

früheren Schwelgerei in Meeresfrüchten zu Ehren von Harrys Gruppe Blondie erschien der Ehrengast in einem extra für diese Gelegenheit gemieteten amerikanischen Armee-Panzer.

Das einzige wirklich Wichtige an diesen Ereignissen ist natürlich ihr Prestige-Wert. Manchmal geben Plattenfirmen ein feudales Fest für einen Künstler, dessen Prestige-Wert für sie bedeutender ist, als sein Beliebtheitsgrad beim Publikum vermuten läßt. Die meisten Künstler sind sehr beeindruckt, wenn eine Firma Geld für sie springen läßt. Dies mögen zwar übertriebene Werbeveranstaltungen sein, sie bewirken aber mit Sicherheit eine positive, günstige Einstellung zum Künstler und bringen der Firma ein gutes Image. Und natürlich amüsieren sich alle köstlich – sodaß der Werbeaspekt in einem

Nebel süßer Trunkenheit untergeht und nebensächlich erscheint.

Das Überraschende ist, daß Rockjournalisten sich manchmal (sehr selten allerdings) plötzlich störrisch zeigen und nicht mehr mitziehen wollen. Diese Leute, so kommt es einem dann vor, waren bis dahin keine Speichellecker, sondern nur blind für die Machenschaften in der Plattenindustrie. Hin und wieder wird der Cordon aus angenehmen Privilegien, der sie abschirmt gegen die Welt außerhalb der Aufnahmestudios, Konzerthallen und luxuriöser Hotels, löcherig, und sie blasen zum Sammeln, um vereint zur Verteidigung des Rock'n'Roll anzutreten.

Die Punkbewegung hat, mochte sie auch sonst ihre Schwächen haben, einige Privilegien abgebaut und manchen die Augen geöffnet. Die ganze Rockpresse wurde auf etwas gestoßen, das man eigentlich nur als schreiende Unmenschlichkeit des Starsystems in der Musikindustrie bezeichnen kann – eines Systems, das Ausmaße wie im goldenen Zeitalter Hollywoods angenommen hatte und mehr oder weniger unkritisch von der großen Meute von Rockjournalisten mitgetragen wurde. Plötzlich war eine negative Einstellung die große Mode. Neue Autoren tauchten auf (darunter auch einige alte unter Pseudonym), die sich 'Savage' und 'Suck' und so weiter nannten. Ein plötzliches Umschwenken zu einem Arbeitslosen-Bewußtseins-Ethos war gefragt. Eine Zeitlang entwickelten Rockjournalisten soziales Bewußtsein. Politische Fragen wurden lebhaft diskutiert, und selbst die Plattenindustrie bekam einige längst fällige Kritik zu spüren. So zum Beispiel, als die britische Tochterfirma von RCA im September 1980 eine gemischte Gruppe aus zweihundert Rockmusik-Geschäftsleuten und -Journalisten für zwei Tage nach Amsterdam fliegen ließ, damit sie dort (zu geschätzten Kosten von £ 50.000) in einem Luxushotel zwischen Frühstück, Mittagessen, Dinner und Drinks einem Auftritt der RCA-Band Sad Cafe und dem feierlichen Vorstellungsakt von deren neuem Album beiwohnen konnte. Die britische Rockpresse nahm diese Gelegenheit gleich wahr, darauf hinzuweisen, daß die Gruppe Sad Cafe RCA vorher verklagt hatte, weil sie angeblich von RCA nicht genügend gefördert worden war, und daß die Firma außerdem gerade erst eine Woche vor dieser Reiseveranstaltung einundzwanzig Mitarbeiter entlassen hatte, um wegen der Rezession Kosten abzubauen. Aber solch radikales Gehabe war angesichts der engen Beziehungen zwischen Rockpresse und -industrie kaum durchzuhalten und konnte schon gar nicht größere Formen annehmen. Die Geschichte hätte die Journalisten der Punk-Ära lehren können, mit wieviel Geschick die Plattenindustrie die Unabhängigkeit der Rock-Autoren zu unterminieren versteht.

Im Mai 1973 hatten sich hundertvierzig Rockjournalisten in Memphis zur 'First Annual Association of Rock Writers' Convention' versammelt. Die meisten kamen aus Amerika, zwei oder drei aus England. Sie hatten sich zusammengefunden, um über ihre gemeinsamen Probleme zu sprechen. Bei den Themen, die zur Diskussion standen, ging es u. a. um schlechte Bezahlung, um die schwache Ausgangsbasis der Journalisten bei Verhandlungen und um die Schwierigkeiten im Umgang mit konservativen Verlegern und der launischen Plattenindustrie. Vier Tage lang fanden Sitzungen statt, auf denen die Meinungen weit auseinander gingen. Richard Meltzer schlug, nicht nur im Spaß vor, die Plattenfirmen sollten für die Besprechungen zahlen. Greg Shaw vom *Phonograph Record Magazine*, das von United Artists finanziert wurde, erklärte, es würde zuviel über die Autorenhonorare gejammert. „Ich bin ein Fan", verkündete er mit entwaffnender Treuherzigkeit, „kein Autor." Die Diskussionen zogen sich über die ganze Tagung hin. Und die ganze Zeit machten sich die versammelten Journalisten Notizen auf Blocks, die von MCA Records bereitgestellt worden waren, ließen sich

Abend für Abend mal in dieser, mal in jener Bar oder diesem oder jenem Casino blicken, die von MCA, Blue Thumb, London, Stax und Polydor bewirtschaftet wurden, oder gingen auch mit Angestellten von CBS, Mercury, A&M oder Motown, die alle vertreten waren, zum Essen aus. Vielleicht dachten sie einmal flüchtig darüber nach, daß die ganze Tagung von dem Public-Relations-Mann von Stax Records organisiert und von Stax Records finanziell unterstützt worden war, einer Firma, die, nicht ganz zufällig, gerade die britische Band Skin Alley in den Staaten durchzusetzen versuchte. Die Kosten der Tagung beliefen sich nach Schätzung eines Journalisten auf $ 40.000 – was von einem anderen anwesenden Kollegen bestätigt wurde, der aber meinte, das sei ziemlich preisgünstig, gemessen an den $ 100.000, die

Bettler können sehr wählerisch sein. Die Rolling Stones schmissen bei der Veröffentlichung ihres Albums „Beggar's Banquet" am 6. Dezember 1968 nicht nur eine Party, sondern auch die dazugehörigen Puddingtorten und den Schweinekopf. Der aristokratische Gast Lord Harlech, ein früherer Begleiter von Jackie Kennedy, prustete entzückt: „Die Party war ein voller Erfolg!" Die meisten Gäste hingegen waren voller Pudding.

unlängst eine Werbeveranstaltung für das von RCA gesponsorte Label der Jefferson Airplane, Grunt Records, gekostet habe. Außer, daß sie sich in Zukunft großspurig 'Rock Writers of the World' titulieren wollten, trafen die Journalisten keine Entscheidung von Bedeutung. Sie kamen nie wieder als Organisation zusammen; Skin Alley schaffte in Amerika nie den Aufstieg; aber die Parties gehen weiter.

DAS ENDE DER MUSIK WIE WIR SIE KENNEN

Die Achtziger waren das Jahrzehnt, in dem der Stil entdeckt wurde – das behauptet zumindest die Legende. Vor den Achtzigern gab es nur ein Loch in der Form eines großen Plateaustiefels samt Glockenhose. Dieses Loch nannte man die Siebziger. Außerdem gab es noch die paisleygemusterten Sechziger, und es gab die Fünfziger, in denen die Suche nach dem Stil begann. Davor gab es noch den Krieg, Julius Cäsar und die Dinosaurier.

In Wahrheit waren die Achtziger das Jahrzehnt, das den Stil selbst zu einer Massenware machte, wohingegen er zuvor nur die Begleiterscheinung anderer Massenwaren war. In den Sechzigern und Siebzigern ließen sich die Leute lange Haare wachsen. In den Achtzigern ließ man sich langes Kunsthaar einflechten. In den Fünfzigern und Sechzigern trugen die Menschen Jeans, in den Achtzigern das Markenlabel auf den Jeans. Wo man früher sein Leben und seine Zeit ohne viel Aufhebens selbst organisierte, gab man plötzlich Geld für Zeitmanagement und Filofax aus.

Auch der Rock'n'Roll wurde zur Fließbandware. Stil war nicht mehr etwas, das man hatte oder nicht, Stil konnte man plötzlich mit einem Sampler aufzeichnen oder überhaupt gleich als Voreinstellung auf einem Yamaha-Synthesizer kaufen. Und wenn man Stil nicht kaufen konnte, borgte man ihn eben aus.

Als die Neunziger schon winkten und man an die Grenzen dieser Entwicklung stieß, kam die preisgekrönte Leichenfledde-

Kurt Cobain, der wahrscheinlich einzige echte Rock'n'Roll-Held der Neunziger, verbrachte seine drei Jahre im Rampenlicht mit steten Versuchen, dem Ruhm zu entfliehen. Irgendwann zwischen dem 5. und dem 8. April 1994 gelang ihm das – indem er sich mit einer Schrotflinte den Kopf wegpustete.

rei von Nathalie Cole – ein Duett mit ihrem toten Vater auf *Unforgettable*. Dieser Song war ein unverzeihlicher, aber goldener Triumph der Technologie. Nathalies Stimme wurde auf einige alte, bereinigte Aufnahmen von Nat King Cole aufgepfropft. Offensichtlich geschah das lediglich, um zu beweisen, daß die Technik dem völligen Originalitätsverlust keine Grenzen setzt. Die Plattenfirma Elektra war einmal eine Hochburg neuer Ideen und Sounds gewesen. Jetzt setzte sie nur mehr auf Grabschändung.

Chris Blackwell, Mitbegründer und Eigentümer von Island Records (eine Art britisches Elektra und zugleich eine der großen künstlerischen und kommerziellen Erfolgsgeschichten aus der kreativen Vergangenheit des Rock), beschwerte sich schon 1984 darüber, daß es „keine Plattenfirmen im eigentlichen Sinne mehr" gäbe. „Wir sind alle in der Modebranche", sagte Blackwell, der seine Firma 1989 an PolyGram verkaufte und damit sich selbst und die damals schon sehr erfolgreichen U2 zu Multimillionären machte. U2 waren damals der größte Act auf Island. Im Finanzjahr 87/88 hatten sie Nettogewinne in der Höhe von 70 Millionen Pfund verbuchen können. Blackwell meinte: „Früher konnte man Platten durch musikalisches Können allein verkaufen. Heute zählen Verpackung, Medienarbeit, Fernsehen und Video."

Sehen wir uns nur einmal Madonna an – ein Marilyn-Monroe-Image, sämtliche Posen aus *blue movies* abgeschaut, und die Unterwäsche wird von Fredericks of Hollywood oder Trashy Lingerie gesponsort. Am wenigsten interessant an ihr ist die Musik. Ihr Mund ist zum Ansehen da, nicht zum Zuhören, und ihre beiden Musen heißen Fellatio und Cunnilingus. Dennoch hat sie keinen Sex, sie simuliert ihn – ein absoluter Triumph der Kultur über die Natur, vergleichbar mit Nouvelle Cuisine oder Fitnessclubs. Sogar ein Buch mit dem Titel Sex ist unter ihrem Namen erschienen. Es zeigte sie in provokanten Posen und mathematisch komplexen Zweier- und Dreieranordnungen. Um uns aber auch wissen zu lassen, daß sie kein Dummerchen ist, nannte sie eine ihrer ersten Singles „Like A Virgin" (1984), und ihre Welttournee 1990 hieß „Blonde Ambition Tour". Ihr eigenes Haar, so hat Adrian Deevoy vom Q Magazine einmal bemerkt, hat genauso schwarze Wurzeln wie ihre Musik.

In Wahrheit ist Madonna keine Überarbeitung der Rock-Synthese, sondern ein selbstbewußtes Potpourri aus Symbolen und Zeichen – auf neun Teile Kleidung und Make-up kommt ein Teil Musik. Dennoch könnte man mit einigem Recht behaupten, Madonna Louise Ciccone sei der erfolgreichste Rock-Act des Jahrzehnts gewesen. Sie hatte seit 1983 eine Rekordserie von Hits und Chartserfolgen. Nur die Beatles und Elvis Presley verkauften noch mehr. Mit ihren freimütigen Texten und ihrer schamlos vulgären Bühnenshow stellte sie sich als eine Art Sexraubtier dar – mutig genug, um Gruppensex, Fesselungen oder ein wenig SM zu genießen, ohne dabei allerdings jemals die Kontrolle zu verlieren. Die Feministinnen waren angesichts ihres Images stets geteilter Meinung. Einige hielten sie für nichts anderes als eine Pornographin, andere wiederum sahen in ihr die Verkörperung einer archetypischen Amazonin, die sich für weibliche Sexualität ohne Schuldgefühle einsetzte und damit auch noch äußerst erfolgreich war.

Natürlich hat sie alle ihre Fans zu Voyeuren gemacht. Was jedoch die Kritiker irritierte, war ihre Scheiß-Drauf-Haltung – so modern, so authentisch von der Straße, so faszi-

Unten: Blonde haben alleine mehr Spaß: Madonna bei ihrer Bühnenshow auf der „Blonde Ambition"-Tour. Rechts: Madonnas „Kleidung" wurde 1992 von Jean-Paul Gaultier entworfen, dem originellen kleinen Lieblingsfranzosen der Modewelt. Man braucht aber bloß auf Seite 65 zurückzublättern, um herauszufinden, daß nichts auf dieser Welt neu ist.

nierend. Sie hat eine ganze Lawine von Pseudo-Madonnen losgetreten, die allesamt ihre Schamlosigkeit bewunderten, ihre Nonchalance, ihr millionenschweres Bankkonto oder ihre Art, Männer als Spielzeuge und Trophäen zu sehen. Die Fähigkeit, zwischen den Geschlechterrollen hin und herzupendeln und dabei trotzdem stets einen Mann zu bekommen, faszinierte ihre Fans in gleichem Maße wie die Leichtigkeit, mit der sie Kleidung samt der scheinbar dazugehörenden Identität wechselte. Vor allem aber faszinierte an Madonna eines: ihre Gewöhnlichkeit. Sie war weder eine Michelle Pfeiffer noch eine Kim Basinger (trotz der Collagen-Injektionen, die ihre Lippen vergrößerten). Sie war das Mädchen von Nebenan – die perfekte Rock-Ikone der Achtziger.

Während ihr Weg zum Starruhm eigentlich recht konventionell war – Tanzschule, Backgroundsängerin in einer Disco-Band, Rock-Band in New York, gute Klubkonzerte, Plattenvertrag bei Warner Brothers – begründete sich ihr anhaltender Erfolg auf Filme und Videos sowie auf die selbstbewußte Gestaltung ihres Images und auf das clevere Hantieren mit Kostümen, Make-up und Requisiten (zu denen auch ihre aufsehenerregende Unterwäsche, ihre Tänzer und die Wandgemälde von Frida Kahlo gehören). Ihr Image ist nicht das eines unerreichbaren Sexualobjektes, sondern das einer Frau, die sich permanent mittels Spiel und Mode neu erfindet. Manchmal war sie die reiche Dame, manchmal die ungezwungene Göre, und in letzter Zeit war sie beides.

In den Videos zu ihren Singles „Material Girl" und „Like A Prayer" hatten die erotischen Szenen noch einen ironischen Unterton. In ihrem Dokumentarfilm aus dem Jahr 1991, der in den USA unter dem Titel *Truth*

or Dare veröffentlicht wurde, im Rest der Welt aber In Bed With Madonna hieß, sieht sie zwei ihrer Tänzer beim gleichgeschlechtlichen Kuß zu, simuliert Fellatio mit einem Flaschenhals, wird von ihrem Vater dafür gerügt, daß sie augenscheinlich auf der Bühne masturbiert und endet schließlich mit sieben Männern im Bett. Im nicht jugendfreien Film Body of Evidence (1992), der als „erotischer Thriller" beworben wurde, liebte sie ihren Partner zu Tode. Nichts davon ist neu oder auch nur besonders schockierend, doch es gibt zwei Unterschiede zu früheren Beispielen der Freizügigkeit und selbsternannten „Politikern der Erotik" wie etwa Hendrix oder Bowie, Jane Fonda oder Grace Jones, Jim Morrison oder den Tubes. Der erste ist die Schonungslosigkeit, mit der ihr Image vermarktet wurde – das ist Madonna, und das ist alles, was Madonna ist. Der zweite Unterschied ist, daß hier eine ungewöhnliche (um nicht zu sagen von der Norm abweichende) Sexualität als Freizeitvergnügen, als eine Art Schlafzimmerspiel unter Freunden präsentiert wurde.

Wenn man Madonna fragt, wo die Wahrheit liegt, antwortet sie, daß sie ein sexueller und spiritueller Mensch ist, der den Kameras gerne alles enthüllt, ohne sie aber „ins Zimmer zu lassen, wenn ich ficke". Sie möchte ernst genommen werden, verachtet aber Menschen, die sich selbst zu ernst nehmen. „Man braucht doch nur ein halbwegs funktionstüchtiges Gehirn, um zu bemerken, daß ich mich ziemlich oft über mich selbst lustig mache. Kann das denn überhaupt noch eindeutiger sein?"

Nun, sie konnte es immerhin so eindeutig machen, daß sie ihre Tourdokumentation aus dem Jahr 1991 gleich unter zwei Titeln veröffentlichen ließ. Da war der suggestive Originaltitel *Truth or Dare* (ein Spiel, bei dem man erraten muß, ob das Gegenüber die Wahrheit sagt) und der zweite Titel In Bed With Madonna (Im Bett mit Madonna), der ungefähr die Subtilität eines Holzhammers besaß. Ihr ehemaliger Geliebter, der Sexabenteurer

---

Für das Beste im Mann? Richie Edwards von den Manic Street Preachers rollt seine Ärmel hoch für eine wirklich gründliche Rasur. Der Versuch, die Punks mit ihren eigenen Waffen zu schlagen, wurde in Promotion-Fotos ausgeschlachtet und mußte mit 17 Stichen genäht werden.

Klein, aber perfekt gebaut: Prince als Treibhaus-
pflanze auf dem Cover seines megaerfolgreichen
„LoveSexy"-Albums.

Warren Beatty, hat einmal bemerkt, daß Madonna Kameras braucht, um zu leben. Es mu-
tet natürlich seltsam an, wenn dieser Satz ausgerechnet von Warren Beatty kommt, und
überdies ist der Vorwurf des Exhibitionismus
im Rock'n'Roll nichts Neues. Aber es stimmt,
daß der Rock der Achtziger Jahre vom Exhibitionismus beherrscht wurde und Madonna
die Königin dieser Disziplin war. Madonna
wurde von der Kamera erschaffen, nicht von
ihrer Musik, und ihre Gegenleistung bestand

darin, ihr Leben zu einem Film zu machen.
„Jetzt", so tönt es aus ihrer Vermarktungs-
maschinerie, „ist sie die berühmteste Frau der
Welt." Welch passende Besetzung für die
eigene Lebensgeschichte!

„Was die Leute nur schwer verdauen
können, ist die Tatsache, daß es niemanden

gibt, der fünfzig Jahre nach meinem Tod meine Rolle in einem Film spielt", erzählte sie einmal dem *Q Magazine*. „Ich tue das in der Gegenwart selbst. Niemand vor mir hat so etwas je getan." Die weiblichen Madonna-Fans sind selbstgenerierte Klone – so wie das Vorbild zu sein heißt, zum Vorbild selbst zu werden. Und in einer Welt, die von Images beherrscht wird, ist die Madonna'sche Sexualakrobatik steril und ziemlich ungefährlich.

Wir alle sind zu Voyeuren und Exhibitionisten geworden. In den Achtzigern waren Videos und Filme wichtiger als Singles, vielleicht sogar wichtiger als die meisten anderen Dinge – ganz egal, ob sie jetzt zeigten, wie Madonna beim Orgasmus zuckt, Jane Fonda beim Aerobic zuckt oder Freddy Krueger einfach nur zuckt. Diese These wird auch durch den bemerkenswerten Erfolg von Michael Jackson Mitte der achtziger Jahre unterstrichen. Das Wichtigste bei Jackson ist wahrscheinlich nicht die Tatsache, daß sich seine Platten wie warme Semmeln verkauften und er fast so viele Rekordstatistiken produzierte wie Tonträger – er war zum Beispiel der erste Künstler, dessen Jahreseinkommen über 100 Millionen Dollar betrug – sondern, daß seine Platten mit Hilfe einiger der teuersten Videos vermarktet wurden, die je gedreht worden waren. Ein gutes Beispiel dafür ist *Thriller* aus dem Jahr 1982: zehn Minuten Spielzeit für 7 Millionen Dollar. Bei seinen Live-Shows wurden diese Videos für gewöhnlich bis ins letzte Detail nachgespielt, und – der Gipfel der Ironie – die Fans, die ihre Plätze in den letzten Reihen der gigantischen Stadien hatten, verfolgten sein Konzert dann auf riesigen, über der Bühne angebrachten Videowänden. Im Vergleich zur Rockmusik der Achtziger verkörperten die Videos und Filme jener Zeit Witz, Schwung, Leidenschaft und oft genug auch ein hohes Maß an Originalität. ·

Das wichtigste Merkmal der Rockmusik der achtziger Jahre war tatsächlich das fast völlige Fehlen von Originalität. Sogar Punk, früher als radikale Erneuerung der Kanten und Ecken des Rock begrüßt, wurde 15 Jahre später bereits wiederverwertet. 1991 reagierte Richie Edwards von den Manic Street Preachers auf den Vorwurf der mangelnden Originalität damit, daß er sich mit einer Rasierklinge „4 Real" (echt) in den Unterarm ritzte. Die Wunde mußte mit 17 Stichen genäht werden, und Fotos von ihr wurden von der Band als Promotion-Material verschickt. Das zweitwichtigste Merkmal war die völlige Aufsplitterung in verschiedene Märkte. Es gab Punk, Rock, House, Thrash, HipHop, Rap, Death Metal, New Folk, Old Folk, Roots-Music, Klassik-Pop und World Music (worunter der gesamte Rest fiel). Das Vinyl verschwand, ebenso die Single, und mit den CDs begann ein panikartiger Trend zur Wiederverwertung. Filmmusiken und Fernsehwerbungen, die von der bereits ergrauten Rockfraktion in den Führungsetagen der Madison Avenue erdacht wurden, hauchten einigen Hits aus der Vergangenheit ein zweites Leben ein; manchmal in Form einer Note für Note nachgespielten Coverversion, manchmal als Original. Die Suche nach den neuen Beatles wurde zur Suche nach der nächsten Marktnische.

Für jede Marketingabteilung einer Plattenfirma wurde es zum höchsten Ziel, ihre Produkte auf MTV zu plazieren, auf jenem Sender, der 1981 gegründet worden war und zehn Jahre später bereits 54.5 Millionen gebührenzahlende Zuseher vorweisen konnte. (Zumindest galt MTV-Airplay so lange als höchstes Ziel, bis Sir Bob Geldof 1984 „Live Aid" veranstaltete und damit die Bedeutung von Benefizveranstaltungen raketenhaft anstieg. Der Weg war frei für völlig neue, weltweite Vermarktungsstrategien der Glaubwürdigkeit. Die Folgen davon hießen „Farm Aid", „Farm Aid 2", „Human Rights Now!", „Mandela Day" und „The Simple Truth".) Hatte MTV 1981 nur eine Auswahl von weniger als 600 Videos, so sind es heute über 8000. Rechtzeitig zum 10. Geburtstag von

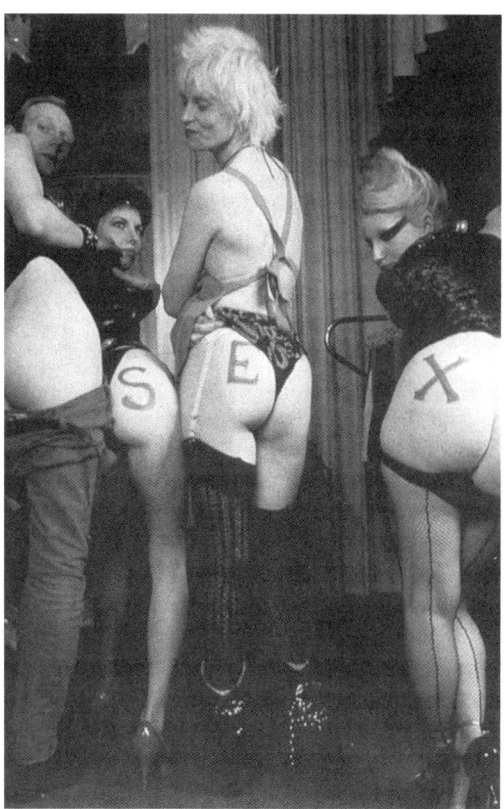

Chrissie Hynde beteiligt sich am Sex: sie ist das S zu
Vivienne Westwoods E und Jordans X.

MTV veröffentlichte die New Yorker *Village
Voice* ein internes Memo der bereits erwähn-
ten Island Records, in dem die Angestellten
dazu angehalten wurden, mit Hilfe der
Schnellwahltaste auf ihren Bürotelephonen
die Publikumsentscheidung bei einer „Dial
MTV"-Show (in der Hits per Telephon ermittelt wurden) zugunsten eines Videos von
Drivin' 'n' Cryin' zu verfälschen. Die Macht
von Video und Fernsehen vermochte nicht
bloß, Musik verkäuflich zu machen, sondern
die aufgesplitterte Rock-Szene mit Hilfe von
Überblendungen, Standbildern und Spezial-
effekten wieder zu einem nahtlosen Ganzen
zu machen. Laut dem amerikanischen TV
Guide (wahrscheinlich die Zeitschrift mit
der höchsten Auflage der Welt) hat MTV
„die Mode geprägt, Jugendkultur definiert

und vielleicht sogar einen ganzen Industrie-
zweig vor dem Untergang bewahrt". Das
klingt verdammt nach den Beatles.

Sehen wir uns einmal Prince an, eine Be-
helfsmixtur aus 60er-Psychedelik, Funk und
Friede-und-Liebe-Symbolen. Man hat ihn
mit Smokey Robinson, Sly Stone, George
Clinton, James Brown, Jimi Hendrix, David
Bowie, Mick Jagger und Steve Tyler von Ae-
rosmith verglichen. Fans und Kritiker meinten gleichermaßen, daß er die einzige Figur
in der Musikwelt der Achtziger war, die einem Genie recht nahe kam. Sein Genie besteht aber in Wahrheit aus seinem Pathos,
gepaart mit seinem künstlerischen Ansatz in
Sachen Kleidung, Bühnendekorationen,
Texte und Musikstile, die allesamt wirken,
als wären sie entweder vom Flohmarkt oder
aus dem Ausverkauf. Mit anderen Worten:
Prince ist wie geschaffen für die Videokultur.

Am Anfang seiner Karriere konnte man
seine Musik noch als mehr oder weniger konventionellen Soul-Funk mit einem Schuß
Glam-Rock kategorisieren. Bald jedoch begann er, einen völlig theatralischen Hang zu
erotischen Themen zu entwickeln. Er pflegte
seine sexuelle und rassische Ambiguität und
kultivierte eine Bowieeske Faszination für
Kostüme. Er war interessant, weil er Rassen-
klischees umkehrte, musikalisch und textlich
die Stilmittel der Weißen übernahm und sich
mit einer Aura von Weiblichkeit umgab. (Das
tat er so perfekt, daß viele seiner jüngeren
Fans nicht glauben wollten, daß er eigentlich
schwarz war. Genährt wurde diese Unsicher-
heit um seine Person durch diverse Interviews, in denen Prince einmal behauptete,
sein Vater sei zur Hälfte schwarz und zur
Hälfte Italiener, ein anderes Mal war sein
Vater zur Gänze schwarz und seine Mutter
war Italienerin, und wieder ein anderes Mal
gehörten seine Vorfahren generell den ver-
schiedensten Rassen an.) Es war alles sehr gut
durchdacht.

In den frühen Achtzigern trat Prince einmal in Dick Clarkes Show *American Bandstand* auf. Machte Dylan in Interviews mit

seinen schrägen Antworten auf sich aufmerksam und die Sex Pistols mit ihrer Schärfe, so war es bei Prince stumme Überheblichkeit. Allerdings hatte das weniger mit seiner legendären Schüchternheit zu tun als mit berechnendem Image-Management." Bevor wir auf Sendung gingen, saßen wir in der Garderobe, und Prince hatte plötzlich diese Idee, einfach nichts zu sagen", erinnerte sich Gitarrist Dez Dickerson. „Er sagte: 'Wenn er dich irgendetwas fragt, sag' gar nichts, sondern schüttle nur den Kopf!'"

Die Grundidee war einfach immer nur, aus dem Ghetto der schwarzen Musik auszubrechen und Chuck Berry und Hendrix in die große, weiße Welt der Popstars zu folgen. Für Prince Rogers Nelson hieß das, die dafür geeigneten Stile, Themen und Bearbeitungen zu finden. Prince verwarf den konventionellen schwarzen Ansatz der Behandlung von sexuellen Themen mit Hilfe von Metaphern und sang Klartext. In seine Musik und Bühnenshow fügte er klassische Rockgitarren ebenso wie glamouröse Showelemente und weiße Musiker ein. Er begriff, wie wichtig das Image war und wie man es über Fernsehen, Film und Video transportieren konnte.

Das Image von Prince basierte von Anfang an auf seiner Bühnenshow. Diese wurde von seinen Songs inspiriert und bezog seine Mitmusiker ein. In „I Wanna Be Your Lover" auf seinem zweiten Album namens *Prince* (1979) spielte er einen verzweifelten Mann, der Liebhaber, Schwester und Mutter zugleich sein will, eben „der einzige, zu dem du kommst". Genau das wurde auf der Bühne ausgelebt – in körperlicher Entsprechung zu den textlichen Versuchen von Prince, eine erotische Familie in einer polymorph perversen Welt zu erschaffen. Funktioniert hat das nicht immer.

Die erste Person, die auf der Strecke blieb, war 1980 die blonde Keyboarderin Gayle Chapman. Vielleicht war ihr das Simulieren von Intimitäten im Finale des Sets, wenn *His Royal Badness* mit „I Wanna Be Your Lover" loslegte, einfach zu viel. „Ich

weiß, daß sie Schwierigkeiten damit hatte", erzählte Dez Dickerson Dave Hill in der nicht autorisierten Prince-Biographie. „Sie liebte es, aber eigentlich liebte sie es nicht." Vielleicht wollte sie Leidenschaften nicht auf der Bühne ausleben, oder sie wollte es vielleicht zu sehr. Man sagt, daß Prince während eines Heimkonzertes in Minneapolis Gayle Chapman mitten im Song „Head" einen Zungenkuß gegeben haben soll. Sie hat schließlich die Band verlassen und zur Religion gefunden, während andere Frauen im Tourgepäck von Prince seine Großzügigkeiten akzeptierten und schließlich mit seinem Songmaterial und Produktionsgeschick selbst zu Stars wurden. 1980 veröffentlichte Prince auch sein bis dato kontroversiellstes Album. Das Musikmagazin *Rolling Stone* verglich Dirty Mind mit den Werken des für seine Unflätigkeit bekannten französischen Schriftstellers Rabelais. In Songs wie „Do It

All Night", „Head" und „Sister" beschäftigte sich Prince in Kurzform (oder vielleicht doch nicht so kurz) mit Sex, Oralverkehr und Inzest. Seine Texte waren dabei hart an der Grenze zur Pornographie: auf das Feuchtwerden der Vagina und auf die Ejakulation des Mannes wurde hier nicht nur angespielt. Prince behauptet, daß seine Texte auf tatsächlichen Erlebnissen beruhen, wie auch zum Beispiel der Song „Bambi" auf dem Album Prince, in dem er eine leidenschaftliche Liebeserklärung an eine Lesbe abgibt.

Sexuelle Verwirrung und unverhohlene Sexualität sind beides Elemente der Persönlichkeit von Prince. Sie haben es ihm gestattet, ein großes Publikum zu gewinnen, in dem Schwarze und Weiße gleichermaßen vertreten sind und zu dem auch erwachsene Frauen und ältere Soul- und Funk-Fans zählen. Er hat dabei die alten Klischees nicht übermäßig auf die Probe gestellt, sondern nur so weit, wie das nötig war, um sich selbst zum Wunschbild der gerade noch eingestandenen Phantasien seines Publikums zu machen. All diese Phantasien bleiben aber irgendwie blutleer – ein außergewöhnlicher

Shane McGowan, Ex-Pogue und Herausforderung für jeden Zahnarzt, zeigt bei den Brit Awards 1994 der Presse sein Gebiß. Kurz darauf präsentierte er auf der Bühne gemeinsam mit Van Morrison eine Version von „Gloria".

Die ausgebrannte Ruine von Steve Marriotts Haus in East Anglia. 1993 kam das ehemalige Mitglied der Small Faces in einem Feuer um, dessen Ursache vermutlich eine im Bett gerauchte Zigarette war.

Trick, der vom Schattenspiel der Videos und Filme ermöglicht wurde, die dieses Image ausformulierten und betonten.

Der Crossover-Versuch von Prince gelang erst 1983, als MTV „1999" und „Little Red Corvette" pushte. Die Karriere von *His Royal Badness* konzentrierte sich schnell auf eine Sequenz großartiger Film- und Videopastiches, die die Grenzen zwischen Konzertaufführung, Videophantasie und vager Erzählung verschwimmen ließen – Purple Rain (1984), Under a Cherry Moon (1986), Sign 'O' the Times (1987), Lovesexy (1988), Graffiti Bridge (1990) und natürlich Batman (1989) (der Soundtrack zur Prince'schen Version eines finsteren, manieristischen Filmfetischismus).

Das Übersiedeln in den Popmarkt der gehobenen Verkaufszahlen hing absolut von der Fähigkeit von Prince ab, sich selbst als Kunstfigur und als Manipulator neu zu erschaffen – als eine Art Bildschirm, auf den man die eingestandenen Phantasien projizieren konnte. Bemerkenswert dabei ist aber nicht, daß man ihm das abgekauft hat, sondern daß er so zielstrebig daran arbeitet. Er hat einen Rolls Royce wie John Lennon, aber wenn man darin irgendeinen Schrank öffnet, fintet man wahrscheinlich statt einer gutausgestatteten Mini-Bar samt kleiner Lade für das Dope ein Faxgerät.

Prince ist eine Ein-Mann-Musikindustrie. Er produziert eine Reihe von anderen Künstlern – meist junge Frauen –,um deren Karrieren er sich kümmert, und für die er auch Songs schreibt. Selbst 1991, während eines Karrieretiefs, schien er in einer vom Leibblatt der reichen Amerikaner, dem Magazin *Forbes* veröffentlichten Liste der 40 bestverdienenden Künstler auf. Man berichtet, daß seine Manager damals festgestellt haben:"Er kann auf verschiedene Arten durch Stillsitzen und Nichtstun Einkommen erwerben." Diese Definition kennt man allerdings schon: es ist die des Kapitalismus.

Einen tieferen Einblick in die Karriere von Prince erhält man, wenn man ihn mit Rick James vergleicht, der einst als die Zukunft des Funk gepriesen wurde und – hätte er sich mit dem Erfolgsethos der Achtziger besser angefreundet als mit dem exzessiven Leben des Rock'n'Rollers – wahrscheinlich heute dort sein könnte, wo Prince ist.

Anfang der achtziger Jahre hatte sich James bereits innerhalb der schwarzen Musikszene etabliert. Seine Musik hatte etwas vom Comic-Strip-Funk eines George Clinton, ein bißchen vom Rasta-Stolz eines Bob Marley und ein wenig vom schnellen, glamourösen weißen Rock. Prince war 1980 auf einer Reihe von Tourkonzerten an der Ostküste der Vereinigten Staaten der Support-Act für James, doch in Sachen Glamour ging er noch einen Schritt weiter und begrub seine musikalischen Wurzeln unter einer dikken Schicht Image. Prince verstand, was James entgangen war: Das Image, seine Symbole und Träger stellten im Konsumzeitalter den Schlüssel zum Erfolg dar. Dieses Wissen und das daraus resultierende, meisterhafte Marketing führten dazu, daß Prince 1992 den höchstdotierten Plattenvertrag aller Zeiten erhielt. Dieser Vertrag sollte ihn zum unumstrittenen Crossover-König des Rock'n'Roll machen. Für die Aufnahme- und Verlagsrechte an sechs Alben kassierte er von Warner Brothers Records und Warner Chappel Music geschätzte 100 Millionen Dollar.

So wie Prince unaufhaltsam aufstieg, ging es mit seinem Rivalen Rick James bergab. Es ist schwer zu beurteilen, wie sehr es Rick getroffen hat, daß Prince in seiner Bühnenshow Ricks Freundin Denise Matthews als Vagina auftreten ließ – in einer Mädchenband mit dem einfallsreichen Namen *The Hookers* (die Nutten). Zum Teil war die Pa-

ranoia von James sicher eine Auswirkung seines Drogenkonsums, doch Mitte der Achtziger begann er, Prince völlig zu dämonisieren. Er warf ihm Betrug an der schwarzen Kultur vor und nannte ihn einen „geistesgestörten jungen Mann, der Lieder über Oralsex und Inzest singt".

Aus den Hookers wurde *Vanity 6*, wobei Denise Matthews Vanity war. Rick James hingegen gelangte 1991 an seinem völligen Tiefpunkt an. Gerade war er zum x-ten Mal aus dem Gefängnis entlassen worden, da ging er sofort wieder hinter Gitter, weil er gemeinsam mit seiner damaligen Freundin, der jungen Tanya Anne Hijazi, in seiner Wohnung in den Hügeln von Hollywood eine Frau gefesselt hatte, ihr mit einer Crack-Pfeife und einem heißen Fleischermesser Verbrennungen zufügte und sie zu Oralsex an Hijazi zwang. In diesem Szenario, das fast ident mit dem Film A Star Is Born ist, steckt so viel dunkle Poesie, daß man fast glauben möchte, es komme aus einem unveröffentlichten Song von Prince.

Crack (eine Form von rauchbarem Kokain) hatte den ultimativen Namen für eine Droge der achtziger Jahre. Man assoziierte damit Sexualität, Sadomasochismus, Geschwindigkeit und Verfall. Die wirkliche Droge der Achtziger aber hieß Phantasie – ungeachtet der Tatsache, daß eine Flut von Narkotika und Stimulantia drohte, den Westen zu überschwemmen. Natürlich konsumierten viele Leute Kokain, billiges Heroin oder Designer-Drogen wie Ecstasy (auch E genannt, die umgangssprachliche Bezeichnung für MMDA, einem Halluzinogen aus den Sechzigern, dessen vollständiger Name Methoxymethylen-Dioxyamphetamin lautet), und diese Drogen waren auch leicht zu bekommen. Aber noch offensichtlicher waren die achtziger Jahre das Jahrzehnt der

Axl Rose (der Name ist ein Anagramm und steht für „Relaxos" – Beruhigungsmittel) tat sein schlechtes Image in St. Louis leid, aber bei dieser MTV-Party waren die Gewissensbisse schon vorüber.

Am 12. Juli 1992 wird Axl Rose von Zollbeamten auf dem Kennedy-Flughafen in New York verhaftet. Man hatte Anklage gegen ihn erhoben, weil es im Jahr davor bei einem Konzert in St. Louis zu Ausschreitungen gekommen war.

Rollen- und Überlebensspiele; das Jahrzehnt der virtuellen Realität.

Vor unseren Augen verwandelte sich die Welt in eine Disneyland-Version ihrer selbst. Dieses Phänomen breitete sich schließlich so weit aus, daß sogar Akademiker begannen, sich dafür zu interessieren. Sie hatten auch gleich einen kaum verständlichen Namen zur Hand. Doch schon bevor jeder in der Folge von der „Postmoderne" sprach, war sie zum Modus vivendi des Rock'n'Roll geworden. Die Künstlergeneration der achtziger Jahre war sich erstmals aller Attribute des Rock'n'Roll bewußt – der Möglichkeit von beispiellosem Reichtum und hedonistischer Selbsverwirklichung, der Gefahren des Exzesses, der Notwendigkeit populärer Wurzeln und der Gefahren finanzieller Ausbeutung. Diese Künstlergeneration beschäftigte sich mit Karriereentscheidungen gleichermaßen wie mit Musik. Sie plünderte die Vergangenheit aus, und ihre Beute waren Images, Haltungen und sonstige Zutaten für selbstbewußte Rock-Faksimiles. In gewisser Weise waren sie alle wie Elvis-Imitatoren. Der Unterschied war, daß sich ihre Imitation auf Stimmungen und Augenblicke bezog, nicht auf Personen.

Chrissie Hyndes Pretenders zum Beispiel wurden gegründet, weil Hynde unbedingt ein Rockstar werden wollte. Die in Ohio geborene Sängerin und Gitarristin verfolgte dieses Ziel bis zur Besessenheit. In den frühen Siebzigern zog sie nach London und begann dort ihren Weg zum Ruhm. Auf diesem Weg traf sie viele Leute, schlief mit vielen Leuten und wurde schließlich Journalistin beim *New Musical Express*, der damals wichtigsten Musikzeitschrift des Vereinten Königreichs.

Durch ihre Arbeit beim *NME* lernte Hynde die hungrigere Hälfte des Musik-

Polizeifotos von Donnie Wahlberg von den New Kids on The Block. Er war verhaftet worden, weil er einen Hotelteppich mit einer Flasche Wodka in Brand gesetzt hatte.

Establishments in Großbritannien kennen, insbesondere Vivienne Westwood und das Sex-Pistols-Mastermind Malcolm McLaren. Hynde hat sich in Szene gesetzt und das hat sich – zugegeben – trotz einiger negativer Reaktionen bezahlt gemacht. Dann kam eine Reihe romantischer oder beruflicher Verbindungen, etwa mit Nick Lowe (Bassist, Songschreiber und Produzent), Chris Spedding (Gitarrist, Arrangeur und Produzent) und Tony Secunda (in den Sechzigern handelte er mit seiner PR-Pionierarbeit der Gruppe „The Move" eine Klage vom damaligen britischen Premierminister Harold Wilson ein). Schließlich tat sich Hynde dann mit zwei ehemaligen Privatschulbesuchern aus Hereford zusammen. Ihre Namen waren Pete Farndon und James Honeyman-Scott. Chrissie Hynde schlief mit Farndon und die Pretenders waren geboren.

Die treibende Kraft der Pretenders war Hyndes unbändiger Wunsch nach Starruhm. Ihr Wissen bezog die Band aus einer tiefen Verehrung der Rockkultur. Es schien jedoch, als schuf die Band nur eine Reihe von Versatzstücken; Dioramas, die ihre Vorstellung vom Rock'n'Roll widerspiegelten. Von den heutigen Kids werden die Pretenders als „lasch" empfunden, aber 1981 schienen sie eine noch nie dagewesene Synthese zu repräsentieren. Chrissie Hynde war zwar nicht die erste Frontfrau einer Rockband, aber ihr Bewußtsein war so intellektuell wie das von Patti Smith und gleichzeitig war sie so unterhaltsam wie Suzi Quatro. Darüber hinaus

kam ihre Musik genauso aus dem Bauch wie die von Quatro und Smith. Vielleicht waren die Pretenders die erste postmoderne Band – prätentiös im Doppelsinne des Wortes.

Unter ihren ersten Singles waren zwei Songs von Ray Davies: „Stop Your Sobbing" (1979) und „Everynight I Just Can't Go To Sleep" (1981). Auf den ersten Blick schien dieser musikalische Einfluß etwas ungewöhnlich, doch man darf dabei das Dandy-Image der Kinks (einschließlich des Songs „Dandy"), ihre sexuelle Ambiguität bei „Lola", den tiefen und reaktionären Romantizismus von Ray Davies und die ablehnende Haltung der Band gegenüber der Plattenindustrie nicht außer acht lassen. In gewisser Hinsicht waren die Kinks New Romantics; Prototypen einer neuen Popmusik, die rein war, weil sie abseits des Mainstream stattfand. Es konnte kaum überraschen, daß Hynde 1981 mit Ray Davies eine Affäre hatte, die übrigens die Geburt einer Tochter nach sich zog. Die Kinks zur Zeit der legendären „Invasion" Amerikas durch britische Bands daheim zu sehen, war schließlich ein Schlüsselerlebnis gewesen (vielleicht sollte man es treffender als ein äußerst befruchtendes beschreiben). Schließlich ist es besser, mit jemandem zu schlafen, der einen beeinflußt hat, als sich einfach nur so anzuziehen wie er.

Die Pretenders standen jedoch unter keinem guten Stern. Der Tod war allgegenwärtig. Fast schien es, als wäre die Illusion des Rock'n'Roll so mächtig geworden, daß man ihr nur durch den Tod entrinnen konnte. Der Druck des Tourlebens und die bestimmende Persönlichkeit von Hynde führten bald zum Bruch zwischen ihr und Farndon. Sie zog nach Covent Garden, in Kevin Sparrows Mietwohnung. Sparrow sah aus wie Keith

Richards und war auch genauso ein Junkie. Am Weihnachtstag 1979 starb er an einer Überdosis; drei Wochen, bevor die dritte Single der Pretenders „Brass In Pocket" Platz 1 der Hitparaden erreichte.

Das Problem war, daß keiner in der Band wußte, bei wem man sich für den Erfolg bedanken sollte. Natürlich waren die Kritiker gnädig gewesen, und natürlich hatte Hynde einen gewissen arroganten Charm, doch es hatte auch einen massiven Hype gegeben. Im August 1980 wurde die Plattenfirma WEA von der damals wichtigsten Aufdeckersendung im britischen Fernsehen, *World In Action*, bloßgestellt. Dabei ging es um das Manipulieren von Hitparaden und andere unfeine Praktiken der Musikindustrie. Besonders peinlich war das für John Fruin, den Geschäftsführer der WEA, der pikanterweise gleichzeitig Vorsitzender eines Kontrollgremiums war, das üble Praktiken verhindern sollte: der British Phonographic Industry (BPI). Fruin bestritt die Anschuldigungen, die Veröffentlichungen von Elvis Costello, Dusty Springfield, Gary Numan, Rod Stewart und eben den Pretenders betrafen, kündigte aber einige Wochen nach der Sendung bei WEA.

„Wir haben wie verrückt gearbeitet, um die Pretenders in die Charts zu hieven", sagte Fruin später, doch der Erfolg von „Brass In Pocket" in Großbritannien und in den USA überraschte fast alle.

Die Gruppe ging bald völlig im Rock-Lebensstil auf – oder zumindest in einer Variation davon. Hynde, die selbst dem Exzeß nicht abgeneigt war – sie soff sich einmal direkt ins Gefängnis von Memphis – beschrieb den Gitarristen Honeyman-Scott als „Drogenfanatiker". Er war schon ziemlich auf Speed, als sie einander zum ersten Mal begegneten, und als der Erfolg kam, war er bereits auf Heroin. Trotzdem war er das kleinere Problem im Vergleich zum Bassisten Pete Farndon. Laut Hynde war er „einer jener unglücklichen Charaktere, die ein Zeitungsfoto von sich sahen und es für eine wirklich-

---

Ein müder und frustrierter Kurt Cobain hinter der Bühne. Einer seiner Songs hieß „Come As You Are", doch Greil Marcus schrieb in einem berührenden Nachruf auf den Sänger: „Wenn das Leben in Scherben vor dir liegt, ist das leichter gesagt als getan".

keitsgetreue Darstellung ihrer selbst hielten." Farndon „hatte schon über lange Zeit Heroin genommen", erinnerte sich Hynde, „und sein Verhalten wurde völlig unberechenbar." Man konnte nicht mehr mit ihm arbeiten, sein Baßspiel wurde immer schwerfälliger, er kam bei den Auftritten aus dem Takt oder war manchmal völlig weggetreten, und er prügelte sich hinter der Bühne, wobei Ray Davies offenbar einmal Zielscheibe seiner Aggressionen war. Die anderen Pretenders wollen nicht mehr mit ihm arbeiten, und so wurde er im Juni 1982 ohne viel Aufhebens gefeuert.

Farndon war in vielerlei Hinsicht die tragischeste Figur der Pretenders. Er kultivierte sein verwahrlostes Aussehen und sein Rebellenimage perfekt mit Ohrring, Schmalzlocke und Ledergewand. Zweifellos war seine Beziehung mit Hynde schmerzlich und verwirrend gewesen, aber der Gipfel der Ironie war der völlig unerwartete Tod seines Bandkollegen James Honeyman-Scott: Zwei Tage nach Farndons Rausschmiß, also als man von Farndon erwartete, daß er seinem unglücklichen Leben einen spektakulären Schluß- und Höhepunkt setzen würde, zog der blonde und blauäugige James Honeyman-Scott alle Aufmerksamkeyt auf sich, indem er nach einer typischen Nacht auf Alkohol, Kokain, Heroin und was sonst noch so herumlag, im Schlaf starb.

Farndon hat noch fast ein Jahr gebraucht, um zu sterben. Seine Frau fand die Leiche im Badezimmer der gemeinsamen Wohnung im Londoner Stadtteil Kensington am 14. April 1983. Er war, noch keine dreißig Jahre alt, unter dem Einfluß von Heroin und Kokain ertrunken. „Der Typ hat's vermasselt", sagte Hynde in einem einzigartigen Anflug von Unsentimentalität. „Er hat sich einen Schuß gesetzt und ist im Bad ersoffen. Ich stelle mir ein attraktives Rock'n'Roll-Image

anders vor – ein tätowierter Arm, der aus der Wanne hängt, langsam blau wird, die Spritze noch drin. Aber darauf lief es letztendlich hinaus."

Auf Chrissie warteten jedoch noch größere Aufgaben. In den späten Achtzigern wurde sie zur militanten Vegetarierin und zum Ökofreak, unterstützte eine Reihe von politisch korrekten Anliegen und wurde zum fixen Bestandteil der radikalen Wohltätigkeitsveranstalterszene. Sie zog sich viel Kritik, aber auch Applaus zu, als sie 1989 bei einer Pressekonferenz anläßlich der Veröffentlichung eines Greenpeace-Benefizalbums den Anschein erweckte, das Niederbrennen von McDonalds-Lokalen zu befürworten. Weniger Aufmerksamkeit erregte ihre Kampagne gegen Michael Jackson und seinen berüchtigten 15-Millionen-Dollar-Werbevertrag mit Pepsi-Cola. (Tina Turner machte während des großen Krieges der Limonadenhersteller Werbung für Coca-Cola. Ihr jedoch widmete Chrissie keinen Song, in dem sie fragte, um wieviel Tina ihre Seele verkauft hätte.) Laut Hynde ist McDonalds „ekelhafte Scheiße". Sie hat versprochen, daß ihr vegetarisches Engagement weitergehen wird. „Man muß diese Sache angehen, und wenn das niemand sonst tut, werde ich es eben tun. Denn ich möchte für eine gute Sache sterben." Vielleicht hat Farndon diese Welt ein wenig unglamourös verlassen, aber was die Sinnlosigkeit oder Sinnhaftigkeit betrifft, ist er in seiner Badewanne nicht weit von Chrissie auf ihrem hohen Roß entfernt.

Es gab auch noch andere Fälle von Drogen- und Alkoholmißbrauch in den letzten paar Jahren, die sowohl alteingesessene als auch neue Künstler betrafen. Boy George (richtiger Name George O'Dowd) von Culture Club konnte gerade noch lebend aus dem Wrack seiner kurzen, aber schillernden Karriere als androgyner Heroinkonsument geborgen werden. Bemerkenswert an ihm war noch sein unehrlicher Standsatz in Talkshows, daß er lieber Tee tränke, als Sex zu haben. Die frühere Teilzeitsängerin bei Velvet Under-

---

Kurt mit Baby Frances Bean. Seine echte Zuneigung zu ihr führte zu mehreren Versuchen, von den Drogen wegzukommen.

ground, Nico, starb 1988 nach einem Herzinfarkt beim Radfahren in Ibiza. Sie nahm gerade an einem Methadon-Entzugsprogramm teil. Die langjährige Heroinsucht hatte sie aufgeschwemmt und ihre Gesichtszüge verändert, so daß kaum mehr eine Ähnlichkeit mit dem Menschen bestand, den man einmal „die schönste Frau der Welt" nannte.

1991 wurde Perry Farrell, der ehemalige Sänger der amerikanischen Gruppe „Jane's Addiction", in Santa Monica wegen einer Drogengeschichte verhaftet, während Shane McGowan, der Sänger der irischen Pogues, wegen alkoholbedingter Unzuverlässigkeit von der Band gefeuert wurde. Gleichzeitig wurde enthüllt, daß Shaun Ryder von der Rave-Band „Happy Mondays" seit seiner Teenagerzeit heroinsüchtig war.

In der Folge kursierten Gerüchte, daß diese drei, oder auch nur zwei von ihnen, eine drogenwahnsinnige Supergruppe gründen würden (The Smack Pack?). Möglicherweise war die Idee aber auch nur ein narkotikabeeinflußter Alptraum. (1990 mußte man den Spaßvogel Ryder davon überzeugen, besser nicht mit einem Röllchen Staniolpapier für ein Magazinfoto zu posieren. Er wollte damit einen für ihn wichtigen Gegenstand präsentieren.) McGowan, der einstmals das Gefängnisurteil für die Birmingham Six (mutmaßliche IRA-Terroristen) aufgrund von gefälschtem Beweismaterial scharf verurteilt hatte und dafür Radio- und TV-Verbot erhielt, landete 1992 ein Comeback mit einem ungewöhnlichen Weihnachtslied: einer Version von Louis Armstrongs sentimentalem Hit „Wonderful World" aus dem Jahr 1968. Aufgenommen hat McGowan diesen Song mit dem nur Insidern bekannten Kult-Star Nick Cave.

Martin Hannet, der sich selbst einmal Martin Zero nannte und möglicherweise die wichtigste Figur in der fruchtbaren Manchester-Szene der Achtziger war, starb nach zweiundvierzig Jahren Alkohol- und Drogenmißbrauch an einem Herzinfarkt. Hannet war Produzent von Bands wie den Buzz-cocks, Joy Division, New Order, den Stone Roses und den Happy Mondays gewesen. Darüberhinaus hatte er auch noch mit U2, Magazine und den Orchestral Manoevres In The Dark gearbeitet. Phil Lynott, der wilde Mann von Thin Lizzy, ein schwarzer Ire und Beinahe-Star in der Filmbiographie von Jimi Hendrix, kämpfte stets um gesellschaftliche Anerkennung. In einer von den Medien ausgeschlachteten Showhochzeit heiratete er die Tochter des britischen Fernsehstars Leslie Crowther. Lynott verlor jedoch seinen Kampf: Am Weihnachtstag des Jahres 1985 starb er in Schande an einer Überdosis. David Ruffin, der Leadsänger der Temptations, starb im Alter von 50 Jahren an einer Überdosis in Philadelphia. Steve Clark, Leadgitarrist von Def Leppard, starb nach einem langen, vergeblichen Kampf gegen seine Alkoholsucht mit dreißig an einem tödlichen Alkohol- und Drogencocktail. Auch der 38jährige Johnny Thunders von den New York Dolls und den Heartbreakers brachte sein rasantes Leben mit einer Überdosis zu einem abrupten Ende. Steve Marriot von den Small Faces verbrannte im Alter von 44 Jahren in seinem Landhaus in England, wobei sein Tod möglicherweise von seiner Liebe zu Joints verursacht wurde. Doch trotz all dieser unglücklichen Todesfälle und trotz derer, die noch kommen werden, haben die Pretenders irgendwie schon einen Schlußstrich gezogen. Farndon und Honeyman-Scott waren vielleicht die letzten, die einen echten Rock'n'Roll-Tod gestorben sind.

Auf der Straße helfen Drogen vielleicht gegen Schmerz und Verzweiflung; für die Rock'n'Roller wurden sie jedoch zu einem Spielzeug. William Blake, ein Dichter und Visionär aus dem 18. Jahrhundert, schrieb einmal in bemerkenswerter Weise über „die Straße der Ausschweifung, die zum Palast der Erkenntnis" führt. Ausschweifung implizierte natürlich Tiefe, doch in den Achtzigern war Erkenntnis eher eine seichte Angelegenheit für viele – ein Palast der leichten Unterhaltung, ein riesiges Einkaufszentrum.

Selbst der frühe Tod, einstmals ein einschneidendes Erlebnis für das Publikum, verlor seine Bedeutung. Der Schock, den uns der Tod eines John F. Kennedy oder eines Jimi Hendrix versetzt hatte, konnte nie mehr wiederholt werden – nicht einmal, als sich der mit Drogen vollgepumpte Frontman von Nirvana, Kurt Cobain, irgendwann in der ersten Aprilwoche 1994 zu dem ungewöhnlichen Schritt entschloß, seinen Kopf mit einer Schrotflinte wegzublasen. Der Tod war zum festen Bestandteil des Alltags geworden, nicht zuletzt auch deshalb, weil eine neue Todesursache aufgetaucht war – AIDS. Viele Künstler aus dem Unterhaltungsbereich waren davon betroffen, darunter natürlich auch einige Rockstars (z.B. Alan Murphy, der Gitarrist von Level 42, der 1989 an der Seuche starb, oder auch Freddie Mercury, der Sänger von Queen, der dem AIDS-Virus 1992 erlag). Heute sind die Besuche der vier apokalyptischen Reiter – Seuche, Krieg, Hunger und Naturkatastrophen – zur Routine geworden. Die Fans in den Vereinigten Staaten trauerten zwar über den Tod von Cobain – ein unglücklicher 28jähriger namens Daniel Kasper, für den Nirvana die ersten echten Rock-Rebellen seit Gene Vincent oder Bob Dylan waren, die es ganz nach oben geschafft hatten, ging sogar so weit, nach dem Vorbild Cobains ebenfalls Selbstmord zu begehen – doch der Rest der Welt wandte sich nur achselzuckend ab; wieder ein Rock-Star tot; jede Menge Zeitungsartikel, die entweder immer neue schauerliche Details enthüllten oder sich in Spekulationen darüber ergingen, warum sich junge, reiche Menschen umbringen wollen, wo doch der Rest der Welt so sehr am Leben hängt; 50.000 verkaufte Nirvana-Platten allein in den USA in den zwei Tagen nach dem Selbstmord; wir haben's gesehen, wir waren dort, wir haben mitgemacht, wir haben das T-Shirt gekauft.

Unsere Kultur hatte es gelernt, den Tod mittels Film, Videospiel und Musik zu zelebrieren. Schließlich war er nur ein Teil des postmodernen Cocktails: ein Image für den Poser und das Modeopfer. Auch in den Achtzigern war Heavy Metal der produktivste Zweig der Rockmusik. Der Unterschied zu früher bestand darin, das Metal zu Extremformen wie etwa Thrash, Speed und Death Metal mutierte, deren bloße Namen schon Ohnmacht und Verweigerung suggerierten.

Bands wie Megadeth, Slayer, Metallica, Anthrax, Mötley Crüe, Napalm Death, Venom, Nuclear Assault und die Suicidal Tendencies spezialisierten sich auf grimmige Posen, hautenges Leder, Nieten, langes, fettiges Haar und Texte, die permanent die Themen Tod, Zerstörung, Vergewaltigung und Schmerz behandelten. Bei diesen Bands handelte es sich um echte Underground-Musik – sie wurden vom Großteil der Mainstream-Presse ignoriert, und dem Rock-Establishment waren sie zu peinlich.

Im besten Fall ist Metal der Ausdruck jener rebellischen Energie, die den Rock'n'-Roll stets mit neuen Kraftimpulsen versorgt und so echte kreative Herausforderungen stellt. Aber Hand aufs Herz – meistens erschöpft Metal sich in amateurhaften Macho-Posen und ist zugeschneidert auf unfolgsame Schuljungen: laut und dumm. Davon, womit Fans ihre Stimmung zu heben pflegen, läßt sich auf die Musik rückschließen, und im Fall von Metal ist das zu 90% Carlsberg Spezial und Wodka.

Die neue Metal-Generation wird von Metallica dominiert, einer Band, die der dänische Schlagzeuger Lars Ulrich und der Sänger/Gitarrist James Hetfield 1981 gegründet haben. In den apokryphen Evangelien des Thrash-Metal wird darüber berichtet, wie Ulrich zum ersten Mal Lemmy von Motorhead – den Paten des Metal – in einem Hotelzimmer in Kalifornien traf und aufgrund überhöhten Wodkakonsums auf seinen Teppich kotzte. So benehmen sich Metal-Bands. Für sie ist das Leben eine einzige Tour – ein Bild, das von Legionen von Vorläufern geprägt wurde; von Idolen wie Led

Zeppelin, Black Sabbath, Motorhead, Iron Maiden, Saxon, Def Leppard und den Tygers of Pan Tang. Die heutigen Metal-Protagonisten leben vom Vermächtnis des Acid Rock und des Punk sowie des klassischen Macho-Selbstdarstellungsrocks, wobei sie noch die Rolle der harten Jungs, der bösen Bastarde und der Satanisten spielen.

Death Metal, so wird es überliefert, wurde von einer Band namens Venom erfunden, die aus dem darniederliegenden, industrialisierten Nordosten Englands stammt. Ihr Sänger nennt sich Kronos, so wie der Vater des Zeus, der seine eigenen Kinder verspeiste. Sein wirklicher Name ist Conrad Lant, und seine Theorie lautet, daß Death Metal das Böse in seiner modernen Form ist. Black Sabbath und deren ehemaliger Sänger Ozzy Osbourne sind die Zielscheibe seiner Kritik: „Death Metal", so Kronos, „besteht darin, Dinge zu sagen, vor denen sich Black Sabbath in die Hose gemacht haben. Verglichen mit uns sind sie nur eine billige Geisterbahn. Aber bei uns gibt's alles – aufschlitzen, verstümmeln, Kehle aufreißen… wir lassen nichts aus."

Das klingt natürlich sehr häßlich, aber genau diese Häßlichkeit verlangen die Metal-Fans. Die Unterschiede lassen sich sehr subtil an den Covers und in den Texten erkennen: Manche Bands befassen sich mit dem Opfern von Jungfrauen, andere mit dem Trinken von Blut, manche spezialisieren sich auf Lepra oder andere Seuchen, andere wieder auf Nazimystik oder politische Terrorvisionen. Daneben gibt es auch noch Fachleute für Atomexplosionen, Verstümmelung, Sadismus, diverse Körperfunktionen und für das Erwecken von Toten. Ich persönlich bezweifle, daß die Grausamkeiten in der heutigen Welt in yrgendeiner Weise mit der Aufarbeitung dieser Themen im Heavy Metal zusammenhängen, aber eine gewisse Schockwirkung wird selten verfehlt. 1984 wurde versucht, Ozzy Osbourne wegen seines Songs „Suicide Solution" mit einer Klage (die vom Obersten Gerichtshof in Ka-

lifornien abgewiesen wurde) für den Selbstmord eines Teenagers haftbar zu machen. 1988 handelten sich Mötley Crüe von der „Nationalen Koalition gegen Gewalt im amerikanischen Fernsehen" eine (werbewirksame) Rüge ein, nachdem ein zwölfjähriger Junge ein Mötley-Crüe-Video nachgespielt hatte und dabei seine Beine anzündete.

Die religiösen Fundamentalisten Amerikas waren in den Achtzigern von der Idee besessen, auf Platten seien nur für das Unterbewußtsein wahrnehmbare Botschaften versteckt. So wurden, ähnlich wie im Ozzy-Osbourne-Fall, im Jahr 1990 auch Judas Priest verklagt. Die Band wurde schließlich vom Vorwurf freigesprochen, sie hätte auf ihren Platten satanische Botschaften versteckt, die man beim Rückwärtsspielen hören könne und hätte damit zwei Fans in den Selbstmord getrieben. Sogar deklariert christliche Bands wie U2 oder Stryper wurden zur Zielscheibe der Kritik einiger höchst fanatischer Anti-Rock-Gruppierungen. Rock konnte also immer noch anstößig sein – selbst wenn diese Anstößigkeit so sehr an den Haaren herbeigezogen war, daß man nur mehr darüber lachen konnte.

„Man kann nicht von Tür zu Tür gehen und dabei den Satan geißeln wie ein beschissener Mormone", meinte Kronos von Venom. „Mein Kriterium für einen guten Song ist nicht, daß ich ihn meinen Eltern vorspielen kann. Im Gegenteil, wenn sie sagen: 'Junge, das ist absolut ekelhaft', dann weiß ich, daß ich richtig liege."

Ironisch daran ist, daß der Heavy Metal eine der erfolgreichsten Bands der Neunziger hervorgebracht hat – Guns N'Roses. Sie haben die Tätowierungen, das Leder, die langen Haare, den Sexismus, die Zigaretten und den Alkohol übernommen, ohne dabei ganz so bedrohlich zu wirken wie ihre Vorgänger. Natürlich, sie sagen oft „fuck", trinken Jack Daniels wie Keith Richards, reden lauthals über das Töten von Haustieren, nehmen jede Menge Drogen, nannten ihr

Rom, März 1994: die geistesgegenwärtige Reaktion von Courtney Love rettete Kurt Cobain damals aus einem Medikamenten-Koma.

Album aus dem Jahr 1987 „Appetite For Destruction", und hin und wieder werden sogar ihre Songs wegen anstößiger Texte verboten. Aber sie wissen immer, worauf es letztendlich ankommt – und darin sind sie wesentlich besser als die früheren Anwärter auf den Titel der wildesten Rockband der Welt, die da etwa Beastie Boys oder Sigue Sigue Sputnik hießen (falls sich noch jemand an die erinnert).

G N'R wollten sich sämtliche Rechte an Interviews, die sie den Medien gaben, sichern, was ihnen nicht gelang. Sie haben ihr Image gern unter Kontrolle – so gern, daß Sänger W. Axl Rose (wirklicher Name Bill Bailey) 1991 in St. Louis von der Bühne sprang, weil ein Fan im Publikum unerlaubt Fotos schoß. Nach einer kurzen Rangelei brach Rose den Auftritt ab. Resultat: eine Straßenschlacht mit 60 Verletzten, 16 Verhaftungen, 200.000 Dollar Schaden, zwei Jahre Bewährung für Waxl und 50.000 Dol-

lar Strafe, die er an wohltätige Einrichtungen für mißhandelte Kinder in St. Louis überweisen mußte. Der Rechtsanwalt sagte nach dem Prozeß, Axl „sei unglücklich über sein Image in St. Louis." Das hat die Band aber nicht daran gehindert, die Worte „Fuck you, St. Louis!" in die Randbemerkungen auf den Covers von *Use Your Illusion I und II* aufzunehmen.

Falls es irgendjemand noch nicht weiß: Axl ist ein zorniger, junger Mann. Er behauptet: „Ich bin sehr sensibel und reagiere emotionell." Seine Publicity in den Jahren 86 und 87 war auf einer Story aufgebaut, derzufolge er gewohnheitsmäßig kleine Hunde tötet. (Nachdem mehrere Zeitungen darüber berichtet hatten, stellte sich die ganze Geschichte als reine Erfindung heraus – obwohl, so verrieten uns verläßliche Quellen, Axl einmal ein Schwein erschossen habe, aber nur, um es nachher zu essen.) Heute richtet sich der Zorn von Rose hauptsächlich gegen Fans, Journalisten und Plattenfirmen. Er trägt einen Ring durch seine Brustwarze und hat eine Schwäche dafür, Hotelzimmereinrichtungen zu demolieren.

Der Gitarrist Slash hingegen (wirklicher Name Saul Hudson) ist der Zügellose in der Band. Er wurde in Stoke-On-Trent in Großbritannien geboren, kommt aus einer schwarz-weißen Familie, wuchs in L.A. auf, sein Vater entwarf Plattencover und seine Mutter Theater- und Filmkostüme. Sein dunkles, lockiges Haar trägt er so lang, daß es oft sein ganzes Gesicht bedeckt. Meist zeigt er seinen unbekleideten Oberkörper, und er ist außerdem derjenige in der Band, der bis zum Exzeß Drogen, Zigaretten und Alkohol konsumiert. „Ich sehe Ähnlichkeiten zwischen mir und Ozzy Osbourne, „ enthüllt er über sich. „Sein Leben ist so Rock-'n'-Roll-orientiert. Er hat sonst nichts. Genauso bin ich auch." Hier geht es um denselben Ozzy Osbourne, der Ende 1989 verhaftet wurde, weil man ihm vorwarf, er habe seine Frau und Managerin Sharon (die Tochter des legendären Rock-Managers Don Arden) mit dem Umbringen bedroht, „wobei sie Grund zur Annahme hatte, daß er seine Drohung ausführen würde." Sharon zog ihre Klage später zurück, nachdem die örtlichen Behörden darauf bestanden, daß sich Ozzy auf Alkoholentzug begibt.

Der letzte dumme Name bei Guns N' Roses gehört Izzy Straddlin (abgeleitet von Is He Straddling?, etwa: Ist er unentschlossen?). Er spielte die Rolle des Zynikers, bis er 1992 gefeuert wurde, weil er Axls Mißfallen erregte. Wenn man als Jeffrey Dean geboren wird, reicht das natürlich, um zum Zyniker zu werden, aber es reicht nicht, um den Arbeitsplatz zu behalten. „Ich habe Axl gegenüber meine Gefühle ausgedrückt", sagte Izzy, offenbar in einem plötzlichen Anfall von Entschlossenheit. „Am nächsten Abend

habe ich dann auf MTV gehört, daß dieser Typ von Jane's Addiction meinen Platz übernehmen wird. Also", schloß der dann doch wieder Unentschlossene messerscharf, „sah ich das als Hinweis darauf, daß ich Axl wirklich beleidigt hatte." Ansonsten war das einzige, was man je über Izzy gehört hat, daß er einmal wegen „Behinderung des Flugpersonals" angeklagt wurde, nachdem er in grimmiger Entschlossenheit in einem Flugzeug neben die Toilette gepinkelt hatte.

Dann gibt es da natürlich noch einen Bassisten und einen Schlagzeuger, die beide keine dummen Namen tragen und offensichtlich austauschbar sind. Tatsächlich wurde der ursprüngliche Schlagzeuger der Gruppe schon 1990 gefeuert, ohne daß das nennenswerte Auswirkungen gehabt hätte. Slash sagte über ihn: „Steven ist der personifizierte Rock'n'Roll. Er lebte nur für Sex, Drogen und Rock'n'Roll – in dieser Reihenfolge. Vielleicht aber auch für Drogen, Sex und Rock'n'Roll. Irgendwann waren es dann nur mehr Drogen und Rock'n'Roll, und am Ende waren es nur noch Drogen."

Das Problem dieses ganzen Image-Kultes besteht darin, daß sich hinter der selbstbewußten Übersteigerung eigentlich eine sehr vereinfachte Sicht von Rock versteckt. Guns N' Roses haben eine neue Art Teenybop geschaffen, eine Zeichentrickversion der wahren Rock'n'Roll-Exzesse, eine bewußte Parodie, die als Original verkauft werden soll – und zwar an junge Fans, die den Unterschied nicht kennen können. Die Band rechtfertigt sich selbst damit, daß sie behauptet, seit den Sex Pistols sei im Rock'n'Roll nichts Interessantes mehr passiert, bis G N'R aufgetaucht seien. Das einzige jedoch, was sie von den Sex Pistols übernommen haben (abgesehen von einer parfümierten Version ihres Namens) ist die Marketingstrategie. In jeder anderen Hinsicht – sei es musikalisch, visuell oder textlich – sind sie uninteressanter als die Sex Pistols, und läßt man einmal die Punk-Assoziation beiseite, bleibt nur eine Collage aus Sechziger- und

Siebziger-Hardrock übrig, die nicht einmal so amüsant ist wie Spinal Tap.

Heutzutage umgeben sich im Musikgeschäft sogar Saubermänner wie die Teenie-Lieblinge New Kids On The Block (laut *Forbes* die bestverdienenden Unterhaltungskünstler der frühen Neunziger) gelegentlich mit der Aura des Bösen. 1991 hat Donnie Wahlberg Guns N' Roses die Show gestohlen, indem er in Louisville, Kentucky, unter Zuhilfenahme einer Flasche Wodka einen Hotelkorridor in Brand setzte.

Es ist vielleicht ein wenig traurig, nur auf ein solches Image reduziert zu werden, aber noch trauriger war es wahrscheinlich, Nirvana zu sein. Sie hatten als Punk-Pastiche begonnen, wurden aber schnell zu einer schwindelerregend furchtbaren Parodie auf dreißig Jahre Rockmusik. 1992 hatten sie es mit nur zwei Alben – unscheinbar betitelt mit *Bleach* und *Nevermind* – geschafft, durch ihr PR-Image allein die gesamte Musik einer Generation zu rekapitulieren. Sie wurden zu den Königen des Grunge, eines musikalischen Stils, der selbstbewußt als Synthese von Metal und Punk definiert wurde, aber auch als eine Version dessen, wie Rockmusik eigentlich zu klingen hat.

Bevor wir auch nur einen einzigen Ton von der Band gehört hatten, konnten wir bereits alles über die musikalische Vergangenheit von Sänger Kurt Cobain in zahllosen Artikeln lesen – als Baby hörte er die Beatles; als Kind Led Zeppelin, Kiss und Black Sabbath; als Teenager die Sex Pistols und als Erwachsener die Pixies, REM und ein Haufen anderer Indie-Bands. Auf den Fotos sehen Nirvana einmal wie Grand Funk Railroad aus, und ein anderes Mal wie Elvis Costello and the Attractions. Kurt, so heißt es, sei wie John Lennon; „er benutzt seine Musik, um eine unglückliche Kindheit herauszuschreien".

Es war nicht schwer zu erraten, welche Art von Lärm diese Band erzeugen würde. Sogar ihr Name war schon einmal da (er gehörte einer der am meisten unterschätzten

psychedelischen Gruppen der sechziger Jahre). Man hatte ihn gewählt, nachdem man Vorschläge wie „Ed, Ted and Fred", „Skid Row" und „Fecal Matter" fallengelassen hatte. Jeder dieser Namen wäre genauso phantasielos gewesen, aber dafür zumindest ein Original. Wahrscheinlich war es auch nicht besonders hilfreich, daß die Band ausgerechnet aus Seattle kam – einer Stadt, in der sich Sauberkeit mit Sauberkeit paart und die auch dafür bekannt ist, die Boeing Corporation und den reichsten Mann Amerikas, den Exzentriker Bill Gates zu beherbergen, seines Zeichens Mitbegründer und Vorsitzender von Microsoft.

Was machte also Nirvana und Seattle so interessant, daß *Nevermind* in nur wenigen Wochen Dreifachplatin erreichte? Nun, alle Bandmitglieder hatten eine unglückliche Kindheit und stammten aus zerrütteten Familienverhältnissen (und noch dazu aus der Arbeiterschicht). Seriöse Kritiker meinen, daß sie deshalb für die verlorene Generation der „Post-Boom-Kids" stünden, die vom Leben nichts zu erwarten hatten außer Arbeitslosigkeit, globaler Erwärmung, grausamen Kriegen und endlosen Wiederholungen von TV-Seifenopern. Andere wiederum wiesen darauf hin, daß Seattle auch die Heimat von Jimi Hendrix war und darüberhinaus auch Bands wie Paul Revere and the Raiders, die Ventures oder die Kingsmen aus dieser Gegend kamen. Der polternde Song „Louie, Louie", gespielt von den Kingsmen, wird oft als der erste wahre Grunge-Klassiker bezeichnet.

Hendrix jedoch mußte Seattle verlassen, um den Durchbruch zu schaffen. In Analysen zur Musikszene von Seattle werden oft die Isolation und die Kleinstadtatmosphäre als wesentliche Ursachen für das Wachsen einer lebendigen Independent-Szene zitiert. Grunge selbst ist eine Marketingstrategie – eine Zeichentrickversion des Punk für eine Generation von Musiktouristen.

Große Hits, wie etwa Nirvanas zynisches „Smells Like Teen Spirit", sind nicht aus

Lost generation's leader finds his place in Nirvana

Grunge king Kurt Cobain's death was far from unexpected, report **Roger Tredre** and **Ed Vulliamy**

Grunge king unable to deal with stardom

Robert Sandall charts modern music tragedy

SELECT
POP BABYLON
DUKE-O-LIKE! THE NEW LESBIAN COOL BJORK · JUNE 1994

"I hate myself and I want to die"
BEST MUSIC MAGAZINE OF THE YEAR

Q
The modern guide to music and more
SWEET!
EXCLUSIVE INTERVIEW

WHY KURT COBAIN HAD TO DIE

NIRVANA'S KURT BLOWS HEAD OFF

Nirv
Kurt Cobain, father of grunge rock, shoots himself

WORLD PICTURE EXCLUSIVE
Daddy's gone: Cobain's daughter Frances cries at home

Grunge rock idol wanted to burn out not fade away

GLOBE
Hebd
15F

REPRISE?
L'espoir américain
expertise p. 22

GROSSOUVRE
La dernière nuit
du chasseur p. 6

KURT COBAIN
MOURIR A 27 ANS
NIRVANA STORY
DOSSIER p. 41

ROCK STAR KURT IN SHOTGUN SUICIDE

FE SNIPS HAIR FROM BODY OF TRAGIC KURT

PICTURE EXCLUSIVE

Grunge rock idol wanted to burn out not fade away

END OF A LI

I'll hunt you down in Hell, Kurt!

Nirvana wife's shocking vow

THE WIFE of suicide Nirvana star Kurt Cobain made a chilling vow after he came close to death from his drugs overdose in Rome.

EXCLUSIVE by DOMINIC MOHAN

THE STUPID CLUB
(founder: Brian Jones, 1969)
Latest recruit: Kurt Cobain

grunge rock,

I LOVE YOU: Cobain left wife and daughter a note

1972: Associate members (film dilation) include James

Troubled singer Kurt Cobain

Shotgun suicide of rock singer
by MARGARET HALL

NIRVANA STAR FEARED DEAD
From ALLAH HALL in New York

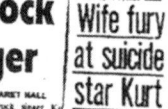

Wife fury at suicide star Kurt
by ANDY COULSON

dem Stoff, aus dem Rebellion gemacht wird – aber sie können genauso klingen und aussehen. Der Produzent dieses Songs, der einsilbige Butch Vig, hat diese Simulation unbeabsichtigt thematisiert, als er bemerkte, daß Kurt Cobain „in seiner Musik nicht notwendigerweise weiß, was er will, aber zumindest ist er stinksauer… Ich weiß nicht genau, worum es in 'Teen Spirit' geht, aber man spürt, daß es um irgendwas geht und daß es ein höllisch intensiver Song ist."

Cobain wollte natürlich kein „beschissenes Sprachrohr" sein, er machte sich vielmehr Sorgen darüber, daß ihn der „durchschnittliche siebzehnjährige Punk" wohl für einen Kommerzmusiker halte. Die No-Future-Generation am Arbeitsamt von Seattle hätte ihn mit Recht für etwas Schlimmeres halten können – für einen arroganten, reichen Wichser beispielsweise, der immer nur seine eigenen Probleme sieht. Aber ganz im Gegenteil, sie schien ihn zu lieben und kaufte das dritte Album „In Utero" trotz der

Links: Kurt Cobains Selbstmord war der aufsehenerregendste Rock-Tod seit John Lennons Ermordung im Jahre 1980. Unten: Kurt Cobains Leiche wird vor der Autopsie am 8. April 1994 aus seinem Haus in Seattle abtransportiert.

vielsagenden Textzeile: „Teenage angst has paid off well, now I'm bored and old" (etwa: der Teenager-Weltschmerz hat sich bezahlt gemacht, jetzt bin ich alt und gelangweilt). Was soll man auch machen, wenn man dem Publikum ins Gesicht spuckt, und es verlangt trotzdem eine Zugabe? Nachdem ihm seine Frau Courtney Love – von der laut *Rolling Stone* „feurigen, neo-feministischen Band 'Hole'" – nach einigen Monaten Ehe eine Tochter gebar, und er schon seit einiger Zeit von Pressespekulationen über seine Heroinsucht verfolgt wurde, entschloß sich Cobain, der Los Angeles Times die „ganze Geschichte" zu erzählen. Oder doch nicht…?

Ja, sagte der brillentragende Punk-Poet, er habe Heroin konsumiert („ein- oder zweimal im Jahr") und, ja, er sei vielleicht „ein wenig" methadonabhängig, er könne aber nichts Gutes über Drogen sagen und außerdem habe er wirklich schlimme Probleme mit dem Magen, die man leicht mit einer Heroinsucht verwechseln könne („Slam Dancing with Mrs. Brownstone", wie es Nirvanas Labelkollegen Guns N' Roses blumig ausdrückten…). Das würde natürlich Kurts Neigung zu schreien erklären: nicht die unglückliche Kindheit ist es, sondern nur Bauchschmerzen. „Jedenfalls", erklärte der erkältete Kurt, „hat sich meine Einstellung geändert. Mein Baby zu halten ist die beste Droge der Welt. Ich möchte nicht, daß die Leute meiner heranwachsenden Tochter einmal erzählen, ihre Eltern waren Junkies." (Bei männlichen Rockstars scheint eine Geburt offenbar immer händeringende Rührung auszulösen; ganz als ob sie die einzigen wären, die je das Wunder der Vaterschaft erlebt hätten. Cobain folgte damit Lennon, Springsteen und auch Elvis. Das 1993 erschienene Album *In Utero* zeigte sogar eine Ultraschallfotografie seines ungeborenen Kindes.

Doch ein Junkie war er, und einer von den ganz großen noch dazu. Vielleicht war es genau das und die offensichtlich stürmische Beziehung zu Courtney, was Nirvana den

Biß verlieh. Kurt und Courtney (eine Art Kindergartenausgabe von Sid und Nancy) taumelten von Überdosis zu Überdosis und ergingen sich dazwischen in theatralischen Streitigkeiten. Zweimal – im Juli 1993 und im März 1994 – mußte die Polizei zum Haus der Cobains ausrücken, um Kurts Waffensammlung zu konfiszieren. Kurt drohte dabei zumindest einmal mit Selbstmord. In einem Interview sagte er einmal: „Ich war schon immer so anders und verrückt, daß mich die Leute einfach in Ruhe ließen…Ich hatte immer das Gefühl, daß sie darüber witzelten, daß ich wahrscheinlich irgendwann bei einem Schulball alle abschlachten würde…Ich habe mir das in Gedanken auch ausgemalt, aber ich hätte mich immer zuerst für den Selbstmord entschieden."

Cobain hatte den Kopf voll mit Splatterfilmen, Stephen-King-Romanen, Punk-Ideologie und den düsteren Texten von Bands wie Joy Division (deren Sänger Ian Curtis auch Selbstmord verübt hatte), die einer früheren verlorenen Generation angehörten. Offenbar war Cobain fixiert auf pubertäre Phantasien, die durch Erfolg, Bewunderung, Heroin, Beruhigungsmittel und Alkohol noch zusätzlich verstärkt wurden. Kurt und Courtney hatten in ihrer modernen Ehe, in der jeder eine Karriere zu verfolgen hatte, offensichtlich keine Gelegenheit, diese Probleme aufzuarbeiten. Hatte Courtney eine Affäre? Entspricht sie wirklich ihrem Mythos als bisexuelles Raubtier, oder ist sie lediglich ein enttäuschter Julian-Cope-Fan (ja, sie war ein Groupie von Teardrop Explodes in den Achtzigern)?

Nachdem Nirvana 1992 aufhörten, regelmäßig auf Tour zu gehen, wurde Kurt immer abhängiger von Heroin und immer unzufriedener mit seinem Status als Star. Selbstmord schien bei ihm in der Familie zu liegen: drei seiner Onkel starben von eigener Hand. Was immer er an Schwierigkeiten sah, verfinsterte seine Perspektive zusehends. Mit einem dem Junkie eigenen Hang zur Selbsttäuschung verkündete er 1993, er hätte sich erholt, freue sich schon auf die nächste Tournee und sei überhaupt „total optimistisch". Wie immer im Fall von Junkies sah die Wirklichkeit aber anders aus. Konzerte, die anfangs Hoffnung versprachen, arteten in Konfrontationen aus und endeten mit Enttäuschung. Überwältigt von einem Gefühl der Ohnmacht, Sinn- und Freudlosigkeit versank Kurt immer tiefer in dem Sumpf, auf dem die Karriere von Nirvana aufgebaut war. Mitten während einer Tour durch Europa nahm Kurt Anfang März 1994 eine wilde Mischung aus Champagner, Schlaftabletten (Rohypnol) und einem Schmerzmittel für Kinder zu sich. Es wäre ein sehr eleganter Tod gewesen, aber Courtney schlug Alarm und Kurt wurde, bereits im Koma liegend, ins Spital eingeliefert. Die Plattenfirma Geffen ließ ihre kollektive Phantasie bei der Erklärung für den Abbruch der Tournee spielen: „Erschöpfung und eine schwere Grippe" hatte den Bauchschmerzen den Rang abgelaufen. Doch kaum hatte sich Kurt ausreichend erholt, um zurück in die Staaten zu fliegen und sich für eine Drogentherapie anzumelden, war er auch schon verschwunden. Am 2. April erstattete seine Mutter Wendy O'Connor die Abgängigkeitsanzeige. Sechs Tage später fand ein Elektriker, der auf dem viereinhalb Hektar großen Grundstück der Cobains in Seattle arbeitete, im Oberstock der Garage die Leiche Cobains. Am Kopf befand sich eine Schußwunde, und in einiger Entfernung lag ein seltsam förmlicher Abschiedsbrief. Wann er genau starb, bleibt ein Geheimnis. Die gerichtsmedizinische Untersuchung deutet darauf hin, daß er sich am 5. April erschoß, nachdem er Heroin und Beruhigungsmittel in einer Menge konsumiert hatte, die gereicht hätte, um einen weniger abgehärteten Junkie zu töten. Andererseits behaupten zwei Freunde, am 6. April noch mit ihm gesprochen zu haben. Am 7. April erwischte Courtney offenbar eine Überdosis und wurde mehrere hundert Meilen entfernt in L.A. wegen Verstoßes gegen das Betäubungsmittelgesetz verhaftet, obwohl Geffen

Records behauptet, sie wäre am 8. April, dem Tag, an dem die Leiche gefunden wurde, in London gewesen. „Nach Rom", sagte sie später, „habe ich es einfach nicht mehr ausgehalten."

Eine Gedenkwache für Cobain lockte am 10. April in Seattle 10 000 Menschen an, die gebannt einem Tonband lauschten, auf dem Courtney Love den angeblichen Inhalt des Abschiedsbriefs verlas und auch kommentierte. „Er hat euch eine Nachricht hinterlassen", sagte sie. „Es klingt eher wie eine Presseaussendung." Die Schlußworte – „Friede, Liebe, Verständnis – Kurt Cobain" – schienen sowohl hochgestochen als auch unpassend. War der Nachname wirklich nötig? Vielleicht war er das, damit wir ihn nicht mit dem anderen Kurt verwechseln – ihr wißt schon, mit dem, der keine Waffen sammelte, der mit Liebe an seiner Familie hing und der die Kraft für seine Kunst aus dem Verständnis für andere nahm.

„Manchmal habe ich das Gefühl, als müßte ich eine Stechuhr betätigen, bevor ich auf die Bühne gehe…", schrieb dieser Kurt. „Zu viele Jahre schon habe ich weder Spaß daran, Musik zu hören, noch zu spielen oder zu schreiben. Ich kann gar nicht sagen, wie sehr ich mich deswegen schuldig fühle – wenn wir zum Beispiel hinter der Bühne sind, die Lichter ausgehen und das Publikum zu schreien beginnt, dann berührt mich das nicht so wie Freddie Mercury, der die Liebe und Bewunderung der Menge zu genießen schien." Cobain zitierte auch eine Textzeile aus „Out Of The Blue" von Neil Young (Hey Hey My My). Er schrieb: „It's better to burn out than to fade away" (etwa: Es ist besser, auszubrennen, als zu langsam zu verblassen).

Zwischenruf von Courtney: „Das ist verdammt noch mal nicht wahr!" Unter hörbarem Schluchzen nannte sie auf dem Tonband Kurt „ein Arschloch" und forderte die Menge auf, ihn auch so zu nennen. Zehntausend Stimmen schrien unisono „Arschloch" auf eine leere Bühne. Kurts Mutter sagte zur

Presse, daß sie ihren Sohn davor gewarnt habe, „diesem idiotischen Klub beizutreten", dem alle früh verstorbenen Rockstars angehören. Wenn man zu Tode gelangweilt ist, sich mit Drogen vollpumpt und mit der Erleichterung des Todes liebäugelt, dann ist die Selbstzerstörung die ultimative Selbstbestätigung und -verleugnung zugleich. Vielleicht war Cobain ein starrsinniger Rebell, wofür seine Fans – die mit Posern, musikalischem Einheitsbrei und Rock-Dinosauriern aufgewachsen waren – sicherlich dankbar waren, aber seine Rebellion war gegen sich selbst gerichtet.

In den fünfziger Jahren war in den Augen der Öffentlichkeit das Verbrechen der Rockmusik ihre Beziehung zur afroamerikanischen Kultur. Die weiße Musikindustrie betrog schwarze Künstler und kopierte ihren Stil. So wurde sie einerseits wegen mangelnder Geschmackssicherheit, andererseits wegen mangelnder Authentizität verurteilt. In den achtziger Jahren war man wenigstens schon so weit, daß weiße Künstler schwarze Musik ohne Schamgefühle ausbeuten konnten. In vielen Fällen wurde das auch noch stolz verkündet – New Kids on the Block, Vanilla Ice – der Stolz der weißen Hautfarbe. Der Rassismus feierte seinen endgültigen Sieg – das schwarze Ding war zum weißen geworden. Das Management-Team hinter den New Kids war schwarz. Nach einem Mißerfolg beim Versuch, eine hitparadenstürmende Neuauflage der Jackson 5 mit schwarzen Künstlern zu erschaffen, hatte man dasselbe mit weißen Künstlern probiert und landete damit prompt einen Erfolg. Unter diesen Umständen war es verständlich, daß Michael Jackson, der erfolgreichste aller Jacksons, der schon als Kleinkind im Rampenlicht der Öffentlichkeit gestanden war

und später zum bestverkauften schwarzen Künstler aller Zeiten wurde, angeblich kosmetische Operationen an sich durchführen ließ, um weißer zu werden. (Jackson selbst behauptet, die wahre Ursache seines Teints sei eine Hautkrankheit, die zum Verblassen der natürlichen Pigmente führe.) Selbst Prince hatte, wie bereits erwähnt, ein gespaltenes Verhältnis zu seiner Hautfarbe, aber bei ihm genügte der Anschein, seine Hautfarbe sei genauso veränderlich wie sein Make-up.

Jackson sah sich selbst schon lange als eine Art Freak – was exakt den Tatsachen entspricht. Sein Versuch, das Skelett des „Elefantenmenschen" John Merrick für 500.000 Dollar von einem Londoner Spital für seine Privatsammlung zu kaufen, weist auf eine beunruhigende Identifikationshaltung hin. Dennoch hat er (oder zumindest sein Büro) immer wieder Gerüchte und Halbwahrheiten, die ihn bekanntlich umgeben wie die Motten das Licht, vehement bestritten. So wurde etwa kolportiert, er sei ein Einzelgänger und deshalb schwul; er habe panische Angst vor Krankheiten und deshalb schlafe er in einem Sauerstoffzelt; sein bester Freund sei ein Affe und deshalb sei er verrückt. 1984 erreichten die Gerüchte ihren Höhepunkt. Jackson erzählte dem *Rolling Stone*, daß er „wie ein Bluter" lebt, „der sich keinen Kratzer leisten kann". In der amerikanischen Fernsehshow „Saturday Night Live" wurde er als Macho im Gespräch mit einem Liberace-Doppelgänger parodiert, und die Boulevardpresse berichtete, er habe eine Affäre mit Boy George.

Man schien Jackson so weit getrieben zu haben, daß eine Widerlegung notwendig war. Für den 5. September 1992 wurde eine Pressekonferenz anberaumt, zu der er allerdings nicht erschien. Er überließ die Show wieder einmal jemand anderem: seinem persönlichen Manager Frank Dileo. Dileo verlas eine zornige Stellungnahme, deren Wirkung aber durch Jacksons Abwesenheit irgendwie eingeschränkt wurde.

Das Phantom von Neverland: Michael Jackson mit Jordy Chandlers Schwester auf dem Flughafen von Nizza nach den Monaco World Music Awards 1993 (Jordy befand sich auch in der Limousine). Damals dachten die Leute bloß, daß er seltsam aussah. Einige Monate später dachten sie Schlimmeres.

Oben: Tatsache oder Spekulation? Die Boulevard-
presse benutzte dieses Foto als Beweis dafür,
daß Michael Jackson kosmetische Operationen an
seinem Gesicht durchführen habe lassen.
Gegenüber: Medienhatz auf Michael Jackson.

„Es macht mich traurig, daß gegenwärtig viele der Flut von falschen Anschuldigungen Glauben schenken", verlas Dileo. „Deshalb stelle ich endgültig fest – und ich meine wirklich ENDGÜLTIG – NEIN! Ich habe nie Hormone genommen, um meine hohe Stimme zu behalten. NEIN! Ich habe meine Bakkenknochen nie verändern lassen. JA! Ich plane, irgendwann zu heiraten und eine Familie zu gründen. Alle gegenteiligen Behauptungen sind schlicht unwahr."

All das ist ein wenig unehrlich. Jackson hatte bereits drei plastische Operationen an seiner Nase durchführen lassen, als diese Stellungnahme verlesen wurde. Er hatte sein Haar so oft glätten lassen, daß Dauerwellen nötig waren, um ihm überhaupt noch Volumen zu geben. Darüberhinaus hatte er darart viele Dinge an seinem Gesicht verändern lassen – zum Beispiel ein Grübchen auf seinem Kinn –, daß der *National Enquirer* (USA) und der *Daily Mirror* (UK) ein mit einem Teleobjektiv aufgenommenes Foto abdrucken konnten, das angeblich ein drittes Nasenloch zeigte. (Jackson erließ sofort einstweilige Verfügungen wegen Verletzung seiner Privatsphäre.) Eine andere nette Geschichte ist die von einem gemeinsamen Freund von Jackson und Diana Ross. Dieser habe angeblich Diana erzählt, daß Michael sein Gesicht umoperieren ließ, um so auszusehen wie sie. Ross ist entsetzt. „So soll ich aussehen?" schreit sie auf.

„Ich glaube, man kann sagen, daß es schmerzt, Michael Jackson zu sein", hat Michael einmal gesagt und damit jenes Selbstmitleid demonstriert, das sich nur die Reichsten der Reichen leisten können. Man weiß nicht, ob er glaubt, daß die Ursache für seinen Schmerz seine Hautfarbe oder sein Erfolg ist. Es ist aber offensichtlich, daß er diesen Schmerz für nichts Menschliches hält; eher für ein Kainsmal. Ebenso offensichtlich ist, daß Jackson, abgesehen von seiner musikalischen Popularität, jegliche Berührungspunkte mit dem Publikum und dessen Wirklichkeit verloren hat – obwohl es scheint, als hätte er zumindest mit einem kleinen Teil seines Publikums – genauer gesagt, mit den Kleinsten – schon seit einiger Zeit andere Arten von Berührungspunkten entdeckt.

In den späten Achtzigern war Jackson zu einer Karikatur seiner selbst verkommen. Nachdem er sich von seiner Familie, vom Produzent Quincy Jones und von der schwarzen Kultur, von der er lebte, losgesagt hatte, veränderte sich seine Musik. War sie zu Zeiten seines Bestselleralbums Thriller

noch gut gewesen, so wurde sie mit dem halbwegs erfolgreichen Bad dem Titel entsprechend schlecht. In weiterer Folge sollte ein gemeinsames Projekt mit Madonna produziert werden, das aber schließlich ohne Madonna entstand und als willkürlich zusammengepanschtes Mischmasch mit dem Titel *Dangerous* auf den Markt kam. Für die stets nach Anzüglichkeiten suchende Madonna war Jackson zu spröde. Sie wollte den Plastikclown umgestalten, ihn beispielsweise mit schwulen Tänzern in Berührung bringen, ihn aus seiner Isolation befreien. Im Endeffekt wurde Dangerous lasch – es war viel Geld investiert worden und wenig an Ideen. Jacko startete daraufhin eine Welttournee, die ihn – so schien es – wieder als rebellischen Künstler etablieren sollte. Der Name Dangerous Tour war durchaus prophetisch. Die Tournee stellte sich als gefährlicher heraus, als der Sänger geahnt hatte. Natürlich waren Jacksons Leder und Nieten noch nie der Stoff, aus dem Risiko und Rebellion gemacht wurden – Jacksons Griff in den Schritt wurde stets durch seine Peter Pan'sche Selbstdarstellung neutralisiert. Er war immer der Jüngste der Familie, der Kindliche, derjenige, der seine Ranch in L.A. Neverland nannte. Aber sogar Peter Pan kann gefährlich sein: im sexuellen Universum der Rockmusik verändert sich die moralische Ordnung, und es war sinnlos von Jackson, uns vorzumachen, er wäre hinter der Bühne geschlechtslos, während er sich auf der Bühne immer in seinen erwachsenen Schritt griff.

1993 schließlich, gerade als die Tournee in Moskau, Malaya und anderen Zentren der Unterdrückung in Schwung kam, sagte jemand das Unsagbare. Einer von Jackos neueren Freunden, der 13jährige Jordan Chandler, und seine Eltern beschuldigten Michael Jackson, kleine Buben mit sich ins Bett zu nehmen. Kurios daran ist, daß sie das bloß sagen mußten, und schon glaubte es jeder – außer natürlich der guten, alten Liz Taylor. Vollbeladen mit Sentimentalität und

Juwelen (beides natürlich echt) eilte sie herbei, um Michael zur Seite zu stehen, als er zunächst sämtliche Live-Auftritte absagte und sich dann zur Besorgnis seiner Fans hinter medizinischen Beichten versteckte: zuerst kam die lähmende Migräne, dann die seelischen Qualen und zum Schluß die Sucht nach Schmerzmitteln, die den Rückzug in eine teure Privatklinik irgendwo weit weg von allen Teleobjektiven erforderte.

Die ganze Angelegenheit war so schmutzig, weil so viel Geld auf dem Spiel stand. Jacksons Einnahmen sind phänomenal, seine Beschuldiger konnten Millionen mit einer Klage verdienen, und die Agenturen mußten ausverkaufte Konzerte rund um die Welt absagen. Pepsi Cola, der Sponsor von Jackson, sah sich einem peinlichen PR-Fiasko gegenüber. Die Firma konnte ihn nicht beim ersten Verdacht der Paedophilie fallen lassen, ohne daß Jacksons Vergehen auch auf sie zurückgefallen wäre. Außerdem hätte sie damit bloß Anschuldigungen bestätigt, die die wahre Instanz moralischer Aufrichtigkeit und gesetzlicher Integrität, das L.A. Police Department, längst verworfen hatte. Andererseits konnte ihn die Firma aufgrund der Schwere und der Plausibilität der Anschuldigungen auch nicht mehr finanziell unterstützen. Für Pepsi kam die Schmerzmittelsucht wie eine Rettung – man konnte Jackson aus einem weniger problematischen Grund feuern. Jackson selbst steckte aber immer noch tief im Schlamassel.

Das Jackson-Lager konnte wenig tun. Es war wohlbekannt, daß Michael Pyjamaparties für Minderjährige veranstaltete. Als die Lawine der Anschuldigungen einmal zu rollen begonnen hatte, konnte sie niemand mehr aufhalten. Hauspersonal der Neverland-Ranch, Eltern von Jackos kleinen Freunden, Showbiz-Kommentatoren; praktisch jeder stand plötzlich da und deutete mit dem Finger auf Michael. Aber wenn es stimmt, was viele behaupteten, daß sie nämlich schon jahrelang davon wußten, dann ist die Schlußfolgerung daraus niederschmetternd: Weil Michael Jackson reich und berühmt war, konnte man seine exzentrischen Anwandlungen als genau das abtun. Wenn Jacko sagte, seine Pyjamaparties seien völlig unschuldig, dann war das Beweis genug für Scharen von Mitläufern, die finanziell von ihm abhängig waren. Es war also – selbstredend – alles völlig unschuldig (Augenzwinkern, Punkt). Die Tatsache, daß Jackson fünfunddreißig war, konnte geflissentlich übergangen werden – schließlich bezahlte er ja den Lohn.

War es, solange sich niemand beschwerte, wirklich so wichtig, was er tat, wenn der Videoabend vorbei war, und die Pyjamahosen ein bißchen verrutschten? Er war doch schließlich etwas Besonderes. „Wenn wir von einem 35jährigen Paedophilen sprechen, dann ist klar, warum er mit kleinen Jungs ins Bett geht", sagte Anthony Pellicano, Jacksons Privatdetektiv. „Aber es geht hier um Michael Jackson, und deshalb bedeutet das gar nichts." Der Großteil der Leute war gerne bereit, den Anschuldigungen gegen Jackson Glauben zu schenken. Und laut Akten der Rechtsanwälte von Jordan Chandler hat er unter anderem folgendes getan:

„Der Beklagte Michael Jackson hat Oralverkehr mit dem Kläger durchgeführt, der Beklagte Michael Jackson hat die Genitalien des Klägers gestreichelt, der Beklagte Michael Jackson hat Sperma des Klägers geschluckt und ließ den Kläger seine Brustwarzen streicheln, während der Beklagte Michael Jackson masturbierte."

Im Lichte der Ereignisse ist es wahrscheinlich nicht überraschend, daß die Rechtsanwälte Jackson zu einem außergerichtlichen Vergleich rieten. Als die Summe achtstellig wurde, nahm die Familie Chandler das Vergleichsangebot schließlich an.

Die Psychologie, die all dem zugrunde liegt, ist sehr beunruhigend. Was im Zuge der ganzen Angelegenheit aber über die amerikanische Familie enthüllt wurde, ist absolut verstörend: Da waren Eltern, die ihre Kinder ohne lange zu überlegen der kranken Phantasiewelt Michael Jacksons überließen, nur weil er ein Star war, und da waren andere, die angesichts des sinkenden Sternes von Michael Jackson eine Gelegenheit sahen, aus der Ausbeutung ihrer Kinder Kapital zu schlagen. Zuletzt waren da noch Jacksons eigene Eltern, die offenbar bereit waren, moralisches Versagen als Preis für spektakulären Erfolg in Kauf zu nehmen.

Die Besetzungsliste dieses Dramas ist wirklich bizarr. Zunächst ist da Michael Jackson selbst. Danach kommt sein schlitzohriger Vater Joseph (der angeblich 150.000 Dollar dafür verlangt hat, seinen Sohn im Fernsehen zu verteidigen); die helfenden Brüder; Jackos Schwester LaToya, die ihm fast aufs Haar gleicht, und die auf einer mitternächtlichen Pressekonferenz in Tel Aviv behauptete, sie hüte schon seit Jahren das dunkle Geheimnis, daß ihr Bruder ein Kinderschänder sei; ein Haufen Rechtsanwälte und Manager, die direkt einem Gemälde von Hogarth entstiegen sein könnten; ein hartgesottener Privatdetektiv namens Anthony Pellicano, angeheuert, um Jacksons Unschuld zu beweisen; die hohen Tiere von Pepsi Cola; die (mittlerweile) nicht mehr ganz unschuldigen Kinder, die ihrem Gastgeber mehr als hundert Pyjamaparties vorwarfen; und am Rande – wie immer – jedermanns Freundin Liz Taylor, die in Gedanken versunken darauf wartet, daß sie irgendein weniger zurückhaltender Kritiker als ich es bin eine alte Hexe nennt. Sie nahmen die schlimmste Facette des Rock'n'Roll und paarten sie mit dem Furchtbarsten, das Hollywood zu bieten hat – das Ergebnis war ein mittelmäßiges Melodram mit einem schalen Neuaufguß einer Faustischen Handlung, ohne Rhythmus, aber dafür mit einer vor Sentimentalität triefenden, abgelutschten Melodie. Wenn Sie das für die Handlung eines Videofilms hielten, würden Sie ihn in der Videothek nicht ausleihen. Es ist aber leider die Wirklichkeit. Die Folge davon: Kinder werden auf dem Altar der Habgier, des Ehrgeizes und aufgrund des krankhaften Wunsches nach Berühmtheit geopfert. Zumindest in diesem Zusammenhang ist Michael Jackson auch zu den Kindern zu zählen.

Andere schwarze Künstler, die weniger weltfremd und isoliert waren als Jackson, sind möglicherweise genauso zurückgeblieben wie er; daran ist überhaupt nichts Ungewöhnliches. In den meisten Fällen haben sie jedoch eine sehr selbstbewußte Haltung gegenüber ihrer Kultur und dem Popbusiness entwickelt.

Rache scheint das Leitmotiv in der Arbeit von Gruppen wie 2 Live Crew, Niggers With Attitude, Public Enemy und einer Menge anderer Künstler mit Baseballkappen, seltsamen Sonnenbrillen, weiten Hosen und riesigen Turnschuhen zu sein – „Gangsta"- Rapper, zu deren Umgangston offenbar die Gewalt gehört. Dieses Rachemotiv fand 1992 eine Gelegenheit zum Ausbruch, als vier weiße Polizisten von einem kalifornischen Gericht vom Verbrechen der Mißhandlung eines schwarzen Autofahrers namens Rodney King freigesprochen wurden, obwohl ein Amateurvideo zeigte, wie das Opfer von ihnen zusammengeschlagen wurde. Als in L.A. die Unruhen ausbrachen, war Rap bereits zu einer Art hochtechnisierter Straßenpoesie geworden, die ihren Unterhaltungswert häufig gezielt einsetzte, um Demagogie zu betreiben. Die Musik war eher einfach gehalten und beschränkte sich auf Rhythmen, Echos und gesampelte Sounds. Die Reime waren oft holprig und manchmal anstößig, aber was machte das schon. Es zählte ja schließlich die Pose. In vielerlei Hinsicht glich der Rap dem Death Metal – auch, was die Reaktionen der Kritiker, des Musikestablishments und der Gesellschaft betraf. Es gab jede Menge Sexismus und Rassismus im Rap – ein Anzeichen für den fehlgeleiteten Zorn vieler Afroamerikaner, die genau wie ihre Gegner im Lager der weißen Rassisten leichte Ziele für ihren Haß und einfache Formeln der Provokation suchten.

So erzählte etwa Public Enemys Professor Griff, ein Sympathisant des berüchtigten Antisemiten Louis Farrakhan und seiner Nation of Islam, der im Eigentum der Moon-Sekte befindlichen *Washington Times* im Juni 1989, daß „die Juden für den Großteil des Übels in der Welt verantwortlich" seien. Als daraufhin die vorhersehbaren, zornigen Kontroversen begannen, wurde Griff vom Public-Enemy-Boß Chuck D gefeuert. Ein paar Wochen später traten Public Enemy aber wieder mit Professor Griff in Kansas City auf, denn schwarze Organisationen hatten ihnen vorgeworfen, vor der „jüdisch-weißen" Verschwörung kapituliert zu haben. Bei dieser Gelegenheit wiederholte Griff die Zitate aus der Washington Post. Gleichzeitig bereitete sich CBS, die amerikanische Plattenfirma von Public Enemy, auf die Veröffentlichung des dritten Albums, Fear of a Black Planet, vor. Der damalige Präsident von CBS hieß Walter Yetnikoff und war Jude.

Dann war da die 2 Live Crew. Deren Chef Luther Campbell wurde 1990 in Florida wegen Erregung öffentlichen Ärgernisses verhaftet, nachdem die Gruppe bei einem Auftritt in einem Nachtklub ihre neuesten sexistischen und homophoben Ergüsse präsentiert hatte. Kaum drei Wochen, nachdem ein Plattenhändler aus der Gegend wegen des Verkaufs ihres Albums *Nasty As They Wanna Be* verurteilt worden war, wurde Campbell freigesprochen. Die ganze Angelegenheit bot neuen Zündstoff für die konfuse Zensurdebatte, die von einer rechten Washingtoner Gruppierung namens „Parents' Music Resource Center" (PMRC) losgetreten worden war.

Das PMRC wurde 1985 von Tipper Gore (der Frau des Vizepräsidenten Al Gore, der damals noch Senator war), Susan Baker (der Frau des Finanzministers James Baker) und neun anderen Washingtoner Ehefrauen gegründet. Auslöser dafür war eine Anspielung auf Masturbation, entdeckt auf dem Prince-Album *Purple Rain*, das Tipper für

WHAM! GEORGE IS HIT FOR £3m

by PAUL CHESTON and DAVID TAYLOR

Rock superstar loses court case

ROCK superstar George Michael today failed in his multi-million-pound High Court bid to break away from recording giants Sony.

The defeat leaves a serious question mark over his future singing career.

Britain's most successful singer of the 1980s has threatened to never record again for Sony if he was to lose the case.

But after 74 days of complex legal argument Mr Justice Jonathan

Parker threw out the star's claims that the contract he signed in 1988 — which could tie him to the label until 2003 — was a restraint of trade and unenforceable.

The 30-year-old singer, in a dark blue jacket and white open-necked shirt, with a red Aids awareness ribbon on his right lapel and his distinctive tinted glasses and designer stubble, sat poker-faced at the front of the court to hear the five-minute summation of the judgment.

Behind him the court benches were packed to overflowing with

lawyers, press, hordes of fans, biting their nails in anticipation, and downcast members of his own family and friends.

Michael left court refusing to comment immediately about his singing future or the expected £3 million legal bill.

His counsel Mark Cran said he would be appealing against the ruling. The singer was due to hold a press conference to read a short prepared statement this afternoon.

His parents Jack and Lesley Panayiotou, also wearing Aids awareness ribbons, left court without comment.

The 270-page written judgment was issued in hardback after the hearing

Continued on Page 2 Col 6

George Michael arrives at court today to learn of his defeat. He will appeal.

Picture: NICK CORNISH

---

ihre achtjährige Tochter gekauft hatte. Bald jedoch erkannte die Initiative, daß der meiste Schmutz im Rap und Metal zu finden war. Das PMRC verlangte – analog zum Jugendverbot bei Filmen – auch ein Jugendverbot für gewisse Platten. Viele Plattenfirmen versahen daraufhin ihre Produkte mit anstößigem Inhalt in vorauseilendem Gehorsam mit einer besonderen Warnung, und einige Staaten verabschiedeten sogar Gesetze, die derartige Warnhinweise verpflichtend machten. In einem Senatsausschuß zu diesem Thema saßen fünf Ehemänner von Mitglie-

Es war ein gefundenes Fressen für die Presse, als George Michael den Sony-Konzern der Sklaverei beschuldigte und wegen seines Plattenvertrags klagte. Während immer neue Details durchsickerten (er verlor, will aber berufen), interessierten sich die Journalisten eher für Michaels Kleidung und die Anzahl seiner Leibwächter.

---

dern des PMRC. Die Sitzungen dieses Ausschusses hatten mehr Zuhörer als der Budget- oder der Verteidigungsausschuß der Vereinigten Staaten.

Der Fall von *Nasty As They Wanna Be* bewirkte eyne kuriose Allianz zwischen dem

305

liberalen Flügel der amerikanischen Politik (insbesondere der American Civil Liberties Union) und schwarzen Rappern, die sexuelle Gewalt und Rassenhaß propagierten. Die ACLU glaubte, daß das PMRC, verpflichtende Kennzeichnungen von bestimmten Platten und der Fall Luther Campbell eine Bedrohung der Redefreiheit darstellten. Dieser Meinung schlossen sich bald Verfassungsrechtler, Liberale und vermehrt Politiker an. Zur selben Zeit, als Campbell freigesprochen wurde, verhinderte der Gouverneur von Louisiana mit seinem Vetorecht die Kennzeichnungspflicht für Tonträger, da sie seiner Meinung nach verfassungswidrig war. Erwartungsgemäß hatten 2 Live Crew zu diesem Zeitpunkt bereits eine bereinigte Version von „Me So Horny" (der Singleauskoppelung von Nasty As They Wanna Be) veröffentlicht, um größtmögliches Airplay auf MTV zu erhalten. Als Campbell verhaftet wurde, stagnierten die Verkaufszahlen gerade ein wenig, bald darauf erreichte das Album aber Doppelplatin. Ein gleichzeitig von Campbell veröffentlichter Anti-Zensur-Rap mit dem Titel „Banned In The USA" (der auf einem autorisierten Sampling aus Bruce Springsteens „Born In The USA" beruhte) stieg sofort in die amerikanischen Top 20 ein.

Kontroversen haben sich immer noch bezahlt gemacht, also konzentrierten sich Rap-Gruppen in ihren Texten weiterhin auf Mord und Totschlag. Mit Songs wie „To Kill A Hooker" (etwa: Das Töten einer Nutte) und „Findum, Fuckum and Flee" (etwa: Finde sie, fick' sie und hau ab) demonstrierten Niggers With Attitude, daß ihre Haltung hauptsächlich aus Macho-Gewaltphantasien bestand. Der frühere NWA-Mann Ice Cube schimpfte verächtlich über die „weißen Nutten", weil sie „keinen Hintern und keine Titten" hätten, drohte Japanern und Koreanern unverhohlen mit Gewalt und beklagte sich, daß seine frühere Band es zuließ, „daß sie ein Jude kaputtgemacht hat" – eine Anspielung auf den Manager von NWA. Zur glei-

chen Zeit reagierte Ice-T auf den Vorwurf, er würde mit seiner Filmrolle in *New Jack City* ein allzu glamouröses Bild vom Verbrechen zeichnen, kurz und bündig mit dem Satz: „Nun, es ist ja schließlich glamourös". Der Soundtrack zu den Unruhen in L.A. 1992 war ein Rap-Beat. Die Posen begannen, auf das wirkliche Leben abzufärben. Im November 1993 wurde Snoop Doggy Dogg in L.A. des Mordes angeklagt. Ungefähr zur selben Zeit wurde Tupac Shakur (der männliche Hauptdarsteller in John Singletons Film Poetic Justice) in New York mit zwei Freunden angeklagt, weil sie in einem Hotel eine Frau sexuell mißbraucht und zum Analver{ehr gezwungen hätten. Shakur wurde auch angeklagt, in Atlanta, Georgia, auf zwei Polizeibeamte außer Dienst geschossen zu haben. (Natürlich bekannten sich die Angeklagten in allen Fällen nicht schuldig.)

Den Grund zur endgültigen Eskalation lieferte Ice-T Ende 1993 mit den Textzeilen zu „Cop Killer". (Der Titel allein war schon provokant genug.) Das Publikum begann, sich zu wehren. Die Polizei rief zum Boykott von Time-Warner auf und demonstrierte beim Aktionärstreffen des Konzerns in Beverly Hills. Time-Warner zog daraufhin den Song zurück und löste sämtliche Buch- und Kabel-TV-Verträge mit Ice-T. Durchaus ähnlich ist es zur gleichen Zeit der bei MCA unter Vertrag stehenden Gruppe FU2 ergangen: Einer ihrer Songs wurde wegen sadistischer Texte aus dem Verkehr gezogen. Zitat: „I'll drink champagne, she'll drink Ripple / scream when I put the safety pins through her nipples". (Etwa: Ich trinke Champagner, sie trinkt Ripple / schrei' , wenn ich ihr die Sicherheitsnadeln durch die Brustwarzen steche.) Ausschlaggebend waren die Proteste der weiblichen Belegschaft von MCA (jetzt im Eigentum von Matsushita).

Kein Musikstil ist jedoch prinzipiell böse oder einfältig – zumindest, was die Inhalte betrifft. Im gleichen Maße, in dem Rap und Metal schockieren und beleidigen können, können sie auch informieren und aufklären.

Ob es uns gefällt oder nicht, Rap war die bestimmende Musikform des vergangenen Jahrzehnts, und Künstler wie Run DMC, LL Cool J und Queen Latifah beschäftigten sich mit einer Menge Themen, wobei sie (nicht immer erfolgreich) danach trachteten, die gesellschaftliche Rolle des Rap zu untermauern. Gleichzeitig kommerzialisierten Künstler wie MC Hammer und Vanilla Ice den Rap so sehr, daß heutzutage nur wenige Mainstream-Musiker um dessen stilistische Möglichkeiten herumkommen. Rap als Modeform hat sich über den ganzen Globus ausgebreitet. Am überraschendsten war aber doch, daß die MTV-Rap-Show „Yo!" 1988 auf einem durch und durch weißen Kanal innerhalb weniger Wochen zur Sendung mit den höchsten Einschaltzahlen wurde.

Zwischen Heavy Metal und Rap gibt es mehr Gemeinsamkeiten, als ihren bloßen Hang zu schockieren. Beide Stile betrachten aggressive Posen als eine Art politischen Akt. Der Metal träumt davon, die Musik der weißen Arbeiterklasse zu sein und deren Haß und Hoffnungslosigkeit zu verkörpern. Der Rap ist in den Gemeinden der unterdrückten, städtischen Afroamerikaner verwurzelt und möchte die Ketten der Unterdrückung sprengen.

Trotz des offensiven Rassismus und Sexismus im Rap wollte sich bald jeder mit dieser neuen Musikrichtung schmücken – von Prince über die Death-Metaller Anthrax bis zu Guns N' Roses. Es ging schließlich um eine völlig neue Musik, die noch dazu lebendiger war als fast alles, das der Rock'n'Roll seit dem Tod des Punk hervorgebracht hatte. Das politische Element der Anfänge des Rap, der Anspruch, den Jungs in den schwarzen Vierteln ihren Stolz wiederzugeben, verwandelte sich in den Händen der männlichen Exponenten schnell in eine Karikatur dieser sozialen Vision. Nur die weiblichen Rapper Ende der achtziger Jahre, wie zum Beispiel Queen Latifah, Salt-n-Pepa, MC Lyte und Yo-Yo wehrten sich gegen schwarze Stereotypen, Rassismus und dummen Männlichkeitswahn. Aber kann man die Schuld daran wirklich den Rappern in die Schuhe schieben? Schließlich verschlechterte sich ihre soziale Lage ständig, und Stil war alles, was sie hatten.

Das Problem des Rock, zu dessen Lösung Rap und Metal antreten wollten, ist leicht erklärt: Wie kann man verhindern, daß die Musik lasch oder unspektakulär klingt, wenn die Welt mit jedem Tag bizarrer, gewalttätiger und obszöner als alles wird, was der Rock'n'Roll je erfinden könnte? Eine komplett neue Schule von Rock-Autoren entstand, die allesamt der Meinung waren, daß diese Problemstellung sinnlos war, weil der Rock doch von Anfang an falsche Tatsachen vorgespiegelt habe. Gemäß ihrer Denkart waren Stars immer schon entweder Arschlöcher oder Opfer, und darin erschöpfe sich auch schon das bißchen Ideologie, das Rock zu bieten hätte.

Diese Ansicht kulminierte schließlich in der Arbeit von Albert Goldman und seinem Forschungsteam, das – nachdem es Elvis diskreditiert hatte – das gleiche mit John Lennon tat. Ihre Produkte waren für die Rock-Theorie das, was der Bestseller im Supermarktregal für die Literatur ist. Man zitierte hier und da ein paar Namen (Tote können schließlich nicht klagen) und enthüllte ausführlich schmutzige Details über Dinge, die wir ohnehin wußten – etwa, daß Lennon einen schwierigen Charakter hatte, daß er zu reich war und sich für zu wichtig hielt, daß er enorme Mengen an Drogen konsumierte, einen interessanten Geschmack in puncto Frauen hatte, daß Brian Epstein in ihn verliebt war und daß niemand Yoko leiden konnte.

All diese Dinge waren in den achtziger Jahren freilich völlig irrelevant geworden – außer natürlich für jene Menschen, die Seifenopern dann am liebsten haben, wenn sie auf Tatsachen beruhen. Aber abgesehen davon: Wer konnte John Lennon in den Achtzigern schon ernstnehmen, solange es Julian gab: einen so perfekten Imitator, daß er je-

derzeit eine Nebenrolle in einer Fortsetzung der Blues Brothers bekommen hätte. Sieht er nicht genauso aus wie sein Vater? Und er singt auch noch so wie er! Früher hat man über Rock gesagt: „Nur der Groove zählt", und für Lennon gilt das immer noch – umso mehr, als sich der Groove jetzt nicht mehr auf Vinyl, sondern auf einer glatten CD-Oberfläche befindet.

Natürlich gab es ein goldenes Zeitalter der Rockmusik. Damals traf, wie in allen goldenen Zeitaltern, ein enormes, kreatives Potential auf Zerstörungswut und Verzweiflung. Im Endeffekt ist aber nichts umsonst. Das goldene Zeitalter hat in neuer Verpackung im allgegenwärtigen CD-Box-Set überlebt. Die Faltengesichter des Rock präsentieren immer noch stolz ihr Material. Neil Young und Lou Reed haben bis in die Neunziger Platten aufgenommen und Live-Auftritte absolviert. (Manches war dabei wesentlich besser als alles, was sie in den Sechzigern produziert haben.) Bob Dylan hat seine größte Tournee in den Achtzigern gemacht. Sogar die Grateful Dead tauchten wieder auf; älter, fetter und grauer waren sie zwar, aber sie konnten Madison Square Garden 1991 immer noch neunmal ausverkaufen. Auch die Rolling Stones gehen immer noch auf Tournee – und wurden auch 1984 noch verboten. (Die Originalversion des Videos zu „She Was Hot" war selbst MTV zu scharf.) Anfang der Neunziger unterschrieben die Stones einen millionenschweren Vertrag für drei Alben bei Virgin Records, und Chuck Berry feierte seinen sechzigsten Geburtstag auf einer Show, die von Keith Richards organisiert wurde. Die überlebenden Beatles sprachen inzwischen einmal mehr von einer Wiedervereinigung…und noch einmal…und noch einmal…

Nachdem die großen Überlebenden des Rock sich selbst genug bewiesen hatten und die Rolle akzeptierten, die ihnen die Zeit zukommen ließ, beschäftigten sie sich mit völlig anderen Dingen als vorher. Sie hatten sich etabliert, waren Teil eines weltweiten Prozesses geworden, dessen Stabilität in seiner Möglichkeit zur permanenten Erneuerung lag. Vielleicht war ihr Werk noch aufregend, aber es würde nie wieder neu oder unschuldig sein. Um das Verlangen nach Neuheiten zu befriedigen, suchten einige Künstler an entlegeneren Orten als den Clubs von London, New York oder Berlin nach Inspirationen. Manche schafften es mit neuer Technologie, andere mit einer Rückkehr zu alten Werten oder noch älterer Musik. Die turbulenten Ereignisse der letzten paar Jahre stimulierten einige Künstler, andere wieder inszenierten sich selbst als Event.

Pink Floyd haben beispielsweise demonstriert, daß die Gigantomanie im Rock alles andere als tot ist. Was von der Band nach der Trennung im Streit 1984 übrigblieb, war Ende des Jahrzehnts plötzlich wieder gut genug, um Rekorde zu brechen. Trotz gerichtlicher Streitigkeiten mit einem verärgerten Roger Waters – es ging um die Rechte an Songmaterial und Bandnamen – erweckten Dave Gilmour und Nick Mason Pink Floyd 1987 zu neuem Leben. Die neuen Floyd produzierten einen Bestseller (*A Momentary Lapse Of Reason*) und spielten im Laufe einer zweijährigen Tournee über 200 Konzerte, die von mehr als 4 Millionen Menschen besucht wurden. Höhepunkt dieser Tour war eine spektakuläre Satellitenübertragung eines Konzertes in Venedig, das auf einer schwimmenden Bühne in der Dimension eines Fußballfeldes stattfand. Dieses Großereignis bezeichneten viele Kommentatoren als eine Katastrophe, da die zurückbleibenden Müllberge, die mangelhafte Organisation der Verpflegung, die unzureichende Infrastruktur sowie das bloße Lärmvolumen eine Gefahr darstellten, die der empfindlichen Umwelt und Architektur Venedigs leicht große Schäden zufügen hätte können. Gilmour gab die Schuld daran der Stadtver-

„Saturday Night's All Right For Fighting": Elton John als Schlampe. Elton war sein Image nie peinlich, doch gegen Presselügen hat er sich erfolgreich zur Wehr gesetzt.

„Sorry, Elton": Elton John am 13. Dezember 1988, nachdem ihn die „Sun" mit einem Vergleichsangebot um 1 Million Pfund reicher gemacht hatte. Der Richter, der am nächsten Tag das Urteil des Verleumdungsprozesses verkünden sollte, fand diesen Handel „widerwärtig".

waltung und ihrer üblichen Korruption, andere wieder waren der Ansicht, daß Pink Floyd selbst dazu beigetragen hätten.

Gleichsam als Erwiderung darauf inszenierte Roger Waters das Album The Wall zehn Jahre nach dessen Veröffentlichung in Berlin. Das 8,5 Millionen Dollar schwere Ereignis sollte einen Katastrophenfonds unterstützen, den der Weltkriegsheld Leonard Cheshire, ein Gründer vieler Behindertenheime, nach dem Reaktorunglück von Tschernobyl, dem Erdbeben in Armenien und dem Hurrikan Gilbert ins Leben gerufen hatte. An der Show auf dem Potsdamer

Platz nahmen unter anderem 2 Hubschrauber, ein 100köpfiges Armeeorchester aus der (damals noch existenten) Sowjetunion, 250.000 Zuseher, Roger Waters, Bryan Adams, Jerry Hall, Rick Danko, Levon Helm, Joni Mitchell, Van Morrison, Sinead O'Connor, Cyndi Lauper, Albert Finney, Marianne Faithfull, Tim Curry, Ute Lemper und noch viele andere teil. Waters hatte das Glück, daß der Potsdamer Platz kein architektonisches Juwel wie Venedig war und der Großteil der berüchtigten Berliner Mauer ohnehin nicht mehr stand. Abgesehen davon ist aber schwer zu sagen, welches der beiden Konzerte das sinnlosere Spektakel war.

Mit dem reiferen Alter kamen für die Rockstars oft alltäglichere Probleme. Viele von der alten Garde hatten bereits selbst Kinder. Und nachdem viele dieser Kinder in den Sechzigern einigermaßen bescheuerte

Namen erhalten hatten, hätte man glauben können, ihr weiteres Schicksal liege ihren Eltern nicht sehr am Herzen. Doch nein! Serafina Watts, Zak Starkey, Jade Jagger, Zowie Bowie, China Slick, Dweezil, Ahmet Rodin, Moon Unit und Diva Zappa, Fifi Trixibelle, Peaches und Pixie Geldof sowie Chers Kinder Elijah Blue und Chastity werden genauso geliebt wie andere Kinder, und ihre Eltern machen sich auch die üblichen Sorgen. Ihre privaten Angelegenheiten bieten jede Menge Stoff für die Schlagzeilen: etwa Mick Jagger, der mit seiner Tochter Jade (die einmal deshalb in die Presse kam, weil sie die abendlichen Ausgangszeiten ihres Exklusivinternats nicht einhielt und deshalb gerügt wurde) streitet, die neue Freundin von Julian Lennon oder die Familientragödie im Hause Clapton. Conor, der vierjährige Sohn von Eric Clapton, war 1991 aus dem offenen Fenster eines New Yorker Apartments in den Tod gestürzt. (Eric Clapton hatte sich von Patti Boyd Harrison scheiden lassen, um eine kurzlebige Ehe mit Lori del Santa, Conors Mutter, einzugehen. Diese Scheidung kostete Clapton schätzungsweise 13 Millionen Pfund.)

Was den Umgang mit Medien betraf, so wurde der Rock erwachsen und konnte sich behaupten. Als Elton John die britische *Sun* wegen der Behauptung verklagte, er hätte sich mit Strichjungen auf Parties des Rockmanagers Billy Gaff vergnügt, war er allerdings weniger über den sexuellen Aspekt der Angelegenheit verärgert. Elton war mit seiner Bisexualität immer offen umgegangen (zumindest seit dem 1976 im *Rolling Stone* erschienenen Interview), außerdem war die Sexualmoral in den Achtzigern kein so kontroversielles Thema mehr. (Wahrscheinlich war dafür hauptsächlich das Auftauchen von AIDS ausschlaggebend, doch die Tendenz hatte sich schon vorher abgezeichnet.) Was Elton vielmehr ärgerte, war die simple Tatsache, daß die ganze Geschichte von A bis Z erfunden war. Die Klage gegen die Sun war der Akt eines verantwortungsvollen Bürgers

in einer Gesellschaft, die sich mit den Exzessen der Boulevardpresse konfrontiert sah. Elton war ja schließlich auch ein Freund des Königshauses; Andy und Fergie besuchten seine Parties regelmäßig, als sie noch gemeinsam auf Parties gingen.

Die Geschichte der Sun war eine Mischung aus Fesselungsspielen, flotten Dreiern, flotten Vierern, Tätowierungen, Lederhosen, stachelhaarigen Punks und Kokain. Sie basierte auf den Bekenntnissen des früheren Strichjungen Stephen Hardy, der sich das Pseudonym Graham X zugelegt hatte und später zugab, die ganze Geschichte frei erfunden zu haben. Als Elton die Angelegenheit mit Mick Jagger diskutierte, erinnerte sich der an seine eigenen Erfahrungen mit *News Of The World* und riet Elton von einer Klage ab. „Sie können mich einen alten Idioten nennen oder einen untalentierten Bastard, sie können sagen, daß ich eine Schwuchtel bin, aber eines dürfen sie bei mir nicht: Lügen. Denn ich werde mich wehren", sagte Elton, „und ich habe fest vor, zu gewinnen."

Die Sun hatte den fatalen Fehler gemacht, genaue Daten für einige der behaupteten Sex-Parties anzugeben. Elton konnte zweifelsfrei beweisen, daß er zum fraglichen Zeitpunkt 3.000 Meilen von Bill Gaffs Haus in New York entfernt war. Erst nach siebzehn Verleumdungsklagen gegen die Sun und nachdem Stephen Hardy seine Behauptungen schon lange widerrufen hatte, druckte die der Lügen müde Zeitung die Schlagzeile „SORRY ELTON" und erklärte sich bereit, eine Million Pfund Schadenersatz zuzüglich der Prozeßkosten zu zahlen. Zuvor war die Sun noch eifrig damit beschäftigt gewesen, Fotos von Mitgliedern des Königshauses aus dubiosen Quellen zu beziehen und den an AIDS sterbenden Fernsehstar Russel Harty im Krankenhaus zu belästigen. Zu dieser Zeit erhöhte sich Eltons übliches Einkommen aus Tantiemen gerade um 14,8 Millionen Pfund – der Erlös einer Auktion bei Sotheby's, in der persönliche Dinge, Requisiten und über die Jahre gesammelte Kunstwerke versteigert worden waren. Es ging ihm also bei der Klage nicht um Geld.

Einige Zeit später klagte der australische Seifenopernstar und Popsänger Jason Donovan das britische Magazin *The Face*. Nicht die Behauptung, er sei schwul, war der Grund für die Klage, sondern die Behauptung, er hätte gelogen und Heterosexualität vorgetäuscht. Offenbar war jede Beziehung salonfähig geworden, solange sie auf Konsens beruhte. Im Gegensatz dazu reichte aber schon ein Hauch von Zwang, um die Masse der Sexbesessenen nervös zu machen. Von Rod Stewarts Parade junger Frauen und Freundinnen war die Öffentlichkeit amüsiert, doch das Altern in Schande hatte seine deutlichen Grenzen – wie Bill Wyman und Mandy Smith herausfanden.

Es stellte sich heraus, daß Bill Wyman, der immer schon zu alt und gesetzt für das wilde Leben schien, nur einige dunkle Seiten seines Charakters vorenthalten hatte. Er wählte die Tories und bekannte in seiner Autobiographie, bis 1965 278 sexuelle Abenteuer gehabt zu haben. Wie es scheint, führt Bill gerne Statistiken. 1984, als er 47 war, begann er, mit Mandy „auszugehen" – einem jungen Mädchen, das mit 13 gerade mal alt genug war, um seine Enkelin zu sein. Als sein Buch 1990 veröffentlicht wurde, gestand er eher schüchtern, bereits einen dreistelligen Bauchumfang zu haben.

Mit 14 nahm Mandy die Pille und stand jeden Tag in der Zeitung. Mit 15 posierte sie oben ohne für Werbefotos. Mit 16 erklärte sie gegenüber *News Of The World*, daß es mit Bill aus sei. „Meine Mutter hatte nichts gegen meine Beziehung zu Bill", sage sie. „Es war eben eine ungewöhnliche." Mit 17 heiratete sie Bill, und ihre Mutter gab den Segen dazu. Mit 19 wurde sie ins Krankenhaus eingeliefert, nachdem ihr Gewicht von 60kg auf nur 35kg gefallen war. Als Mandy 20 war, wurde die glückliche Ehe nach offenbar nur fünf gemeinsam verbrachten Nächten wieder geschieden. Von der Boulevard-presse verfolgt, kehrte Bill zu seinen früheren Leidenschaften zurück: zu Gary U.S. Bonds, der Astronomie, dem Erstellen von Computerstatistiken über den Fortschritt der Band und zur elektrischen Baßgitarre. Er war 55. Entweder war die ganze Angelegenheit die erfolgreichste Eigenwerbung einer sonst wenig publicityträchtigen Karriere gewesen, oder der Beweis dafür, daß auch ein Rolling Stone an den Wechseljahren leiden kann.

Als Mandy 21 war, waren ihr bereits Magersucht, AIDS, Nebennniereninsuffizienz, Candida und „prämenstruales Syndrom" diagnostiziert worden. Sie war zu Bill Wymans verlorener zweiter Jugend geworden, und alles, was ihr davon blieb, waren 530.000 Pfund Abfindung (einschließlich des Hauses im Norden Londons) und eine Figur, für die Gloria Vanderbilt einen Mord begangen hätte. Ursprünglich hatte sie fünf Millionen Pfund verlangt, und als sie diese Summe nicht bekam, verlautete sie in den Zeitungen, daß sie überlege, ihrem Ex-Ehemann rechtliche Probleme zu bereiten, weil er mit einer Vierzehnjährigen genau das getan habe, was sie mit ihm offenbar nicht mehr zu tun bereit war, als er sich dem Pensionsalter gefährlich näherte.

Als sie sich erholte, machte sie die obligate Talk-Show-Tour. Sie sah aus wie ein blondes, von Vidal Sassoon gesponsortes Skelett, wurde immer von ihrer liebenden Mutter begleitet und schob ihren elenden Zustand auf die vorzeitige Empfängnisverhütung. "Ich habe nichts ungewöhnliches an Mandy bemerkt, als sie 14 war", sagte Bill. Andererseits mußte er so etwas wohl sagen, oder?

Wenn Jahrzehnte Farben haben, dann hatten die Achtziger die Farbe des Geldes. Jeder erwarb gesellschaftliches Ansehen, glaubte an die Reaganomics und den Thatcherismus und täuschte sich mit oberflächlichen Phantasien der Erfüllung über die immer schmutziger und grausamer werdende Wirklichkeit hinweg. Fürsorge und soziales Gewissen wurden zum Kilopreis verkauft, auf

Mandy Smith geht einkaufen. Der Gewichtsverlust nach fünf Ehenächten mit Bill Wyman provozierte die unterschiedlichsten Diagnosen, doch in jedem Fall war Mandy zu Wymans verlorener zweiter Jugend geworden.

LKWs geladen und nach Äthiopien oder sonstwohin transportiert, um das Designergewissen einer Generation zu befriedigen. Und wer bereits genug Fürsorge hatte, konnte ja auch Rebellion kaufen. Wer sie nicht kaufen wollte, konnte schließlich in ihr Nebenprodukt investieren: Das Sammeln von Platten (das auch alle möglichen Rock- und Poputensilien mit einschließt und so etwas wie das moderne Äquivalent der Zündholzarchitektur ist) war zur Wachstumsindustrie geworden. Alle größeren Auktionshäuser einschließlich Sotheby's und Christie's führen heute regelmäßig Versteigerungen durch.

Es war die Zeit der Illusionen, und ihr Ende wurde vom Tod Freddie Mercurys ein-

geläutet, wie schon zuvor der Tod von John Lennon das Ende einer anderen Periode verkündet hatte. Die ganzen Achtziger hindurch feierte Freddie Mercury Parties, als ob es kein Morgen gäbe. Die Mythen um seine üppigen Orgien sind Legion: Zwerge, die auf Silbertabletts Kokain verteilten, eine nackte Frau, die einer Wanne voll roher Kalbsleber entstieg, Sex, Drogen und Rock'n'Roll. Alles schien aus einem Queen-Video der anstößigeren Sorte entsprungen zu sein.

Mercury lebte laut eigener Aussage für den Sex. Sein Leben verkörperte jenen totalen Hedonismus, der durch das Spiel mit der surrealen Phantasie fast selbst zu einer Kunstform wird. Freddie war natürlich ein Relikt der Siebziger, als Ausschweifungen auf der Tagesordnung standen. Allerdings machte er eine Veränderung durch: er ging von der Blake'schen Vorstellung von Ausschweifung – dem Erwerben von Erkenntnis – zur Wall-Street-Version über – dem Erwerben von teuren Konsumgütern. Auch Queen war zu einer Band geworden, deren Musik immer mehr von Produktionswerten beherrscht und von erstaunlicher, bahnbrechender, aber gleichzeitig völlig sinnloser Extravaganz überlagert wurde. Schon lange hatte die Gruppe die einfachen Ideale der Relevanz und des musikalischen Könnens aufgegeben.

Rockstars haben die Freiheit, ihre Phantasien ausleben zu können, was sie häufig das Leben kostet. Lennons Phantasie war es, ein ganz gewöhnlicher Mann zu sein. Mercury hingegen wollte Freizügigkeit in großem Stil. In beiden Fällen war der Tod keine Tragödie im herkömmlichen Sinn – er war in keinster Weise unvermeidlich. Aber irgendwie ist er ein Zeichen jener Veränderungen, die den Rock überrollt haben. Einige Verschwörungstheorien besagen, daß Lennons Tod vom CIA geplant war, um zu verhindern, daß er sich wieder politisch betätigt. Selbst, wenn das stimmen sollte (und man darf dabei nicht vergessen, wie einflußreich Lennons politische Aktivitäten seiner-

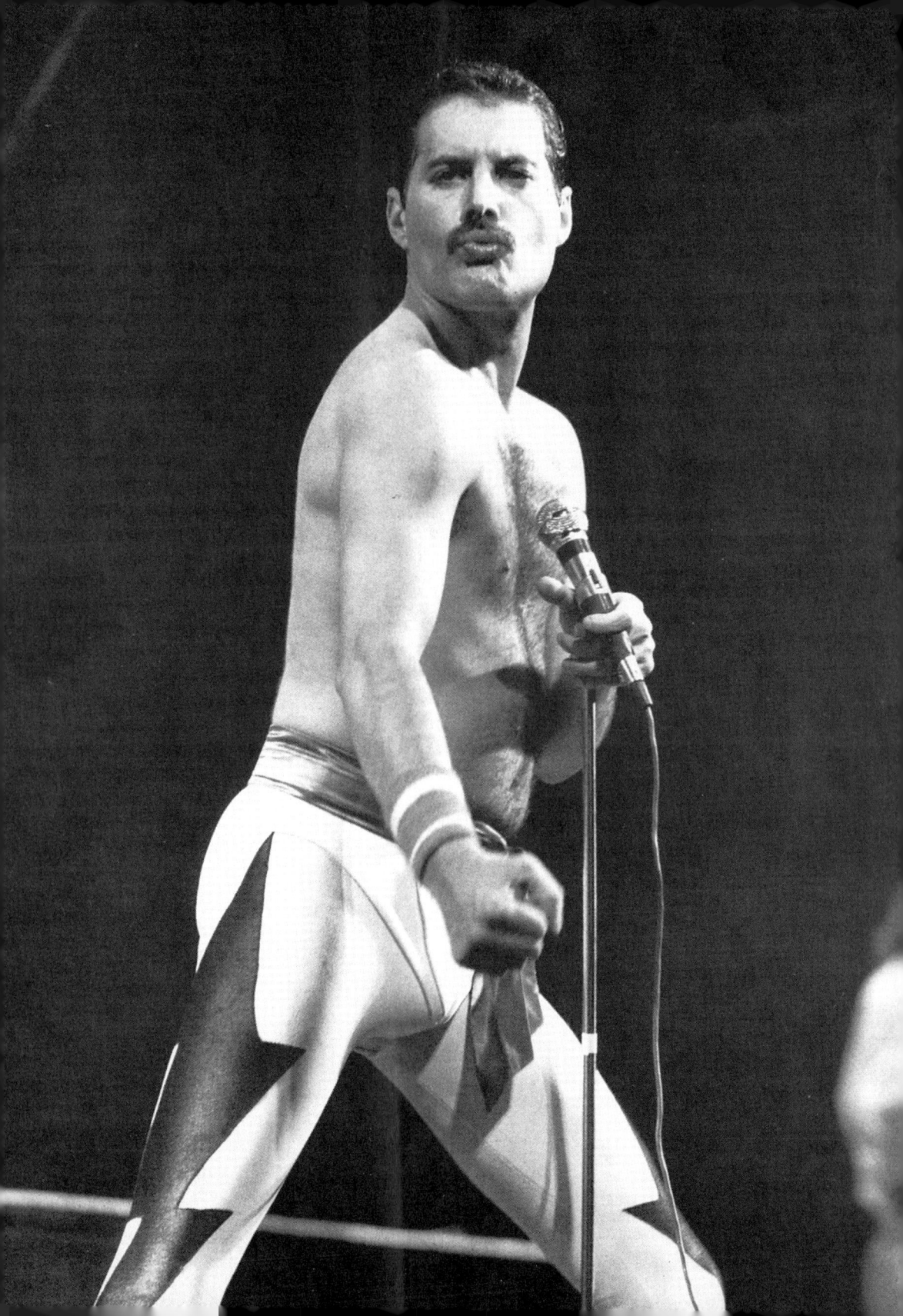

QUEEN STAR GOES PUBLIC AND CALLS ON FANS TO JOIN FIGHT AGAINST DISEASE

GLORY DAYS: Mercury the ultimate showman on stage with Queen

I've got AIDS, says Freddie Mercury

GAUNT: The public's latest glimpse of the ailing star in September

zeit waren), so bleibt sein Mörder doch ein ganz gewöhnlicher Fan, dessen ganz gewöhnlicher Alltag plötzlich mit Gewalt in Lennons exklusive Wirklichkeit eindrang. Im Gegensatz dazu bestand Mercurys Phantasie darin, vom Alltag isoliert zu sein, die Illusion der totalen Freiheit in seinem privaten Babylon zu leben und sich durch Promiskuität den Traum von der perfekten

---

Freddie Mercury beim Fitnesstraining in Rio im Januar 1985. Ende November 1991 war er tot.

Konsumwelt der Sexualität zu erfüllen. Er schien das Risiko nicht zu begreifen, und der Ruhm, das Geld und die Isolation erweckten den Anschein der Unverwundbarkeit. Als die Diagnose AIDS feststand, zog er sich fast völlig zurück und war erst zwei Tage vor seinem Tod fähig, der Welt die Wahrheit zu gestehen. Aber so bedauernswert und elend dieses Bild auch wirken mag, irgendwie ist es die perfekte Metapher für all das, was mit dem Rock'n'Roll nicht stimmt.

315

DANKSAGUNG

Ich habe vielen zu danken, nicht zuletzt den zahlreichen Autoren, Journalisten und Kritikern, deren Bücher, Artikel und Interviews mir wertvolle Erkenntnisse beschert und mich mit unschätzbarem Quellenmaterial versorgt haben. Alle, denen ich zu größtem Dank verpflichtet bin, möchte ich hier einzeln aufführen; da der mir zur Verfügung stehende Raum jedoch begrenzt ist, kam ich nicht umhin, ein oder zwei der für mich nicht ganz so wichtigen Bücher oder Artikel unerwähnt zu lassen.

Unter den Zeitschriften, die für mich eine große Hilfe waren, gilt mein besonderer Dank *Rolling Stone, New Musical Express, Melody Maker, Sounds, Crawdaddy, Creem* und *Circus* – sie alle waren für mich Quellen hilfreicher Interviews und anregender Kommentare. Zu immenser Dankbarkeit bin ich den Mitarbeitern der British Newspaper Library in Colindale und des Zeitungsarchivs des *Daily Express* in der Fleet Street verpflichtet. Besonders nützliche Informationsquellen unter den Zeitungen waren die Londoner *Sunday Times*, der Londoner *Observer*, die *Daily Mail*, die *News of the World*, die *Los Angeles Times*, die *New York Times* und der *San Francisco Chronicle*. Besonders danken möchte ich auch folgenden Blättern für die Erlaubnis, Ausschnitte aus alten Ausgaben abdrucken zu dürfen: *The Sun*, der *Daily Mail*, den *Evening News*, dem *Daily Mirror*, der Londoner *Times*, dem *Evening Standard*, der *New York Times, New York Daily News, Sunday People, Newsweek* und dem *Melody Maker*.

Es wäre mir erheblich schwerer gefallen, dieses Buch zu schreiben, wären nicht vorher die Werke folgender Autoren und Herausgeber erschienen: Robert Santelli (Aquarius Rising); Steve Chapple/Rebee Garofalo (Rock'n'Roll is Here To Pay); Jerry Hopkins (The Rock Story; Elvis und Elvis: The Final Years); Jim Miller (Hrsg.: The Rolling Stone Illustrated History of Rock'n'Roll); Ellen Sanders (Trips); Tom Wolfe (The Electric Kool-Aid Acid Test); Michael Lydon (Rock Folk und Boogie Lightning); Jonathan Eisen (Hrsg.: The Age of Rock, I und II, und Twenty-Minute Fandangos and Forever Changes); Albert Goldman (Elvis); Simon Frith (The Sociology of Rock); David Dalton (Janis und The Rolling Stones – The First Twenty Years); Tony Sanchez (Up and Down With The Rolling Stones); Dave Marsh (Born To Run); Phil Hardy/Dave Laing (Hrsg.: The Encyclopedia of Rock); Steve Turner (Conversations With Eric Clapton); Hunter Davies (The Beatles); Philip Norman (Shout); Geoffrey Stokes (The Beatles); John Blake IAII You Needed was Love); Fred und Judy Vermorel (The Sex Pistols); R. Serge Denisoff (The Sounds of Social Change); Bev Bevan (The Electric Light Orchestra); John Goldrosen (Buddy Holly); Ian Hoare (Hrsg.: The Soul Book); John Pidgeon (Rod Stewart und The Faces); Curtis Knight (Jimi Hendrix); Jenny Fabian/Johnny Byrne (Groupie); David Leaf (The Beach Boys and the Californian Myth); Michael Gable (The Pop Industry Inside Out); Greil Marcus (Mystery Train); Virginia Boston (Shockwave) und Tony Palmer (Born Under a Bad Sign).

Für alle Fehler, Mißverständnisse und Fehlurteile in diesem Buch bin ich selbstverständlich allein ich verantwortlich – danken möchte ich an dieser Stelle jedoch John Pidgeon, John Tobler, Phil Hardy, Dave Laing, Penny Valentine, Frances Kennett und Richard Barber, die mir alle, jeder auf seine Weise, bei den Recherchen zu diesem Buch geholfen haben. Mein Dank gilt auch Lisa Hardy, Sue Holland, Debbie Geller, Fran Pelzman, Thaddeus O'Sullivan, Bob Ughetti und Jonathan Read, die mir bei den Bildrecherchen geholfen haben. Dank gebührt auch Barry Plummer, Terry Norman bei London Express Features, John Halsall bei LFI, Steven James bei Flicks, Joe Canale bei Wide World, Colin Crawford bei Syndication International, Simon Crocker bei Kobal Collection, Tony Gale bei Pictorial Press und Lynn Facey beim *Record Mirror*, die mir bei den Fotos geholfen haben. Mein besonderer Dank gilt Jim Marshall für die von ihm freundlicherweise zur Verfügung gestellten Fotos auf den Seiten 6, 7, 74, 78 und 264 und allen folgenden, welche die übrigen Fotos geliefert haben: Associated Press, John Beecher, Camera Press, Chet Philippo, Bob Gruen, Dan Hardy, Keystone Press Agency, Laurie Lewis, MPL Communications, Denis O'Reagan, Popperfoto, Neal Preston, Chuck Pulin, Rex Features, Shep Sherbell, Joseph Sia, Carter Smith, *Sounds*, Syndication International, Allen Tannenbaum, Virginia Turbett, UPI, Burk Uzzle, Virgin Records, WEA, Michael Weinstein, Valerie Wilmer und Michael Zagaris. Es war leider nicht in allen Fällen möglich, die Copyright-Quellen ausfindig zu machen; mein Verlag wäre dankbar, wenn die ungenannt gebliebenen Copyright-Inhaber sich bei ihm melden würden.

Danken möchte ich schließlich auch noch Harvey Weinig, Alice Morey und Sue Cochrane für ihre Hilfe; John Parker für seine Unterstützung; Robin Allen für sein Design; Sandra Wake und Terry Porter bei Plexus; und vor allem meinem Lektor Nicky Hayden, ohne den …

Im Hannibal-Verlag sind folgende Musikbücher erschienen:

IN DER REIHE: ROCKBIOGRAPHIEN – ROCKGESCHICHTE

ELVIS PRESLEY – I WAS THE ONE, die Biographie mit Elvis' eigenen Worten, von Larry Geller, Joel Spector und Patricia Romanowski – Broschur, 302 Seiten + 16 Seiten s/w Photos incl. Diskographie, Format 17 x 24 cm

THE DOORS – RIDERS ON THE STORM, mein Leben mit Jim Morrison und den Doors, von John Densmore – Broschur, 304 Seiten + 32 Seiten s/w Photos incl. Diskographie, Format 17 x 24 cm

JIMI HENDRIX – PURPLE HAZE, von Charles Shaar Murray – Broschur, 289 Seiten + 8 Seiten s/w Photos incl. Diskographie, Format 17 x 24 cm

JOE COCKER – WITH A LITTLE HELP FROM MY FRIENDS, durch die Hölle zum Erfolg, von J. P. Bean – Broschur, 207 Seiten + 16 Seiten s/w Photos incl. Diskographie, Format 17 x 24 cm

JOHN BELUSHI – ÜBERDOSIS, ein kurzes und schnelles Leben, von Bob Woodward – Broschur, 464 Seiten + 16 Seiten s/w Photos incl. Filmographie und Diskographie, Format 17 x 24 cm

DRUGS & ROCK'n'ROLL, Rauschgift und Popmusik, von Harry Shapiro – Broschur, 271 Seiten + 16 Seiten s/w Photos, Format 17 x 24 cm

GUNS N' ROSES – SHOT GUN BLUES, Lügen, Fakten und der unzensierte Rest, von Mick Wall – Broschur, 200 Seiten incl. 8 Seiten mit 20 s/w Photos, Format 13,5 x 20 cm

JANIS JOPLIN – BURIED ALIVE, ein Leben mit voller Kraft, von Myra Friedman – Broschur, 329 Seiten incl. 16 s/w Photos + Diskographie, Format 17 x 24 cm

PINK FLOYD – SAUCERFUL OF SECRETS, vom Untergrund zur Supergroup – von Nicholas Schaffner – Broschur, 296 Seiten + 16 Seiten s/w Photos incl. Diskographie, Format 17 x 24 cm

RAP ATTACK – African Jive bis Global HipHop, von David Toop – Broschur, 256 Seiten, durchgehend über 200 s/w Abbildungen, Auswahldiskographie, Format 17 x 24 cm

MADONNA – WHO'S THAT GIRL? – Die Madonna-Story von Mark Bego – Broschur, 286 Seiten + 32 Seiten s/w Photos incl. Diskographie, Format 13,5 x 20 cm

BOB MARLEY – CATCH A FIRE, Rebell und Botschafter des Reggae, von Timothy White – Broschur, 422 Seiten + 24 Seiten s/w Photos incl. Diskographie, Format 17 x 24 cm

SCORPIONS – WIND OF CHANGE, der lange Weg zum Rockolymp, von R. M. Schröder und E. Klüsener – Broschur, 276 Seiten incl. 85 s/w Photos incl. Diskographie, Format 13,5 x 20 cm, ergänzte, überarbeitete Ausgabe

ERIC CLAPTON – SLOWHAND, ein Leben für den Blues, von Harry Shapiro – Broschur, 204 Seiten + 32 Seiten s/w Photos incl. CD-Diskographie, Format 17 x 24 cm, mit CD

METALLICA – NOTHING ELSE MATTERS, die Heavy-Metal-Titanen der 90er, von Ch. Crocker – Broschur, 200 Seiten incl. 8 s/w Abbildungen, Diskographie, Format 13,5 x 20 cm

LED ZEPPELIN – STAIRWAY TO HEAVEN, von Richard Cole und R. Trubo – Broschur, Format 17 x 24 cm, 291 Seiten incl. 16 Seiten s/w Photos, incl. Diskographie

JAMES BROWN – GODFATHER OF SOUL, von James Brown und Bruce Tucker, Broschur, Format 17 x 24 cm, 304 Seiten incl. 16 Seiten s/w Photos, incl. Diskographie

DIE STORY DES ROCK'N'ROLL, von Arnold Shaw – Broschur, Format 13,5 x 21 cm, 328 Seiten incl. 16 Seiten s/w Photos, incl. Diskographie

ROD STEWART – FOREVER YOUNG, von Tim Ewbank und Stafford Hildred – Broschur, Format 17 x 24 cm, 216 Seiten incl. 32 Seiten s/w Photos, incl. Diskographie

THE BEATLES – A HARD DAY'S NIGHT, von Hunter Davies – Broschur, Format 17 x 24 cm, 435 Seiten incl. 40 Seiten s/w Photos, incl. Diskographie

ELTON JOHN – ROCKET MAN, von Susan Crimp und Patricia Burstein – Hardcover, Format 17 x 24 cm, 270 Seiten incl. 12 Seiten s/w Photos, incl. Diskographie

ALL YOU NEED IS LOVE – Die großen Musikstile von Ragtime bis Rock – Broschur, Format 13,5 x 21 cm, 318 Seiten incl. 16 Seiten s/w Abbildungen

NIRVANA – COME AS YOU ARE, von Michael Azerrad – Broschur, Format 13,5 x 21 cm, 381 Seiten incl. 90 s/w Photos, incl. Diskographie

JOHNNY ROTTEN – NO IRISH, NO BLACKS, NO DOGS, von John Lydon – Gebunden, Format 17 x 24 cm, 272 Seiten incl. 28 s/w Photos, Diskographie

THE ROLLING STONES – LET IT BLEED, von Stanley Booth – Gebunden, Format 17 x 24 cm, 368 Seiten incl. 16 s/w Photos, Diskographie

PEARL JAM – ALIVE, von Mick Wall – Broschur, 192 Seiten, Format 13,5 x 21 cm, incl. 16 Seiten s/w Photos, Diskographie

R.E.M. – DIE ROLLING STONE-FAKTEN – Broschur, Format 13,5 x 21 cm, 224 Seiten, Diskographie

BOB DYLAN – TARANTULA – Broschur, Format 13,5 x 21 cm, 224 Seiten, zweisprachig deutsch/englisch

NEIL YOUNG – DIE ROLLING STONE-FAKTEN – Broschur, Format 13,5 x 21 cm, 380 Seiten, incl. Diskographie, Charts, Plattenkritik

LOU REED – WALK ON THE WILD SIDE, von Victor Bockris – Gebunden, Format 17 x 24 cm, 400 Seiten, 50 s/w Photos, incl. Diskographie und CD

SCREAMING LIFE – von Charles Peterson & Michael Azerrad – Gebunden, Großformat 24 x 32 cm, 128 Seiten mit ca. 110 Farb- und s/w Abbildungen, mit CD

ROLL OVER BEETHOVEN – Wie der Rock'n'Roll nach Deutschland kam, von R. Bloemeke – Gebunden, Format 17 x 24 cm, 288 Seiten, mit über 100 Farb- und s/w-Abbildungen durchgehend illustriert, incl. Diskographie + CD

U2 – DIE ROLLING STONE-FAKTEN – Broschur, Format 13,5 x 21 cm, 300 Seiten, incl. Diskographie, Charts, Plattenkritiken etc.

ROCK'N'ROLL BABYLON – Skandale der Popmusik, von Gary Herman – Gebunden, Format 17 x 24 cm, 320 Seiten, mit über 200 s/w Abbildungen durchgehend illustriert

MADE IN AUSTRIA

HEIMSPIEL – Beiträge über Ambros, Alkbottle, Danzer, EVA, Falco, Fendrich, Heller, Ostbahn Kurti u.a. – Broschur, Format 13,5 x 21 cm, 240 Seiten incl. 16 Seiten s/w Photos, Auswahldiskographie

SCHRÄG DAHOAM – Beiträge über Attwenger, Hubert von Goisern, Haindling, Die Knödel, Ringsgwandl, Extrem Schrammeln u.a. – Broschur, Format 13,5 x 21 cm, 160 Seiten incl. 16 Seiten s/w Photos, Auswahldiskographie

GERHARD BRONNER – Die goldene Zeit des Wiener Cabarets. Gebunden, Format 17 x 24 cm, 240 Seiten incl. 24 Seiten s/w Photos, incl. CD

DER QUALTINGER, von Michael Kehlmann und Georg Biron – Gebunden, Format 17 x 24 cm, 208 Seiten incl. 90 Seiten s/w Photos, Diskographie, Filmographie, incl. CD

Kataloge mit Kurzbeschreibungen der einzelnen Titel liegen kostenlos im gutsortierten Buchhandel auf